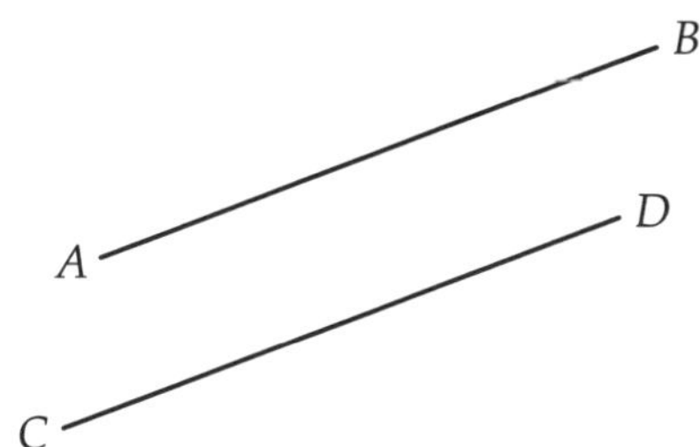

來吧！再也不用怕數學

形體全攻略

上大學前
你必須全面掌握
的數學概念

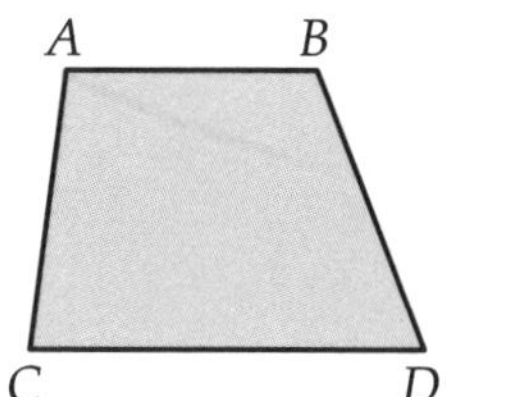

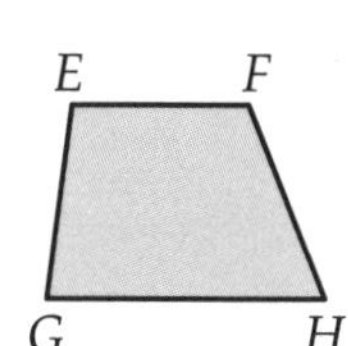

王富祥・游雪玲／編著

八方出版

目錄

Contents

目錄

Contents

本書與導讀特色

壹、導讀

本系列數學書，預計一套四冊，主題包含《實數的生存法則》、《用代數來思考》、《歡迎來到函數世界》、《形體全攻略》，收錄從國小接觸到數學開始到高中考上大學前，你會遇到的所有數學觀念與考試題型，通通一網打盡！讓你不用再多花錢四處買參考書，只要你把這 4 本書依序念到精通，算到透徹，管他什麼平時考、月考、期中考、期末考、複習考、會考、聯考、任何升學考都難不倒你。

《實數的生存法則》：適用國小 4～6 年級、國中 1～3 年級、高中 1、3 年級。

《用代數來思考》：適用國小 5～6 年級、國中 1～3 年級、高中 1～3 年級。

《歡迎來到函數世界》：適用國中 1～3 年級、高中 1～3 年級。

《形體全攻略》：適用國小 4～6 年級、國中 1～3 年級、高中 1～3 年級。

1. 前半段例題：依應用策略的先後次序，逐一舉例，並不厭其煩地「備註、備註、再備註」。其目的就是要「洗你的腦、又洗你的腦、再洗你的腦」，洗到你很自然地記住這些「策略及相關工具」
2. 後半段例題：打散應用策略的次序，隨機安排例題，並減少備註，以利提供在考場面對多變試題時，能在「不預期一定是某段落的某策略應用」的狀態下，有能力自行「看出解題的所以然」來！

貳、特色

1. 什麼都有→不用到處找問題&解答。
2. 如同老師坐在你身邊，一步一步帶著你，掌握解題脈絡及節奏，順利完成解題→不用求人、不用找家教。
3. 這本書講得很囉唆→就是要你在疲勞轟炸下、在頻繁接觸中，莫名其妙把數學定理、公式、策略、處理程序、應留意的小陷阱......」理所當然地「占為己有」。
4. 這本書解題很乾淨俐落→因為「解題的重要程序及過程」都只留必要的「算式及因果陳述」。
5. 這本書對你有莫大的幫助→因為「解說、提醒、構思、推想」通通用「獨立的備註框」來呈現。當你在不知不覺中，把「備註框」的「內容」潛移默化到你的腦袋後，對那些「備註框內容」就可採取「不予理會」的態度略而不見。

作者序

在超過三十幾年，以糟蹋學生為職志的教學生涯中，我最常看到的真實「教學現場」是：在「莫名其妙及理所當然」的交錯作用下，在不知不覺中，「施教者及受教者」在彼此相互浪費生命的「教學互動」中渡過！

「施教者」：						「受教者」：
	莫名其妙	懂了！	期待「受教者」→ 理所當然	也懂了！	V.S.	嗯！不確定！
	莫名其妙	見多識廣了！	期待「受教者」→ 理所當然	也增廣見聞了！	V.S.	努力記憶 ing！
	莫名其妙	當上老師了！	期待「受教者」→ 理所當然	也能出類拔萃！	V.S.	我也希望啊！
講解問題	莫名其妙	寫了第一步！	期待「受教者」→ 理所當然	也寫得出來！	V.S.	好像可以！
推演過程	莫名其妙	有了第N步！	期待「受教者」→ 理所當然	也推得出來！	V.S.	有點卡卡的！
獲得答案	莫名其妙	就找到了呀！	期待「受教者」→ 理所當然	也可順利得解！	V.S.	救郎啊！

理所當然——問「受教者」會了嗎？ V.S. 應該會吧！

理所當然——以為已善盡「施教者」的責任 V.S. 謝謝老師！

理所當然——認定「再不會解，一定是受教者出了問題」！ V.S. 唉！可能是吧！

王富祥、游雪玲　2018

CHAPTER 1

在上大學前，我們會接觸到的「幾何」約略可以分成：
◉以「歐幾里得」原理為主要處理手法的「基礎（生活）幾何」。
◉用「（代數）方程式（含：函數）」來呈現「幾何圖形之相關概念」，並用「坐標」相關數學發展（如：向量，複數，微積分，…）來處理「圖形方程式」，進而掌握「幾何圖形」特性的「解析幾何」。

基礎幾何裡常見的平面圖形

重點整理1-1 圖形相關概念

◉ 90° $\begin{bmatrix} = \\ < \\ > \end{bmatrix}$ 最大角 ⇔ $\begin{bmatrix} \text{直角} \\ \text{鈍角} \\ \text{銳角} \end{bmatrix}$ 三角形

◉畢氏定理（商高定理）：
「兩股平方和＝斜邊平方」
是「直角Δ」最重要的定理！
注記：「鈍角Δ」：
「兩小邊平方和＜最大邊平方
「銳角Δ」，則反之！

「三邊長 a, b, c」必滿足：
「任兩邊和＞第三邊」或
「任兩邊差＜第三邊」的平面圖形。

可用：
「兩小邊和＞最大邊」
加以取代

平面圖形 1

三角形：

	等腰三角形	等邊三角形	直角三角形
圖形特徵	◎兩個底角相等 ◎兩個腰長相等 ◎兩腰夾角的角平分線（高）垂直平分底邊	◎三個內角皆為 60° ◎三個邊等長 ◎面積 $=\dfrac{\sqrt{3}}{4}$（邊長）^{2}	◎$\overline{AB}^2=\overline{AC}^2+\overline{BC}^2$ 兩股平方和＝斜邊平方

解題要領：
設法找「直角」
或「垂直線」

(A)「等腰三角形」：

有 兩個邊等長 的三角形。

◉等長的兩個邊叫做「腰」，另一個邊叫做「底邊或底」。
◉與「底邊相對的角」叫做「頂角」，其餘的兩個角叫做「底角」。

(B)「等邊三角形」：

三個邊等長 的三角形，也叫做「正 三角形」或「等角 三角形」。

每個 正 三角形都是 等腰 三角形。

(C)「直角三角形」：

有[一個角是直角]的三角形。

> [直角]所對的邊叫做「斜邊」，其餘兩個邊叫做「股」。

> 「正 ⓶ⓝ 邊」形之「對角線」相交，
> 都具「相互ⓝ等分」對角線性質，如：
> ◉正④邊形：$4=2\times$② ⇒對角線相互②等分
> ◉正⑥邊形：$6=2\times$③
> 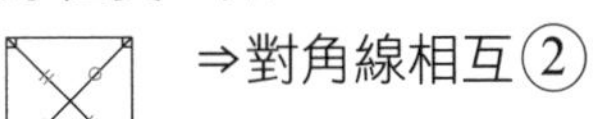
> ⇒對角線相互③等分

> 「頂角」都是「直角」的四邊形

平面圖形 2

方形或矩形：

	長方形（矩形）	正方形
圖形特徵	◎四個角都是直角（90°） ◎相對兩個邊平行且等長	◎兩雙對邊平行 ◎四個邊都等長 ◎四個角都是直角（90°） ◎面積＝（邊長）^{2}

(A)「長方形」：

[四個角都是直角]的[四邊形]，也叫做「矩形」或「方形」。

> [長方]形[相對的兩個邊]都[等長]。

(B)「正方形」：

[四個邊都等長]的[長方形]。

> [正方]形也是[長方]形的一種。

平面圖形 3

圓形：

「圓」的問題，一定要鎖定「心及半徑」的互動關係，思考！

	圓	弦	弧	弓形	扇形
圖形特徵	半徑、圓心	直徑、弦、圓心	弧、圓心、弧	弓、圓心	扇、圓心

(A)「圓」：

平面上與一「固定點」的「距離」，等於一個「固定長度」的所有點所組成的圖形。

⊙這個「固定點」叫做「圓心」，這個「固定長度」叫做「半徑」。

⊙「圓心與圓上任意點」所連的「線段」叫做「半徑」。

亦即：「半徑」這個詞有兩種意義：一是代表「長度」、一是代表「線段」。

(B)「弦」：

圓上任意兩點所連的線段。

⊙如果一條弦恰好「通過圓心」，它就是「直徑」，所以，直徑也是一條弦。

$2\pi \overset{\text{定義}}{=}$ 半徑為「1」的一個圓周長 $\overset{\text{約}}{\approx} 6.28$

(C)「弧」：

弦把圓分為兩部分，每一部分都叫做「弧（優弧「長」＞半個圓周「長」；劣弧「長」＜半個圓周「長」）」。

半圓弧「長」＝半個圓周「長」

特別的「弧」

(D)「弓形」：

圓的「一弦及其所對的一弧」所組成的圖形。

(E)「扇形」：

圓的「兩半徑及其所夾的弧」所組成的圖形。

平面圖形 4

角：

(A)「對頂角」：

如圖，「兩條相交直線」所成的角中，角的頂點「針鋒相對」的「兩個角」。

(B)「補角」：

如圖，兩個角的「度數和」為「180 度」時，
我們便稱這兩個角「互補」，並稱其中一角為另一角的「補角」。

◉「∠1 與 ∠2 」、「∠3 與 ∠4」互為「對頂角」；
◉「∠1 與 ∠4」、「∠1 與 ∠3」互為「補角」。

「一對」補角，會合組成一個「平角」

◉處理「角」的問題，要善用「對頂角必相等、平角的「組成角」必互補」。

平面圖形 5

邊線關係：

(A)「垂直」：

如果「兩條直線、兩條線段」相交成「直角」（90 度），
就稱它們「（互相）垂直」。

(B)「垂線」：

如果直線 L 與另一條「直線、線段」（互相）「垂直」，
就稱 L 為該「直線、線段」的「垂線、垂直線」。

(C)「垂足」：

當「兩條直線、兩條線段」（互相）「垂直」時，就稱它們的交點為「垂足」。

(D)「中點」：

將一條線段「平分為兩等長線段」的點。

(E)「分角線、角分線」：

將一個角「平分為兩等角」的直線，也叫做「角平分線」。

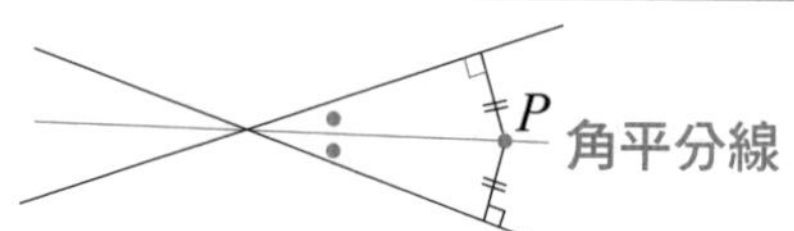

且「角平分線」上「任意點 P」到「夾角兩條邊線」，必「等距離」！

(F)「中垂線」：

過一條線段「中點」而與此線段（互相）「垂直」的直線，也叫做「垂直平分線」。

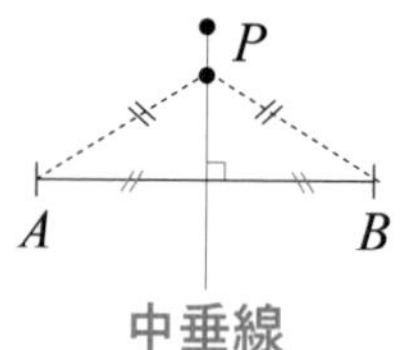

且「中垂線」上「任意點 P」到「線段兩個端點」，必「等距離」！

重點整理1-2 應用的關鍵「特徵」與「策略」

基本應用 1

求算平面圖形的「周長」及「面積」，應熟記下述公式：

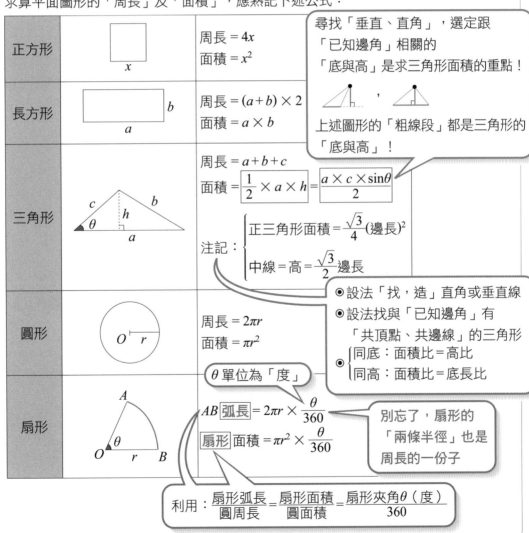

圖形	圖	公式
正方形	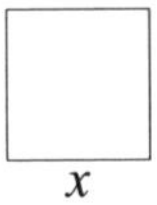 x	周長 $=4x$ 面積 $=x^2$
長方形	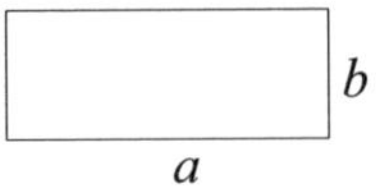 a, b	周長 $=(a+b)\times 2$ 面積 $=a\times b$
三角形	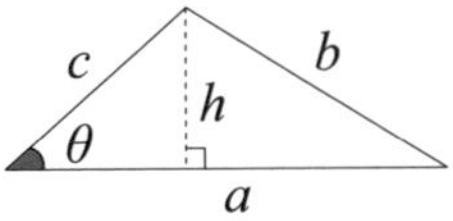 c, b, h, θ, a	周長 $=a+b+c$ 面積 $=\boxed{\frac{1}{2}\times a\times h}=\boxed{\frac{a\times c\times\sin\theta}{2}}$ 注記：$\begin{cases}\text{正三角形面積}=\frac{\sqrt{3}}{4}(\text{邊長})^2\\ \text{中線}=\text{高}=\frac{\sqrt{3}}{2}\text{邊長}\end{cases}$
圓形	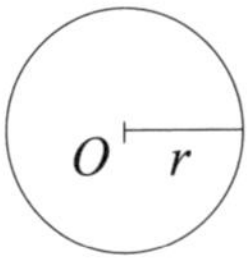 O, r	周長 $=2\pi r$ 面積 $=\pi r^2$
扇形	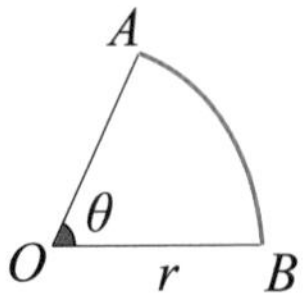 A, θ, O, r, B	AB 弧長 $=2\pi r\times\frac{\theta}{360}$ 扇形面積 $=\pi r^2\times\frac{\theta}{360}$

尋找「垂直、直角」，選定跟「已知邊角」相關的「底與高」是求三角形面積的重點！

上述圖形的「粗線段」都是三角形的「底與高」！

⊙設法「找，造」直角或垂直線

⊙設法找與「已知邊角」有「共頂點、共邊線」的三角形

⊙ $\begin{cases}\text{同底：面積比}=\text{高比}\\ \text{同高：面積比}=\text{底長比}\end{cases}$

θ 單位為「度」

別忘了，扇形的「兩條半徑」也是周長的一份子

利用：$\frac{\text{扇形弧長}}{\text{圓周長}}=\frac{\text{扇形面積}}{\text{圓面積}}=\frac{\text{扇形夾角}\theta\text{（度）}}{360}$

題目的「已知訊息」包含：原始已知訊息及由它們推導出來的「進一步已知訊息」。

也要「陸續補在圖形上」

基本應用 2

平面圖形，常配合下述策略來解題！

⊙「幾何」問題，必先繪圖並標記題目已知訊息在圖上以「聚集題目訊息」。

⊙「幾何」問題，必要時可用「座標化」來解題。

最好將「已知訊息」的「邊、角、線」，用「加粗或換色」方式予以強化，以利聚焦「解題重點」之位置。

⊙「對稱軸」特徵：

沿對稱軸，將圖形的兩側對摺，

圖形的所有邊會完全重疊。

常配合：由「較簡單型態」著手，尋找「解題規律」。

⊙善用「縮小規模以簡化問題」。

⊙「同一個」三角形，必善用「等角對等邊」。

⊙若等腰三角形有一個角為 60°，則一定為正三角形。

⊙要善用「對頂角必相等、平角必互補」。

⊙設法「找或造」直角三角形，以便利用「畢氏定理」。

⊙要善用「中垂線上任意點到線段兩端點必等距離」。

⊙矩形的對角線等長。

⊙善用「縮小規模，以簡化問題」。

⊙同頂點、共底線的三角形，必等高，再配合：

(A)『共底線三角形的面積比 = 同底長三角形的高比 = 同高三角形的底長比』

(B)『等腰三角形的高 = 頂角的角分線 = 底的垂直平分線』

概念來解題！

⊙「圓形」問題，必鎖定「心及半徑」的互動關係，來思考！

基本應用 3

「受限區域」的圖形問題，必用下述程序來解題：

1. 先用「**虛線**」畫方程式圖形。
2. 再把坐落在指定「**限制區域**」的方程式圖形「**用實線描繪之**」。

基本應用 4

圓的外圍、道路合併、…

常配合：「畢氏定理」！

「**幾何圖形**」有「**缺陷、分離**」時，應先設法「**切割、移補**」出與「**已知邊角**」有關的「**正則圖形（有公式可算面積的圖形）**」，

如：三角形、正方形、長方形、平行四邊形、直角三角形、梯形、完整圓／半圓／四分之一圓、扇形等圖形。

面積問題，必先「**切割成好的正則圖形**（如：三角形、長方形、梯形、圓）」，再找「**垂直的線段當高**」。亦即：想方設法找「垂直兩線段」（一個當底一個當

見「直角」或「垂直」或「設法創造直角、垂直」，必聯想「底、高、面積」及「畢氏定理（商高定理）」

所有幾何問題，必用策略：
「**利用繪圖**」來解題或「**幾何圖形**」問題，一定要將「題目訊息，註記在圖上」，才能聚焦在圖形，以利解題策略的發現與執行！

基本應用 5

如：足球由正五邊形、正六邊形拼成；地板鋪地磚

常配合「縮小規模」來解題！

等長「多邊形拼圖」問題：

(A)「**不同邊形**」的「**相鄰總邊數必相同**」！

(B)「**不同邊形**」的「**同頂點**」拼接處，
其「**角度總和 = 180°（成線）或 360°（成面）**」。

重點整理1-3 解開例題、弄懂策略

精選範例

例題 1 如右圖所示，設正方形邊長為 12 cm，試求圖中空白部分面積？

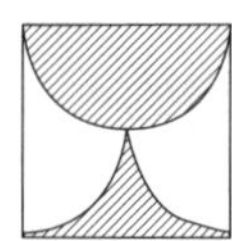

幾何圖形有「缺陷、分離」時，應先設法「切割、移補」出與「已知邊角」有關的「正則圖形（有公式可求算面積的圖形）」。

▶▶▶▶ Sol

先將「上半圓」旋轉再移補可得圖：

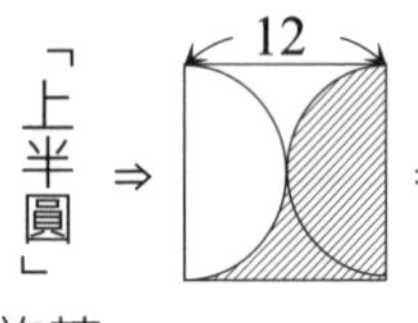

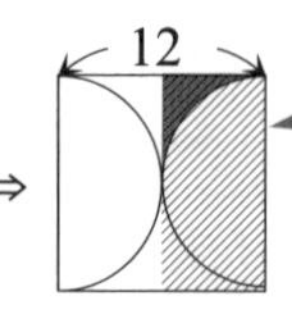

把「已知訊息」標記在「圖形」上

故可看出所求為 $12 \times 12 \times \frac{1}{2} = 72$

利用：正方形面積＝邊長 × 邊長

所求＝正方形面積的一半

▶▶▶▶ Ans

72 cm^2

例題 2 如下圖 (A)，將長為 50 公分、寬為 2 公分的矩形，摺成圖 (B) 的圖形並著上灰色，灰色部分的面積為多少平方公分？
(A)94　(B)96　(C)98　(D)100

50 公分　2 公分
圖(A)

找「直角」判定「底、高」

把「已知訊息」標記在「圖形」上

90°　90°　90°
圖(B)

有三個深色小三角形的面積會被遮蓋掉

三角形面積＝$\frac{底 \times 高}{2}$

▶▶▶▶ Sol

∵被遮蓋掉的小三角形面積 $=\frac{2\times 2}{2}=2$

深色小Δ的底、高恰為矩形的寬

∴所求＝未摺長方形面積 − 3 個被遮蓋的小三角形面積

$=50\times 2-3\times 2=100-6=94$

長方形面積＝長 × 寬

▶▶▶▶ Ans

(A)

例題 3　如圖，$\overset{\frown}{AB}$、$\overset{\frown}{BC}$、$\overset{\frown}{DE}$、$\overset{\frown}{EF}$、$\overset{\frown}{AGD}$、$\overset{\frown}{BGE}$、$\overset{\frown}{BHE}$、$\overset{\frown}{CHF}$，皆為直徑為 2 的半圓。求斜線部分面積為何？

(A)4　(B)8　(C) 2π　(D) 4π

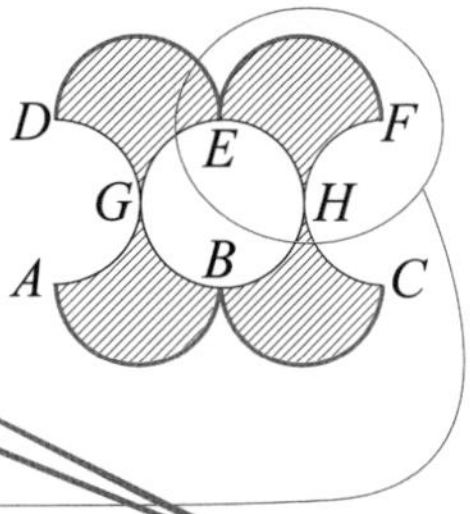

D　E　F　G　H　A　B　C

【基測 94】

如：正方、長方、圓、半圓、……

因 4 塊斜線部分皆相同，所以，鎖定 1 塊作「適當的移補」即可解題。

▶▶▶▶ Sol

將「右上角」之斜線區域移補成「完整圖形」

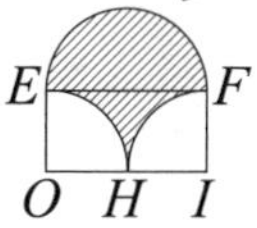

E　F　O　H　I

∴所求＝右圖斜線面積之 4 倍

$=\left[\text{上半圓面積}+\text{長方形 } OEFI \text{ 面積}-2\text{ 個無斜線 }\frac{1}{4}\text{ 圓面積}\right]\times 4$

（2 個無斜線 $\frac{1}{4}$ 圓面積：恰一個上半圓面積）

＝長方形 $OEFI$ 面積 × 4

$=(2\times 1)\times 4=8$

∴選(B)

「上半圓面積」跟「2 個無斜線 $\frac{1}{4}$ 圓面積」恰好「抵消」！

長方形面積＝長 × 寬

直徑 2 當長，半徑 1 當寬

▶▶▶▶ Ans

(B)

例題 4　試求下圖所有黑色區塊的面積：

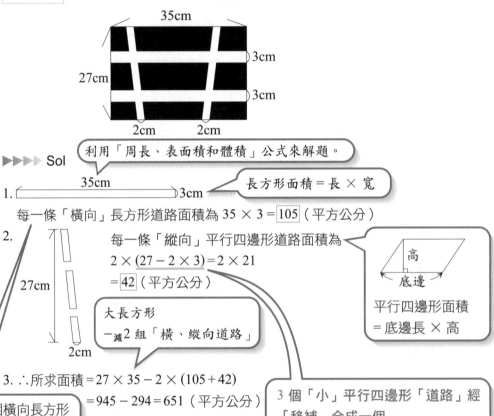

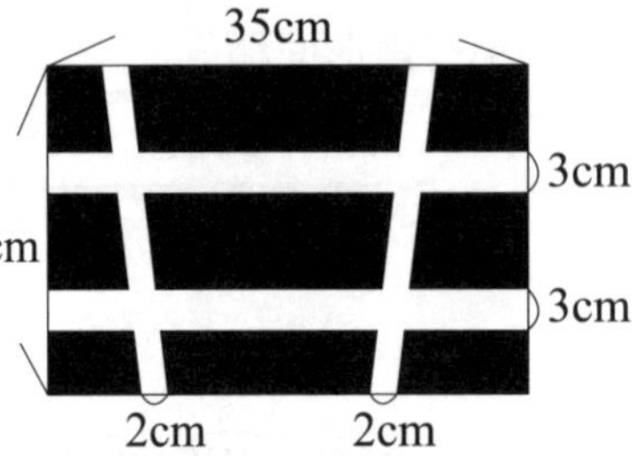

35cm
27cm
3cm
3cm
2cm　2cm

▶▶▶▶ Sol

利用「周長、表面積和體積」公式來解題。

1.  35cm　3cm

長方形面積＝長 × 寬

每一條「橫向」長方形道路面積為 35 × 3＝105（平方公分）

2. 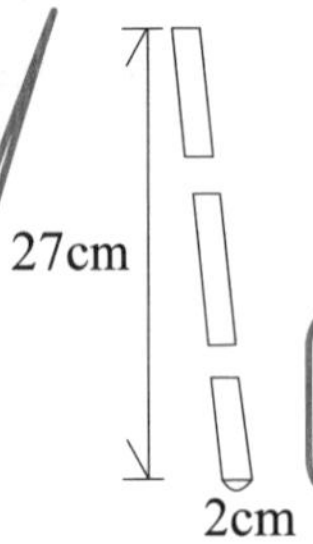 27cm　2cm

每一條「縱向」平行四邊形道路面積為
$2 \times (27-2\times3)=2\times21$
＝42（平方公分）

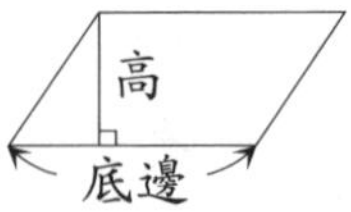

高
底邊
平行四邊形面積
＝底邊長 × 高

大長方形
－減2組「橫、縱向道路」

3. ∴所求面積＝$27\times35-2\times(105+42)$
＝$945-294=651$（平方公分）

被兩個橫向長方形「用掉」的面積，不要重複計算！

3 個「小」平行四邊形「道路」經「移補」合成一個「底邊 2」而高為「27－（2 個寬為 3）」的「大」平行四邊形

▶▶▶▶ Ans

651 cm^2

例題 5 一塊長方形草地，長 20 m、寬 14 m，中間有一條寬 2 m 的通道，如下圖所示。試求通道的面積？

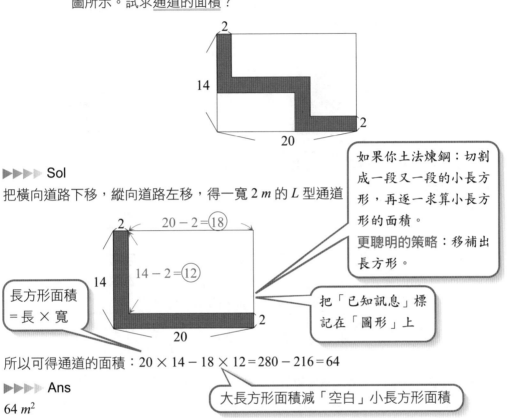

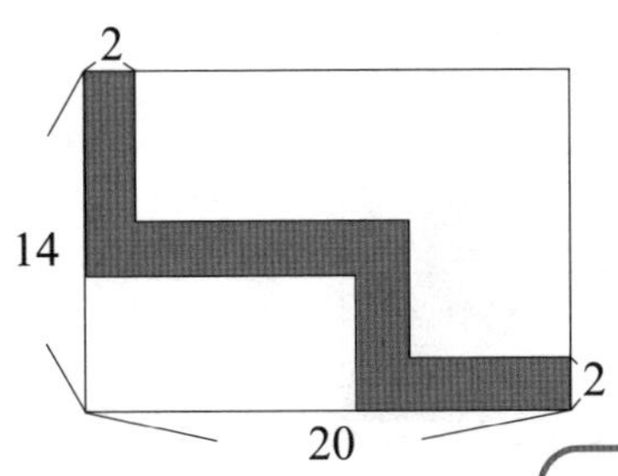

▶▶▶▶ Sol

把橫向道路下移，縱向道路左移，得一寬 2 m 的 L 型通道

2
20 − 2 = 18
14 − 2 = 12
14
2
20

如果你土法煉鋼：切割成一段又一段的小長方形，再逐一求算小長方形的面積。
更聰明的策略：移補出長方形。

把「已知訊息」標記在「圖形」上

長方形面積 = 長 × 寬

所以可得通道的面積：$20 \times 14 - 18 \times 12 = 280 - 216 = 64$

大長方形面積減「空白」小長方形面積

▶▶▶▶ Ans

64 m^2

例題 6 如下圖所示，試求算圖形中陰影部份的面積（長度單位：公分）？

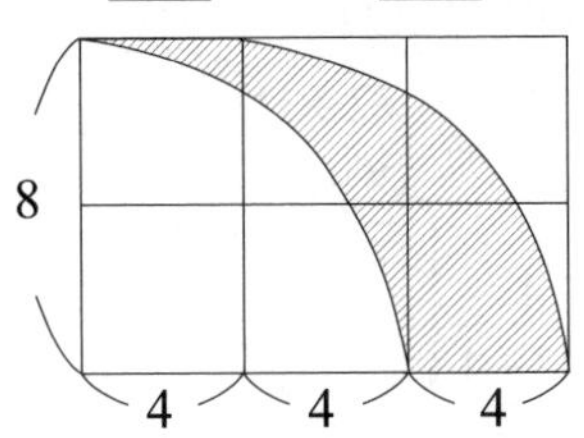

▶▶▶▶ Sol

由下面的移補圖，可得知：所求恰為一個長 6、寬 3 的長方形，故所求面積為 $6 \times 3 = 18$

利用「切割、移補概念」使區塊完整化。

記得把「已知訊息」標記在「圖形」上

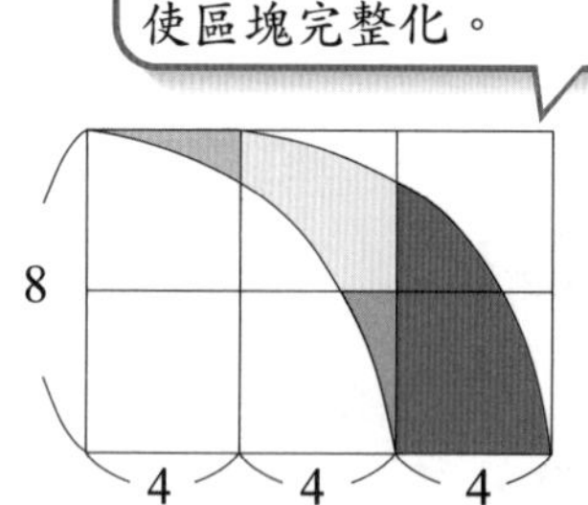

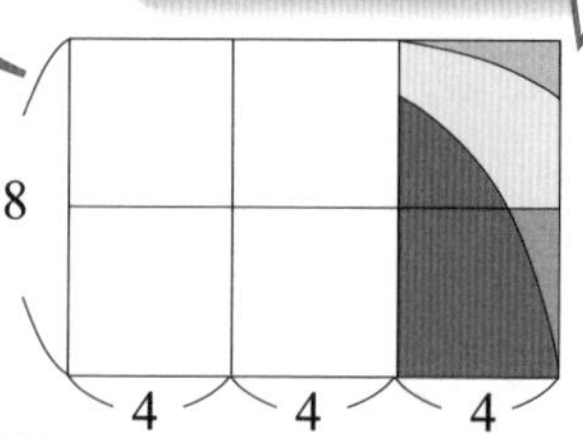

∴所求 $= 8 \times 4 = 32$

長方形面積 = 長 × 寬

▶▶▶▶ Ans

32 cm^2

「全等」：指這些圖形的「邊角完全相同」

例題 7 如右圖，甲、乙、丙、丁為四個全等的六邊形，且緊密的圍著灰色正方形戊。若甲、乙、丙、丁、戊的每一邊長均為 1，則戊面積與甲面積的比值為何？

(A) $\frac{1}{2}$ (B) $\frac{1}{3}$ (C) $\frac{1}{\sqrt{2}}$ (D) $\frac{1}{\sqrt{2}+1}$ 【基測 95】

甲 乙 戊 丙 丁

把「已知訊息」標記在「圖形」上

▶▶▶▶ Sol

首先「切割、移補」圖形如右：

作「適當切割、移補」使「圖形完整（如：正方、長方、三角、$\frac{1}{4}$圓、半圓、圓）」。

1 1 1 1 甲 $\sqrt{2}$ 乙 戊 丙 丁

∵戊面積 $= 1 \times 1 = 1$

且甲面積 = 2 個小Δ面積（腰長為 1 的等腰直角Δ）

+ 1 個小長方形面積（長$\sqrt{2}$、寬 1 的長方形）

$= 2 \times (\frac{1}{2} \times 1 \times 1) + \sqrt{2} \times 1$

$= 1 + \sqrt{2}$

長方形面積 = 長 × 寬

三角形面積 $= \frac{底 \times 高}{2}$

∴所求 $= 1 : (1+\sqrt{2}) = \frac{1}{\sqrt{2}+1}$

∴選(D)

$A : B$ 的比值 $\overset{定義}{=} \frac{A}{B}$

∵「戊」為正方形

∴與「戊」緊鄰的Δ

為「腰長 = 1，邊長 $= \sqrt{1^2+1^2} = \sqrt{2}$」的「等腰直角Δ」

▶▶▶▶ Ans

(D)

例題 8 下圖中，$\overline{BD}=\frac{1}{3}\overline{BC}$，$\overline{DE}$ 和 $\overline{AC}$ 垂直、$\overline{AF}$ 和 $\overline{BC}$ 垂直，三角形 ABC 的面積為 48 平方公分，$\overline{AE}=11$ 公分，$\overline{AC}=20$ 公分，試求三角形 DCE 的面積？

鎖定「已知 ΔABC」的「底與高」

利用「周長、表面積和體積」公式來解題。

「圖形」問題，要將「所有已知訊息」標記在圖上

A, 11, E, 20, B, ① D, F, C, ③, 比例

Sol

1. $\because \overline{BD}:\overline{DC}=1:2$

$\overline{BC}=3\overline{BD}$

$\therefore \Delta ABD:\Delta ADC=1:2$

「同頂點、同底線」的Δ，必「等高」！

涉「三角形（面積）」，先找「垂直、直角」選定跟「已知邊角或待求邊角」相關的「底與高」

$\therefore \Delta ADC=\frac{2}{3}\Delta ABC=\frac{2}{3}\times 48=32$

整個 ΔABC 中，ΔADC 面積是 ΔABD 的 2 倍

2. $\because \overline{AE}:\overline{EC}=11:(20-11)$

$\therefore \Delta ADE:\Delta DCE=11:9$

$\therefore \Delta DCE=\frac{9}{(11+9)}\Delta ADC=\frac{9}{20}\times 32=14.4$（平方公分）

整個 ΔADC 中，ΔDCE 面積 $\frac{9}{11+9}$ 份

「同頂點、共底線」的Δ，必「等高」

Ans

14.4 平方公分

鎖定「待求 ΔDCE」的相關「底與高」訊息

例題 9 右圖是小方畫的正方形風箏圖案，且他以圖中的對角線為對稱軸，在對角線的下方畫一個三角形，使得新的風箏圖案成為一對稱圖形。若下列有一圖形為此對稱圖形，則此圖為何？

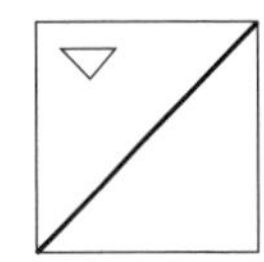

(A)　(B) 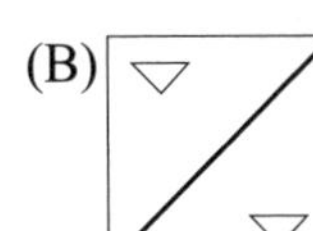　(C) 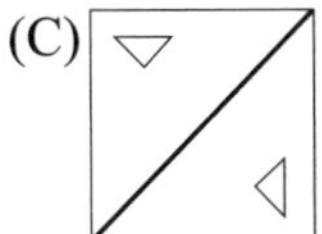　(D) 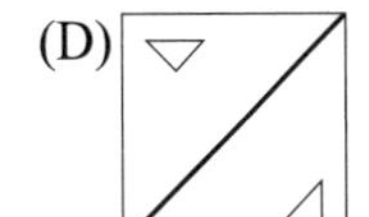　【基測 96】

▶▶▶▶ Sol

對摺示意圖如右：

∴選(C)

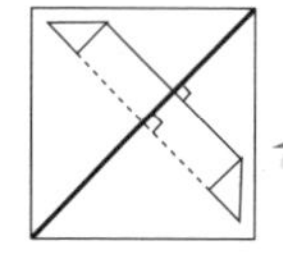

利用「對稱軸」特徵：「沿對稱軸，將圖形的兩側對摺，對摺後的圖形所有邊完全重合」來解題。

▶▶▶▶ Ans

(C)

例題 10 下圖（甲）為一長方形，其內部分成 4 個大小相同的小正方形，且對角線 L_1 通過 2 個小正方形（如灰色部分）。圖（乙）為一長方形，其內部分成 12 個大小相同的小正方形，且對角線 L_2 通過 6 個小正方形（如灰色部分）。

⑴ L_1、L_2 是否分別為圖（甲）、圖（乙）對稱軸？

(A) L_1、L_2 均是　(B) L_1 是、L_2 不是

(C) L_1 不是、L_2 是　(D) L_1、L_2 均不是

一般，都會「直接」看題目給的「圖」

L_1

圖(甲)

1 2 3 4 5 6 L_2

圖(乙)

⑵如圖（丙），若將 2700 個大小相同的小正方形緊密的排出一個長邊有 60 個小正方形、短邊有 45 個小正方形的長方形後，在此長方形中畫一條對角線，則此線通過幾個小正方形？

(A)60　(B)75　(C)90　(D)105

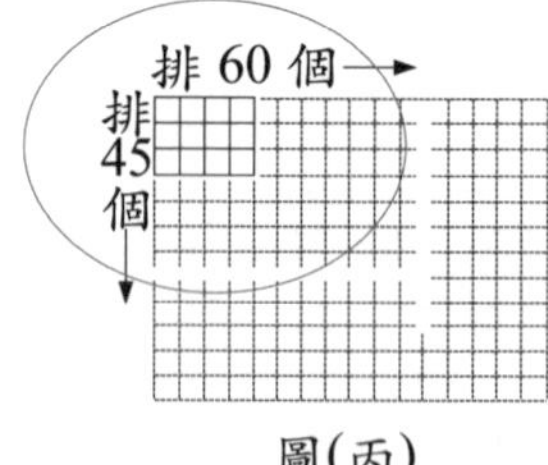

圖(丙)

【基測 95】

▶▶▶▶ Sol

⑴1. ∵圖（甲）為正方形　∴對角線 L_1 為對稱軸

2. ∵圖（乙）不是正方形　∴對角線 L_2 不是對稱軸

∴選(B)

利用「對稱軸」特徵：「沿對稱軸，將圖形的兩側對摺，對摺後的圖形所有邊完全重合」

⑵1. ∵ $60 = \boxed{15} \times \boxed{4}$ 且 $45 = \boxed{15} \times \boxed{3}$

設法拆成「長 4，寬 3」的組合

∴60 與 45 之最大公因數 = 15

∴若以「長 4、寬 3」為「一組中型長方形（如圖乙）」，則「2700 個小正方形」組成的「大長方形」，可以「變成橫、縱」各「15 個」「長 4、寬 3」的「中型長方型」

「縮小規模，以簡化問題」之概念來解題。

2.∵「中型長方形」的「對角線」會經過「6 個小正方形（如圖乙）」

∴「2700 個小正方形」組成的「大長方形」的「對角線」會經過「6 × 15 = 90 個（小正方形）」

∴選(C)

▶▶▶▶ Ans

(1)(B)　(2)(C)

例題 11　如圖，ΔABC 的面積是 10 平方公分，$\overline{AE}=\overline{ED}$，$\overline{BD}=2\overline{DC}$。試求斜線部分面積？

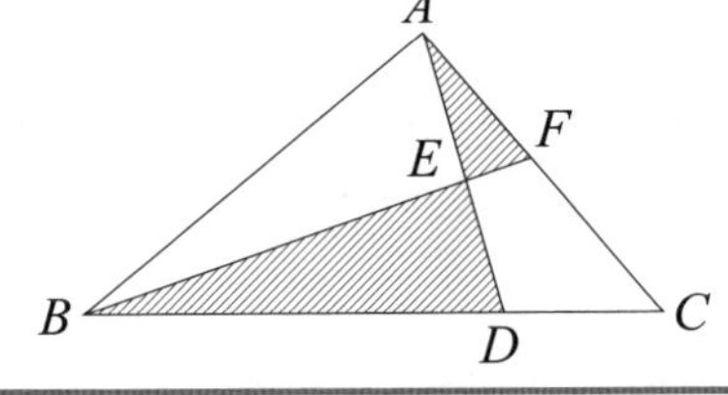

▶▶▶▶ Sol

移補分離的三角形，組合成一個完整的大三角形。

記得：
「已知訊息」
標記在圖形上

A E F B D C ② ① 比例

因為它們有相同的底及高

1. 連接 $\overline{DF}$，因 $\overline{AE}=\overline{ED}$

故 $a\Delta BED=a\Delta BEA$，$a\Delta DEF=a\Delta AEF$

因此，可得：

$a\Delta BED \overset{定義}{=} \Delta BED$ 的「area 面積」，是Δ面積的簡寫！

三角形
面積 $=\dfrac{底 \times 高}{2}$

當「有（底）邊長度」訊息，必用：「找、造」滿足「同頂點、共底線」三角形，以利用：「Δ面積比 = 底邊長比或高比」

$\boxed{a\Delta BDF} = a\Delta BED + a\Delta DEF = a\Delta BEA + a\Delta AEF$

$= \boxed{a\Delta BAF}$

2. 又因 $\overline{BD} = 2\overline{DC}$

$\therefore 2a\Delta DFC = a\Delta BFD = a\Delta BAF$

$\because a\Delta BDF = a\Delta BAF$

因為它們有相同的高

「同頂點、同底線」的Δ，其「高」必相同

3. $\therefore 10 = a\Delta ABC$

$= a\Delta BFD + a\Delta BAF + a\Delta DFC$

$= 5a\Delta DFC$

$\therefore a\Delta DFC = 2$

∴所求面積 = ΔBFD 面積 = $2 \times a\Delta DFC = 4$

由 2，已知：$a\Delta BDF = 2a\Delta DFC$

Ans

4 平方公分

例題 12 在右圖中，A、B 和 C 分別是 3 個圓的圓心，每個圓的半徑是 10 公分，試求陰影部分面積？（取 $\pi = 3.14$）

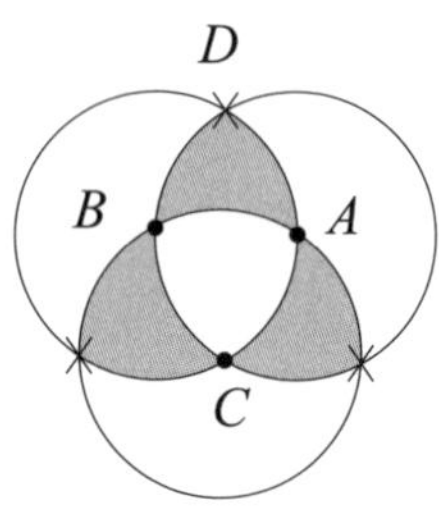

幾何圖形有「缺陷、分離」時，應先設法「切割、移補」出與「已知邊角」有關的「正則圖形（有公式可求算面積的圖形）」

Sol

連接「A 和 B」、「A 和 D」及「B 和 D」，可得：60°扇形

「圓形」問題，必鎖定「心及半徑」的互動關係來思考！

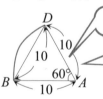

因 $\overline{AB} = \overline{AD} = \overline{BD}$ = 圓之半徑 10 公分

要記得將「圖形」訊息，標記在「圖形」上

所以，扇形 ABD 所成陰影面積

$= \frac{60}{360} \times 10 \times 10 \times 3.14 = \frac{157}{3}$

扇形面積 $= \pi r^2 \times \frac{\text{夾角（度）}}{360}$

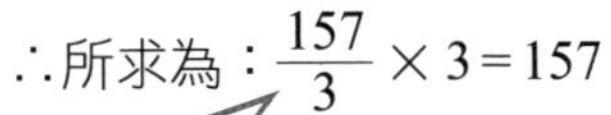

∴所求為：$\frac{157}{3} \times 3 = 157$

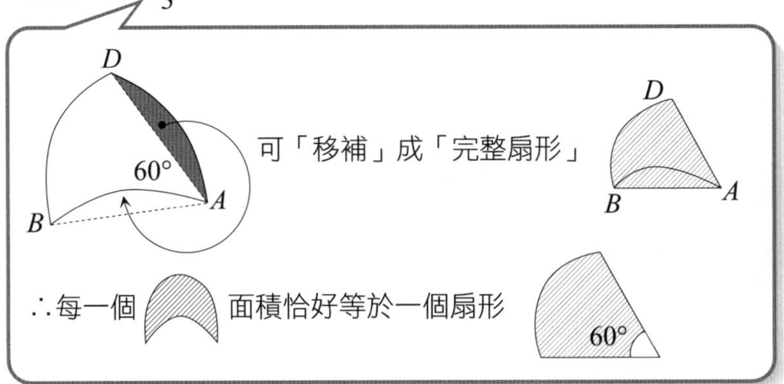

Ans

157 平方公分

例題 13 如圖，正方形邊長為 10，以邊長作圓弧，求灰色部分面積？

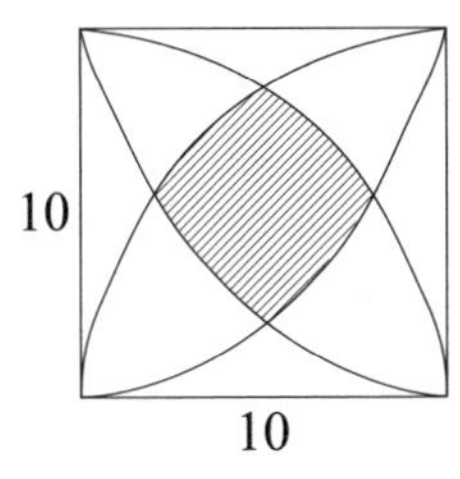

Sol

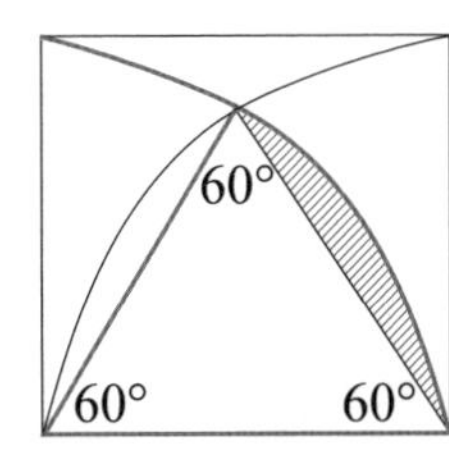

60° −

塗色 = 60°扇形 − 正Δ

$= \pi \times 100 \times \frac{60}{360} - \frac{\sqrt{3}}{4} \times 10^2$

$= \frac{50}{3}\pi - 25\sqrt{3}$

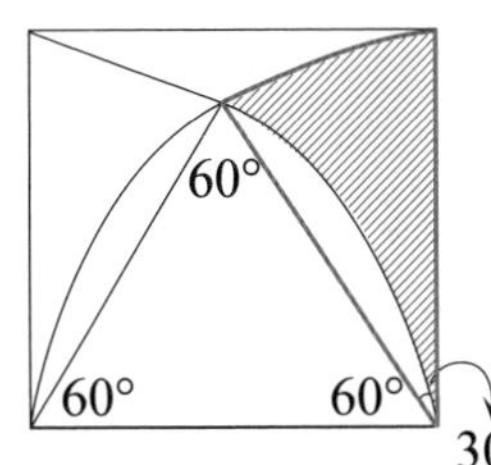

30° −

塗色 = 30°扇形 $-(\frac{50}{3}\pi - 25\sqrt{3})$

$= \pi \times 100 \times \frac{30}{360} - (\frac{50}{3}\pi - 25\sqrt{3})$

$$=\frac{25}{3}\pi-\frac{50}{3}\pi+25\sqrt{3}$$

$$=25\sqrt{3}-\frac{25}{3}\pi$$

大塊 □ − 4 塊

$\therefore$所求 $=10^2-4\times(25\sqrt{3}-\frac{25}{3}\pi)$

$$=100-100\sqrt{3}+\frac{100}{3}\pi$$

Ans

$100-100\sqrt{3}+\frac{100}{3}\pi$

例題 14 五邊形 $ABCDE$（如下圖）中，$\angle A=\angle B=120°$，$\angle D=60°$，$\overline{EA}=\overline{AB}=\overline{BC}=2$ cm，$\overline{CD}=\overline{DE}=4$ cm，試求五邊形 $ABCDE$ 的面積？

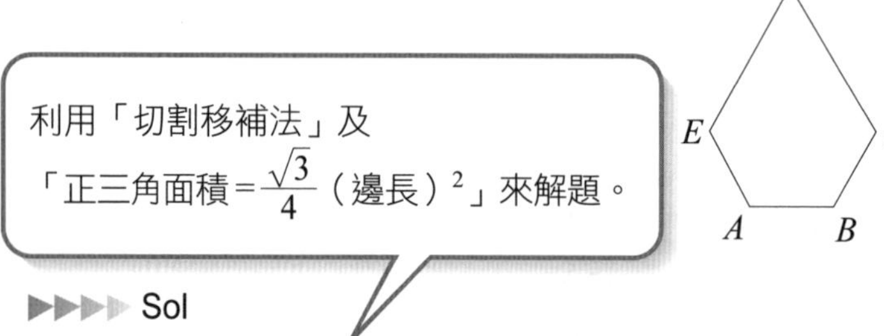

利用「切割移補法」及
「正三角面積 $=\frac{\sqrt{3}}{4}$（邊長）^{2}」來解題。
D
E
C
A
B

Sol

①將五邊形 $ABCDE$ 切割成（如下圖）

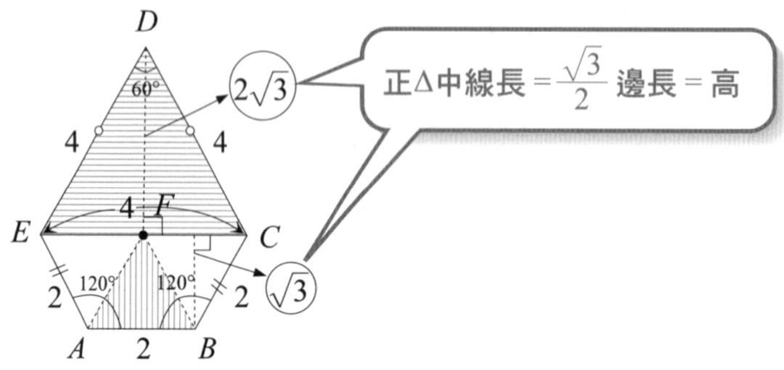

②由上圖可知：ΔCDE、ΔBCF、ΔABF、ΔAEF 都是正三角形

已知：$\overline{EA}=\overline{AB}=\overline{BC}=2$

$\therefore$ 大正三角形 ΔCDE 面積 $=\dfrac{4\times 2\sqrt{3}}{2}=4\sqrt{3}$ 且

小正三角形 ΔBCF 面積 $=ABF$ 面積

$=AEF$ 面積 $=\dfrac{2\times\sqrt{3}}{2}=\sqrt{3}$

Δ面積 $=\dfrac{底\times高}{2}$

⊙ $\because \angle D=60^\circ$ 且 $\overline{ED}=\overline{CD}$ 為等腰

$\therefore \Delta CDE$ 為正Δ

⊙又因：DF 平分 $\overline{EC}=4$

$\therefore \overline{EF}=\overline{CF}=2$

$\therefore \Delta AEF$，ΔBCF 為等腰

⊙再因：等腰梯形 $ABCE$ 的底角

$\angle AEC=\angle BCE$

$=\dfrac{360^\circ-(120^\circ+120^\circ)}{2}$

$=60^\circ$

⊙所以：ΔAEF 及ΔBCF 為正Δ

$\therefore \overline{AF}=\overline{AB}=\overline{BF}=2$

$\therefore \Delta ABF$ 也是正Δ

四邊形內角和

$=(4-2)\times 180^\circ$

$=360^\circ$

$\therefore$ 五邊形 $ABCDE$ 的面積 $=4\sqrt{3}+3\times\sqrt{3}$

$=7\sqrt{3}$（平方公分）

一個大正Δ + 三個小正Δ

已知：$\overline{AB}=2$

且已得知：ΔAEF

及ΔBCF 為等腰

▶▶▶▶ Ans

$7\sqrt{3}$ 平方公分

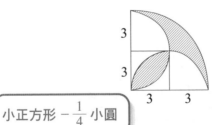

例題 15 如圖所示：四分之一大圓的半徑為 6 公分，陰影部分的面積是多少平方公分？

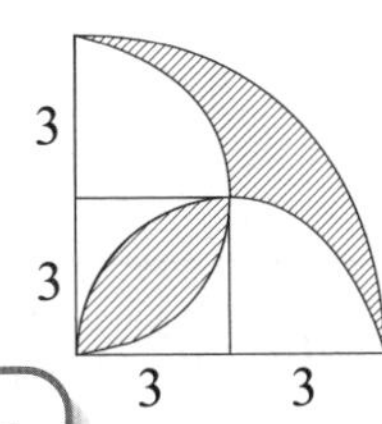

▶▶▶▶ Sol

小正方形 $-\dfrac{1}{4}$ 小圓

①∵ 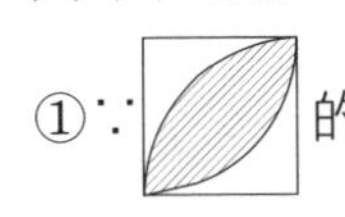 的 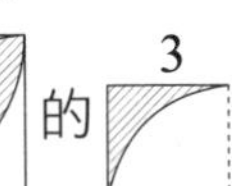

面積$=3\times 3-\dfrac{1}{4}\pi\times 3^2=9-\dfrac{9}{4}\pi$

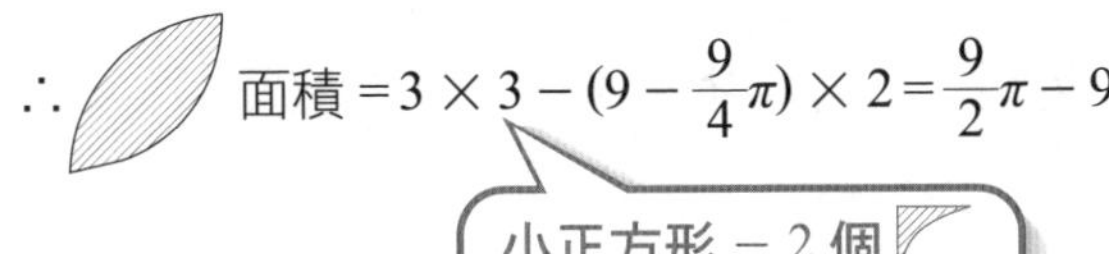

$\therefore$ 面積 $=3\times 3-(9-\dfrac{9}{4}\pi)\times 2=\dfrac{9}{2}\pi-9$

小正方形 $-$ 2 個

② （圖）＝（圖 6）－（圖 3）－ 2 個（圖 3）

$$=\left(\frac{1}{4}\times\pi\times6^2\right)-(3\times3)-2\times\left(\frac{1}{4}\times\pi\times3^2\right)=9\pi-9-\frac{9}{2}\pi=\frac{9\pi}{2}-9$$

$\therefore$所求 $=(\frac{9\pi}{2}-9)+(\frac{9\pi}{2}-9)$

$=9\pi-18$

Ans

$9\pi-18$ 平方公分

例題 16 如圖，三個同心圓，其半徑分別為 3、2、1。已知圖中「陰影區域」的面積是「非陰影區域」面積的 $\frac{8}{13}$，試問兩直線所夾鋭角的角度？

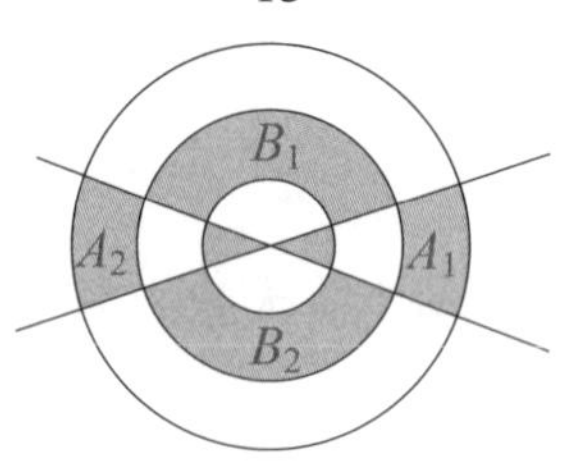

Sol

設兩直線所夾鋭角是 θ 度

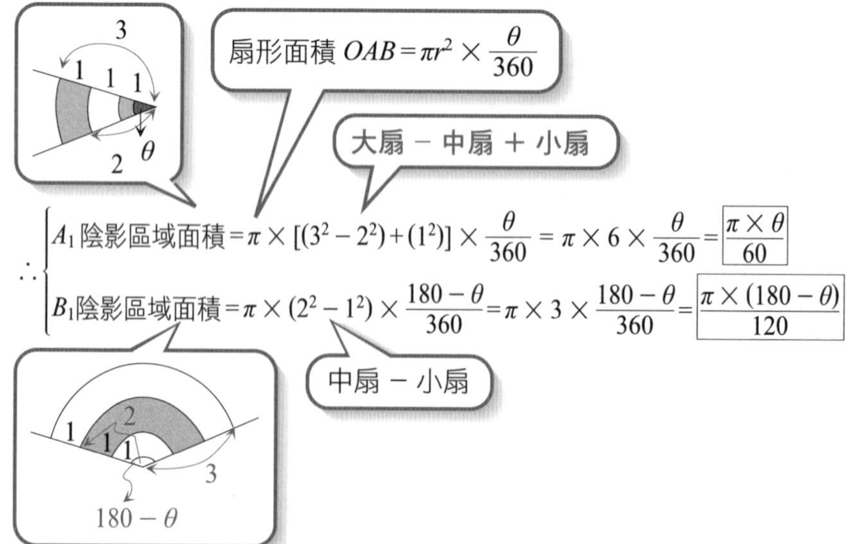

$$\therefore\begin{cases}A_1\text{陰影區域面積}=\pi\times[(3^2-2^2)+(1^2)]\times\frac{\theta}{360}=\pi\times6\times\frac{\theta}{360}=\boxed{\frac{\pi\times\theta}{60}}\\ B_1\text{陰影區域面積}=\pi\times(2^2-1^2)\times\frac{180-\theta}{360}=\pi\times3\times\frac{180-\theta}{360}=\boxed{\frac{\pi\times(180-\theta)}{120}}\end{cases}$$

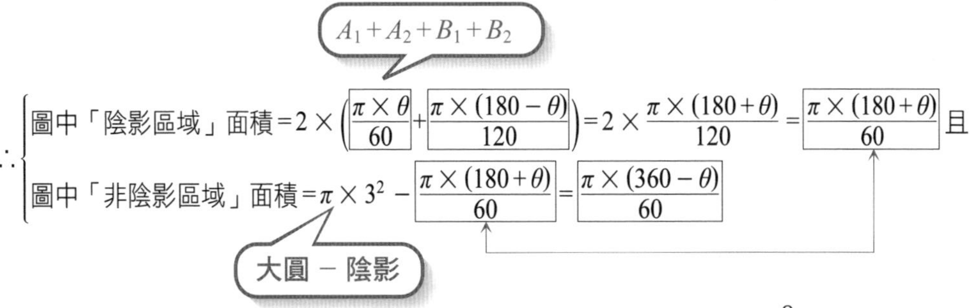

$$\therefore\begin{cases}\text{圖中「陰影區域」面積}=2\times\left(\dfrac{\pi\times\theta}{60}+\dfrac{\pi\times(180-\theta)}{120}\right)=2\times\dfrac{\pi\times(180+\theta)}{120}=\dfrac{\pi\times(180+\theta)}{60}\text{ 且}\\ \text{圖中「非陰影區域」面積}=\pi\times 3^2-\dfrac{\pi\times(180+\theta)}{60}=\dfrac{\pi\times(360-\theta)}{60}\end{cases}$$

又因：已知圖中「陰影區域」的面積是「非陰影區域」面積的 $\frac{8}{13}$

∴可得：

$$\frac{\dfrac{\pi\times(180+\theta)}{60}}{\dfrac{\pi\times(360-\theta)}{60}}=\frac{8}{13}$$

$\therefore\dfrac{180+\theta}{360-\theta}=\dfrac{8}{13}$

$\therefore 180\times 13+13\theta=360\times 8-8\theta$ （分式等式，必交叉相乘相等）

$\therefore 21\theta=540$

$\therefore \theta=\dfrac{180}{7}$

▶▶▶▶ Ans

$\dfrac{180}{7}$ 度

例題 17 圖 $ABCD$ 為邊長 140 cm 的正方形，著色區域為扇形重疊部分，試求其面積？

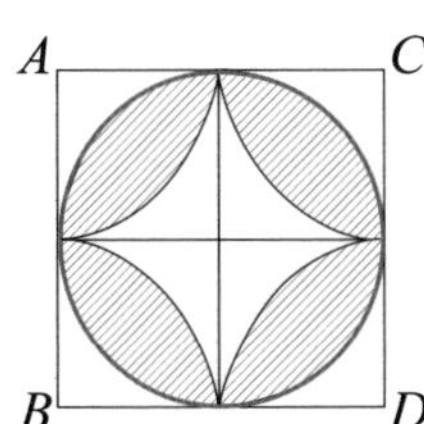

Sol

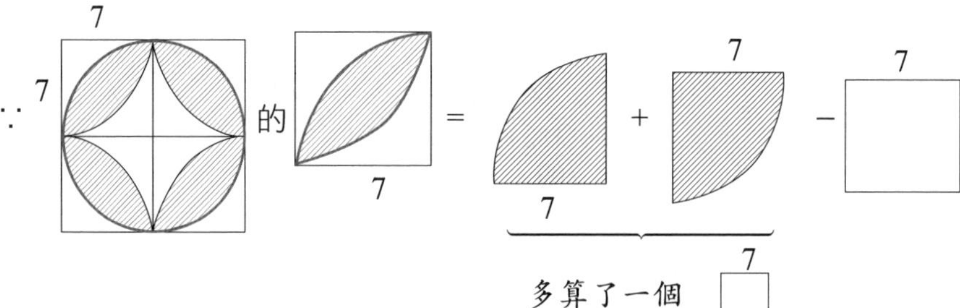

$\therefore (\pi \times 7^2 \times \frac{1}{4} \times 2) - (7 \times 7)$

$= \frac{49}{2}\pi - 49$

四個

$\therefore$ 所求 $= (\frac{49}{2}\pi - 49) \times 4$

$= 98\pi - 196$

Ans

$98\pi - 196$ 平方公分

CHAPTER 2

基礎幾何裡常見的立體圖形

重點整理 2-1　生活中常見立體圖形的相關概念

重點整理 2-2　應用的關鍵「特徵」與「策略」

重點整理 2-3　解開例題、弄懂策略

重點整理2-1　生活中常見立體圖形的相關概念

立體圖形 1

立體圖形的 3 種「看法」：

	展開圖	直視圖	透視圖
正四面體	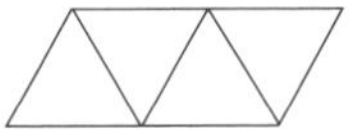	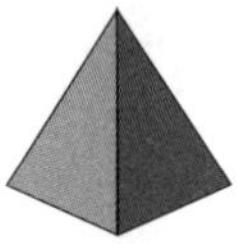	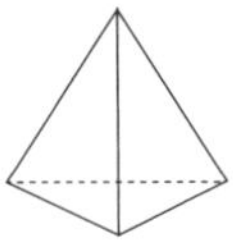
正六面體	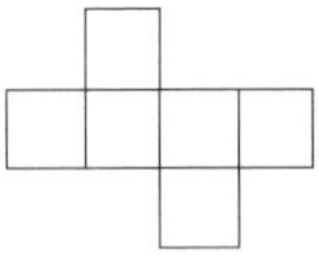	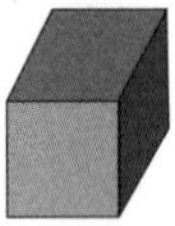	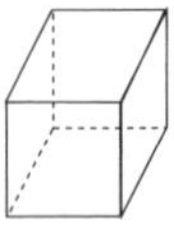
正八面體	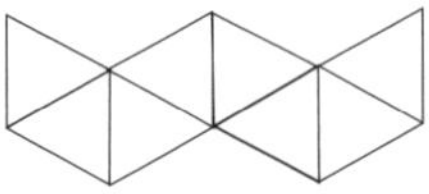		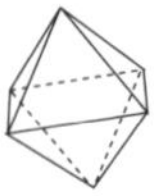
長方體	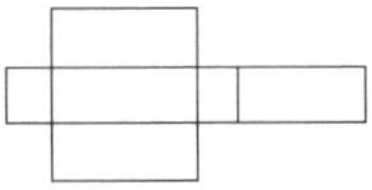		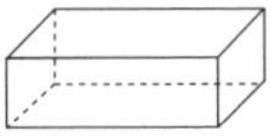
圓柱體	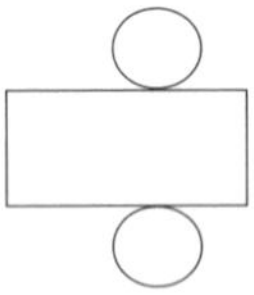		

(A) 展開圖：

將立體圖的 所有面展開（拆解開），畫在 同一個平面 上，所得的圖形稱為「展開圖」，常應用在包裝盒的製作。

(B) 直視圖：

依 觀察者 的 相對位置，把從他 視角 看到的圖形畫在紙上（不一定在同一平面上），所得的圖形稱為「直視圖」。

(C) 透視圖：

觀察者用 眼睛多角度（多視角）觀察物體，所得的圖形稱為「透視圖」。

透視圖 是 效果最逼真 的一種 立體圖。

常應用在工業、商業（美術）、建築、室內空間設計。

立體圖形 2

面：側面及底面
邊：側邊及底邊

n 面體、柱體與錐體：

	立體結構圖	展開圖	n 面體：「面數＋頂點數＝邊數＋2」
n 角柱	頂點 邊 側面（長方形） 底面（n 邊形）		頂點數 $n\times 2$ 面數 $n+2$ 邊數 $n\times 3$
圓柱	邊 側面（長方形） 底面（圓形）	底面（圓形）的周長 ＝側面（長方形）的長圓柱體的高 ＝展開後側面（長方形）的寬	頂點數 0 面數 3 邊數 2 非 n 面體
n 角錐	頂點 邊 側面（三角形） 底面（圓形）		頂點數 $n+1$ 面數 $n+1$ 邊數 $n\times 2$
圓錐	頂點 側面（扇形） 底面（圓形） 邊	展開後底面（圓形）的周長 ＝側面（扇形）的弧長	頂點數 1 面數 2 邊數 1 非 n 面體

(A)「n 面體」：

有一個面為 n 邊形的立體。

n 面體的頂點、邊與面的個數都滿足「尤拉定理」：面數＋頂點數＝邊數＋2。

(B)「柱體」：

頂面與底面在空間中，「平行且全等」的空間幾何圖形。

在柱體中，跟底面垂直的每一個邊都等長，並稱這些邊長都是柱體的高。

(C)「錐體」：

只有「底面為平面幾何圖形，而頂面收縮成一點」的空間幾何圖形。

其命名都是以其底面的形狀來定義之。

例如：三角錐、四角錐、圓錐、……。

重點整理2-2 應用的關鍵「特徵」與「策略」

應用 1

計算「頂點、邊、面」數量，應熟記各式立體圖形的相關定義。

應用 2

再次提醒：圖形問題，一定要先將「已知訊息」標記在圖形上！

求算立體圖形的「表面積」及「體積」，應熟計下述公式與概念：

(A)

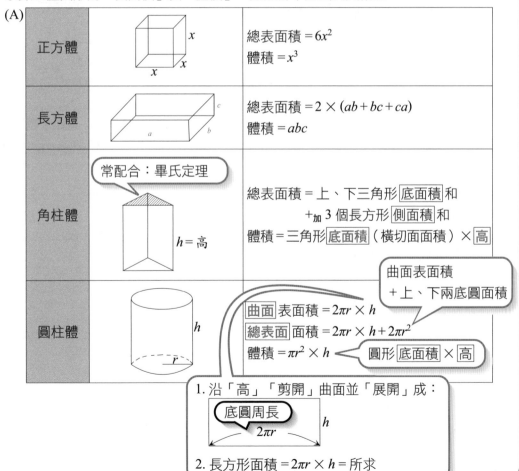

正方體	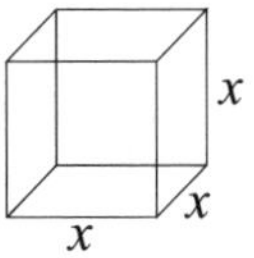	總表面積 $=6x^2$ 體積 $=x^3$
長方體	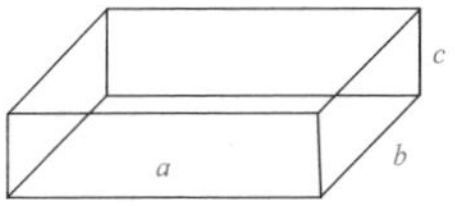	總表面積 $=2\times(ab+bc+ca)$ 體積 $=abc$
角柱體	常配合：畢氏定理 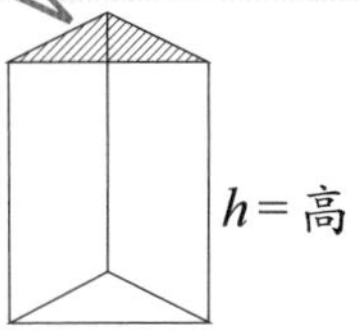	總表面積＝上、下三角形底面積和 +加 3 個長方形側面積和 體積＝三角形底面積（橫切面面積）×高
圓柱體	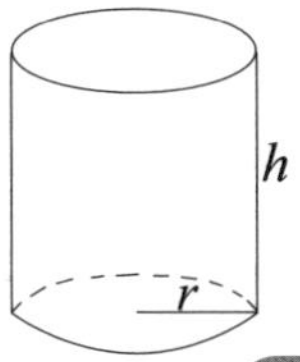	曲面表面積 $=2\pi r\times h$ 總表面面積 $=2\pi r\times h+2\pi r^2$ 體積 $=\pi r^2\times h$

曲面表面積＋上、下兩底圓面積

圓形底面積×高

1. 沿「高」「剪開」曲面並「展開」成：

2. 長方形面積 $=2\pi r\times h=$ 所求

3. 扇形面積

$=\pi l^2 \times \dfrac{\frac{r}{l}\times 360}{360}$

$=\pi r \times l=$所求

1. 沿「斜高」「剪開」曲面並「展開」成：

2. 扇形夾角 $\theta=\dfrac{2\pi r}{2\pi l}\left(=\dfrac{弧長}{圓周長}\right)\times 360°=\dfrac{r}{l}\times 360°$

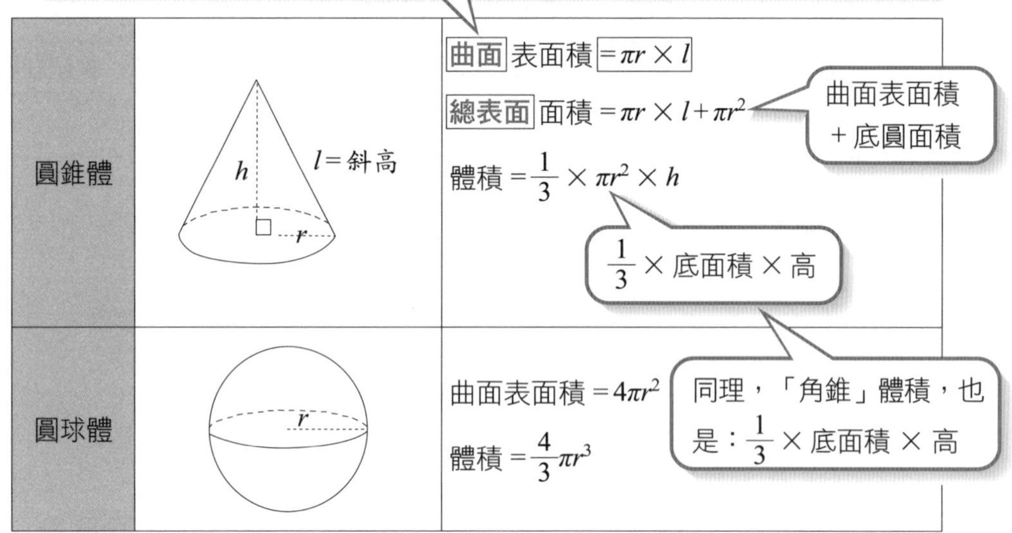

圓錐體		曲面表面積 $=\pi r\times l$ 總表面面積 $=\pi r\times l+\pi r^2$ 體積 $=\frac{1}{3}\times\pi r^2\times h$
圓球體		曲面表面積 $=4\pi r^2$ 體積 $=\frac{4}{3}\pi r^3$

(B)「立體圖形壓縮、展開」：

把立體圖形「部份重疊」或「已知訊息較多」或「捲曲」的地方，設法「壓縮成平面，並展開攤平」。

重點整理2-3 解開例題、弄懂策略

精選範例

例題 1 請填下表：

	三角錐	四角錐	五角錐	六角錐
底面形狀	(1)	(2)	(3)	(4)
面的個數	(5)	(6)	(7)	(8)
頂點個數	(9)	(10)	(11)	(12)
邊的個數	(13)	(14)	(15)	(16)

利用立體的「（底）面、頂點、邊」的定義。

Sol

底面形狀：(1)三角形　(2)四邊形　(3)五邊形　(4)六邊形

面的個數：(5)4　(6)5　(7)6　(8)7

別忘了「底面」也要算喔！

頂點個數：(9)4　(10)5　(11)6　(12)7

邊的個數：(13)6　(14)8　(15)10　(16)12

「角錐」的
①頂點數：$n+1$
②面數：$n+1$
③邊數：$2n$
④底面：n 邊形
⑤側面：三角形

Ans

(1)三角形　(2)四邊形　(3)五邊形
(4)六邊形　(5) 4　(6) 5　(7) 6　(8) 7　(9) 4
(10) 5　(11) 6　(12) 7　(13) 6　(14) 8
(15) 10　(16) 12

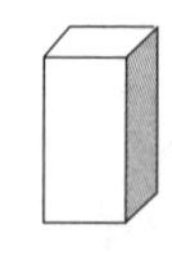

例題 2 空間中兩平行且相等的圓形可圍出一個圓柱，同樣的，空間中兩平行且相等的多邊形可圍出一個角柱，如右圖之四角柱。現已知某角柱有 16 個面，試問這個角柱有幾個頂點？

Sol

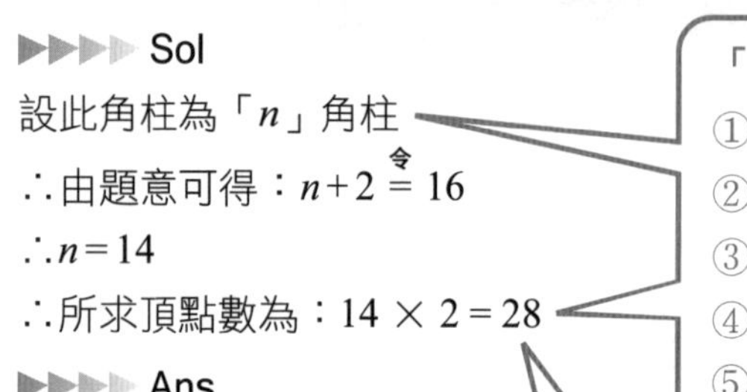

設此角柱為「n」角柱

∴由題意可得：$n+2 \overset{令}{=} 16$

∴$n=14$

∴所求頂點數為：$14\times 2=28$

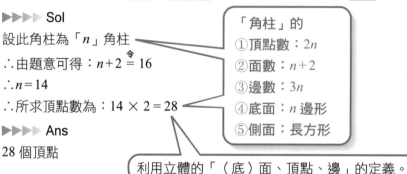

「角柱」的
①頂點數：$2n$
②面數：$n+2$
③邊數：$3n$
④底面：n 邊形
⑤側面：長方形

Ans

28 個頂點

利用立體的「（底）面、頂點、邊」的定義。

例題 3 下圖的三角柱，底面邊長為 13 公分，13 公分，10 公分的等腰三角形，高為 20 公分，求此角柱的體積？

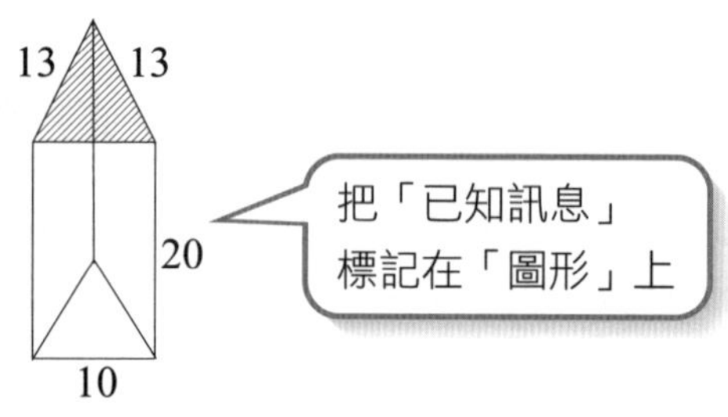

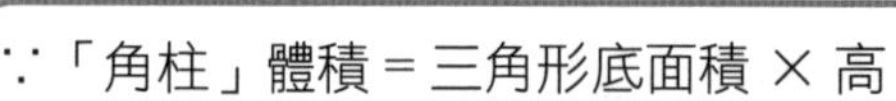

∵「角柱」體積 = 三角形底面積 × 高
∴常需搭配「畢氏定理（商高定理）」來處理「三角形底的面積」！

Sol

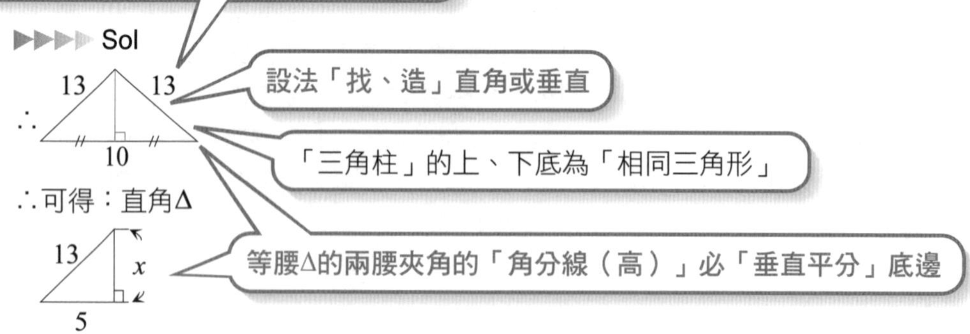

13
13
10
設法「找、造」直角或垂直
「三角柱」的上、下底為「相同三角形」
13
x
5
等腰Δ的兩腰夾角的「角分線（高）」必「垂直平分」底邊

∴可得：直角Δ

∴由「畢氏定理」可知：$13^2=x^2+5^2$

∴$x^2=13^2-5^2=169-25=144=12^2$

∴$x=12$　邊長取“正”

角柱「三角形底」的高 = 12

∴「角柱」的三角形底面積 $=\dfrac{10\times 12}{2}=60$

∴角柱的體積 $=60\times 20$

$=1200$

角柱的體積
= 三角形底面積 × 高

▶▶▶▶ Ans

1200 立方公分

例題 4 如圖所示的實心立體由一個直立圓錐體和一個與它有公共底的直立圓柱體組合而成。該公共底是一個半徑為 3 cm 的圓。圓錐體和圓柱體的高分別是 4 cm 和 3 cm。計算：

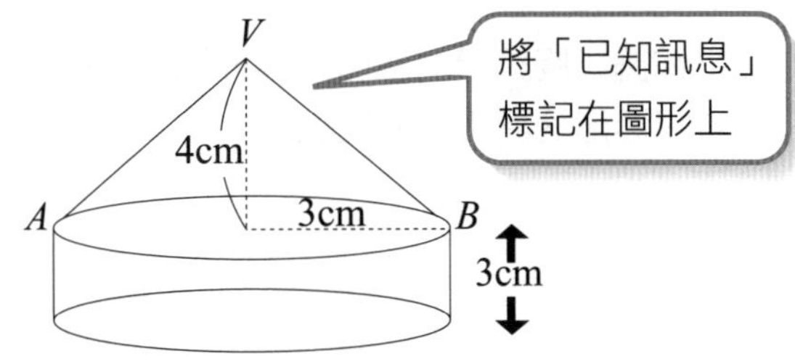

利用「周長、表面積和體積」公式來解題。

(1)斜邊 $\overline{VB}$ 的長度？

(2)該立體的總表面面積，答案以 π 表示？

(3)圓錐體的體積和整個立體的體積比？

▶▶▶▶ Sol

(1) $\overline{VB}^2=3^3+4^2=9+16=25=5^2 \Rightarrow \overline{VB}=5$

圓錐的「斜高」l

(2)圓錐體的曲面面積 $=\pi\times 3_r\times 5_l=15\pi\ (\text{cm}^2)$，

圓錐的曲面表面積 $=\pi rl$

圓柱的曲面表面積
$=2\pi rh$，h 為圓柱高

圓柱體的曲面面積 $=2\pi\times 3_r\times 3_h=18\pi\ (\text{cm}^2)$，

且底圓的面積 $=\pi\times(3_r)^2=9\pi\ (\text{cm}^2)$

圓的面積 $=\pi r^2$

∴立體的總表面面積

$=15\pi+18\pi+9\pi=42\pi\ (\text{cm}^2)$

∵「圓錐」的「底圓」跟「圓柱」的「上底圓」重合
∴「表面積」不計這兩個圓

(3)圓錐體的體積 $=\frac{1}{3}\times\pi\times(3_r)^2\times 4_h=12\pi$（$cm^3$）

圓錐體積 $=\frac{1}{3}\pi r^2h$，h 為圓錐高

圓柱體積 $=\pi r^2h$，h 為圓柱高

圓柱體的體積 $=\pi\times(3_r)^2\times 3_h=27\pi$（$cm^3$）

∴圓錐體的體積：整個立體的體積

$=(12\pi):(12\pi+27\pi)=4:13$ 同約「3」

▶▶▶▶ Ans

(1) 5 cm　(2) 42π cm^2　(3) 4：13

例題 5 如圖，圓錐體的底面圓半徑為 1，側面扇形半徑為 3，求扇形面積：底面圓面積 = ？

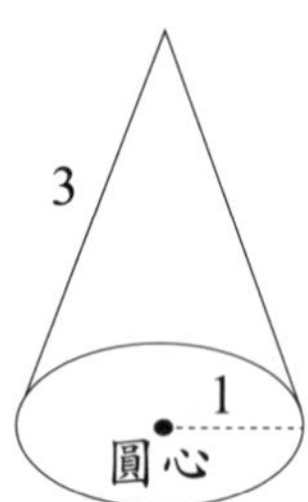

沿「斜高」「剪開」曲面並「展開」

▶▶▶▶ Sol

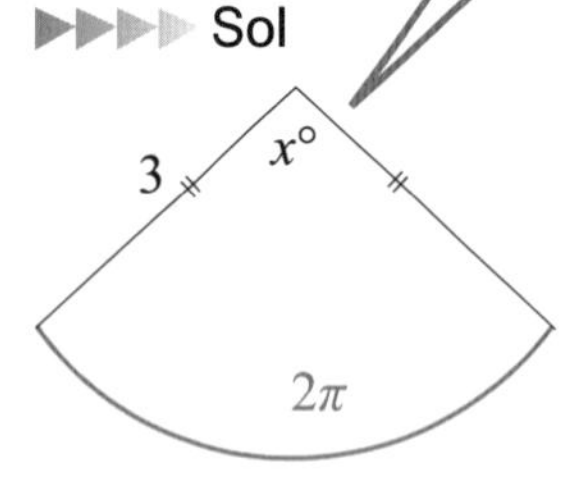

設剪開後的扇形夾角為 $x°$

∵扇形弧長 = 底圓圓周 $=2\pi\times 1=2\pi$

$2\pi\times 1$ 圓周長 $=2\pi r$（r 為半徑）

$\frac{\text{扇形弧長}}{\text{大圓圓周}}=\frac{\text{扇形圓心角 } x\text{（度）}}{\text{大圓圓心角 } 360}$

又因：$\frac{2\pi}{2\times\pi\times 3}=\frac{x}{360}$

$\therefore 3x=360$

$\therefore x=120$　分式等式，必交叉相乘相等

$\therefore\begin{cases}\text{扇形面積}=\pi\times 3^2\times\frac{120}{360}=3\pi\\ \text{底面圓面積}=\pi\times 1^2=\pi\end{cases}$

$\because\frac{\text{扇形面積}}{\text{大圓面積}}=\frac{\text{扇形圓心角 120（度）}}{\text{大圓圓心角 360}}$

$\therefore$扇形面積＝大圓面積 $\times\frac{120}{360}$

圓面積 πr^2（r 為半徑）

$\therefore$所求＝3π：π＝3：1

同步約去「π」

Ans

3：1

例題 6 有一螺絲釘，如圖所示，則表面積為幾平方公分？（圓周率 π 取 3.14）

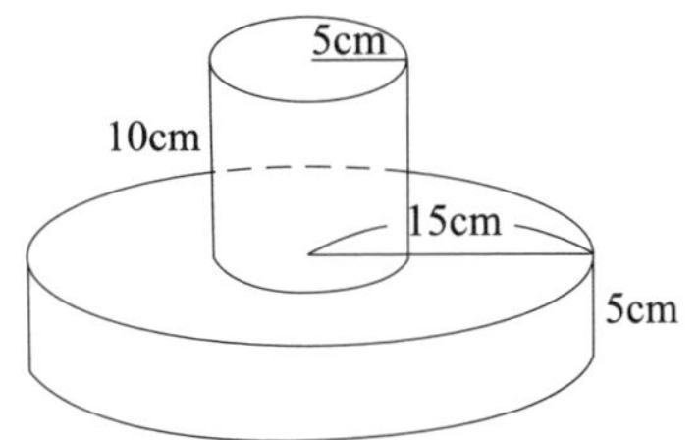

Sol

$\begin{cases}\text{上圓柱體的曲面表面積}=2\pi\times 5\times 10=100\pi\\ \text{下圓柱體的曲面表面積}=2\pi\times 15\times 5=150\pi\end{cases}$

圓柱體的曲面表面積 $=2\pi rh$（h 為圓柱高）

且將「上小圓」面積和「上大圓環」面積合併成一個「上」大圓面積，可得：

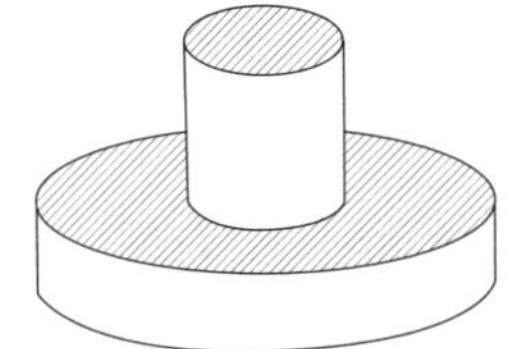

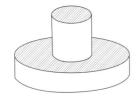

上、下底面的「大圓」面積和

$=\pi\times 15^2\times 2$

$=450\pi$

別忘了：被壓在桌面，看不見的「下底」大圓面積

$\therefore$總表面積 $=100\pi+150\pi+450\pi=700\pi\fallingdotseq 700\times 3.14=2198$（平方公分）

Ans

2198 平方公分

例題 7　如圖，圖中長方形面積為 72 cm^2，求此圓柱體體積？

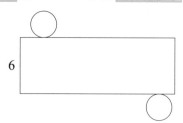

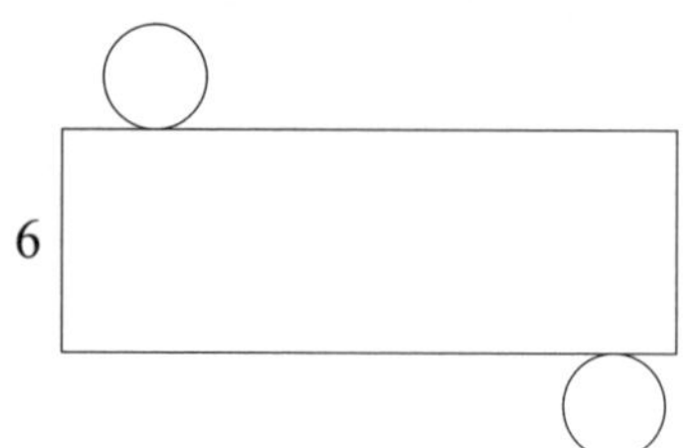

▶▶▶▶ Sol

∵長方形面積 = 長 × 寬 = 6 × 寬 = 72

∴長 = 12

∴ $12 \overset{令}{=} 2\pi r$

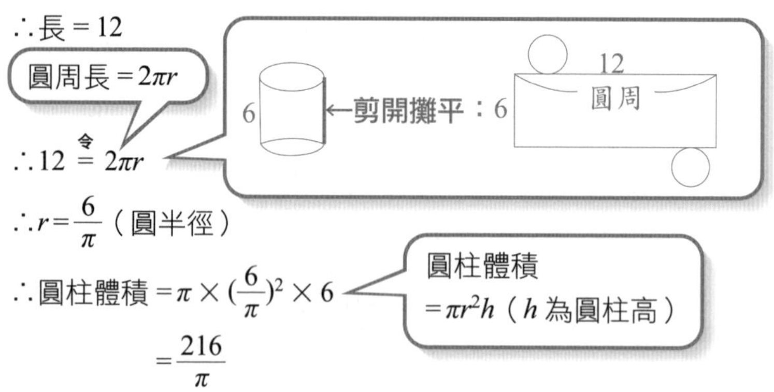

∴ $r = \frac{6}{\pi}$（圓半徑）

∴圓柱體積 $= \pi \times (\frac{6}{\pi})^2 \times 6$

$= \frac{216}{\pi}$

圓柱體積 $= \pi r^2 h$（h 為圓柱高）

▶▶▶▶ Ans

$\frac{216}{\pi}$ cm^3

例題 8　下圖所示之立體是將一個長 30 cm、寬 20 cm、高 15 cm 的長方體，在其上面正中央挖去半徑為 3 cm 的半圓柱，並在其右側邊緣挖去半徑為 2 cm 的四分之一圓柱。請問此立體之體積為多少立方公分？（圓周率 π 取 3.14）

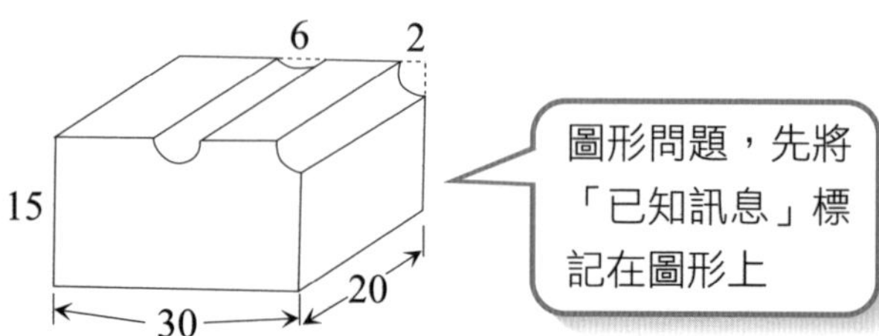

 Sol

$\because\begin{cases}①完整長方體體積 = 15 \times 30 \times 20 = 9000，\\ ②挖掉的「半圓柱」及「\frac{1}{4}圓柱」的體積和 \\ = \pi \times 3^2 \times 20 \times \frac{1}{2} \\ \quad + \pi \times 2^2 \times 20 \times \frac{1}{4} \\ = 90\pi + 20\pi \\ = 110 \times 3.14 = 345.4\end{cases}$

圓柱體積 $\pi r^2 h$（h 為圓柱高）

$\therefore$ 總體積 $= 9000 - 345.4$

$= 8654.6$

用「先補足，再扣除」方式來處理

Ans

8654.6 立方公分

例題 9 如圖，一個長方體，$\overline{AB} = 3$ m，$\overline{BC} = 4$ m，$\overline{AG} = 12$ m，一隻鳥要從 B 點飛至 E 點，至少要飛多少公尺？

Sol

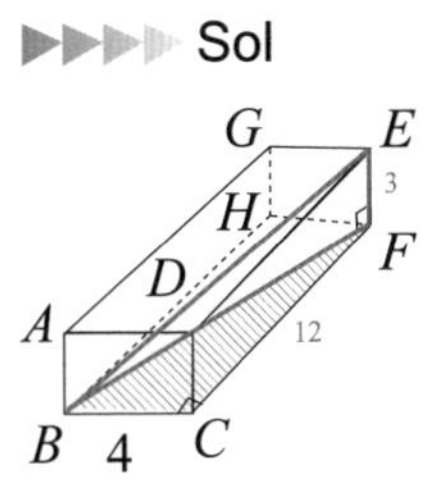

$\because$ 由圖及題意知：所求 $= \overline{BE}$

$\therefore$ 需找出斜邊為 $\overline{BE}$ 的直角Δ

利用畢氏定理：兩股平方和 = 斜邊平方

$\because \overline{BF}^2 = 4^2 + 12^2 = 160$

$\therefore \overline{BE}^2 = 160 + 3^2 = 169 = 13^2$

$\therefore \overline{BE} = 13$

兩點連線段 $\overline{BE}$ 為短距離

Ans

13 公尺

CHAPTER 3

基礎幾何的三角形「邊、角」特論（含全等）

重點整理3-1 詳論三角形的特殊邊角——含三角形的「全等」

特殊邊長 1

特殊「角」：

(A)「內角」：三角形兩邊所夾的角。

(B)「外角」：三角形一邊的延長線與另一邊所夾的角。

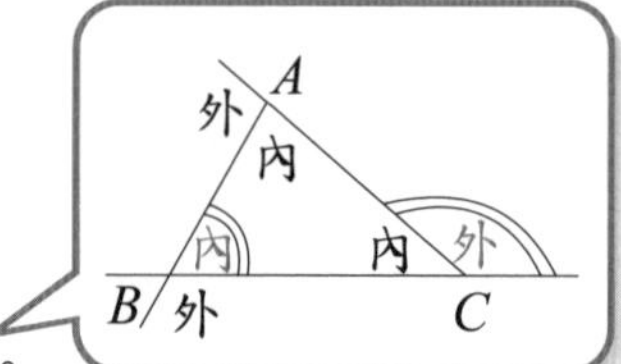

(C)「內對角」：三角形中，「與外角頂點不同」的兩個內角，我們稱為：這個外角的「內對角（或遠內角）。

特殊邊角 2

全等：

兩個「全等三角形」的「對應邊、對應角」都要「全部相等」。

三角形全等的判別方法：

A＝對應角、S＝對應邊長：B A C 全等於 E D F，並記之為「$\Delta ABC \cong \Delta DEF$」。

全等的判別要件	示意圖形	對應邊、角關係
AAS： 兩組對應角相等 且緊鄰此兩組等角的一組對應邊長相等		$\angle A=\angle D, \angle B=\angle E, \overline{BC}=\overline{EF}$
ASA： 一組對應邊長相等 且夾此等邊的對應角相等		$\angle A=\angle D, \overline{AB}=\overline{DE}, \angle B=\angle E$

全等的判別要件	示意圖形	對應邊、角關係
SAS： 一組對應角相等 且夾此等角的兩組對應邊長相等	S A S	$\overline{AB}=\overline{DE}$, $\angle A=\angle D$, $\overline{AC}=\overline{DF}$
SSS： 三組對應邊長相等	S S S	$\overline{AB}=\overline{DE}$, $\overline{BC}=\overline{EF}$, $\overline{AC}=\overline{DF}$
RHS： 直角三角形，對應的「斜邊長」相等且一組「對應股長」相等	S H	$\angle C=\angle F=90°$ $\overline{AB}=\overline{DE}$, $\overline{AC}=\overline{DF}$（或$\overline{BC}=\overline{EF}$）

亦即：三角形的 全等 性質有 AAS、ASA、SAS、SSS、RHS

重點整理3-2　應用的關鍵「特徵」與「策略」

常需將「大、小」關係，用「圖形」來加以表現！

應用 1

「三角形」的「不等式」問題，必用：

(A)「三角形邊長」必滿足：
任意兩邊和大於第三邊；三角形任意兩邊差小於第三邊，
一般我們只需檢驗：「兩個小邊和 > 最大邊」！

(B)同一個三角形「大／小」角與「大／小」邊，必相對應！
亦即：「大邊對大角」或「大角對大邊」。

大邊
小邊
小角
大角

直角Δ，尚需滿足「商高定理」

見邊角不等式，必用「大邊 v.s.大角」

應將「已知訊息」標註在「圖形」上
PS：待求項及解題過程新增已知訊息，也應逐步標記。

應用 2

三角形的「邊角」計算，必用

依指定方式作圖：圖形「唯一」⇔ 符合「全等要件」

有時，可用
◉先「併圖」、「逆溯」
◉再「切割」、「對摺」
方式來處理

(A)用「全等」來確認「待求邊角」跟「已知邊角」的關係。

AAS、ASA、SAS、SSS、RHS

(B)「全等」的判斷與應用：由「共有訊息或共有邊角」下手。

◉「幾何證明」的三要件：已知、求證、證明。
◉「幾何證明」問題：
必須將「已知」訊息「標記在圖形」上，並善用
與「待證邊角有關（最好可以形成：三角形、平行四邊形、梯形、……等完整圖形）
的「共有訊息或共同邊角」來完成證明。

「幾何證明」的「要件、手法」
在接續的基礎幾何議題都適用！

(C)等腰三角形的兩腰及兩底角相等且「中線」垂直平分底邊  。

解題，必由「最多直角或垂直」下手！

畢氏定理＝商高定理：斜邊長^2＝兩股長^{2}的和

(D) 設法「找、造」直角三角形，並善用「畢氏定理」，
「兩股乘積＝斜邊 × 斜邊高」及「RHS 全等」

(E) 見「缺角」幾何圖形，必「移補」出完整圖形。

「k」個 n 邊形可以緊密結合」的前提是：k 個合併密合的內角和＝360°（一圓周）」

(F) 有關三角形外角與內角的定理：

常配合：
1.對頂角相等
2.平角互補

- ⊙「外角和」定理：三角形三個外角和是 360°。
- ⊙「內角和」定理：三角形三個內角和是 180°。
- ⊙「外角」定理：三角形的任一「外角」，等於它「兩個內對角（遠內角）的和」。
- ⊙「內、外角」定理：同頂點的一組「內、外角和」為 180°。

注意：外角的和，一定是固定的「360°」

利用：「切割」成「三角形」技法，可得：
「有關多邊形外角與內角的定理」

(A) n 邊形的外角和定理：n 邊形 n 個外角的和＝360°。

(B) n 邊形的內角和定理：n 邊形 n 個內角的和＝$(n-2)\times 180°$。

如：可以用「對角線」將多邊形「分割為三角形」，
再來求算它的「內角和」：

四邊形的內角和 $2\times 180° = 360°$	五邊形的內角和 $3\times 180° = 540°$	六邊形的內角和 $4\times 180° = 720°$	八邊形的內角和 $6\times 180° = 1080°$
	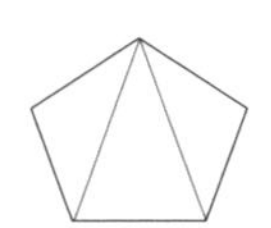	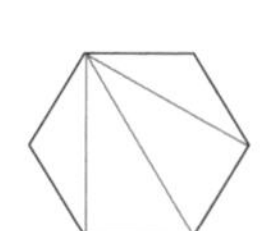	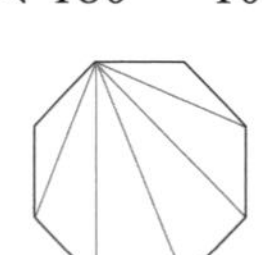

(G) 線段 的「垂直平分 線」上 任一點，到此線段的「兩 端點」「等距 離」。

反之：與 線段 的「兩 端點」「等距離」的點，必在該線段的「垂直平分 線」上

(H)「角平分 線」上 任一點，到這角的「兩（夾）邊」「等距 離」。

反之：與一角的「兩（夾）邊」「等距 離」的點，必在此角的「角平分線」上

見「尺規」作圖，必聯想，
「角分線（到邊等距）」及
「中垂線（到端點等距）」

PS-1：特殊「角度」三角形的「邊長比」：

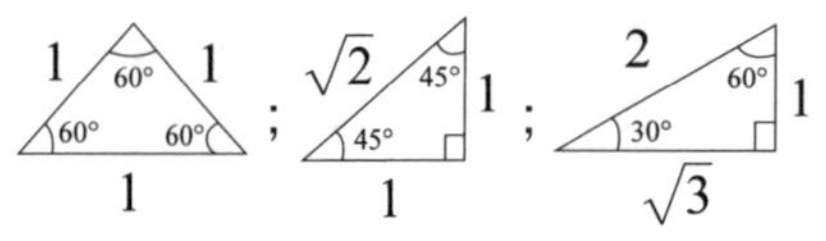

PS-2：特殊「邊長」的直角三角形「邊長比」：

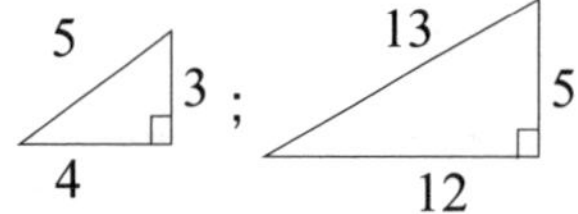

重點整理3-3 解開例題、弄懂策略

精選範例

例題 1 ΔABC 中，$\overline{AB}=1$，$\overline{BC}=\sqrt{3}-1$，$\overline{AC}=\sqrt{2}-1$，比較：
(1)$\overline{AB}$、$\overline{BC}$、$\overline{AC}$ 的長短？ (2)$\angle A$、$\angle B$、$\angle C$ 的大小？

Sol

利用「大角與大邊相對應」概念來解題。

$\because 2=\sqrt{4}>\sqrt{3}>\sqrt{2}$

$\therefore 1=2-1>\sqrt{3}-1>\sqrt{2}-1$

$\therefore \overline{AB}>\overline{BC}>\overline{AC}$

$\because \overline{BC}=\sqrt{3}-①$ 且
$\overline{AC}=\sqrt{2}-①$
$\therefore$ 設法把 $\overline{AB}$ 也寫成「$2-①$」

把這些「大、小」關係，
用「圖形」加以表現

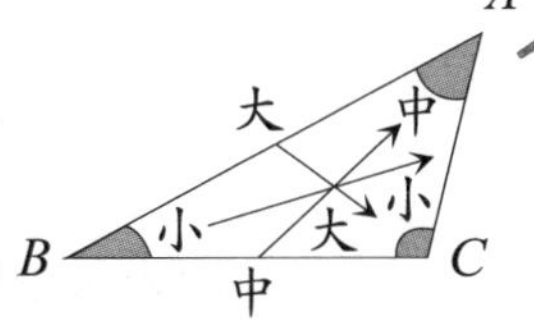

$\therefore \angle C>\angle A>\angle B$

「大角與大邊」相對應

Ans

(1) $\overline{AB}>\overline{BC}>\overline{AC}$ (2) $\angle C>\angle A>\angle B$

例題 2 如下圖，甲、乙兩人在同一水平面上溜冰，且乙在甲的正東方 300 公尺處。已知甲、乙分別以東偏北 70°、西偏北 60°的方向直線滑行，而後剛好相遇，因而停止滑行。對於兩人滑行的距離，下列敘述何者正確？

(A)乙滑行的距離較長　(B)兩人滑行的距離一樣長
(C)甲滑行的距離小於 300 公尺　(D)乙滑行的距離小於 300 公尺

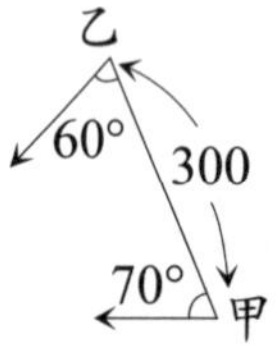

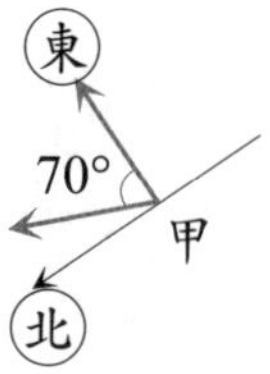

▶▶▶▶ Sol

由「題目訊息」可得下圖：

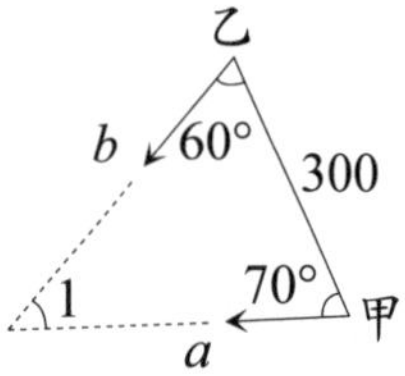

$\because \angle 1 = 180° - 70° - 60° = 50°$ （內角和 = 180°）

　且 $50° < 60° < 70°$

$\therefore 300 < a < b$ （大角對大邊）

∴乙滑行的距離較長

∴選 (A)

▶▶▶▶ Ans

(A)

「三角形」要件的判斷問題

例題 3　若 x 為整數，且 4、7、x 為一三角形的三邊長，求 x 的值？

▶▶▶▶ Sol

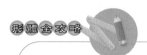

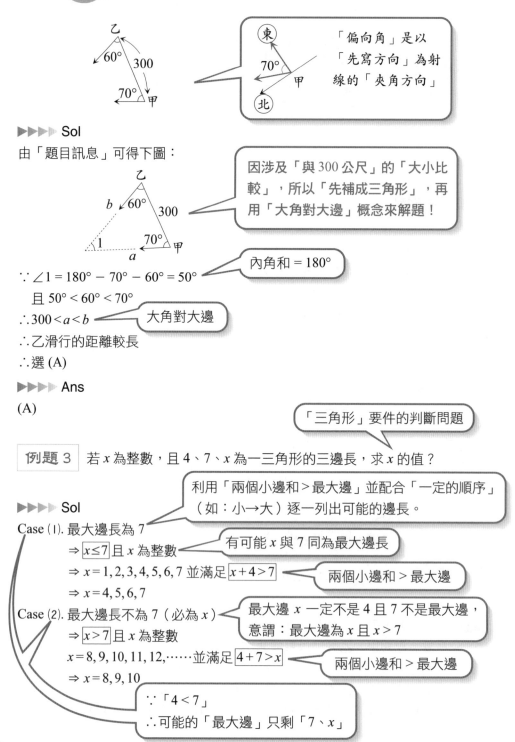

利用「兩個小邊和 > 最大邊」並配合「一定的順序」（如：小→大）逐一列出可能的邊長。

Case (1). 最大邊長為 7

　$\Rightarrow$ $\boxed{x \le 7}$ 且 x 為整數 （有可能 x 與 7 同為最大邊長）

　$\Rightarrow x = 1, 2, 3, 4, 5, 6, 7$ 並滿足 $\boxed{x + 4 > 7}$ （兩個小邊和 > 最大邊）

　$\Rightarrow x = 4, 5, 6, 7$

Case (2). 最大邊長不為 7（必為 x）（最大邊 x 一定不是 4 且 7 不是最大邊，意謂：最大邊為 x 且 $x > 7$）

　$\Rightarrow$ $\boxed{x > 7}$ 且 x 為整數

　$x = 8, 9, 10, 11, 12, \cdots\cdots$ 並滿足 $\boxed{4 + 7 > x}$ （兩個小邊和 > 最大邊）

　$\Rightarrow x = 8, 9, 10$

$\because$「$4 < 7$」

$\therefore$ 可能的「最大邊」只剩「7、x」

Ans

4、5、6、7、8、9、10

「三角形」要件的判斷問題

例題 4 已知有長 3 公分、6 公分之兩線段，下列敘述何者錯誤？

(A)若另有一長為 3 公分的線段，則此三線段可構成等腰三角形

三角形要件及兩腰等長

(B)若另有一長為 6 公分的線段，則此三線段可構成等腰三角形

三角形要件及兩腰等長

(C)若另有一長為 $3\sqrt{3}$ 公分的線段，則此三線段可構成直角三角形

三角形要件及商高定理

(D)若另有一長為 $3\sqrt{5}$ 公分的線段，則此三線段可構成直角三角形

三角形要件及商高定理

Sol

兩小邊和 > 最大邊

(A) $3+3=6$ 無法構成 Δ

(B) $\because 3+6=9>6 \quad \therefore 6, 3, 6$ 可以構成等腰 Δ

(C) $\because 3^2+(3\sqrt{3})^2=6^2$

$\therefore 3, 3\sqrt{3}, 6$ 可以構成直角 Δ

(D) $\because 3^2+6^2=(3\sqrt{5})^2$

$\therefore 3, 6, 3\sqrt{5}$ 可以構成直角 Δ

選 $\therefore$ (A)

滿足「商高定理」的「3 個線段」，

兩小邊平方和 = 最大邊平方

必滿足「三角形要件」

$a^2+b^2=c^2$

$\Rightarrow \boxed{(a+b)^2} = \boxed{a^2+b^2} + 2ab > \boxed{c^2}$

$\Rightarrow a+b>c$

Ans

(A)

例題 5 如下圖，有兩個三角錐 $ABCD$、$EFGH$，而甲、乙、丙、丁分別表示 ΔABC、ΔACD、ΔEFG、ΔEGH。

若 $\angle ACB = \angle CAD = \angle EFG = \angle EGH = 70°$，

$\angle BAC = \angle ACD = \angle EGF = \angle EHG = 50°$，則下列敘述何者正確？

(A)甲、乙全等，丙、丁全等　(B)甲、乙全等，丙、丁不全等

(C)甲、乙不全等，丙、丁全等　(D)甲、乙不全等，丙、丁不全等

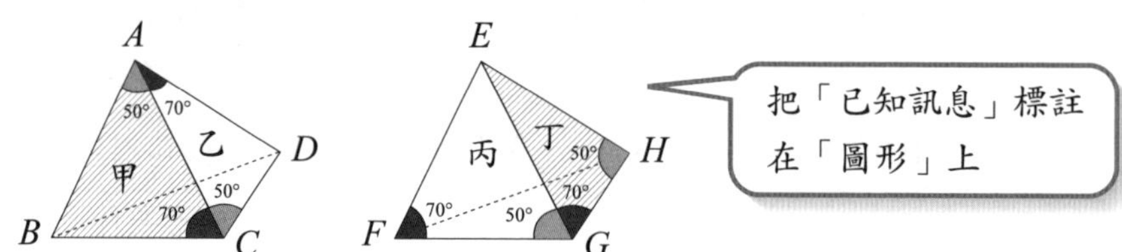

Sol

1. ∵ $\angle ACB = \angle CAD = 70°$ 及 $\overline{AC} = \overline{CA}$

$\angle BAC = \angle ACD = 50°$

∴甲 ≅ 乙

ASA 全等

三角形「全等」：AAS、ASA、SAS、SSS、RHS

內角和 = 180°

2. ∵ $\angle FEG = \angle GEH = 180° - (50° + 70°) = 60°$

∴兩個三角形的三個角對應相等

但沒有「任何一個對應（夾）邊相等」

∴丙與丁不全等

∴選(B)

（圖：E；60°；50°；丙；丁；70°；50°；G）

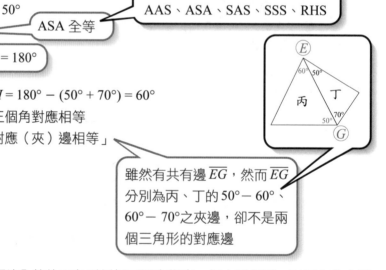

雖然有共有邊 $\overline{EG}$，然而 $\overline{EG}$ 分別為丙、丁的 50° − 60°、60° − 70°之夾邊，卻不是兩個三角形的對應邊

Ans

(B)

例題 6 若使用兩塊全等的三角形紙板可緊密拼出一個大三角形，則原來的小紙板必須是何種圖形？

(A)等腰三角形　(B)鈍角三角形

(C)鋭角三角形　(D)直角三角形　【基測 95】

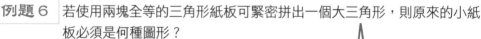

由題意知：本題為先「併圖、逆溯」再「切割 或 對摺」概念的應用

利用「兩角併成一線，則成平角 = 180°」並配合「逆溯」概念來解題。

Sol

逆溯：先假設可併出指定的三角形

1. ∵「兩角併成一線」又要「全等」

   ∴可知：「併成大三角形」必「等腰」△

2. 再於這個「併成的大三角形」進行「切割（或：對摺）為兩塊全等的三角形」可得：

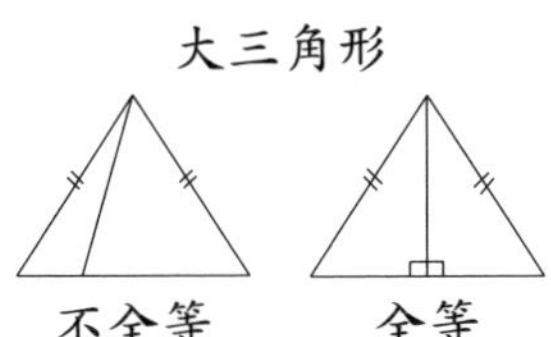

Ans

(D)

例題 7 如圖，$\angle BDC = 120°$，$\angle B = 40°$，$\angle C = 50°$，求$\angle A$ 的度數？

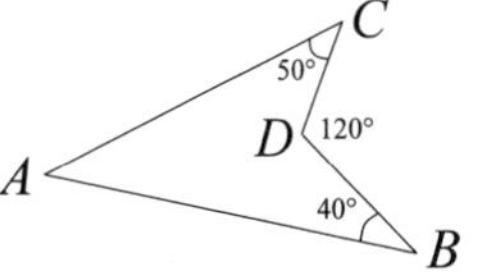

見「缺角」幾何圖形，必「移補」出完整圖形。

Sol

1. 連接 $\overline{BC}$，使圖形變得完整

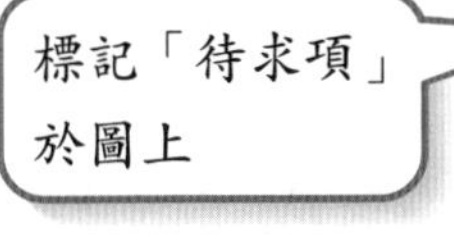

C
50°
D
120°
A 待求
40°
B

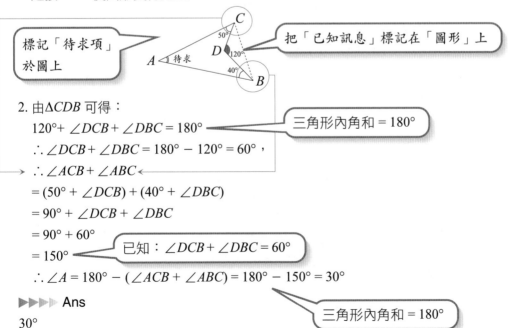

把「已知訊息」標記在「圖形」上

2. 由ΔCDB 可得：

   $120° + \angle DCB + \angle DBC = 180°$

   三角形內角和 = 180°

   $\therefore \angle DCB + \angle DBC = 180° - 120° = 60°$，

   $\therefore \angle ACB + \angle ABC$

   $= (50° + \angle DCB) + (40° + \angle DBC)$

   $= 90° + \angle DCB + \angle DBC$

   $= 90° + 60°$

   $= 150°$

   已知：$\angle DCB + \angle DBC = 60°$

   $\therefore \angle A = 180° - (\angle ACB + \angle ABC) = 180° - 150° = 30°$

   三角形內角和 = 180°

Ans

30°

例題 8 在ΔABC 中，$\angle A=5\angle C$，$\angle B=3\angle C$，求$\angle A$、$\angle B$、$\angle C$ 各為多少度？

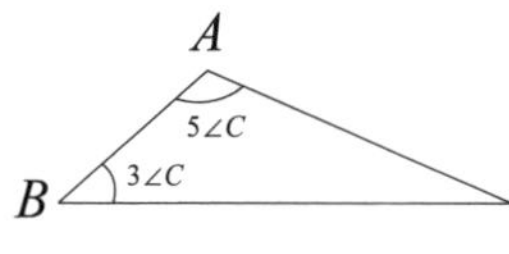

把「已知訊息」標記在「圖形」上

Sol

$\therefore \angle A+\angle B+\angle C=180^\circ$

$\Rightarrow 5\angle C+3\angle C+\angle C=180^\circ$

$\Rightarrow 9\angle C=180^\circ$

$\Rightarrow \angle C=20^\circ$

$\therefore \angle A=5\angle C=5\times 20^\circ=100^\circ$

且 $\angle B=3\angle C=3\times 20^\circ=60^\circ$

求三「內角」問題，必利用「三角形內角和為 180°」來解題。

Ans

$\angle A=100^\circ$，$\angle B=60^\circ$，$\angle C=20^\circ$

例題 9 如圖，有兩個直角三角形 ABC、BDE，三內角分別為 30°－60°－90°、45°－45°－90°。已知$\overline{BD}=\overline{BC}$，求$\angle DEC=$ ？

(A)90°　(B)105°　(C)135°　(D)150°

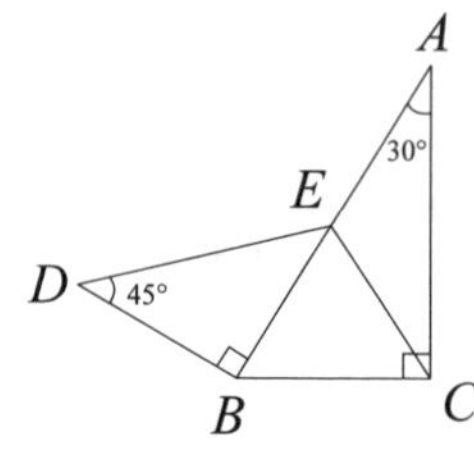

Sol

由題目陳述，可得：

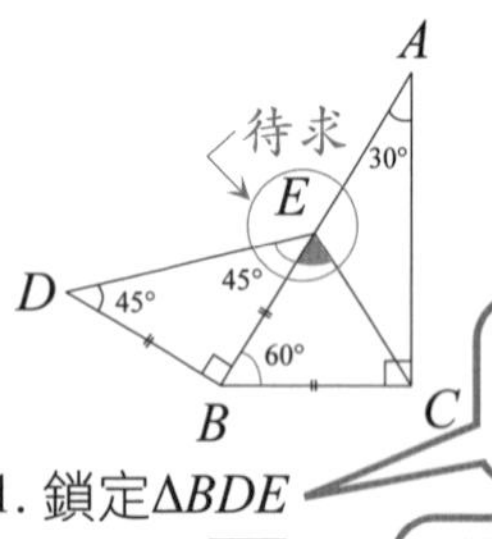

把「已知訊息」標記在「圖形」上

1. 鎖定ΔBDE

$\because \overline{DB}=\boxed{\overline{BE}}$　45°−45°−90°的等腰直角三角形

又 $\overline{BD}=\boxed{\overline{BC}}$　已知條件

$\therefore \overline{BE}=\overline{BC}$

$\therefore \Delta BCE$ 為等腰三角形　$\overline{BE}=\overline{BC}$

有「直角」的已知訊息，必先鎖定「直角Δ」

此Δ與「已知邊角」及「待求（邊角）」關聯性最高

2. 又因 $\angle ABC = 60°$ （已知條件）

∴ ΔBCE 為正三角形 （∵等腰三角形的頂角為 60°。∴必為正三角形）

∴ $\angle BEC = 60°$ （正Δ的每一個內角 = 60°）

3. ∴所求：$\angle DEC = \angle DEB + \angle BEC = 45° + 60° = 105°$

∴選(B)

∵Δ內角和 = 180°且頂角 = 60°
∴兩相等底角和 = 120°

▶▶▶▶ Ans

(B)

例題 10 在 ΔABC 中，$\angle C$ 的外角為 115°，$\angle A = 30°$，求 $\angle B$、$\angle C$ 各為多少度？

把「已知訊息」及「待求項」都標記在「圖形」上

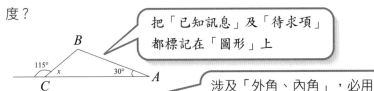

▶▶▶▶ Sol

涉及「外角、內角」，必用「外角＝兩個內對角（遠內角）和」及「三角形內角和為 180°」來解題。

∵ $\angle C$ 的兩個內對角（遠內角）為 $\angle A$ 及 $\angle B$

∴ $115° = \angle A + \angle B = 30° + \angle B$ （外角 = 兩個遠內角和）

∴ $\angle B = 85°$

又因：$\angle A + \angle B + \angle C = 180°$ （三角形內角和 = 180°）

∴ $30° + 85° + \angle C = 180°$

∴ $\angle C = 65°$

▶▶▶▶ Ans

$\angle B = 85°$，$\angle C = 65°$

例題 11 如，ΔABC 中，D、E 兩點分別在 $\overline{AC}$、$\overline{BC}$ 上，且 $\overline{AB} = \overline{AC}$、$\overline{CD} = \overline{DE}$。若 $\angle A = 40°$，$\angle ABD : \angle DBC = 3 : 4$，則 $\angle BDE =$ ？

(A)25°　(B)30°　(C)35°　(D)40°　【基測 97】

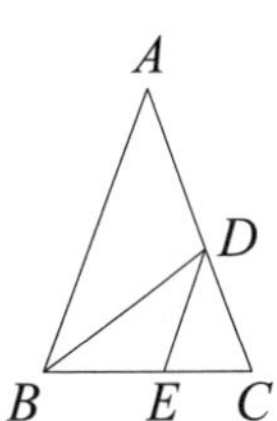

▶▶▶▶ Sol

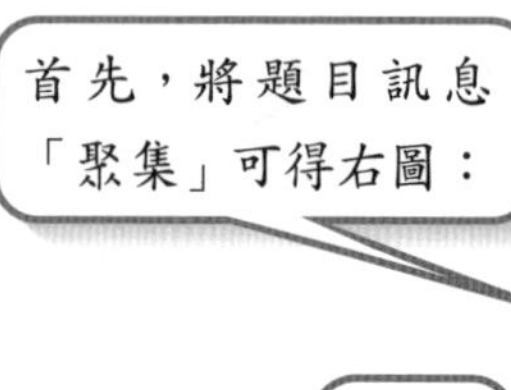

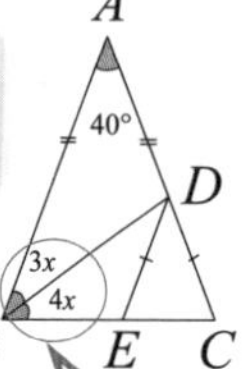

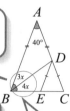

已知：$\angle ABD:\angle DBC=3:4$

「比例問題」，必引入「比例常數」

1. $\because \overline{AB}=\overline{AC}$ 「大」
   $\therefore \Delta ABC$ 為等腰三角形
   $\therefore \angle B=\angle C=\dfrac{180°-40°}{2}=70°$ 等腰且三內角和 $=180°$　底角相等
   $\therefore 70°=\angle B=3x+4x \Rightarrow 7x=70° \Rightarrow x=10°$
2. $\because \overline{CD}=\overline{DE}$
   $\therefore \Delta DEC$ 為「小」等腰三角形
   $\therefore \angle DEC=\angle C=70°$　等腰Δ的底角相等
   $\therefore \angle DEC=\angle DBC+\angle BDE$　參見ΔBDE：外角 = 兩內對角和
   $\therefore 70°=40°+\angle BDE$
   $\therefore \angle BDE=30°$　$\angle DBC=4x=4\times 10°=40°$
   $\therefore$選(B)

▶▶▶▶ Ans

(B)

例題 12　如圖，求$\angle A+\angle B+\angle C+\angle D$？

▶▶▶▶ Sol

1. 連接$\overline{CD}$、$\overline{CB}$、$\overline{AD}$，使圖形變得完整

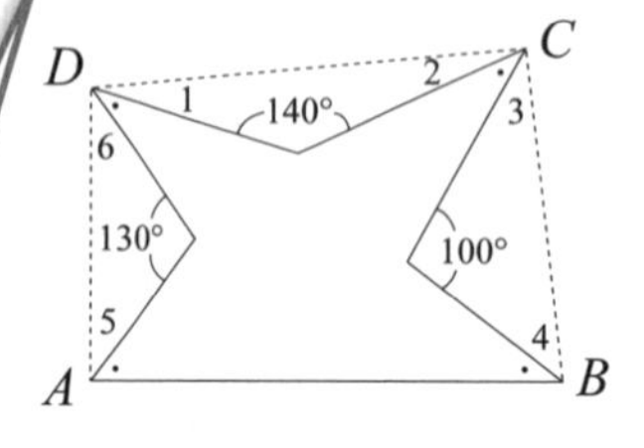

把「已知訊息」及「待求項」標記在「圖形」上

見「缺角」幾何圖形，必「移補」出完整圖形。

2. 由三角形內角和 = 180°可得：

$$\begin{cases}\angle 1+\angle 2=180^\circ-140^\circ=40^\circ\text{（上}\Delta\text{）}\\ \angle 3+\angle 4=180^\circ-100^\circ=80^\circ\text{（右}\Delta\text{）}\\ \angle 5+\angle 6=180^\circ-130^\circ=50^\circ\text{（左}\Delta\text{）}\end{cases}$$

$\angle 1+\angle 2+\angle 3+\angle 4+\angle 5+\angle 6+\angle A+\angle B+\angle C+\angle D$

= 四邊形 $ABCD$ 之內角和

$=(4-2)\times 180^\circ$

n 邊形內角和 $=(n-2)\times 180^\circ$

$\Rightarrow 40^\circ+80^\circ+50^\circ+\angle A+\angle B+\angle C+\angle D=360^\circ$

$\therefore \angle A+\angle B+\angle C+\angle D=360^\circ-170^\circ=190^\circ$

Ans

190°

例題 13 如圖，ΔABC 的邊長為 a 的正三角形紙張，在各角剪去一個三角形，使得剩下的六邊形 $PQRSTU$ 為正六邊形，則此正六邊形的周長為？

(A) $2a$ (B) $3a$ (C) $\frac{3}{2}a$ (D) $\frac{9}{4}a$

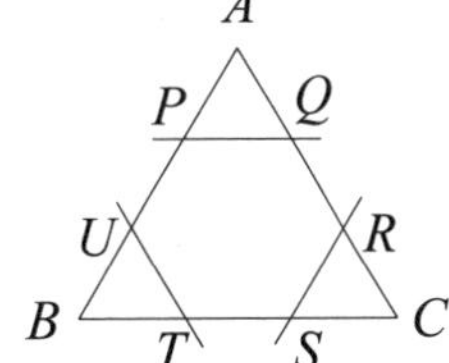

Sol

正Δ的每個內角 = 60°
並把「已知訊息」標記在「圖形」上

$\because$ n 邊形內角和 $=(n-2)\times 180^\circ$
$\therefore$「正 n 邊形之任意一個內角 $=\frac{(n-2)\times 180^\circ}{n}$」來解題。

$\because$ 正六邊形之內角 $=\frac{(6-2)\times 180^\circ}{6}=120^\circ$

$\therefore \angle 1=\angle 2=180^\circ-120^\circ=60^\circ$（平角 = 180°）

$\therefore \Delta APQ$ 為正三角形

$\because \angle A=60^\circ$ 為正三角形 ΔABC 的一個內角
$\therefore \angle A=\angle 1=\angle 2=60^\circ$

$\therefore \overline{AQ}=\overline{AP}=\overline{PQ}=\overline{PU}=\overline{UT}=\overline{UB}=\overline{BT}\ (=\frac{\overline{AB}}{3})$

（$\overline{AQ}=\overline{AP}$：正三角形等長；$\overline{PQ}=\overline{PU}=\overline{UT}$：正六邊形等長；$\overline{UB}=\overline{BT}$：正三角形等長）

$\because \overline{AP}=\overline{PU}=\overline{UB}$ 合組出 $\overline{AB}$
$\therefore \overline{AP}=\overline{PU}=\overline{UB}=\frac{\overline{AB}}{3}$

仿 ΔAPQ 的處理，可得：
ΔBUT 及 ΔCRS 也是正Δ

$\therefore$ 所求正六邊形的周長 $=6\overline{PQ}=6\overline{AP}=2\overline{AB}=2a$

$\overline{PQ}=\overline{AP}$　$\overline{AP}=\frac{\overline{AB}}{3}$

$\therefore$ 選(A)

Ans

(A)

例題 14 已知小娟家的地板全由同一形狀且大小相同的地磚緊密的鋪成。若此地磚的形狀是一正多邊形，則下列何者不可能是此地磚的形狀？

(A)正三角形　(B)正方形

(C)正五邊形　(D)正六邊形

> 利用「k 個 n 邊形可以緊密結合」的前提是：「k 個合併密合的內角和 = 360°（一圓周）」來解題。

Sol

地磚內角必須為 360°的正因數（k 個合併密合的內角和 = 360°）：

(A) 正三角形每一內角：60°（為 360°的因數）

(B) 正方形每一內角：90°（為 360°的因數）

(C) 正五邊形每一內角：$\dfrac{180^\circ \times (5-2)}{5} = 108^\circ$（不為 360°的因數）

(D) 正六邊形每一內角：$\dfrac{180^\circ \times (6-2)}{6} = 120^\circ$（為 360°的因數）

∴選(C)

Ans

(C)

例題 15 等腰ΔABC 中，頂角$\angle A = 106^\circ$，若底角$\angle B$ 和$\angle C$ 的平分線交於 O 點，求$\angle BOC$ 的度數？

Sol

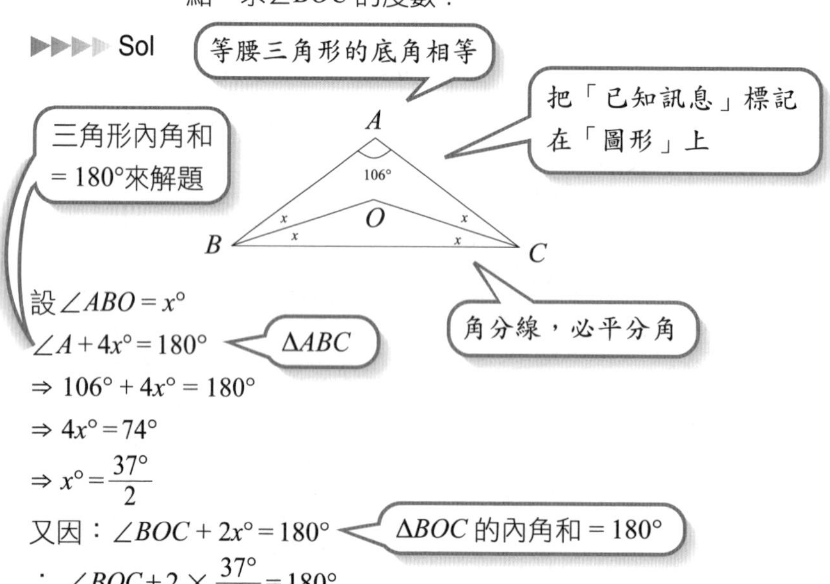

等腰三角形的底角相等
把「已知訊息」標記在「圖形」上
三角形內角和 = 180°來解題
A
106°
O
x
x
x
x
B
C
角分線，必平分角

設$\angle ABO = x^\circ$

$\angle A + 4x^\circ = 180^\circ$　（ΔABC）

$\Rightarrow 106^\circ + 4x^\circ = 180^\circ$

$\Rightarrow 4x^\circ = 74^\circ$

$\Rightarrow x^\circ = \dfrac{37^\circ}{2}$

又因：$\angle BOC + 2x^\circ = 180^\circ$　（ΔBOC 的內角和 = 180°）

$\therefore \angle BOC + 2 \times \dfrac{37^\circ}{2} = 180^\circ$

$\Rightarrow \angle BOC = 180° - 37° = 143°$

Ans

143°

例題 16 如圖 $\angle A + \angle B + \angle C + \angle D + \angle E + \angle F =$ ？度

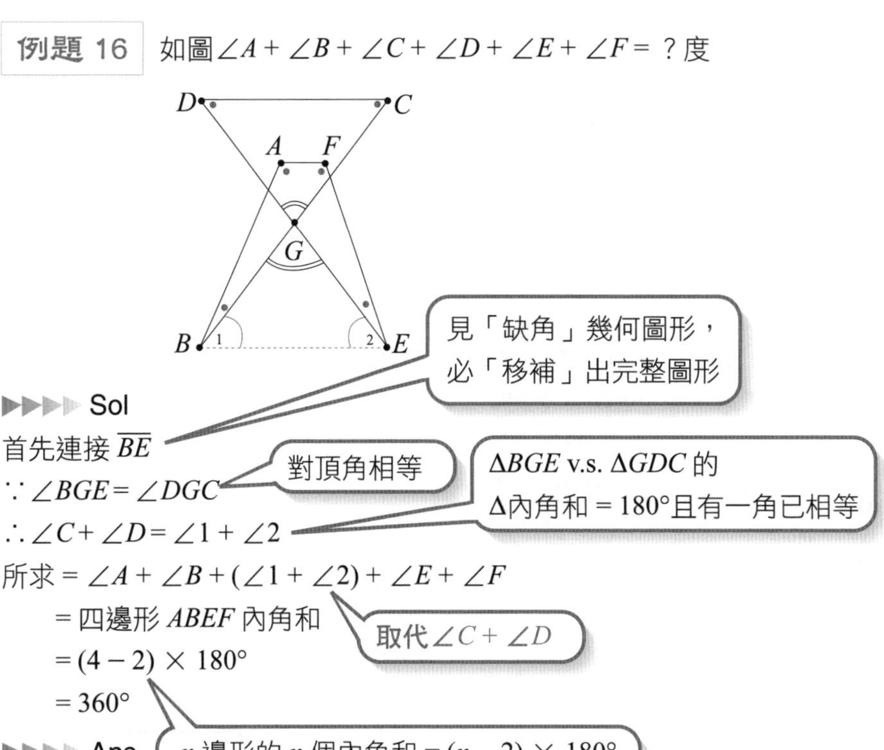

Sol

首先連接 $\overline{BE}$

$\because \angle BGE = \angle DGC$

$\therefore \angle C + \angle D = \angle 1 + \angle 2$

所求 $= \angle A + \angle B + (\angle 1 + \angle 2) + \angle E + \angle F$

= 四邊形 $ABEF$ 內角和

$= (4-2) \times 180°$

$= 360°$

Ans

360°

例題 17 如圖，正方形 $ABCD$，$CEFG$，若 $\angle DCG = 30°$，$\angle CED = 25°$，求 $\angle GBC =$ ？

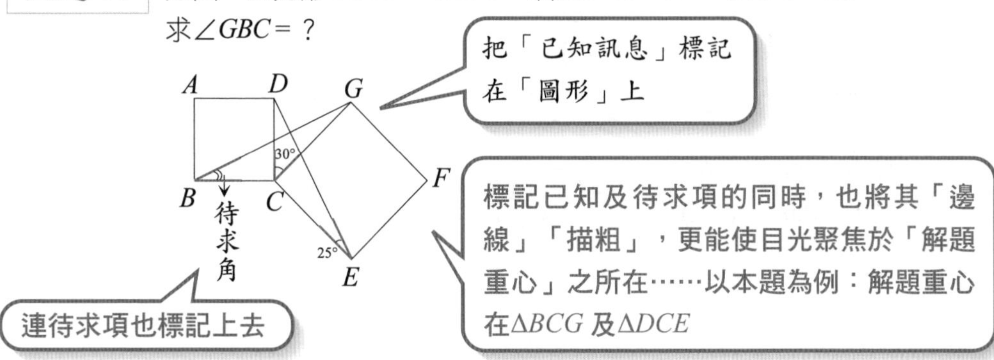

A
D
G
F
B
C
E
30°
25°
待求角
把「已知訊息」標記
在「圖形」上
標記已知及待求項的同時，也將其「邊線」「描粗」，更能使目光聚焦於「解題重心」之所在……以本題為例：解題重心在ΔBCG 及ΔDCE
連待求項也標記上去

▶▶▶▶ Sol

$\because$ 在 ΔBCG 和 ΔDCE 中，

$\overline{BC}=\overline{CD}$，$\overline{CG}=\overline{CE}$

$\boxed{\angle BCG} = 90° + 30° = \boxed{\angle DCE}$

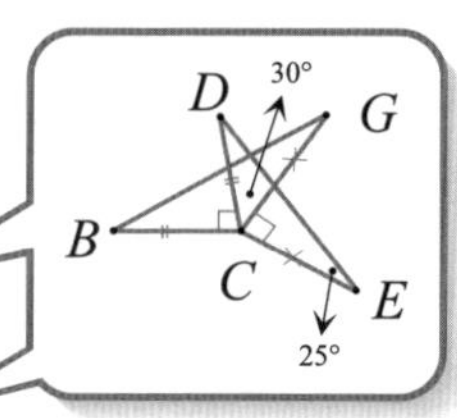

$\therefore \Delta BCG \cong \Delta DCE$（SAS 全等）

$\therefore \angle GBC = \angle EDC = 180° - 30° - 90° - 25°$

$= 35°$

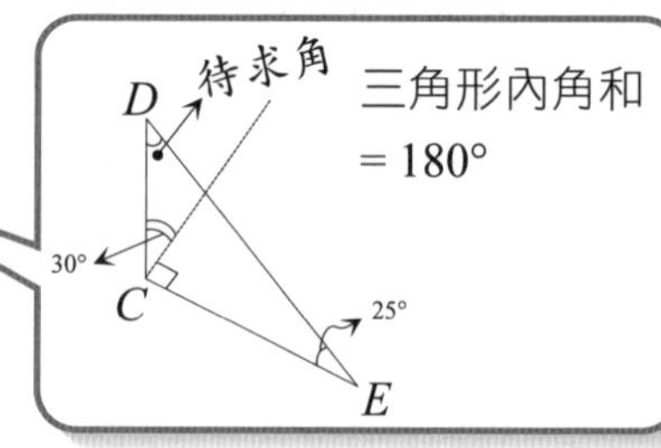

▶▶▶▶ Ans

35°

例題 18　如圖，$ABCDEF$ 為一正六邊形，$EFGHI$ 為一正五邊形，求 $\angle EDI$ = ？度

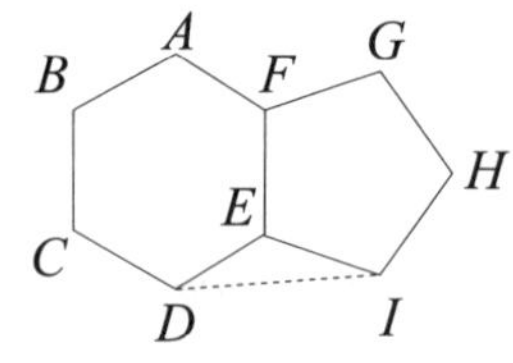

見「缺角」幾何圖形，必「移補」出完整圖形

▶▶▶▶ Sol

$\because$ 求 $\angle EDI$

$\therefore$ 將 $\overline{DI}$ 連接，形成 ΔEDI

n 邊形內角和 $= (n-2) \times 180°$

$\because \angle FED = \boxed{(6-2) \times 180°} \times \frac{1}{6}$

$= 4 \times 180° \times \frac{1}{6}$

$= 120°$

且 $\angle FEI = (5-2) \times 180° \times \frac{1}{5}$

$= 3 \times 180° \times \frac{1}{5}$

$= 108°$

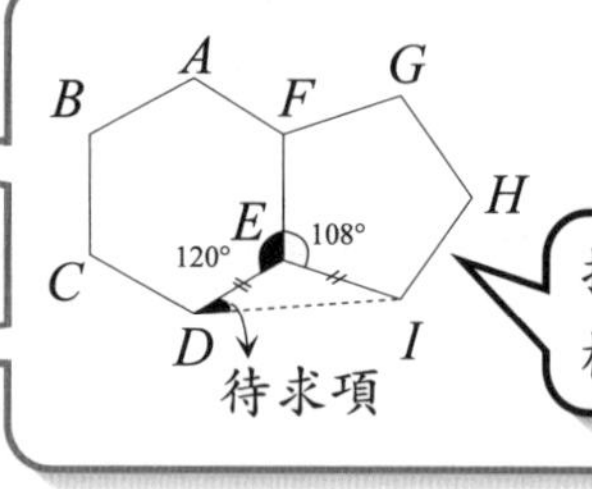

把「已知訊息」標記在圖形上

$\therefore \angle DEI = 360° - 120° - 108°$

$= 240° - 108°$

$= 132°$

120°　108°　E　?　D　I

又因：ΔEDI 為等腰三角形

$\therefore \angle EDI = (180° - 132°) \div 2$

$= 24°$

等腰三角形兩底相等

 Ans

24°

例題 19　$\angle A + \angle B + \angle C + \angle D + \angle E + \angle F + \angle G =$ ？

(A)360°　(B)540°　(C)720°　(D)900°　(E)1080°

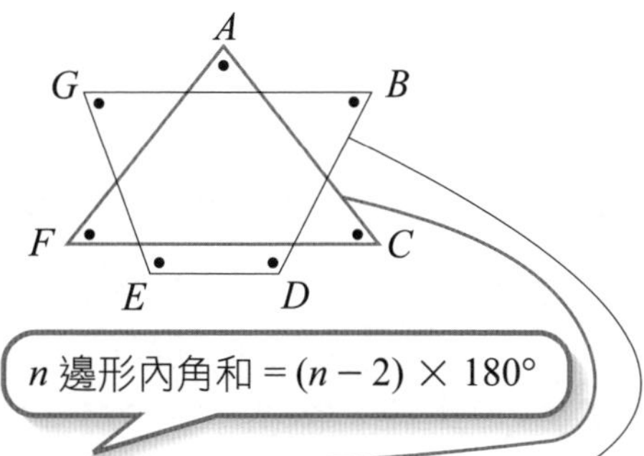

Sol

所求 $= \Delta AFC$ 之內角和 + □$BDEG$ 之內角和

$= (3-2) \times 180° + (4-2) \times 180°$

$= 3 \times 180°$

$= 540°$

Ans

(B)

例題 20　如下圖為兩正方形 $ABCD$、$EFGH$ 與正三角形 IJK 的位置圖，其中 D、E、J 三點分別在 $\overline{IJ}$、$\overline{CD}$、$\overline{EH}$ 上。若 $\angle CEF = 55°$，則 $\angle IDA$ 與 $\angle KJH$ 的「角度和」為何？

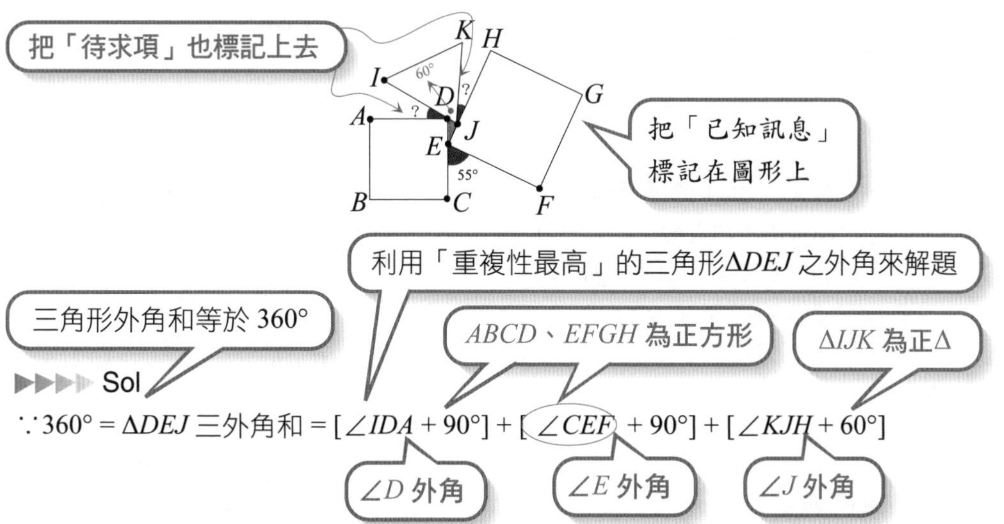

Sol

$\because 360° = \Delta DEJ$ 三外角和 $= [\angle IDA + 90°] + [\angle CEF + 90°] + [\angle KJH + 60°]$

且 $\angle CEF = 55°$

$\therefore 360° = \angle IDA + \angle KJH + 295°$

$\therefore \angle IDA + KJH = 65°$

$90° + 55° + 90° + 60°$

Ans

$\angle IDA + KJH = 65°$

例題 21　如圖，已知$\angle A + \angle B = 105°$，$\angle C + \angle D = 85°$，求$\angle CFD =$ ？

將「已知及待求項」的邊描粗，以判別「解題重點」之所在！

A　D　75°　E　F　待求角　B　C

$\because$ 求$\angle CFD$

$\therefore$ 優先連接 $\overline{CD}$

Sol

①連接 $\overline{CD}$，

見「缺角」幾何圖形，必「移補」出完整圖形

② $\because \angle A + \angle B = 105°$

$\therefore \angle AEB = 180° - 105°$

$= 75°$

三角形ΔABE 內角和 $= 180°$

又因：$\angle AEB = \angle CED$

對頂角相等

$\angle FDC + \angle FCD = 180° - 75° - 85°$

$= 20°$

ΔCED 的內角和 $= 180°$，$\angle CED = \angle AEB = 75°$ 且$\angle C + \angle D = 85°$

$\therefore \angle CFD = 180° - 20° = 160°$

Ans

160°

ΔCFD 的內角和 $= 180°$

例題 22　如圖，已知坐標平面上有三點 $A(a,b)$，$B(2,4)$，$C(2,-3)$，且$\angle C = 90°$，$\overline{AB} = \sqrt{170}$，求 $a+b=$ ？

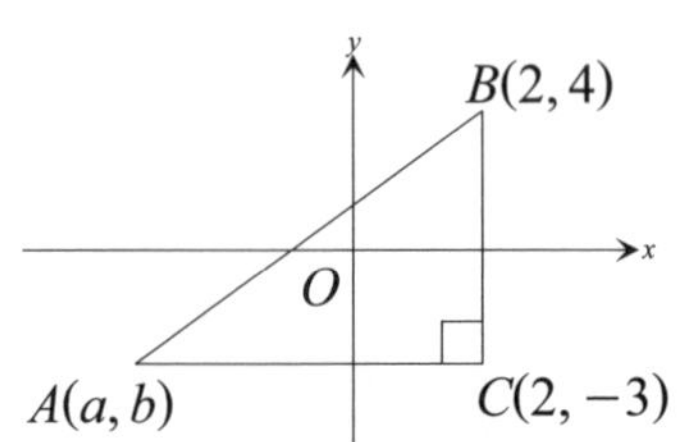

Sol

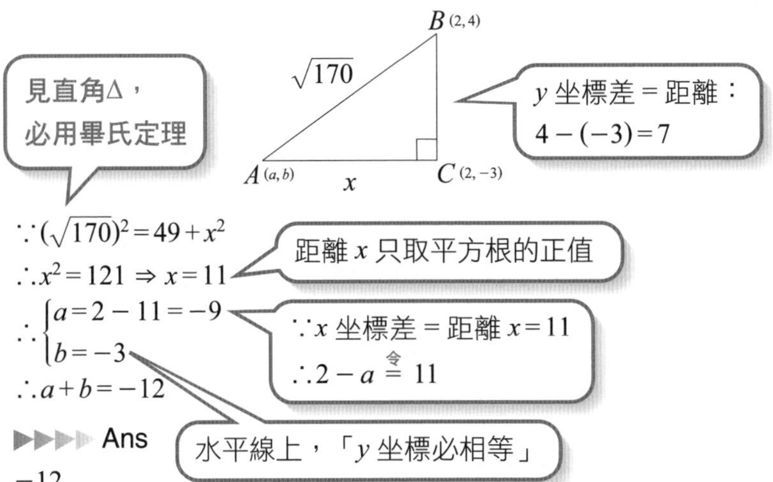

$\because (\sqrt{170})^2 = 49 + x^2$

$\therefore x^2 = 121 \Rightarrow x = 11$　距離 x 只取平方根的正值

$\therefore \begin{cases} a = 2 - 11 = -9 \\ b = -3 \end{cases}$

$\because x$ 坐標差＝距離 $x = 11$
$\therefore 2 - a \overset{令}{=} 11$

$\therefore a + b = -12$

水平線上，「y 坐標必相等」

Ans

-12

例題 23　如圖所示，正方形 $ABCD$ 的邊 $\overline{AB}$ 長為 $\sqrt{50}$ 公分，E 介於 B 與 H 之間且 $\overline{BE}=3$ 公分。試問內部正方形 $EFGH$ 的邊長為多少公分？

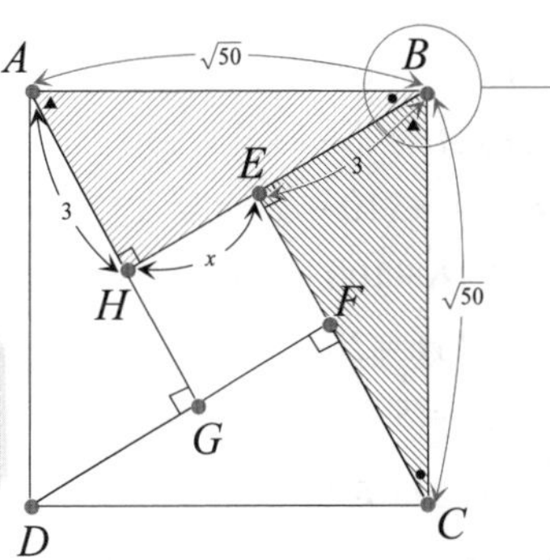

「直角三角形邊長關係」，必用
「畢氏定理」：兩股平方和＝斜邊平方

Sol

1. 全等證明：

$\because$ 已知 $ABCD$ 跟 $EFGH$ 都是正方形

$\therefore \overline{AB} = \overline{BC}$，$\boxed{\angle AHB} = 90° = \boxed{\angle BEC}$

ΔABH 及 ΔBCE 為直角Δ
且三內角和＝180°

又因：在 ΔABH 及 ΔBCE 中，

$\boxed{\angle ABH} + \angle CBE = 90° = \angle CBE + \boxed{\angle BCE}$ 且 $\angle ABH + \boxed{\angle BAH} = 90° = \boxed{\angle CBE} + \angle BCE$

剛好是正方形的 $\angle ABC$（$=90°$）

$\therefore \angle ABH = \angle BCE$，$\angle BAH = \angle CBE$ 且 $\overline{AB} = \overline{BC} = \sqrt{50}$

$\therefore \Delta ABH \cong \Delta BCE$（ASA）

$\therefore \overline{AH} = \overline{BE} = 3$　$\overline{BE}=3$ 為已知訊息

$\overline{AH} = \overline{BE}$ 為全等的對應邊相等

2. 設 $\overline{EH}=x$

$\because \Delta ABH$ 為直角三角形

$\therefore$ 由畢氏定理可得：

$\overline{AB}^2=\overline{AH}^2+\overline{BH}^2$

> 善用「直角Δ」的畢氏定理

$\therefore (\sqrt{50})^2=3^2+(x+3)^2 \Rightarrow (x+3)^2=41 \Rightarrow x+3=\pm\sqrt{41} \Rightarrow x=-3-\sqrt{41}$ 或 $-3+\sqrt{41}$

$\therefore x=-3+\sqrt{41}$

> $\because x$ 為邊長　$\therefore x=-3+\sqrt{41}$ 不合

> 別忘了要「加括號，再平方」喔！不然，會列出「錯誤式子：$(\sqrt{50})^2=3^2+\boxed{x+3^2}$」

Ans

$-3+\sqrt{41}$ 公分

例題 24　如圖長方形 $ABCD$，沿對角線 $\overline{AC}$ 對摺，使 $\overline{AD}$ 與 $\overline{BC}$ 交於 P 點，若 $\overline{AB}=4$，$\overline{AD}=10$，求 $\overline{AP}=$？

> 將「已知訊息」標記在圖形上

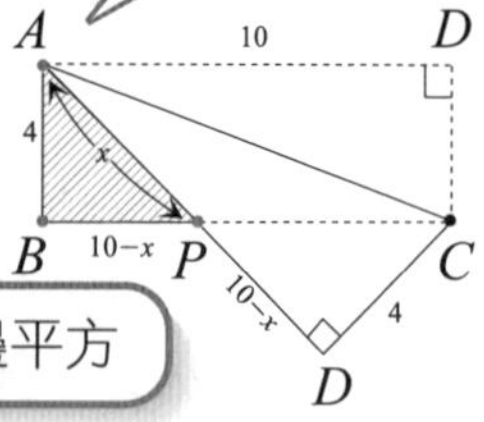

Sol

設 $\overline{AP}=x=\overline{PC}$

$\therefore 4^2+(10-x)^2=x^2$

$\therefore 16+100-20x+x^2=x^2$

$116=20x$

$\therefore x=5.8$

> 畢氏定理：兩股平方和＝斜邊平方

> ΔABP 為直角Δ

> 對摺
> $\Rightarrow \overline{CD}=4$ 且 $\overline{PD}=\overline{AD}-x=10-x$
> $\Rightarrow$ 直角ΔCDP 的斜邊 $\overline{CP}$ 跟直角ΔABP 的斜邊 $\overline{AP}$ 等長

Ans

5.8

例題 25　如圖，$\overline{AD}$ 為 $\overline{BC}$ 的中垂線，若 $\overline{BC}=24$，$\overline{BE}=13$，$\overline{AE}=4$，求ΔABE 周長＝？

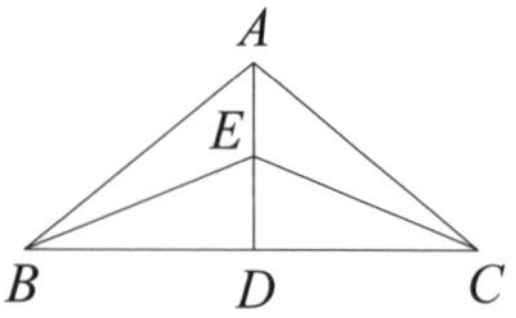

Sol

> 欲求ΔABE 周長，尚缺 $\overline{AB}$ 的值

> 將「已知訊息」標記在圖形上

> 中垂線平分線段

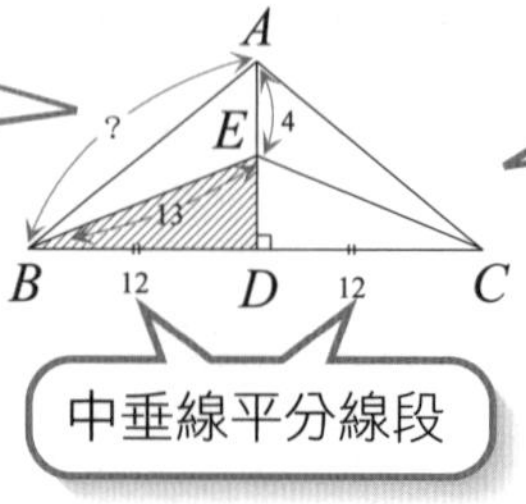

見「直角」快找跟它有關的直角Δ

$\because \overline{DE}=\sqrt{13^2-12^2}=5$ 　小直角Δ：Δ*BED*

$\therefore \overline{AB}=\sqrt{12^2+(4+5)^2}=15$ 　大直角Δ：Δ*ABD*

$\therefore$ Δ*ABE* 周長 $=15+13+4=32$

（$\overline{AB}$、$\overline{BE}$、$\overline{AE}$）

畢氏定理：兩股平方和＝斜邊平方

▶▶▶▶ Ans

32

例題 26　如圖，Δ*ABC* 中，$\overline{AD}$ 平分∠*BAC*，$\overline{AB}=5$，$\overline{BC}=6$，$\overline{AC}=4$，求Δ*ABD* 面積和Δ*ACD* 面積比值＝？

將「已知訊息」標記在圖形上

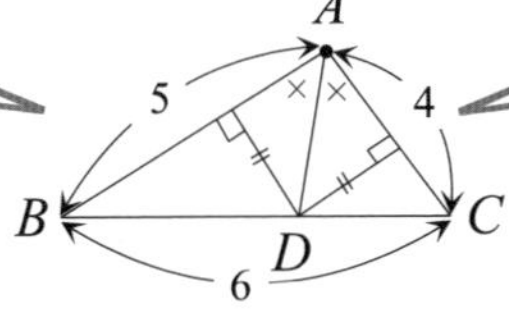

見「角分線」，並聯想：角分線上點到兩夾邊等距

▶▶▶▶ Sol

$\because$ Δ*ABD* 及Δ*ACD* 對應 $\overline{AB}$ 及 $\overline{AC}$ 的「高」相等　（角平方線：任一點至此角兩邊等距離）

$\therefore$ Δ面積比＝底邊長 $\overline{AB}$ 及 $\overline{AC}$ 的比＝5：4　（Δ*ABD*：Δ*ACD*）

$\therefore$ 比值$=\dfrac{5}{4}$

▶▶▶▶ Ans

$\dfrac{5}{4}$

$a\Delta XYZ=$ 三角形 *XYZ* 的面積

例題 27　如圖，*ABCDEF* 為一正六邊形，$a\Delta APF=3\text{ cm}^2$，求六邊形 *PQRSTO* 的面積＝？

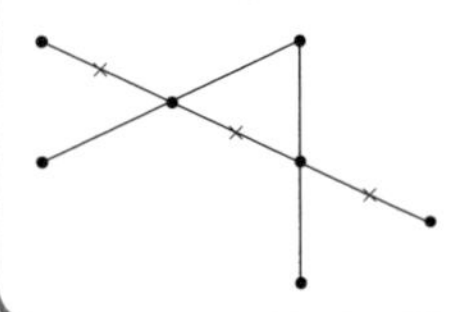

正六邊形：
對角線具
「相互三等分」性質！亦即：

Sol

①連接 $\overline{QU}$ 及 $\overline{RT}$

②$\because \Delta APF \cong \Delta UPQ \cong \Delta RST$（$SAS$ 全等）

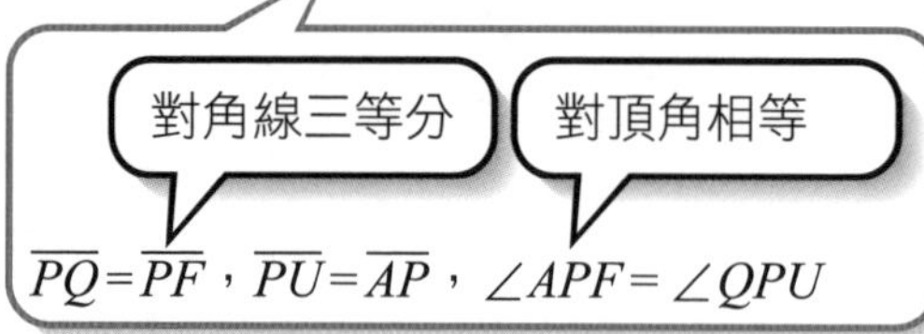

對角線三等分
對頂角相等
$\overline{PQ}=\overline{PF}$，$\overline{PU}=\overline{AP}$，$\angle APF=\angle QPU$

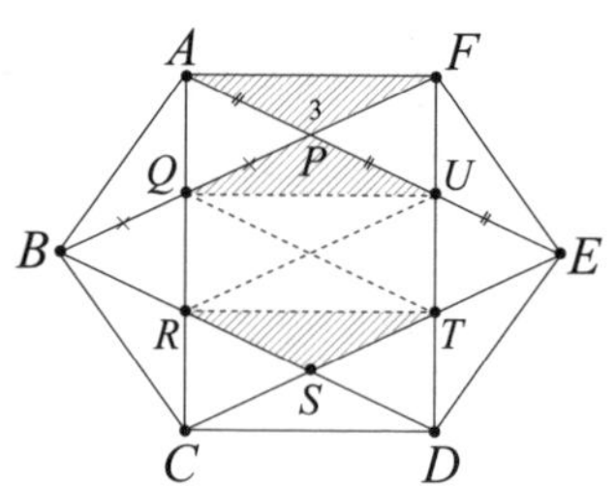

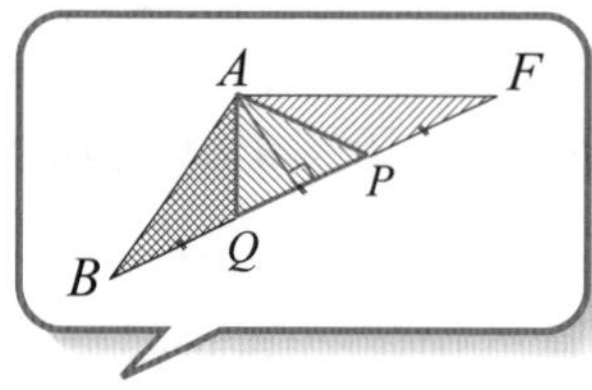

$\because \Delta ABQ$、ΔAQP 跟 ΔAPF 都「等高」且「等底長」

∵等高、等底長
∴面積相等

$\therefore \Delta ABQ=3=\Delta AQP$

都等於：$\Delta APF=3\ \text{cm}^2$

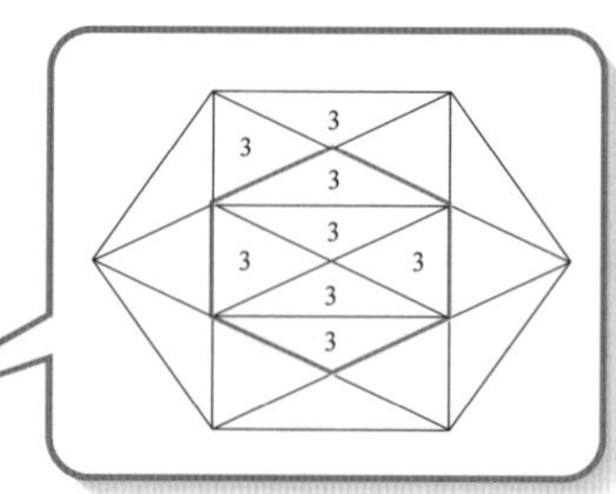

$\therefore$ 六邊形 $PQRSTU$ 的面積 $=3\times 6=18$（cm^2）

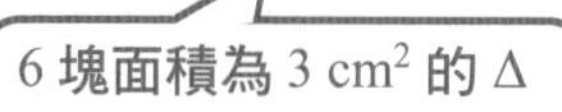

Ans

18 cm^2

例題 28 ΔABC 中，$\overline{BC}>\overline{AC}>\overline{AB}$，已知 P 為 ΔABC 內部一點且 $\overline{PA}$ 平分 $\angle BAC$，$\overline{PB}$ 平分 $\angle ABC$，$\overline{PC}$ 平分 $\angle ACB$，求 $\overline{PA}$、$\overline{PB}$、$\overline{PC}$ 大小關係 $=$ ？

Sol

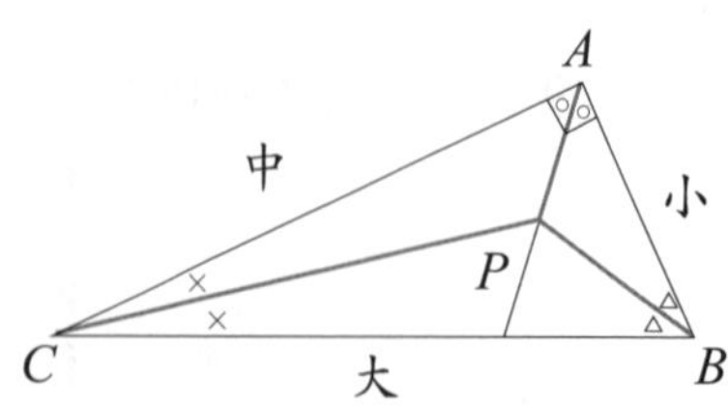

依題目「已知訊息」畫圖

見「邊角不等式」，必用「大邊 v.s. 大角」

$\because \overline{BC} > \overline{AC} > \overline{AB}$

$\therefore \angle A > \angle B > \angle C$

鎖定 ΔABC

$\therefore \frac{1}{2}\angle A > \frac{1}{2}\angle B > \frac{1}{2}\angle C$

$\frac{1}{2}\angle A > \frac{1}{2}\angle B$

$\therefore \begin{cases} 在\Delta APB：\overline{PB} > \overline{PA} \\ 在\Delta BPC：\overline{PC} > \overline{PB} \end{cases}$

見「邊角不等式」，必用「大邊 v.s. 大角」

$\frac{1}{2}\angle B > \frac{1}{2}\angle C$

$\therefore$ 得知：$\overline{PC} > \overline{PB} > \overline{PA}$

▶▶▶▶ Ans

$\overline{PC} > \overline{PB} > \overline{PA}$

例題 29 如圖，7 條直線圍成一多邊形，求 $a =$ ？度

七邊形外角和
$= 80° + 30° + 2a + 75° + 40° + 45° = 360$

▶▶▶▶ Sol

所求 a

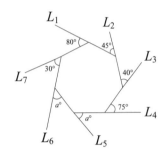

$= [360° - (80° + 30° + 75° + 40° + 45°)] \div 2$

$= (360° - 270°) \div 2$

$= 45°$

n 邊形的 n 個外角和 $= 360°$

▶▶▶▶ Ans

45°

例題 30 如圖，四邊形 $ABCD$ 為正方形，ΔCDE 為直角三角形。若 $\overline{AB} = 5$，$\overline{DE} = 4$，$\overline{CE} = 3$，則 $\overline{AE} =$ ？

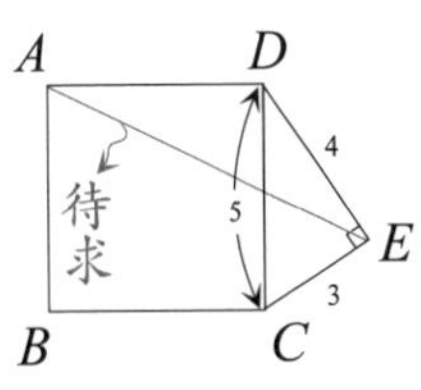

▶▶▶▶ Sol

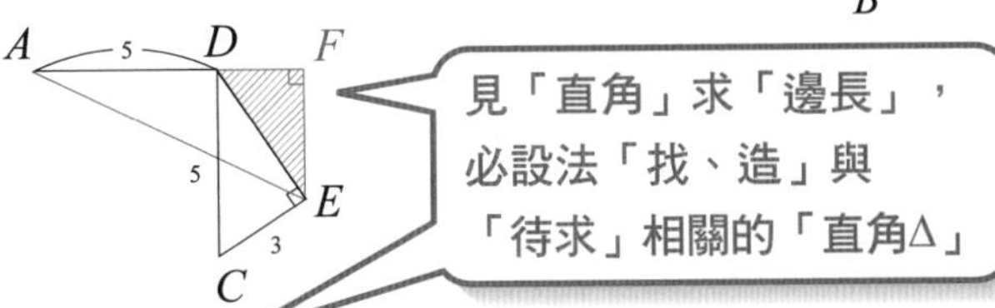

見「直角」求「邊長」，必設法「找、造」與「待求」相關的「直角Δ」

先延長 $\overline{AD}$，並由 E 向「$\overline{AD}$ 的延長線 $\overline{AF}$」作「垂直線」交於 F（如上圖）

$\because \Delta CDE$ 為直角Δ

$\therefore 4 \times 3 = 5 \times$ 斜邊高 $\overline{DF}$

見直角Δ，必聯想
⊙畢氏定理　⊙兩股乘積 = 斜邊 × 斜邊高

$\therefore \overline{DF} = \frac{12}{5}$

$\therefore \overline{EF}^2 = \overline{DE}^2 - \overline{DF}^2 = 4^2 - (\frac{12}{5})^2$

鎖定直角ΔDEF

鎖定直角ΔAEF

$\overline{AF} = \overline{AD} + \overline{DF}$
$= 5 + \overline{DF}$

$\therefore \overline{AE}^2 = (5 + \overline{DF})^2 + \overline{EF}^2$

要養成「加括號」的好習慣！

$= (5 + \frac{12}{5})^2 + [4^2 - (\frac{12}{5})^2]$

$= 25 + 24 + (\frac{12}{5})^2 + 4^2 - (\frac{12}{5})^2$

$= 25 + 24 + 16 = 65$

$\therefore \overline{AE} = \sqrt{65}$

邊長 $\overline{AE}$ 只取「正平方根」

▶▶▶▶ Ans

$\overline{AE} = \sqrt{65}$

CHAPTER 4

基礎幾何裡的「平行」特論

重點整理 4-1　淺談「平行線」概念

重點整理 4-2　應用的關鍵「特徵」與「策略」

重點整理 4-3　解開例題、弄懂策略

重點整理4-1 淺談「平行線」概念

概念 1

「平行線」定義：

在平面上的兩直線，如果能：

找到一條直線「同時垂直」於這兩條直線，那麼我們便稱這兩條直線互為「平行線」。

概念 2

$\angle A$、$\angle B$

⊙「互餘」：$\angle A+\angle B=90^\circ$

⊙「互補」：$\angle A+\angle B=180^\circ$

平行線**的特徵：**

(A) 任何線段，

如果垂直於平行線中的一條直線，必定垂直於平行線中的另一條直線。

(B) 兩平行線之間的「距離處處相等」。

(C) 兩平行線「永不相交」。

(D) 若兩平行線被一截線所截，則它們的

「同位角相等」、「內錯角相等」、「同側內角互補」。

「平行線的8個角」：

在兩平行線之間，任意畫一條相交直線，

其圖形會出現$\angle a$、$\angle b$、$\angle c$、$\angle d$、$\angle e$、$\angle f$、$\angle g$、$\angle h$

共三類8個角，如下：

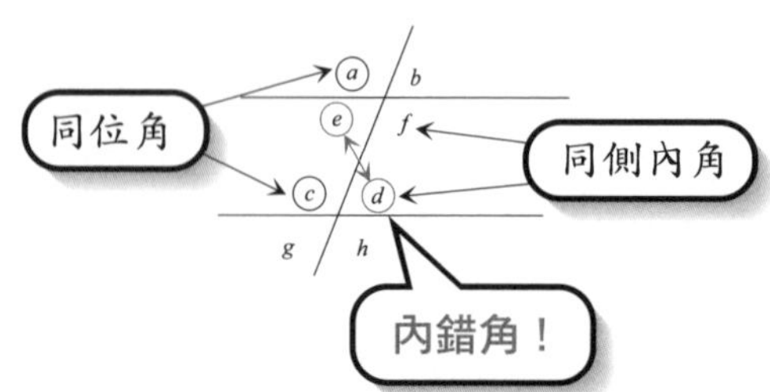

在兩平行線之同上、同下、
同側相同位置之角

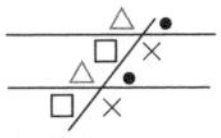

◉同位角：

一在兩（平行）線外、一在兩（平行）線內，
同側、不相鄰之同上或同下位置的兩角

如：$\angle a$ 和 $\angle c$ 互為同位角、$\angle b$ 和 $\angle d$ 互為同位角、$\angle e$ 和 $\angle g$ 互為同位角、$\angle f$ 和 $\angle h$ 互為同位角。

◉內錯角：

在兩（平行）線內，異側不相鄰的兩角

在兩平行線「內」，
上下左右交錯的角

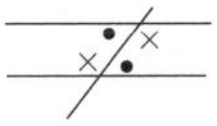

如：$\angle e$ 和 $\angle d$ 互為內錯角、$\angle c$ 和 $\angle f$ 互為內錯角。

在兩平行線「內」，並在
「截線同側」的角

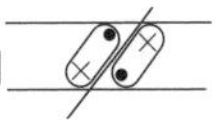

◉同側內角：

在兩（平行）線內，同側、不相鄰且共用一邊的兩角

如：$\angle f$ 和 $\angle d$ 互為同側內角、$\angle e$ 和 $\angle c$ 互為同側內角。

重點整理4-2　應用的關鍵「特徵」與「策略」

應用

判斷「平行」或求算「線的交角」，必用下述概念：

(A) 平行線的判斷與應用：

兩線被一截線所截，若它們的「同位角相等，或內錯角相等，或同側內角互補」，則這兩線必為「平行線」；反之：若已知兩線「平行」，則其「同位角、內錯角」必「相等」且「同側內角」必「互補」。

通常為了保證或更容易看出「同位角、內錯角、同側內角」，最好「適度延長平行線及截線」！

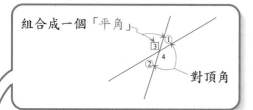

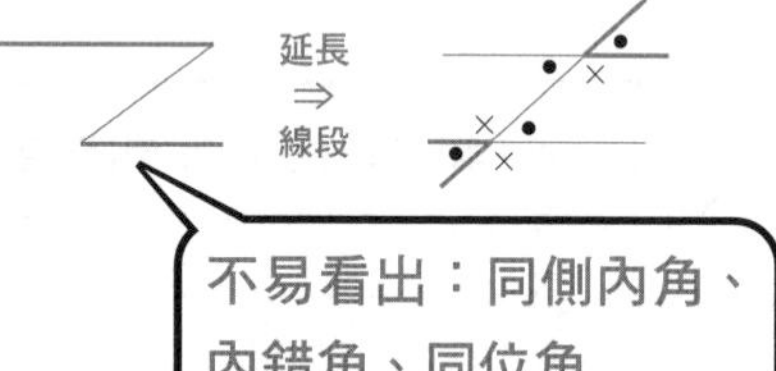

不易看出：同側內角、內錯角、同位角

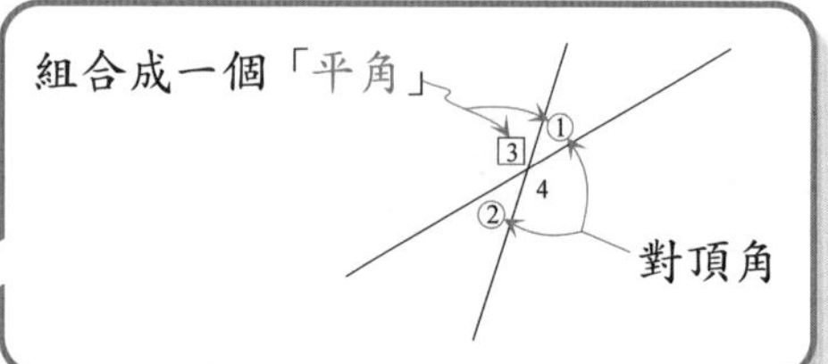

(B)「任兩相交直線」的

「對頂角（∠1 和∠2；∠3 和∠4）必相等，

「共線同頂點的兩個角，會組合成一個平角（∠1 和∠3；∠1 和∠4；∠2 和∠3；∠2 和∠4）」，且組成「平角」的兩個角，必互補！

(C)「平行折線圖」的角度問題，必於「折線頂角處」補作「平行線」。

(D) 由「已知邊角」及「待求項」互動最多處下手！

(E)「對摺或摺角」會產生「角平分線」

(F) 如果題目沒有特別註記，

最好將「相等的角（如：同位角、內錯角、對頂角、…）」

用「相同的符號」標記在圖上，以利解題。

(G) 見「垂直或直角」，必設法「找、造直角Δ」！

A　C′　C　B

善用「角分線」上的點到角的「兩（夾）邊等距離」

配合：「畢氏定理」及「兩股乘積＝斜邊 × 斜邊高」來解題

重點整理4-3 解開例題、弄懂策略

例題 1 如圖，$L_1//L_2$，$L_3//L_4$，$\angle 1 = 63°$，求$\angle 2$、$\angle 3$ 的度數？

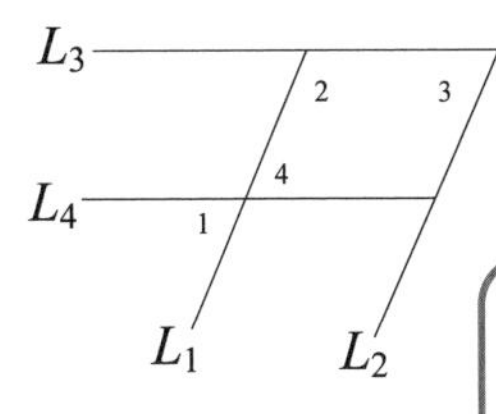

平行問題，必用「同位角、內錯角相等，且同側內角互補」來解題。

Sol

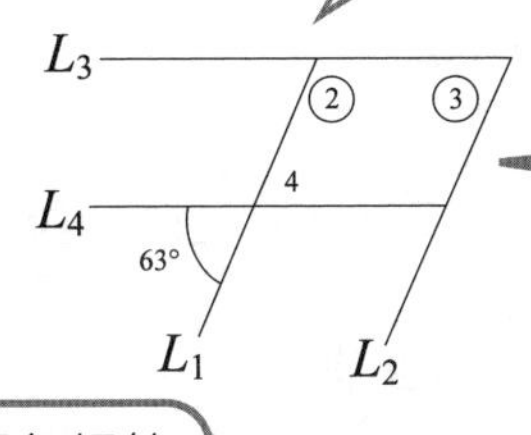

由「已知邊角」及「待求項」互動最多處下手

將「已知訊息」及「待求項」標記在「圖形」上

$\because 63° = \angle 1 = \angle 4$ （對頂角相等）

且$\angle 2 + \boxed{\angle 4} = \angle 2 + \boxed{\angle 3} = 180°$ （同側內角互補）

$\therefore \angle 2 = 180° - \angle 4 = 180° - 63° = 117°$

且$\boxed{\angle 3} = \boxed{\angle 4} = 63°$

Ans

$\angle 2 = 117°$，$\angle 3 = 63°$

例題 2 下列各圖中，哪個選項的直線 $L \nparallel M$？

(A)
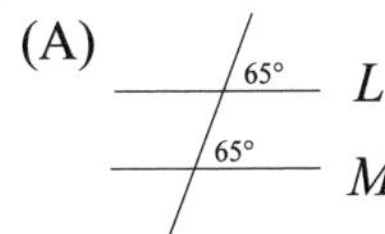

(B)
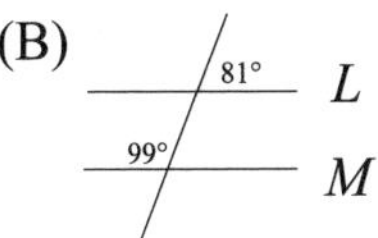

(C)
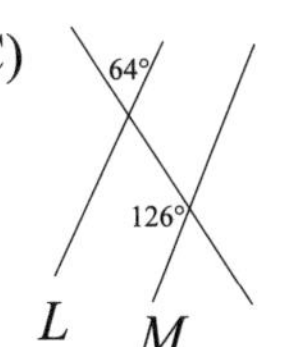

(D)
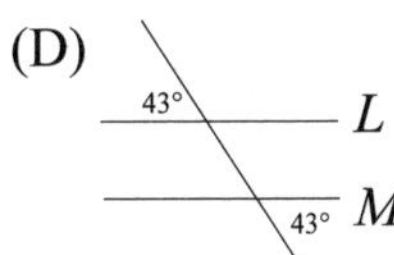

▶▶▶▶ Sol

(A) 同位角相等 ⇒ $L//M$

(B) ∵

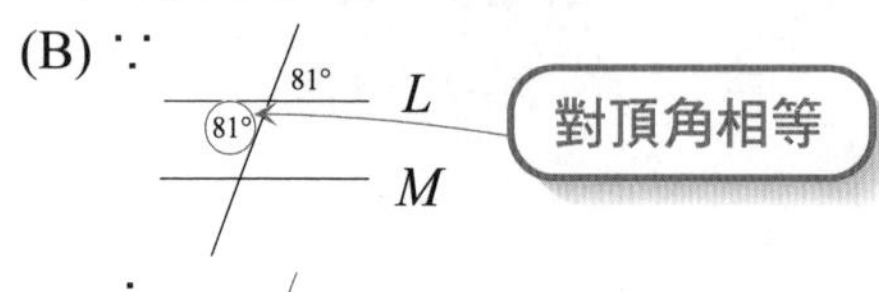

∴

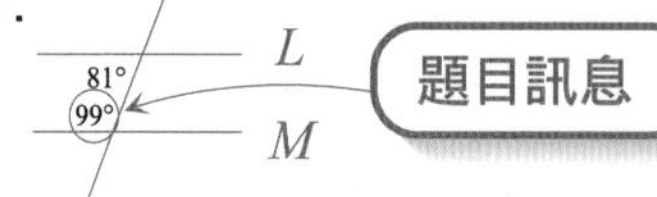

$81° + 99° = 180°$

意謂：同側內角「互補」

$\therefore L//M$

(C) ∵

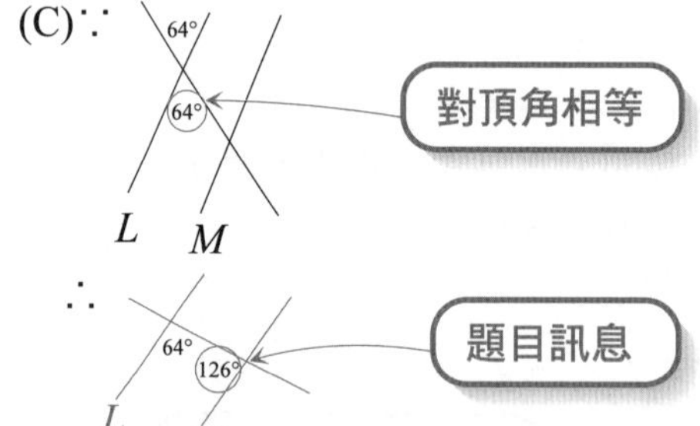

∴意謂：同側內角「不互補」 $64° + 126° = 190° \neq 180°$

$\therefore L \nparallel M$ 平行線 ⇔ 同側內角互補

(D) ∵

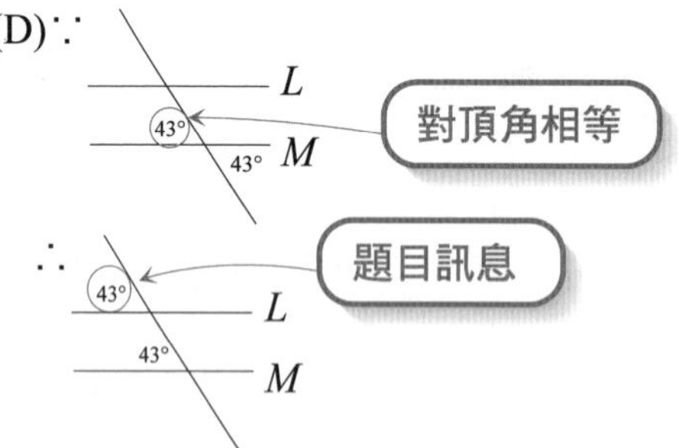

∴意謂：同位角相等

$\therefore L//M$

▶▶▶▶ Ans

(C)

例題 3 如圖，已知 $L_1 // L_2$，$L_3 \not\parallel L_4$，下列何者錯誤？

(A) $\angle 1 + \angle 2 + \angle 3 = 180°$

(B) $\angle 3 + \angle 4 = 180°$

(C) $\angle 4 + \angle 5 = 180°$

(D) $\angle 3 + \angle 6 = 180°$

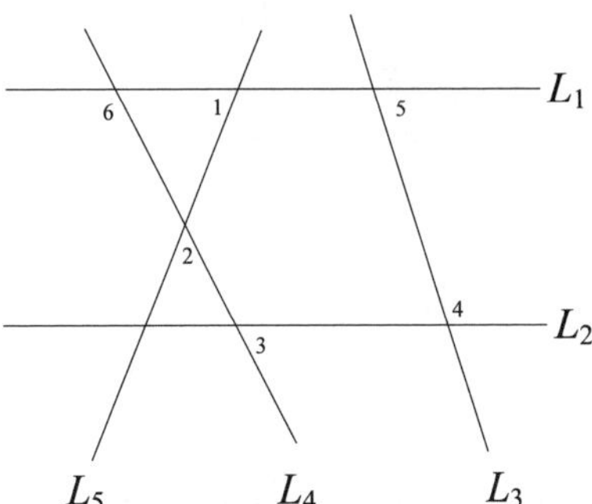

Sol

內錯角相等

將「相等」的角用「相同」編號標記在圖上以利作答

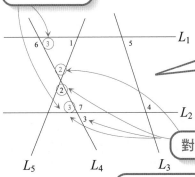

平行問題，必用「同位角、內錯角相等，且同側內角互補」來解題

對頂角相等

(A) ∵由圖可知：$\angle 1 + \angle 2 + \angle 3 = 180°$，

∴(A)正確

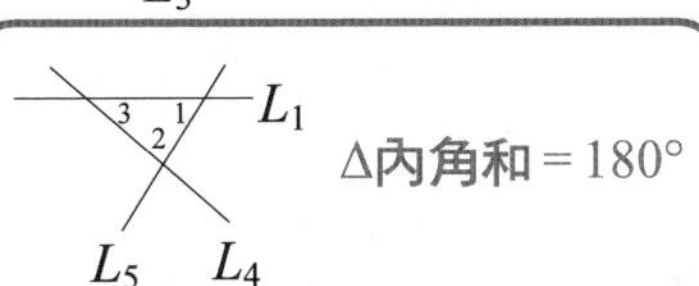

(B) ∵$L_3 \not\parallel L_4$

∴$\angle 7 \neq \angle 4$

∵若$\angle 7 = \angle 4$，則意謂「同位角相等」。

∴$L_3 // L_4$（→←）

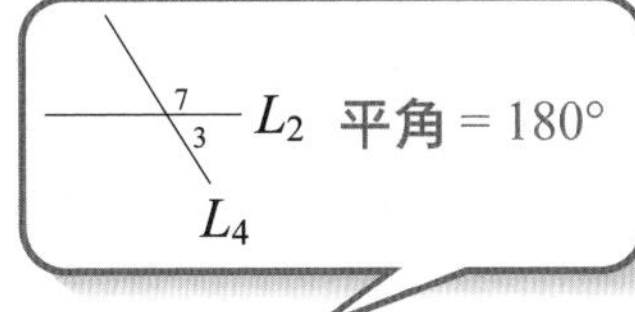

又因：$\angle 3 + \boxed{\angle 7} = 180°$

∴$\angle 3 + \boxed{\angle 4} \neq 180°$

用∠4 換∠7 會破壞「等號」

(C) ∵ ∠4、∠5 為同側內角，必互補

∴ $\angle 4 + \angle 5 = 180°$

∴(C)正確

(D) ∵ 由圖可知：$\angle 6 + \angle 3 = 180°$

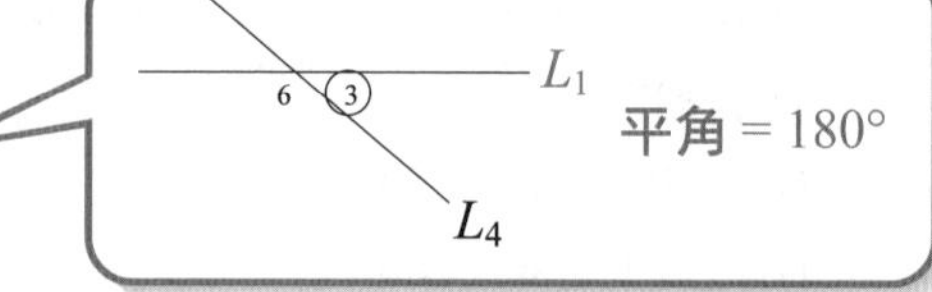

∴(D)正確

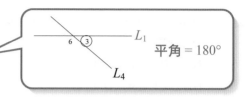

▶▶▶▶ Ans

(B)

例題 4 下列各圖中，已知 $L_1 // L_2$，求∠1 的度數？

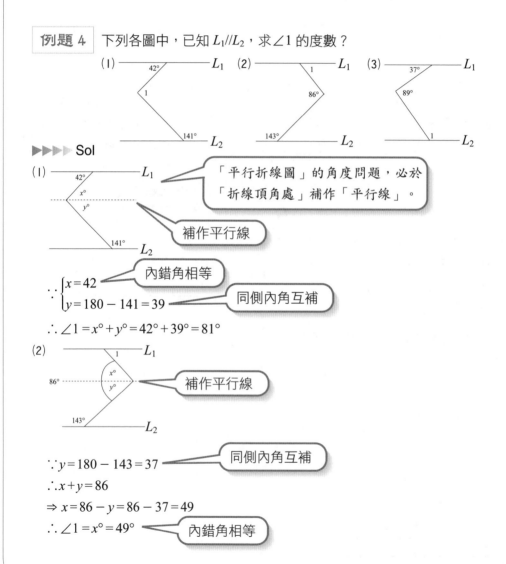

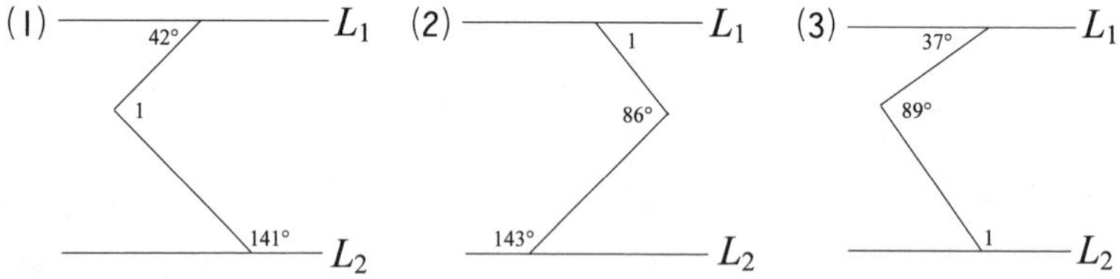

(1) 42°, 1, 141°, L_1, L_2　(2) 1, 86°, 143°, L_1, L_2　(3) 37°, 89°, 1, L_1, L_2

▶▶▶▶ Sol

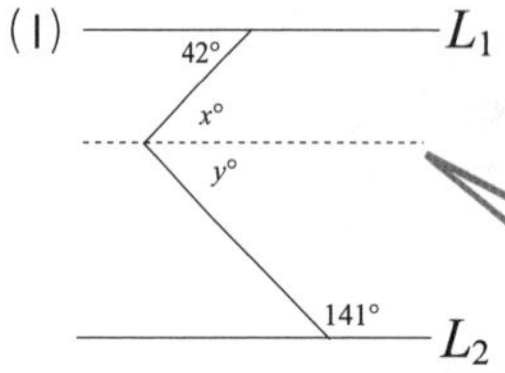

(1) 42°, $x°$, $y°$, 141°, L_1, L_2

「平行折線圖」的角度問題，必於「折線頂角處」補作「平行線」。

補作平行線

$$\because \begin{cases} x = 42 \\ y = 180 - 141 = 39 \end{cases}$$

內錯角相等

同側內角互補

$\therefore \angle 1 = x° + y° = 42° + 39° = 81°$

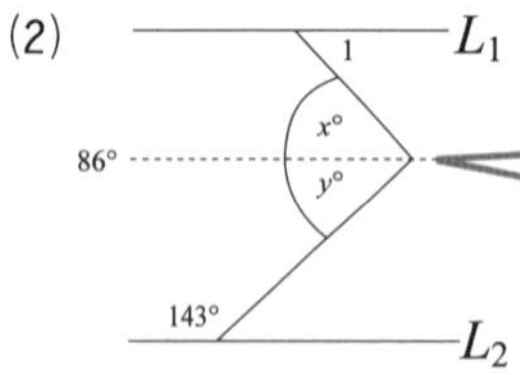

(2) 1, 86°, $x°$, $y°$, 143°, L_1, L_2

補作平行線

$\because y = 180 - 143 = 37$ 　同側內角互補

$\therefore x + y = 86$

$\Rightarrow x = 86 - y = 86 - 37 = 49$

$\therefore \angle 1 = x° = 49°$ 　內錯角相等

(3)

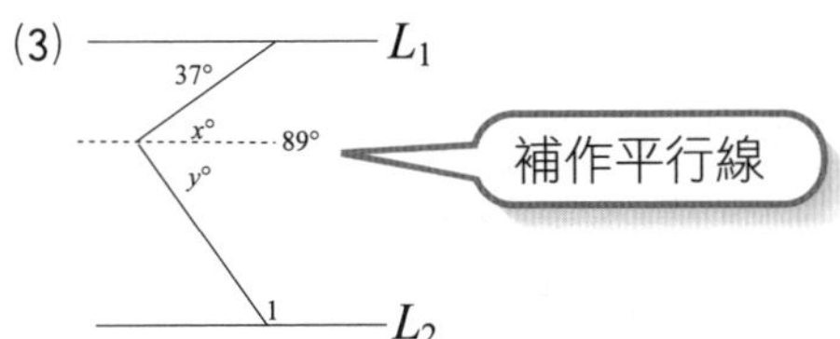

$\because x=37$（內錯角相等）

$\therefore x+y=89$

$\Rightarrow y=89-x=89-37=52$

$\therefore \angle 1=180°-y°=180°-52°=128°$（同側內角互補）

Ans

(1) 81°　(2) 49°　(3) 128°

例題 5　圖（甲）是四邊形紙片 $ABCD$，其中 $\angle B=120°$，$\angle D=50°$。若將其右下角向內摺出一 ΔPCR，恰使 $\overline{CP}//\overline{AB}$，$\overline{RC}//\overline{AD}$，如圖（乙）所示，則 $\angle C=$？

(A) 80°　(B) 85°　(C) 95°　(D) 110°

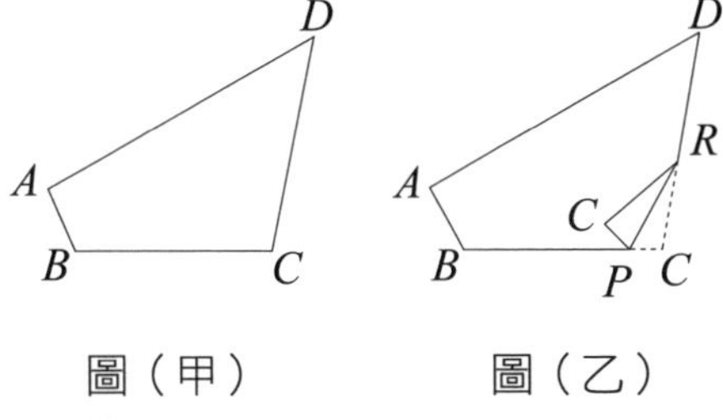

圖（甲）　　圖（乙）　　【基測 96】

Sol

將題目訊息「聚集」可得下圖：

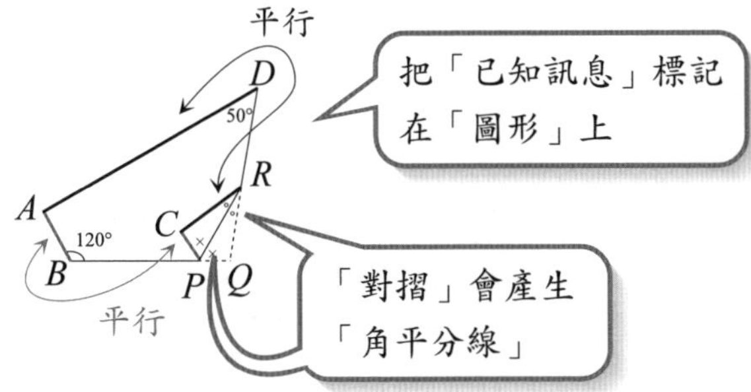

找跟已知角 $\angle B=120°$ 有「平行」訊息的角

1. $\because \overline{CP}//\overline{AB}$

 $\therefore \angle CPQ=\angle B=120°$ 同位角相等

2. $\because \overline{PR}$ 為摺線

 $\therefore \angle CPR=\angle RPQ=\dfrac{120°}{2}=60°$ 「對摺」會產生「角平分線」

找跟已知角 $\angle D=50°$ 有「平行」訊息的角

3. $\because \overline{RC}//\overline{AD}$

 $\therefore \angle CRQ=\angle D=50°$ 同位角相等

 $\because \overline{PR}$ 為摺線

 $\therefore \angle CRP=\angle PRQ=\dfrac{50°}{2}=25°$ 「對摺」會產生「角平分線」

 $\therefore \angle C=180°-60°-25°=95°$ 三角形內角和 $=180°$

 $\therefore$ 選(C)

▶▶▶▶ Ans

(C)

例題 6 如圖，$L_1//L_2$，$ABCDE$ 為正五邊形，求 $\angle 1=$？

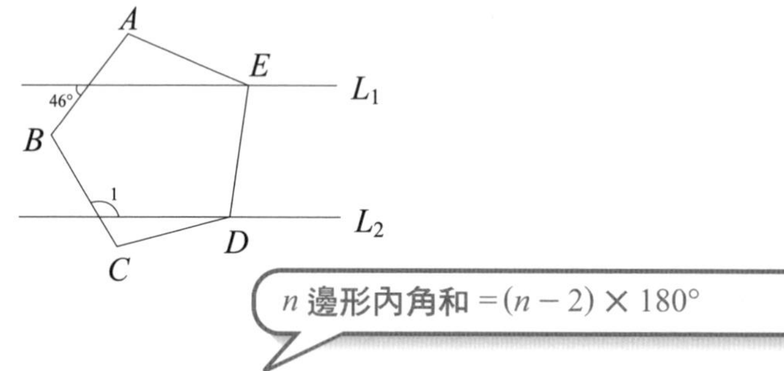

▶▶▶▶ Sol

n 邊形內角和 $=(n-2)\times 180°$

$\because$ 正五邊形的一個內角 $=[(5-2)\times 180°]\div 5=108°$

$\therefore \angle ABC=108°$，並得下圖：

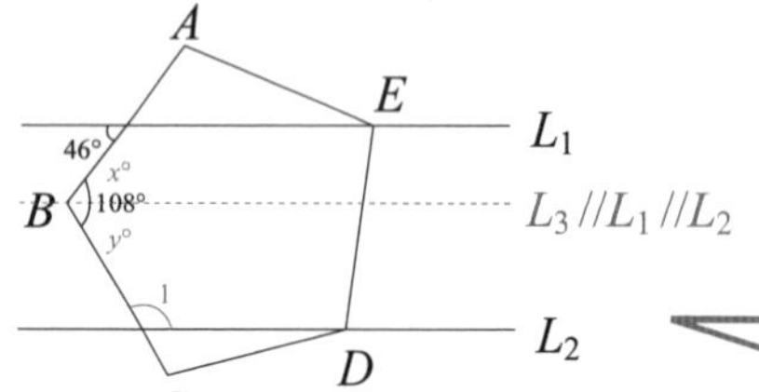

「平行折線圖」的角度問題，必於「折線頂角處」補作「平行線」L_3

$\therefore x = 46$ 內錯角相等

$\therefore y = 108 - x = 108 - 46 = 62$ $x + y = 108$

又因：$\angle 1 + y° = 180°$ 同側內角互補

$\therefore \angle 1 = 180° - y° = 180° - 62° = 118°$

將 $y = 62$ 代入

▶▶▶▶ Ans

118°

筆記欄

CHAPTER 5

基礎幾何裡常見的「平行類」圖形──平行四邊形與梯形

重點整理5-1　「平行四邊形」與「梯形」定義

定義 1

「平行四邊形」：

「平行四邊形」是有「兩雙平行邊」的四邊形，含：

「菱形（四邊都相等）、矩形」。

長方形、正方形：四內角都 90°

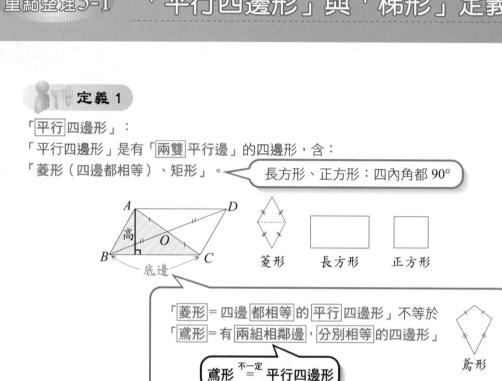

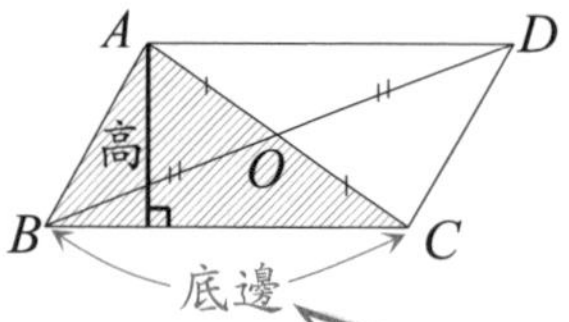

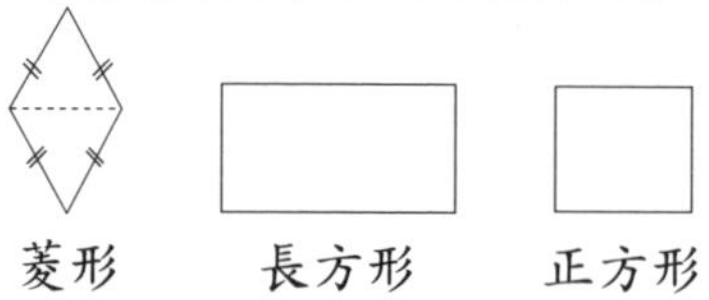

「菱形＝四邊都相等的平行四邊形」不等於

「鳶形＝有兩組相鄰邊，分別相等的四邊形」

鳶形 $\overset{\text{不一定}}{=}$ 平行四邊形

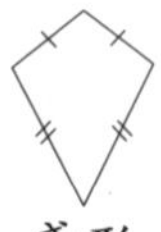

定義 2

「梯形」：

「梯形」是有「一雙對邊平行」且另「一雙對邊不一定平行」的四邊形。

等腰梯形＝兩腰等長的梯形

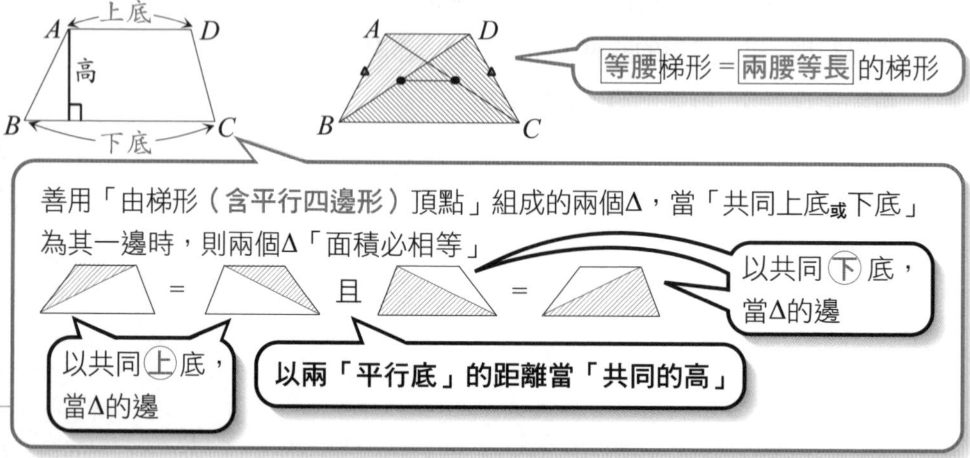

善用「由梯形（含平行四邊形）頂點」組成的兩個Δ，當「共同上底或下底」為其一邊時，則兩個Δ「面積必相等」

重點整理5-2 應用的關鍵「特徵」與「策略」

善用已知的「邊角性質」，如：對頂角相等，組成平角的兩個角互補，畢氏定理，…

善用「同頂點或共底線」的Δ面積比 = 高比或底長比

善用「兩平行線距離當高」的面積比 = 底長比

應用 1

平行類圖形，必先畫出「對角線」，並善用平行線的「角性質」

對角相等 且 鄰角互補

見「平行四邊形」的相關問題，必用：

(A) 兩雙「對邊平行且等長」

(B) 兩雙「對角分別相等」／兩對「鄰角互補」

(C) 一條「對角線」把它分成「兩個全等的三角形」

(D) 兩條「對角線互相平分」

(E)「正方形、菱形」及「鳶形」的面積 = $\dfrac{\text{對角線長乘積}}{2}$

因這三種圖形，其「對角線」互相「垂直」且「平分對角」

「（平行）四邊形」面積，常用「對角線」切割成「三角形」的技法來求取！

「對角線」不互相「垂直」的平行四邊形（含：長方形）面積 $= \dfrac{(\text{對角線長乘積}) \times \sin(\text{對角夾角})}{2}$ 或「先當成梯形，再求面積」

常配合 a θ b 面積 $= \dfrac{ab \times \sin(\theta)}{2}$

見「線段比」 m n，必設法「造如右的Δ」 m n

平行四邊形也是一種「等腰梯形」

應用 2

$\because$ 梯形面積 $= \dfrac{(\text{上、下底和})}{2} \times$ 高

$\therefore$ 可用梯形中線長，求梯形面積

$\therefore$ 涉「面積」及「上下底和」時，必畫梯形中線

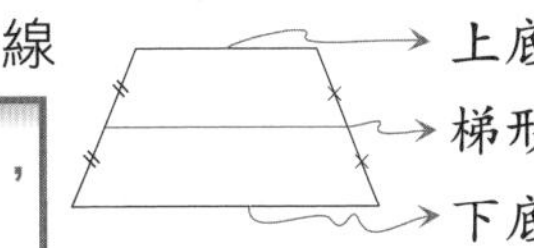

見「梯形」的相關問題，必用：

(A) 梯形「兩腰中點連線（稱為：梯形中線）」與「底邊平行」，且「梯形中線長 $= \dfrac{\text{上、下底和}}{2}$」

(B)等腰梯形的「兩底角、兩腰長，兩對角線長」，必相等。

◉「梯形的邊角」問題，必畫「兩腰之高」或畫平行一腰的「平行線」，可得梯形內的小型「直角Δ、長方形及平行四邊形」

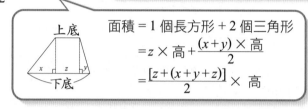

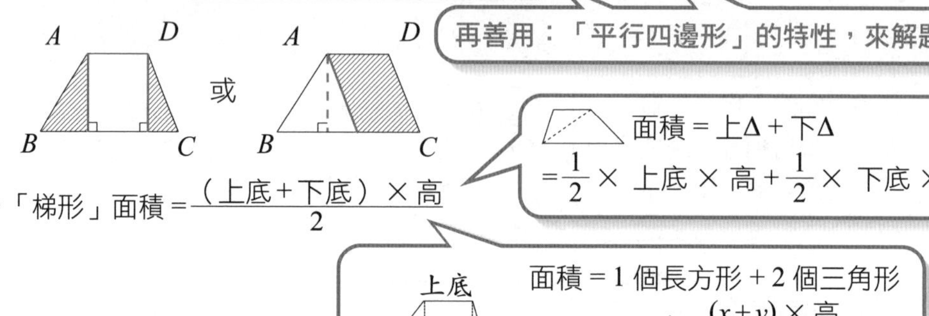
再善用：「平行四邊形」的特性，來解題
A
D
B
C
或
A
D
B
C
面積 = 上Δ + 下Δ
$=\frac{1}{2}\times$ 上底 × 高 $+\frac{1}{2}\times$ 下底 × 高

◉「梯形」面積 $=\frac{(\text{上底}+\text{下底})\times\text{高}}{2}$

上底

x　z　y

下底

面積 = 1 個長方形 + 2 個三角形

$=z\times\text{高}+\frac{(x+y)\times\text{高}}{2}$

$=\frac{[z+(x+y+z)]}{2}\times$ 高

◉善用：由梯形（含平行四邊形）「頂點」組成的兩個Δ，當「共用一底當邊」時，兩個Δ的面積必相等。

重點整理5-3　解開例題、弄懂策略

精選範例

例題 1　如下圖，四邊形 $ABCD$ 為長方形，$\overline{BD}$ 為對角線。今分別以 B、D 為圓心，$\overline{AB}$ 為半徑畫弧，交 $\overline{BD}$ 於 E、F 兩點。若 $\overline{AB}=8$，$\overline{BC}=5\pi$，則圖中灰色區域的面積為何？

(A) 4π　(B) 5π　(C) 8π　(D) 10π

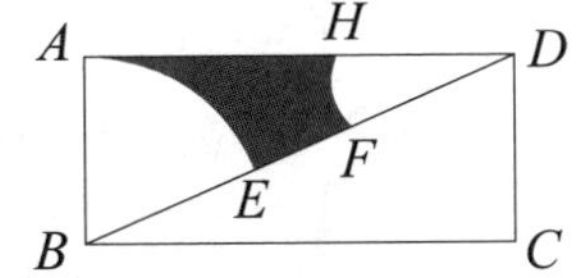

【基測 95】

作「適當的切割、移補」使「圖形完整」（如：正方、長方、三角、$\frac{1}{4}$ 圓、半圓、圓、……）。

Sol

首先「切割、移補」圖形如下：

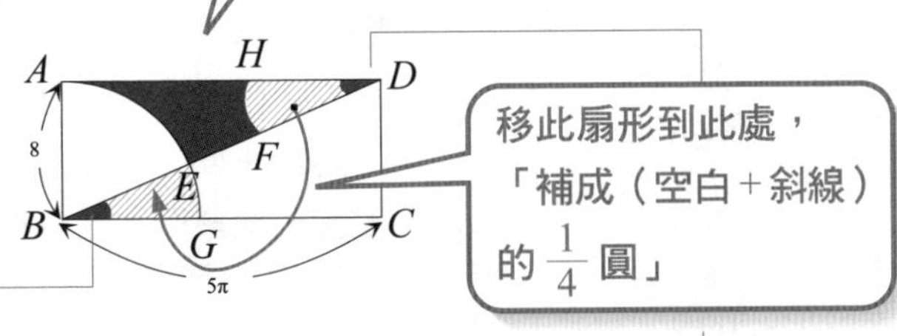

矩形「對邊」必平行

$\because \angle DBC=\angle ADB$　內錯角相等

$\therefore$ 扇形 BEG 面積 = 扇形 DFH 面積

同半徑且同夾角的扇形，其面積必相等

長方形面積＝長 × 寬

∴所求

圓形面積＝$\pi \times r^2$

$=\Delta ABD$ 面積 －（扇形 BAE 面積＋扇形 DFH 面積）

$=\Delta ABD$ 面積 －（扇形 BAE 面積＋扇形 BEG 面積）

$=\frac{1}{2}\times 8\times 5\pi-$「四分之一圓」$BAG$ 面積

$=20\pi-\frac{1}{4}\times(\pi\times 8^2)$

$=20\pi-16\pi=4\pi$

∴選(A)

▶▶▶▶ Ans

(A)

例題 2　如圖，已知在「同一平面上」，$ABCD$、$BEFC$、$CFGD$ 均為平行四邊形，若 $\angle E=70°$，$\angle CFG=50°$，求 $\angle A$？

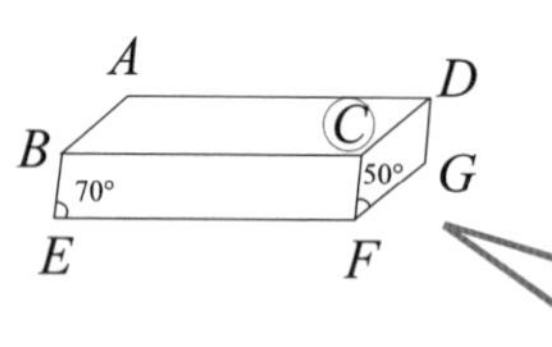

看起來像立體圖的平面圖形！

∵跟「已知角」所在平行四邊形，最具關聯性的點是「C」

∴鎖定「C」來處理

▶▶▶▶ Sol

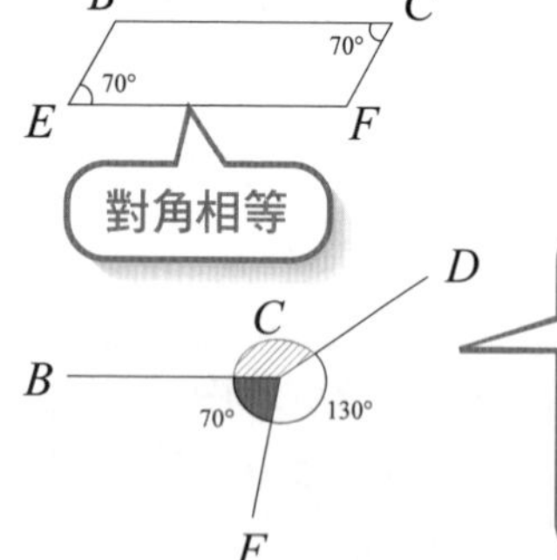

130°
C D
50°
F G

同側內角互補或平行四邊形鄰角互補

∵題目訊息：
$ABCD$，$BEFC$，$CFGD$ 為「同一平面」的平行四邊形
∴左圖三個角的和＝兩個「平角」和

∵ $\angle BCD=360°-70°-130°=160°$

又因：$ABCD$ 為平行四邊形

∴ $\angle A=\angle BCD=160°$　平行四邊形對角相等

▶▶▶▶ Ans

160°

例題 3 如圖，三個四邊形 $BCJK$、$CDHI$、$DEFG$ 均為矩形，且 A、B、C、D、E 五點在同一直線上。已知 I、G 兩點分別在 $\overline{CJ}$ 與 DH 上，且 $\overline{AB}=\overline{BC}=\overline{CD}=\overline{DE}$。若 ΔABK 的面積為 a，ΔEFG、ΔGHI、ΔIJK 面積和為 b，則 $a:b$？

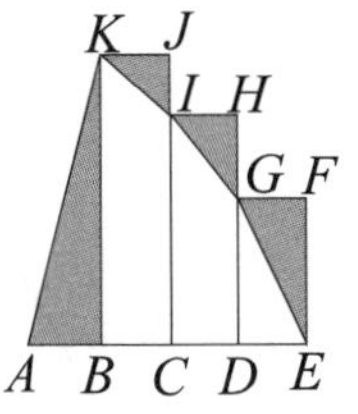

(A) 1：1　(B) 1：2　(C) 1：3　(D) 2：3　【基測 94】

「幾何」問題，必先繪圖以「聚集題目訊息」。

Sol

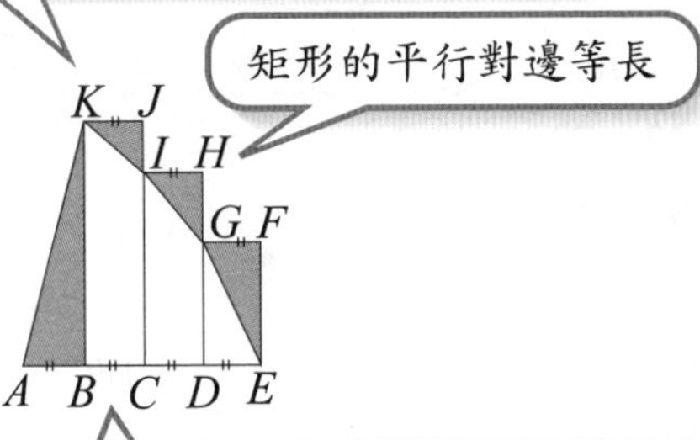

$\because \overline{AB}=\overline{BC}=\overline{CD}=\overline{DE}$ 且 $BCJK$、$CDHI$、$DEFG$ 為矩形

$\because \Delta ABK$、ΔEFG、ΔGHI 及 ΔIJK 都有「相同底 $\overline{AB}=\overline{GF}=\overline{IH}=\overline{KJ}$」

有塗上（斜線）陰影的 4 個主力Δ

$\therefore$「面積比＝高的比」

見「同頂點、同底線」相關已知訊息，必用「面積比＝底長比或高比」

$\therefore a:b=\overline{BK}:(\overline{IJ}+\overline{GH}+\overline{EF})$

$=\overline{BK}:\overline{BK}=1:1$

由圖可知：$\overline{IJ}+\overline{GH}+\overline{EF}=\overline{BK}$

$\therefore$ 選(A)

Ans

(A)

例題 4 如圖，梯形 $ABCD$ 中，$\overline{AD}//\overline{BC}$，今沿 $\overline{DE}$ 摺疊，使 C 落在 C' 上，且 $\overline{DE}//\overline{AB}$，若 $\angle ADE=70°$，求 $\angle C'EB$ 及 $\angle ABE$？

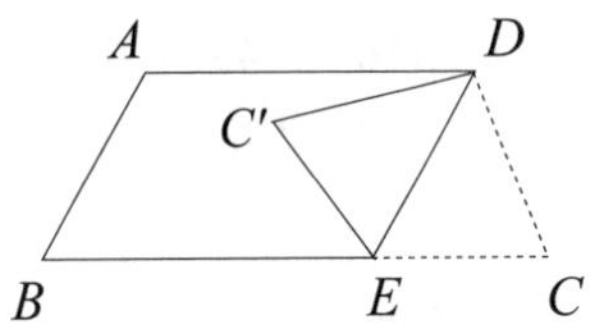

▶▶▶▶ Sol

將題目訊息「聚集」可得下圖：

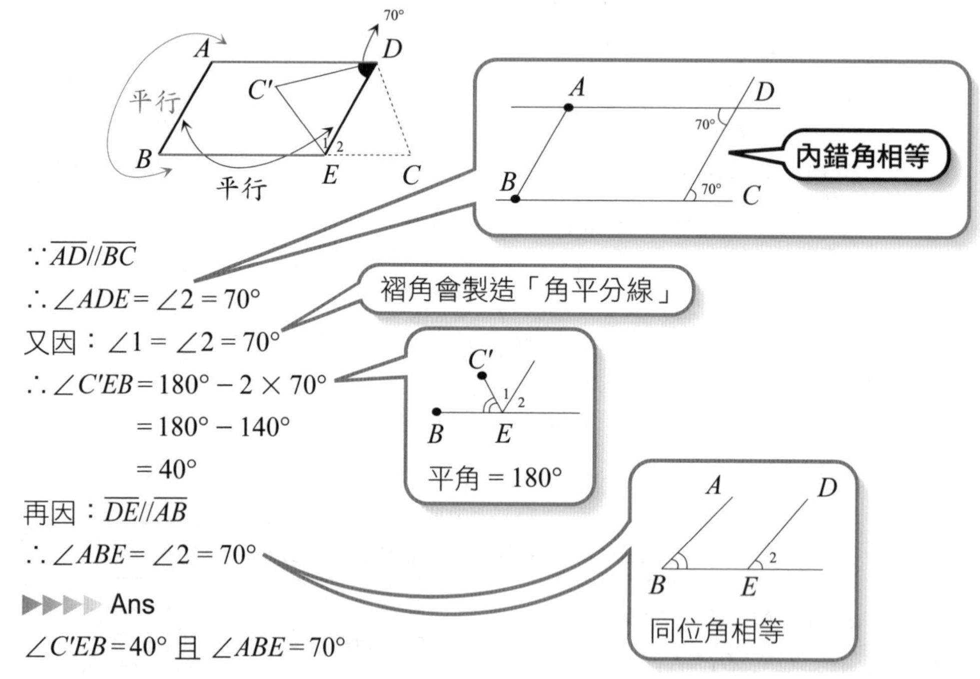

∵$\overline{AD}//\overline{BC}$

∴$\angle ADE = \angle 2 = 70°$

又因：$\angle 1 = \angle 2 = 70°$

∴$\angle C'EB = 180° - 2 \times 70°$

$= 180° - 140°$

$= 40°$

再因：$\overline{DE}//\overline{AB}$

∴$\angle ABE = \angle 2 = 70°$

▶▶▶▶ Ans

$\angle C'EB = 40°$ 且 $\angle ABE = 70°$

例題 5 如右圖，$ABCD$ 為平行四邊形，則$\angle 1 = ?$

▶▶▶▶ Sol

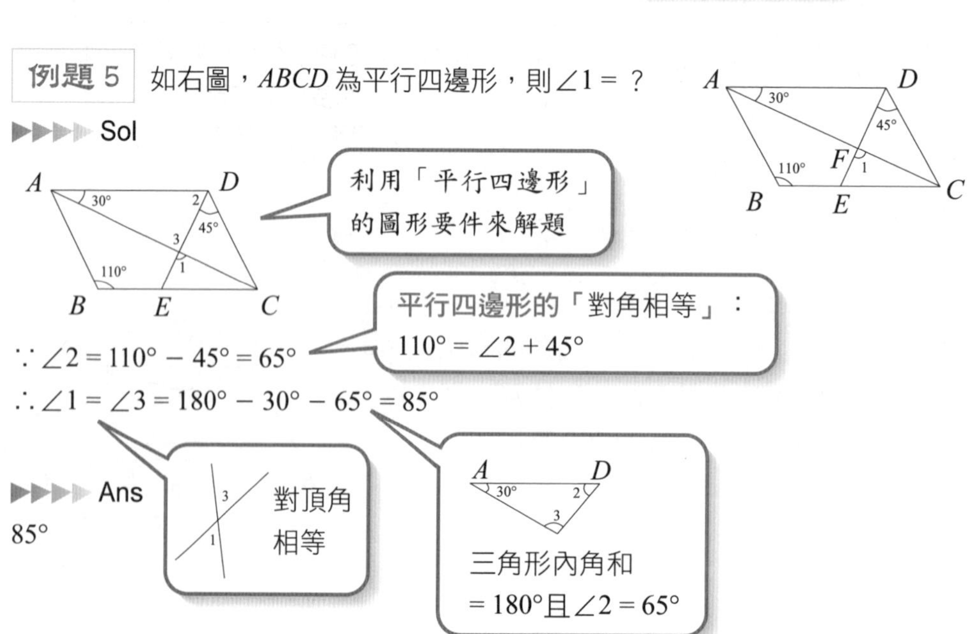

∵$\angle 2 = 110° - 45° = 65°$

∴$\angle 1 = \angle 3 = 180° - 30° - 65° = 85°$

▶▶▶▶ Ans

85°

例題 6 平行四邊形 $ABCD$ 中，$\angle A$ 是 $\angle B$ 的 4 倍少 5°，求 $\angle C$ 的度數？

▶▶▶▶ Sol

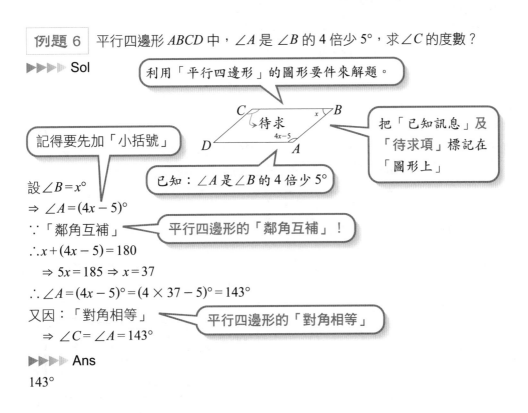

利用「平行四邊形」的圖形要件來解題。

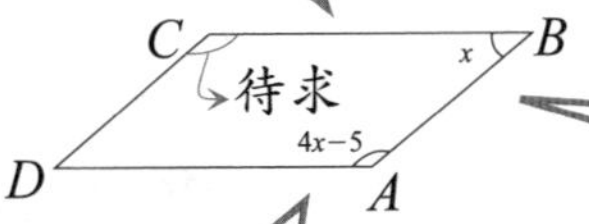

把「已知訊息」及「待求項」標記在「圖形上」

記得要先加「小括號」

已知：$\angle A$ 是 $\angle B$ 的 4 倍少 5°

設 $\angle B = x°$

$\Rightarrow \angle A = (4x-5)°$

∵「鄰角互補」　平行四邊形的「鄰角互補」！

$\therefore x + (4x-5) = 180$

$\Rightarrow 5x = 185 \Rightarrow x = 37$

$\therefore \angle A = (4x-5)° = (4\times 37-5)° = 143°$

又因：「對角相等」　平行四邊形的「對角相等」

$\Rightarrow \angle C = \angle A = 143°$

▶▶▶▶ Ans

143°

例題 7 平行四邊形 $ABCD$ 中，$\overline{AB}$ 的長度等於 2 倍的 $\overline{AD}$ 少 3 公分，$\overline{AB} > \overline{AD}$，且 $\overline{AB}$ 和 $\overline{AD}$ 的差為 4 公分，求 $ABCD$ 的周長？

▶▶▶▶ Sol

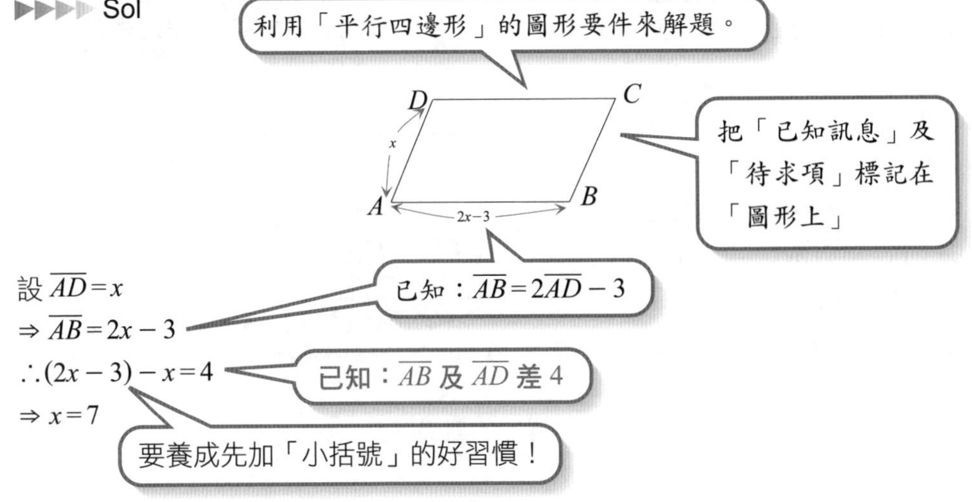

利用「平行四邊形」的圖形要件來解題。
D
C
x
A
B
2x−3
把「已知訊息」及「待求項」標記在「圖形上」
已知：AB = 2AD − 3
已知：AB 及 AD 差 4
要養成先加「小括號」的好習慣！

設 $\overline{AD} = x$

$\Rightarrow \overline{AB} = 2x-3$

$\therefore (2x-3) - x = 4$

$\Rightarrow x = 7$

$\therefore \overline{AD}=\overline{BC}=7$ 　（對邊等長）

且 $\overline{AB}=\overline{CD}=2\times 7-3=11$ 　（對邊等長；$\overline{AB}=2x-3$）

平行四邊形的「對邊等長」

$\therefore$ 周長為 $2\times(7+11)=2\times 18=36$（公分）

▶▶▶▶ Ans

36 公分

例題 8　如圖，平行四邊形 $ABCD$ 中，$\overline{DF}$ 平分 $\angle ADC$，$\overline{AF}=18$，$\overline{BE}:\overline{CE}=1:5$，求平行四邊形 $ABCD$ 周長？

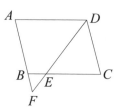

▶▶▶▶ Sol

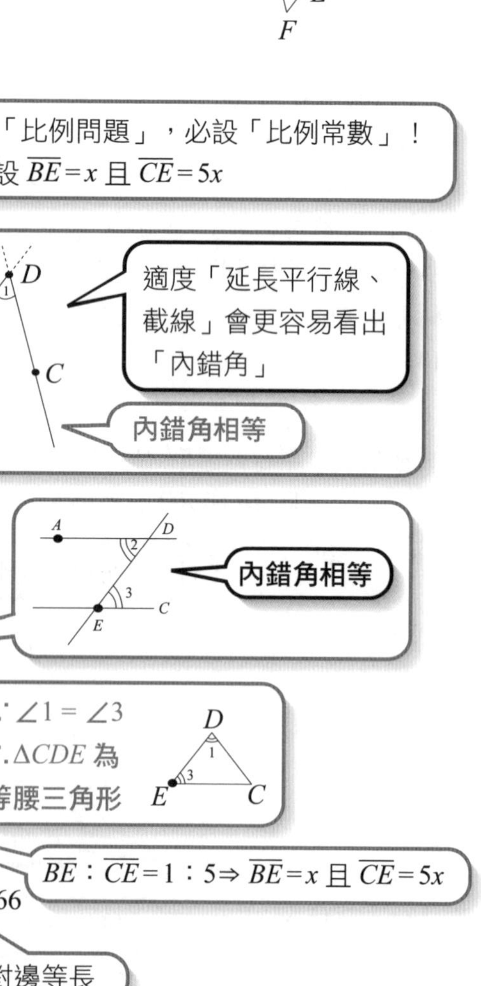

將題目訊息標記在圖上

見「比例問題」，必設「比例常數」！
$\therefore$ 設 $\overline{BE}=x$ 且 $\overline{CE}=5x$

$\because \angle 2=\angle F$
$\therefore \Delta ADF$ 為等腰三角形

適度「延長平行線、截線」會更容易看出「內錯角」

$\because \overline{AF}/\!/\overline{CD}$

$\therefore \angle 1=\angle F$ 　（內錯角相等）

又因：$\overline{DF}$ 平分 $\angle ADC$

$\therefore \angle 1=\angle 2$

$\therefore \angle F=\angle 2$ 　（已知：$\angle 1=\angle F$）

$\therefore \overline{AD}=\overline{AF}=18$ 　（題目已知：$\overline{AF}=18$）

再因：$\angle 2=\angle 3$ 　（內錯角相等）

且 $\angle 1=\angle 2$

$\therefore \angle 1=\angle 3$

$\therefore \overline{CD}=\overline{EC}$ 　（$\because \angle 1=\angle 3$，$\therefore \Delta CDE$ 為等腰三角形）

又因：$\overline{EC}=\dfrac{5x}{6x}\overline{BC}=\dfrac{5}{6}\times 18=15$ 　（$\overline{BE}:\overline{CE}=1:5\Rightarrow \overline{BE}=x$ 且 $\overline{CE}=5x$）

$\therefore \overline{CD}=\overline{EC}=15$

$\therefore$ 所求 $=2\times\overline{AD}+2\times\overline{CD}=2\times 18+2\times 15=66$ 　（平等四邊形的對邊等長）

▶▶▶▶ Ans

66

例題 9 如圖，$ABCD$ 和 $CEFG$ 為正方形，B、C、E 三點共線，若 $\overline{BC}=10$，$\overline{CE}=6$，求 ΔBDF 之面積？

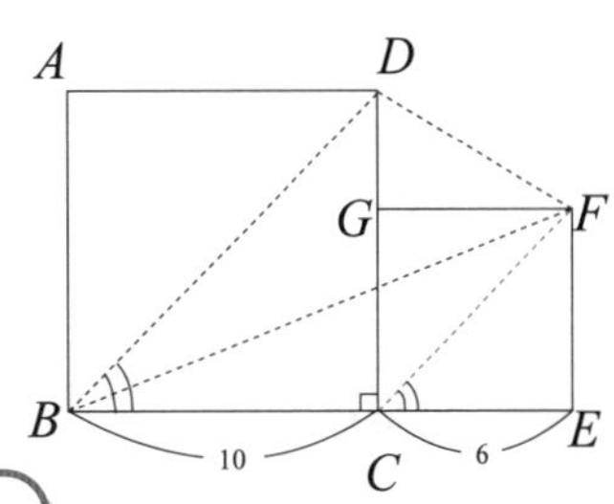

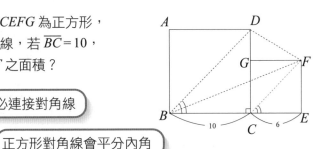

Sol

連接 $\overline{CF}$（平行類圖形，必連接對角線）

$\because \angle CBD=\angle ECF=45^\circ$（正方形對角線會平分內角）

$\therefore \overline{CF}/\!/\overline{BD}$（同位角相等）

$\therefore$

成一梯形

由「梯形頂點」組成的兩個Δ，當「共用一底當邊」時，兩個Δ的面積必相等

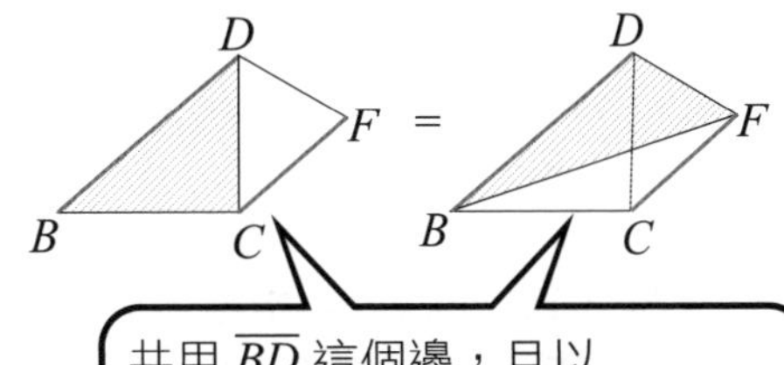

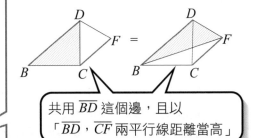

共用 $\overline{BD}$ 這個邊，且以「$\overline{BD}$，$\overline{CF}$ 兩平行線距離當高」

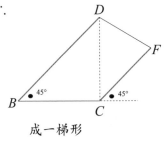

$\therefore \Delta BDF$ 面積 $=\Delta BDC$ 面積

$=\dfrac{1}{2}\times 10\times 10=50$

Δ面積 $=\dfrac{1}{2}\times$底$\times$高

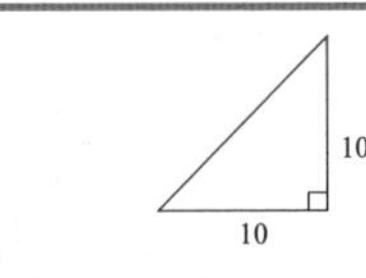

見「直角」要「找造直角Δ」

▶▶▶▶ Ans

50

例題 10 如下圖，四邊形 $ABCD$ 為平行四邊形，$\overline{ED}/\!/\overline{FG}$，$\angle D=75^\circ$，$\angle ABE=25^\circ$，求 $\angle GFB+\angle GCB=$ ？

(A) 155° (B) 210° (C) 235° (D) 270°

把「已知訊息」及「待求項」標記在「圖形」上

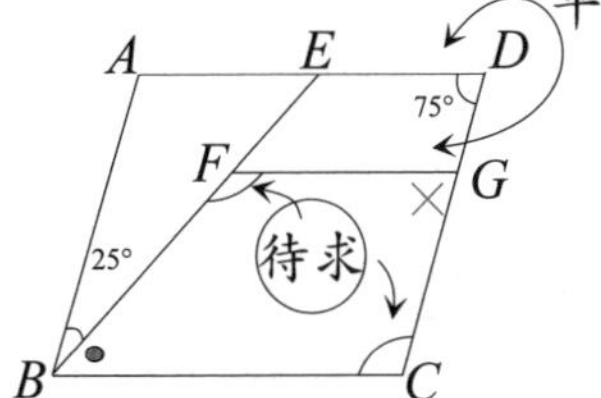

【基測 93】

利用「平行線的同位角相等」、「平行四邊形的對角相等」並配合「四邊形內角和＝(4－2)×180°＝360°」來解題。

Sol

$\because \angle CBF = \angle CBA - 25°$
$= 75° - 25°$
$= 50°$

∵平行四邊形的「對角相等」
已知訊息
$\therefore 75° = \angle D = \angle CBA = \angle CBA + 25°$

且 $\angle CGF = \angle D = 75°$　同位角相等

已知：$\overline{ED} // \overline{FG}$

四邊形 $BCGF$ 的內角和＝$(4-2)\times 180° = 360°$

$\therefore$ 所求 $= 360° - \angle CBF - \angle CGF$
$= 360° - 50° - 75° = 235°$

n 邊形內角和＝$(n-2)\times 180°$

∴選(C)

Ans

(C)

例題 11　如圖，平行四邊形 $ABCD$ 中，$\overline{BC}=12$，M 為 $\overline{BC}$ 中點，M 到 $\overline{AD}$ 的距離為 8。若分別以 B、C 為圓心，$\overline{BM}$ 長為半徑畫弧，交 $\overline{AB}$、$\overline{CD}$ 於E、F兩點，則灰色區域面積為何？

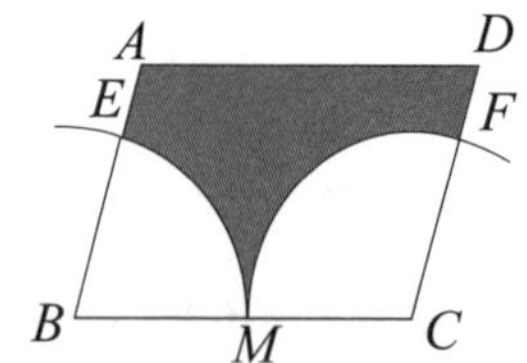

(A) $96-12\pi$　(B) $96-18\pi$
(C) $96-24\pi$　(D) $96-27\pi$　【基測 96】

Sol

將題目訊息「聚集」可得下圖：

利用「平行四邊形：對角相等、鄰角互補」概念來解題。

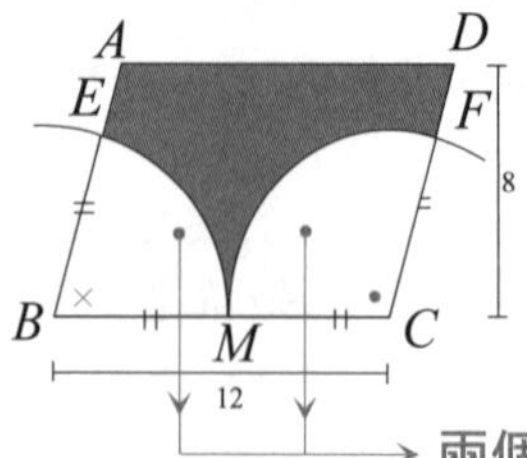

兩個「半徑」為「$12\div 2=6$」的扇形

∴灰色面積
＝平行四邊形 $ABCD$ －減（扇形 EBM＋扇形 FCM）
＝平行四邊形 $ABCD$ －減 半圓

$\because \angle EBM + \angle FCM = 180°$
平行四邊形「鄰角互補」

$=12\times 8-\frac{1}{2}\times(6\times 6\times\pi)$

圓面積 $=\pi\times r^2$

$=96-18\pi$

用「梯形面積」看「平行四邊形面積」，可得：平行四邊形面積＝底 × 高

∴選(B)

▶▶▶▶ Ans

(B)

例題 12 已知梯形的高為 6，中線長為 8，則此梯形面積為？

利用「梯形中線長 $=\frac{\text{上、下底和}}{2}$」來解題。

 Sol

∵梯形中線長 $=\frac{\text{上、下底和}}{2}\overset{\text{令}}{=}8$

∴上、下底和 = 16

∴面積 $=\frac{1}{2}\times$（上、下底和）× 高 $=\frac{1}{2}\times 16\times 6=48$

梯形面積 $=\frac{\text{（上底＋下底）}\times\text{高}}{2}$

▶▶▶▶ Ans

48

例題 13 如圖（甲），四線段構成一漏斗的剖面圖，其中管子的內部寬度為 4 公分。已知水滿時，水面到漏斗頸的高為 6 公分，水面寬度為 12 公分。水位下降 3 公分，如圖（乙），則水面寬度為多少？

(A) 6　(B) 7　(C) 8　(D) 9

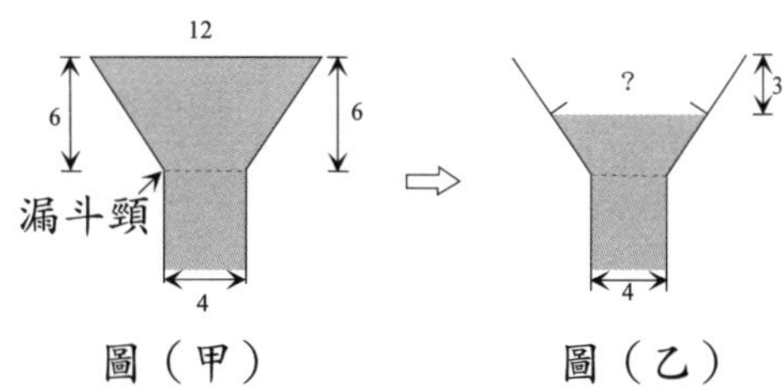

圖（甲）　　圖（乙）

▶▶▶▶ Sol

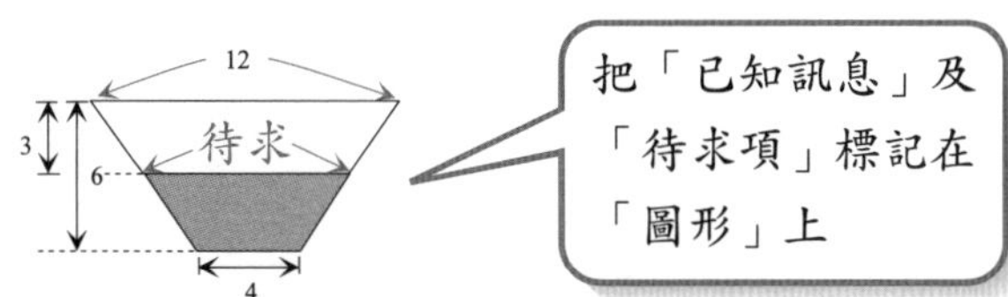

把「已知訊息」及「待求項」標記在「圖形」上

∵「漏斗」上半部成「梯形」
∴利用「梯形中線長 $=\dfrac{\text{上、下底和}}{2}$」來解題。

梯形中線長 =（上底 + 下底）÷ 2 = (12 + 4) ÷ 2 = 8
∴選(C)

∵「大梯形」高 = 6 且「小梯形」高 = 6 − 3 = 3
∴待求項 = 大梯形的「中線」

Ans

(C)

例題 14 如圖，四邊形 $ABCD$ 中，$\overline{AD}//\overline{BC}$，$E$、$F$ 三等分 $\overline{AB}$，G、H 三等分 $\overline{DC}$，$\overline{AI}\perp\overline{BC}$，已知 $ABCD$ 的面積 = 120，$\overline{AI}=10$，求 $\overline{EG}+\overline{FH}=$？

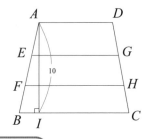

A D E G 10 F H B I C

Sol

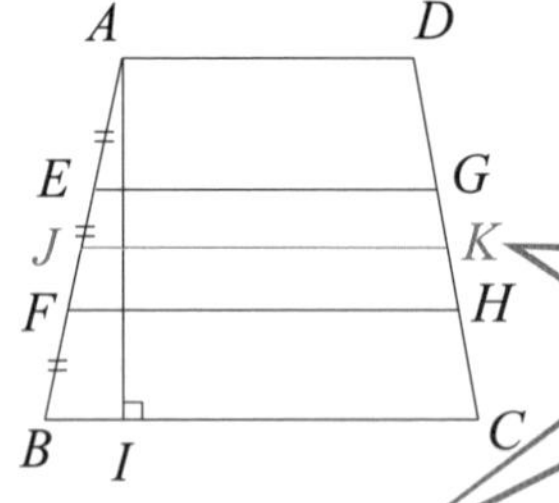

涉梯形「面積」及「上下底和」必畫「梯形中線」

腰的中點連線

梯形 $ABCD$

取 $\overline{AB}$、$\overline{CD}$ 中點 J、K 並連接 $\overline{JK}$

$\overline{JK}=120\div10=12$

梯形面積 =（兩腰中點連線段長）× 高 $=\dfrac{(\text{上底}+\text{下底})}{2}\times$ 高

又因：$\overline{EG}+\overline{FH}=2\overline{JK}$

∴$\overline{EG}+\overline{FH}=2\times12=24$

梯形中線長 $=\dfrac{\text{上下底和}}{2}$

梯形

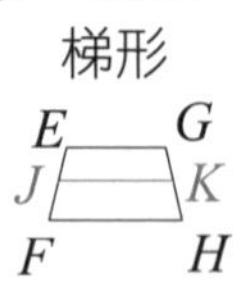

Ans

24

例題 15 已知梯形 $ABCD$ 的上底 $\overline{AD}=5$，下底 $\overline{BC}=11$，腰 $\overline{CD}=6$，$\angle ABC=50°$，則 $\angle ADC=$ ？

「梯形的邊角問題」，必畫「兩腰之高」或畫「平行一腰的平行線」。

▶▶▶ Sol

畫「平行一腰（$\overline{CD}$）的平行線」可得：

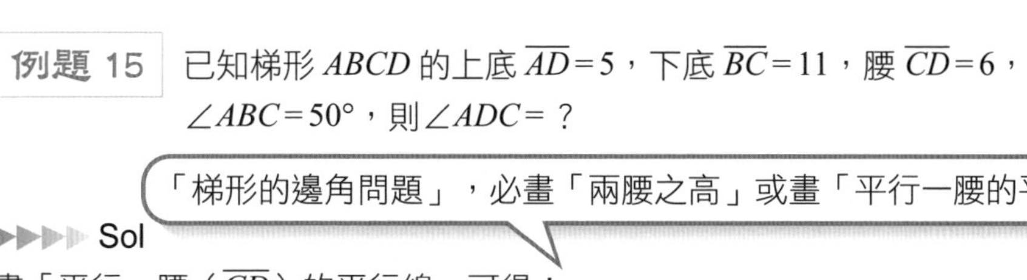

把「已知訊息」及「待求項」標記在「圖形」上

∵ $ADCE$ 為平行四邊形
∴對邊等長

$\because \overline{BE}=\overline{BC}-\boxed{\overline{EC}}=\overline{BC}-\boxed{\overline{AD}}$　平行四邊形的對邊等長

$=11-5=6=\overline{CD}=\overline{AE}$　平行四邊形的對邊等長

題目的已知訊息

∵ $\overline{BE}=\overline{AE}$
∴ ΔABE 為等腰Δ
∴底角相等

$\therefore \angle BAE=\angle ABC=50°$

$\Rightarrow \angle AEB=180°-50°-50°=80°$　三角形 ABE 的內角和 $=180°$

$\Rightarrow \angle AEC=180°-80°=100°$　「平角」$=180°$

$\Rightarrow \angle ADC=100°$　平行四邊形 $ADCE$ 的對角相等

▶▶▶ Ans

$\angle ADC=100°$

例題 16 如圖，梯形 $ABCD$ 中，$\overline{AD}//\overline{BC}$，$\overline{AB}=\overline{AD}=4$，$\angle B=2\angle C=60°$，求梯形 $ABCD$ 之面積？

▶▶▶ Sol

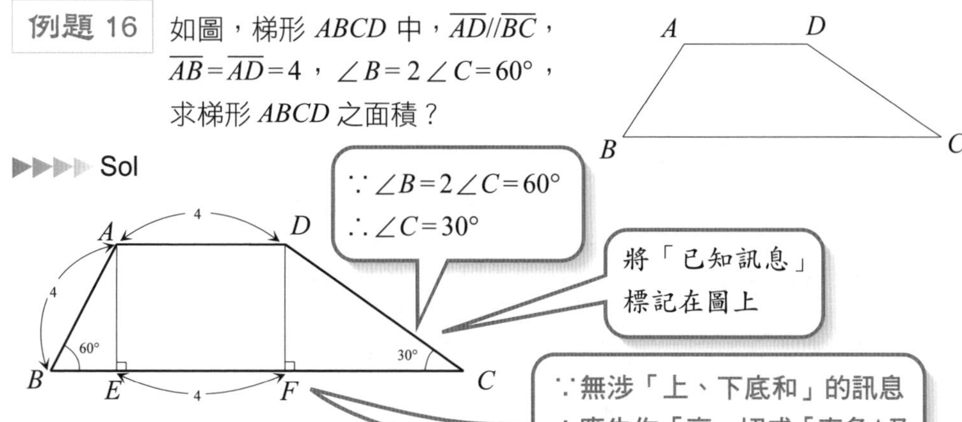

∵ $\angle B=2\angle C=60°$
∴ $\angle C=30°$

將「已知訊息」標記在圖上

∵無涉「上、下底和」的訊息
∴應先作「高」切成「直角Δ及長方形」，再分別求面積

$\overline{DF}=\overline{AE}=2\sqrt{3}$

$\because \overline{AE}=4\times\frac{\sqrt{3}}{2}=2\sqrt{3}$（高），$\overline{BE}=4\times\frac{1}{2}=2$

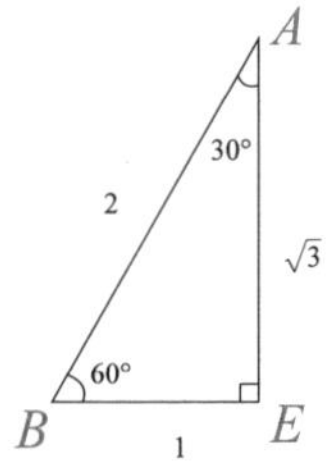

$\therefore \overline{CF}=2\sqrt{3}\times\sqrt{3}=6$

$\because \overline{DF}=\overline{AE}=2\sqrt{3}$

且 $\overline{DF}:\overline{FC}=1:\sqrt{3}$

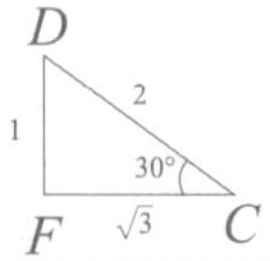

$\therefore$下底 $\overline{BC}$

$=\boxed{\overline{BE}}+\overline{EF}+\boxed{\overline{FC}}$

$=\boxed{2}+4+\boxed{6}=12$

$\therefore$所求 $=\frac{(4+12)\times\boxed{2\sqrt{3}}}{2}$

$=16\sqrt{3}$

梯形面積 $=\frac{（上、下底和）}{2}\times$高

▶▶▶▶ Ans

$16\sqrt{3}$

$\overline{AE}=2\sqrt{3}$ 當「高」

例題 17 平行四邊形 $ACEF$，$\overline{AB}:\overline{BC}=\overline{CD}:\overline{DE}=2:1$，求 $FEGA$ 與 $BCDG$ 的面積比 = ？

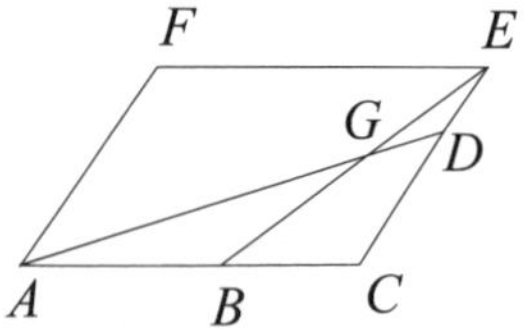

「比例問題」，必設「比例常數」

▶▶▶▶ Sol

①

$\because \overline{AF}=\overline{EC}$

$\therefore$可設 $\overline{AF}=\overline{ED}+\overline{DC}$

$=a+2a=3a$

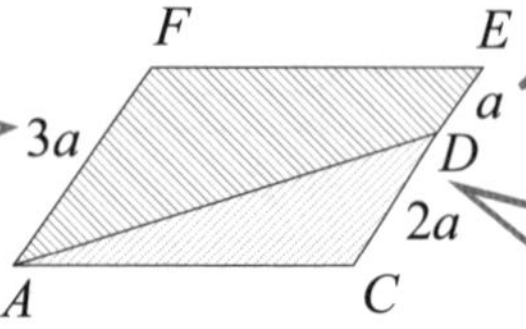

善用：「以兩平行線距離當高」的面積比 = 底長比

梯形 $AFED$ 面積：ΔACD 面積

$=\frac{(3a+a)}{2}\times$高：$\frac{2a}{2}\times$高

$=2:1$

高 = 平行線 $\overline{AF}$ 與 $\overline{EC}$ 的距離

$\therefore$梯形 $AFED$ 面積 $=\frac{2}{2+1}$ 平行四邊形 $AFEC$ 面積

且ΔACD 面積 $=\frac{1}{2+1}$ 平行四邊形 $AFEC$ 面積

同理：由

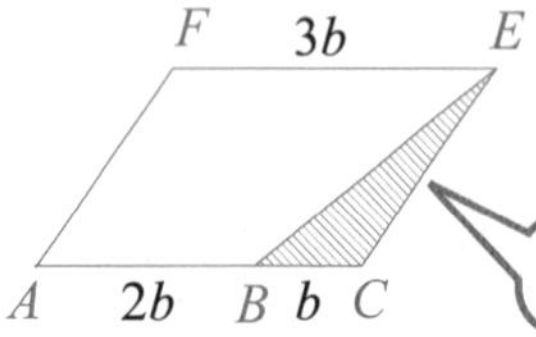

，可得：梯形 $AFEB$ 面積 $=\frac{5}{6}$ 平行四邊形面積且Δ BCE 面積 $=\frac{1}{6}$ 平行四邊形面積

「比例問題」，必設「比例常數」

梯形：$\Delta=\frac{(3b+2b)}{2}\times$高：$\frac{b}{2}\times$高 $=5:1$

「高」= $\overline{EF}$ 與 $\overline{AC}$ 的「平行線距離」

②

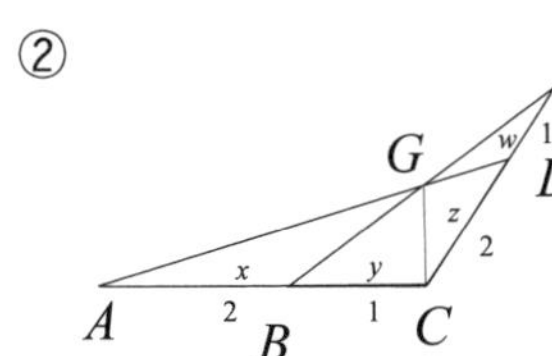

為善用「線段比」
∴連接 $\overline{GC}$

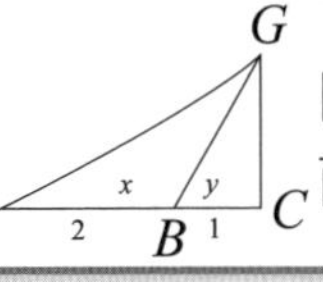

同頂點，共底線的Δ面積比＝底長比

$\therefore x:y=2:1$

且 $z:w=2:1$

同頂點，共底線的Δ面積比＝底長比

$\therefore$ 可設 $\begin{cases} x=2m，y=m \\ z=2n，w=n \end{cases}$

引入比例常數，對不同比例式，要用不同代號

又因：$x+y+z=\Delta ACD$ 面積

$=\dfrac{1}{3}$ 平行四邊形面積

且 $y+z+w=\Delta BCE$ 面積 $=\dfrac{1}{6}$ 平行四邊形面積

$\therefore 2m+m+2n=2(m+2n+n)$

$x+y+z$ 是 $y+z+w$ 的「兩倍」

$\therefore m=4n$

再因：$m+2n+n=\dfrac{1}{6}$ 平行四邊形面積

$y+z+w=\dfrac{1}{6}$ 平行四邊形面積

$\therefore 7n=\dfrac{1}{6}$ 平行四邊形面積

$\therefore n=\dfrac{1}{42}$ 平行四邊形面積且 $m=\dfrac{4}{42}$ 平行四邊形面積

$\therefore FEGA$ 面積 $=AFED$ 面積 $-\ \Delta EDG$ 面積

$=(\dfrac{2}{3}-\dfrac{1}{42})$ 平行四邊形面積

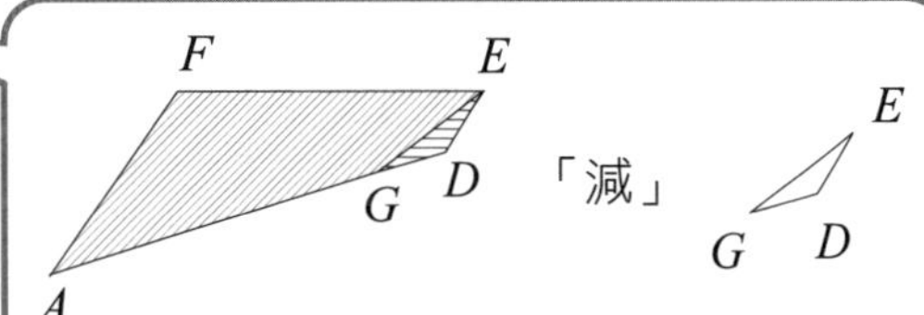

已知：$AFED$ 面積 $=\dfrac{2}{3}$ 平行四邊形面積

且 $\Delta EDG=w=n=\dfrac{1}{42}$ 平行四邊形面積

且 $BCDG$ 面積 $=(\dfrac{4}{42}+\dfrac{2}{42})$ 平行四邊形面積

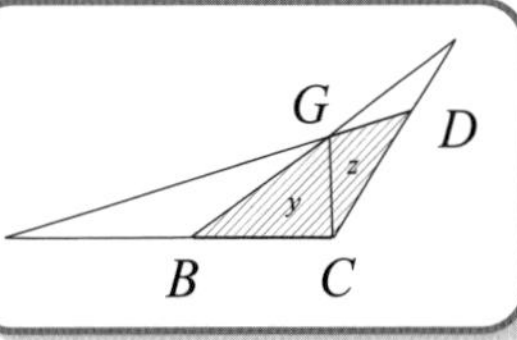

$BCDG$ 面積 $=y+z=m+2n=\dfrac{4}{42}+\dfrac{2}{42}$ 平行四邊形面積

$\therefore$ 可得，所求 $=(\dfrac{2}{3}-\dfrac{1}{42}):(\dfrac{4}{42}+\dfrac{2}{42})$

$=\dfrac{28-1}{42}:\dfrac{6}{42}$

$=27:6$

$=9:2$

▶▶▶▶ Ans

$9:2$

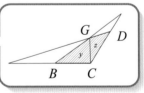

CHAPTER 6

多邊形的「相似」——以三角形相似為主角

重點整理6-1 相似的意義

相似 1

◉ 「邊數＞3」的「相似」

「邊數＞3」的多邊形、一定要同時滿足：
「（所有）對應角相等」「且」「（所有）對應邊成（相同）比例」，
才會「相似」。

「邊數＞3」的多邊形，
只有「對應角相等」或只有「對應邊成（相同）比例」成立，並不保證多邊形相似。
如：「任意長方形（邊不等長的矩形）與正方形」的對應角皆為 90°，
但對應邊卻不成（相同）比例，故：

「任意長方形（邊不等長的矩形）與正方形」不是「相似四邊形」

「圖形縮放」（比例尺）
「縮放圖」指的是：
一個跟原來圖形「對應角相等」且「對應邊成（相同）比例」的圖形。

如：原來圖形的邊長縮小 $\frac{1}{n}$ 倍（放大 n 倍），
則面積會縮小 $\frac{1}{n}\times\frac{1}{n}$ 倍（放大 $n\times n$ 倍），
我們便稱此「縮放圖」是原來圖形的 $\frac{1}{n}$ 縮小圖（n 放大圖）。

相似 2

◉「三角或三邊形」的「相似」

三角形相似的判別方法：

∵Δ內角和 = 180°
∴另外一角也會「對應相等」

A=對應角，S=對應邊長，ΔABC 相似於 ΔDEF，並記為「$\Delta ABC \sim \Delta DEF$」

相似的判別要件	示意圖形	對應邊、角關係
AAA： 三組對應角相等	A A A	$\angle A=\angle D, \angle B=\angle E, \angle C=\angle F$
AA： 兩組對應角相等	A A	$\angle A=\angle D, \angle B=\angle E$
SAS： 一組對應角相等 且夾此等角的兩組對應邊長成（相同）比例	S A S	$\angle A=\angle D, \dfrac{\overline{AB}}{\overline{DE}}=\dfrac{\overline{AC}}{\overline{DF}}$ 分子同一個Δ 分母同一個Δ
SSS： 三組對應邊長成（相同）比例	S S S	$\dfrac{\overline{AB}}{\overline{DE}}=\dfrac{\overline{BC}}{\overline{EF}}=\dfrac{\overline{AC}}{\overline{DF}}$ 分子同一個Δ 分母同一個Δ

亦即：三角形的相似性質有AAA、AA、SAS、SSS

◉「（所有）對應角相等」跟「（所有）對應邊長成（相同）比例」，對「邊數 > 3」的多邊形，一定要同時滿足，才保證「相似」！

◉對「三角形」而言，只要AAA或AA或SAS或SSS就能保證「相似」！

∵「三角形」的「內角和 = 180°」
∴只要能確知「AA」成立，便自然得知「AAA」亦會成立！

重點整理6-2 應用的關鍵「特徵」與「策略」

應用

「相似」：「邊長比」的平方 =「面積比」

「邊角」的計算與「相似」的判斷，必用：

(A) 用「相似（或全等）」來確認「待求邊角」跟「已知邊角」的關係。

AAA、AA、SAS、SSS

AAS、ASA、SAS、SSS、RHS

(B)「相似」的判斷與應用：由「共有訊息或共有邊角」下手

「找、造」與「已知訊息、邊角相關的Δ」，進行相似的判斷與應用

(C) 設法「找、造」直角三角形，並善用「畢氏定理」，
「兩股積 = 斜邊 × 斜邊高」及「斜邊高平方 = 斜邊分段積」

直角Δ，除了「畢氏定理」外，利用「相似」可得：

$$\frac{\overline{AD}}{\overline{BD}}=\frac{\overline{BD}}{\overline{CD}}$$

分子看ΔABD；分母看ΔBCD

亦即：

$$\overline{BD}^2=\overline{AD}\times\overline{CD}$$

斜邊高 ^{2} = 斜邊分段積

分式等式，必交叉相乘相等

也可以用「畢氏定理」：

$$\overline{BD}^2=\underbrace{\overline{AB}^2-\overline{AD}^2}_{\Delta ABD}=\underbrace{\overline{BC}^2-\overline{DC}^2}_{\Delta BCD}$$

$\therefore 2\overline{BD}^2$

$=(\overline{AB}^2+\overline{BC}^2)-(\overline{AD}^2+\overline{DC}^2)$

$=\overline{AC}^2-(\overline{AD}^2+\overline{DC}^2)$

$=(\overline{AD}+\overline{DC})^2-(\overline{AD}^2+\overline{DC}^2)$

$=2\overline{AD}\times\overline{DC}$

$\therefore\overline{BD}^2=\overline{AD}\times\overline{DC}$

(D)「繪製平面圖」並「標記題目訊息」可以「聚集題目訊息」

「對應邊」當「底」的「對應高」也會跟「對應邊長」成相同比例

「對應點」的「坐標差」也會跟「對應邊長」成相同比例！

(E) 見「相似圖形」，必聯想：
「對應角相等、對應邊成（相同）比例」，「面積比值 = 對應邊比值的平方」。

見「線段比」m n，「造如下Δ」m n

「幾何」、「位置」、「路徑」問題，必依題意「繪圖」

如：見多條垂直線

(F) 見「平行」，必聯想：「AA/AAA 相似」。

(G)見「平行截線」，必聯想：「截兩邊 成 相同比例」。

常用「垂直線」或「直角Δ」來呈現！常需搭配「共同垂直一線，必平行」或「再找一角相等（共用）」來確認「相似」

(H) 在三角形 內 作「平行一邊」的 直線，會把三角形的 另外兩邊 截成「相同 比例」線段。

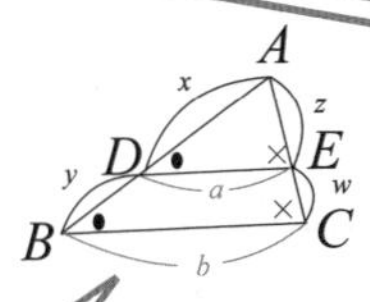

◉截邊比：$\frac{x}{y}=\frac{z}{w}$

◉大小Δ的對應邊長比：$\frac{a}{b}=\frac{x}{x+y}$

∵平行線的「同位角相等」

$\therefore \angle D=\angle B$ 且 $\angle E=\angle C$

$\therefore \Delta ADE \sim \Delta ABC$（AA 相似或 AAA 相似）

$\therefore \frac{\overline{AD}}{\overline{AB}}=\frac{\overline{AE}}{\overline{AC}} \Leftrightarrow \frac{\overline{AD}}{\overline{AD}+\overline{BD}}=\frac{\overline{AE}}{\overline{AE}+\overline{EC}} \Leftrightarrow \frac{\overline{AD}}{\overline{BD}}=\frac{\overline{AE}}{\overline{EC}}$

$\frac{\overline{AD}}{\overline{AD}+\overline{BD}}=\frac{\overline{AE}}{\overline{AE}+\overline{EC}}$

$\Leftrightarrow$（倒數）$1+\frac{\overline{BD}}{\overline{AD}}=1+\frac{\overline{EC}}{\overline{AE}}$

$\Leftrightarrow \frac{\overline{BD}}{\overline{AD}}=\frac{\overline{EC}}{\overline{AE}}$

$\Leftrightarrow$（倒數）$\frac{\overline{AD}}{\overline{BD}}=\frac{\overline{AE}}{\overline{EC}}$

反之，若一 截線 截三角形的 兩邊 成「相同 比例」的線段時，則此 截線 也會「平行 於三角形的 第三邊」。

重點整理6-3 解開例題、弄懂策略

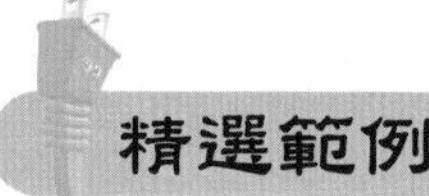

例題 1 判別下列何者一定是相似？若不是，請說明理由。

(1)任兩個正方形 (2)任兩個矩形

(3)任兩個菱形

> 「邊數 > 3」的多邊形，一定要同時滿足：「對應角相等」且「對應邊成（相同）比例」，才會「相似」。

▶▶▶▶ Sol

(1)任兩個正方形：

∵「對應角皆 90°相等」且「任一對應邊的比例與其他對應邊的比例都相同」

> 因正方形四邊等長

∴兩個正方形必「相似」。

(2)任兩個矩形：雖然「對應角皆 90°相等」，但「對應邊的比例」卻不見得都相同。

例如：

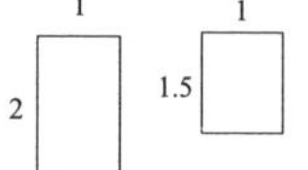

∴兩個矩形不見得「相似」。

> 因為菱形四邊等長

(3)任兩個菱形；雖然「對應邊的比例相同」，但「對應角」卻不見得相同。

如：

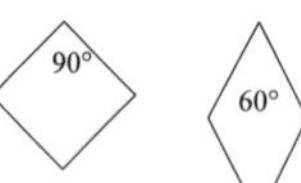

∴兩個菱形不見得「相似」。

(4)任兩個等腰梯形：

如：

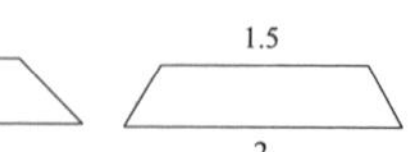

∵「對應角」及「對應邊的比例」都不見得相同。

∴兩個等腰梯形不見得「相似」。

▶▶▶▶ Ans

(1)是 (2)不一定 (3)不一定 (4)不一定

例題 2 右圖是兩全等長方形玻璃板放置的情形，其中分成甲、乙、丙、丁四塊梯形及一塊平方四邊形，若甲、乙、丙、丁的面積比為 4：3：5：6，則此四梯形的關係，下列敘述何者正確？

(A)甲乙相似　(B)甲丙相似

(C)乙丁相似　(D)甲乙丙丁均不相似

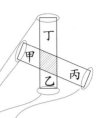

【基測 94】

Sol

∵4 個四邊形都有一個「含有兩個直角」的「邊等長」

∴「如果」它們是「相似圖形」其「對應邊比」應恆為「1：1」

∴「面積比」也應為「1：1」，但已知 4 個四邊形「面積比」不為「1：1」

∴四個均不相似

∴選(D)

利用「相似圖形，其對應邊一定要成（相同）比例」來解題。

用「討論法」：先假設是「相似形」，再推演出「不符合」相似推論的結果

Ans

(D)

例題 3 右圖是一個長為 8，寬為 6 的矩形。請問，下列哪一個選項中矩形與這個矩形相似？

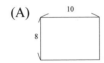

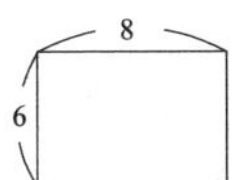

(A) 10 8　(B)

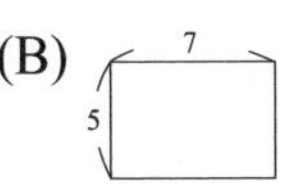

(C)　(D)

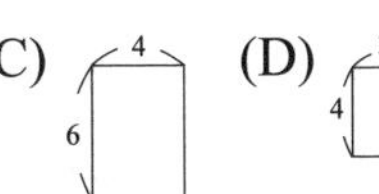

【基測 93】

利用「相似圖形，其對應邊一定要成（相同）比例」來解題。

Sol

∵原四邊形的 $\frac{長}{寬}=\frac{8}{6}=\frac{4}{3}$

(A) $\frac{長}{寬}=\frac{10}{8}=\frac{5}{4}$（不合）　(B) $\frac{長}{寬}=\frac{7}{5}$（不合）

(C) $\frac{長}{寬}=\frac{6}{4}=\frac{3}{2}$（不合）　(D) $\frac{長}{寬}=\frac{4}{3}$（合）

∴選(D)

Ans

(D)

例題 4 用寬為 1 公分的紙片做造型，請問內外緣圖形相似的有幾種？

用切成「完全相同」的「大、小Δ組」來判斷

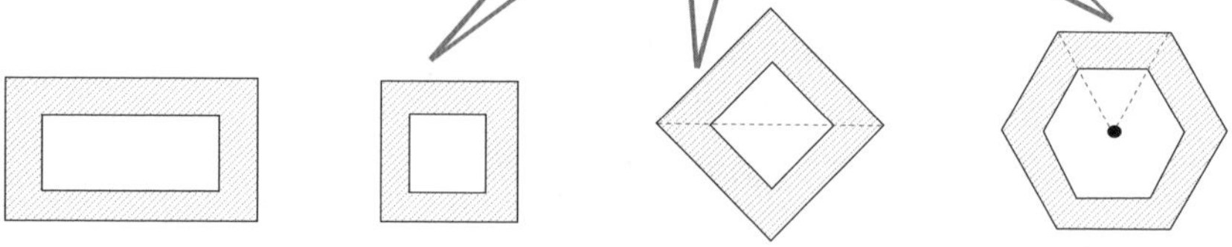

矩形　正方形　菱形　正六邊形

外緣的邊長比內緣「多 2」

「$n>3$」的相似，其「對應角」與「對應邊」都要檢查是否相等與成相同比例

Sol

①矩形：

設內緣矩形為：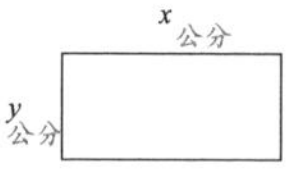

（$x \neq y$）

長方形

∴若相似，則「對應邊長」應成「相同比例」！

分式等式，必交叉相乘相等

亦即：$\dfrac{x}{y} = \dfrac{x+2}{y+2}$　∴ $xy+2x=xy+2y \Rightarrow x=y$（不合⋯與 $x \neq y$ 抵觸）

∵紙片寬為 1 公分
∴外緣矩形之邊長為：$x+2$ 及 $y+2$

②正方形：

設內緣正方形為：

$\dfrac{x}{x} = \dfrac{x+2}{x+2}$

利用：紙片寬為 1 公分

∴ $x(x+2)=x(x+2)$ 為恆等式

分式等式，必交叉相乘相等

∴「對應邊」成相同比例

又因：正方形的角 $=90°$

∴「對應角」也相同

∴必相似

③菱形：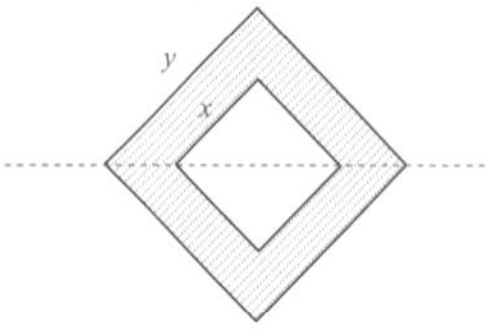

∵菱形可切成，上下兩組完全相同的大小Δ：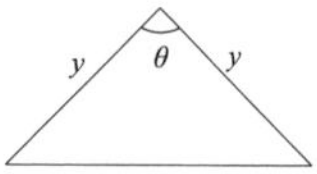

與 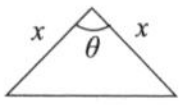

SAS 相似

∴其「對應角」相等且「對應邊」成相同比例

∴必相似

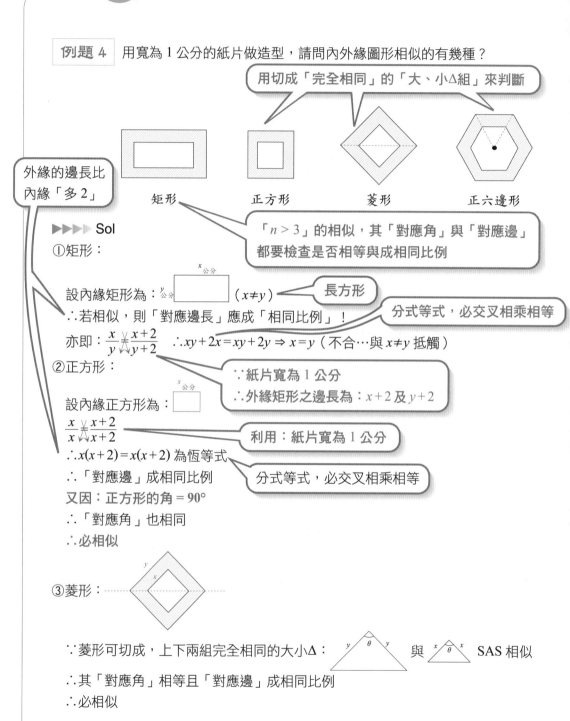

④正六邊形：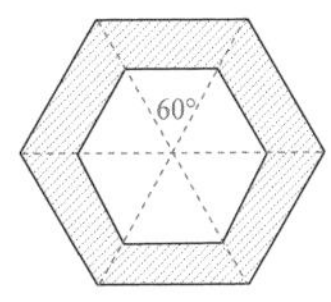

∵正六邊形可切成，六組完全相同的大小Δ：(60° 60° 60°) 與 (60° 60° 60°) AAA 相似

∴其「對應角」相等且「對應邊」成相同比例

∴必相似

Ans

3 種（正方形、菱形、正六邊形）

例題 5 已知$\Delta ABC \sim \Delta DEF$，若$\overline{AB}=(5x-3)$公分，$\overline{AC}=(2x+3)$公分，$\overline{BC}=15$公分，$\overline{DE}=8$公分，$\overline{EF}=(2x+4)$公分，求 x 及ΔABC、ΔDEF的周長？

Sol

利用「相似圖形」其「對應角相等」且「對應邊成（相同）比例」來解題。

1. ∵$\Delta ABC \sim \Delta DEF$

$\therefore \dfrac{\overline{AB}}{\overline{DE}}=\dfrac{\overline{AC}}{\overline{DF}}=\dfrac{\overline{BC}}{\overline{EF}}$

相似的對應邊成相同比例

利用交叉相乘展開

$\therefore \dfrac{5x-3}{8}=\dfrac{2x+3}{\overline{DF}}=\dfrac{15}{2x+4}$

取「共有變數多且常數多」的「分式等式」予以「交叉相乘相等」的處理

$8\times 15=(5x-3)\times(2x+4)$

$\Rightarrow 120=10x^2+14x-12$

$\Rightarrow 5x^2+7x-66=0$

$5x$	22
x	-3

用「十字交乘法」進行「因式分解」，以求「方程式」的「解」！

$\Rightarrow (5x+22)(x-3)=0$

$\Rightarrow x=\dfrac{-22}{5}$ 或 3（合）

將「$x=3$」代入：$\overline{AB}=5x-3$，$\overline{AC}=2x+3$

$\therefore \overline{AB}=5\times 3-3=12$；$\overline{AC}=2\times 3+3=9$；$\overline{BC}=15$

$\therefore \Delta ABC$ 的周長為 $12+9+15=36$（公分）

邊長不會是負值，故「負」不合

2. 又因：$\overline{DE}=8$；$\overline{EF}=2\times3+4=10$

將「$x=3$」代入：
$\overline{EF}=2x+4$

$\therefore 15\overline{DF}=(2x+3)\times(2x+4)$

$\therefore \overline{DF}=\dfrac{(2\times3+3)\times(2\times3+4)}{15}=\dfrac{9\times10}{15}=6$

$\therefore \Delta DEF$ 的周長為 $8+10+6=24$（公分）

由 1.知：
$\dfrac{2x+3}{\overline{DF}}=\dfrac{15}{2x+4}$，再用「公式等式」必用「交叉相乘相等」予以展開！

▶▶▶▶ Ans

$x=3$，ΔABC 周長 $=36$ 公分，ΔDEF 周長 $=24$ 公分

三角形「～」三角形，意謂：「相似」

例題 6 若$\Delta ABC\sim\Delta EFD$，$\angle A：\angle B=2：3$，$\angle B：\angle C=1：5$，
試求(1)$\angle A$、$\angle B$、$\angle C$ 的度數 (2)$\angle D-\angle E=$？

▶▶▶▶ Sol

利用「相似圖形」其「對應角相等」且「對應邊成（相同）比例」來解題。

(1)$\angle A：\angle B：\angle C$

$$\begin{array}{ccc} 2： & \boxed{3} & \\ & 1： & 5 \quad \cdots\times3 \\ \hline 2： & 3： & 15 \end{array}$$

「連比」整合，取「共同項」用「倍數」化「相同」。

設$\angle A=2k,\ \angle B=3k,\ \angle C=15k$

連比問題，引進比例常數

$2k+3k+15k=180°$

三角形內角和 $=180°$

$\Rightarrow 20k=180°$

$\Rightarrow k=9°$

$\therefore \angle A=18°$，$\angle B=27°$，$\angle C=135°$

(2)$\because \Delta ABC\sim\Delta EFD$

相似的對應角相等

$\therefore \angle A=\angle E,\ \angle B=\angle F,\ \angle C=\angle D$

$\therefore \angle D-\angle E=\angle C-\angle A=135°-18°=117°$

▶▶▶▶ Ans

(1)$\angle A=18°$，$\angle B=27°$，$\angle C=135°$

(2) $117°$

例題 7 如圖有 A 村與一條直線形的公路，今以 A 村為基準點，向北走 4 公里可到達公路。若由 A 村向東走 6 公里，再向北走 6 公里也可到達公路，則由 A 村向西走多少公里可到達公路？

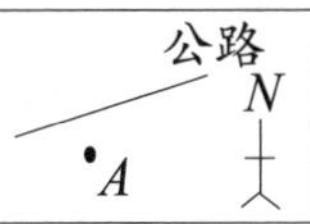

(A)4　(B)6　(C)9　(D)12

Sol

「路徑」問題，必繪圖

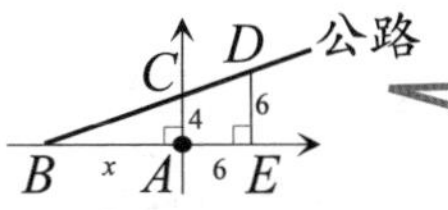

把「已知訊息」標記在「圖形」上

見「垂直線」，必聯想「平行截線」的 AA 相似

$\because \Delta BCA \sim \Delta BDE$

平行造成 AA 相似（「直角」與「共用 $\angle B$」的 AA 相似）

大小Δ邊長比成（相同）比例

$\therefore \dfrac{x}{x+6}=\dfrac{4}{6}$

$\Rightarrow \dfrac{x}{x+6}=\dfrac{2}{3}$

見「分式等式」必用「交叉相乘相等」

$\Rightarrow 3x=2(x+6)$

$\Rightarrow 3x=2x+12 \Rightarrow x=12$

∴選(D)

▶▶▶▶ Ans

(D)

例題 8 如圖，有一四邊形 $ABCD$ 的頂點座標分別為 $A(0,0)$、$B(6,0)$、$C(4,4)$、$D(1,3)$。如要畫另一四邊形 $A'B'C'D'$ 與四邊形 $ABCD$ 相似，且其頂點座標分別為 $A'(1,0)$、$B'(4,0)$、$C'(3,2)$、$D'(s,t)$，則 $s+t=$？

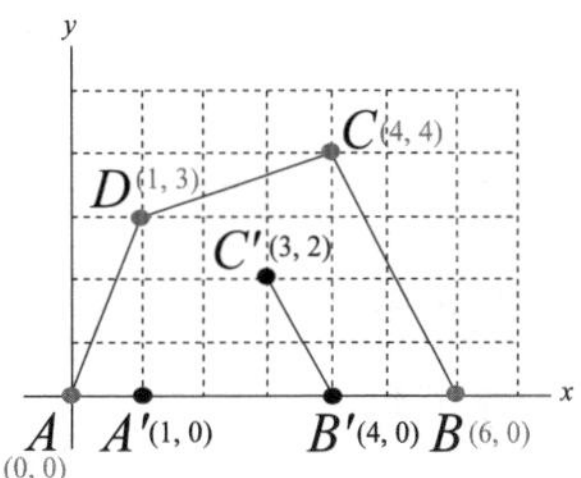

(A) 2　(B) 3　(C) $\dfrac{7}{2}$　(D) 4　【基測 91】

▶▶▶▶ Sol

利用「相似圖形，其對應邊成（相同）比例」來解題。

已知：兩個四邊形之邊長比

$=\overline{AB}:\overline{A'B'}=6:3=2:1$

= 平行軸的對應點 x/y 座標的「差距比」

相似的「對應點坐標差」與「對應邊長」也成相同比例

1. ∵ D 與 A 的 x 座標相差「1 個」單位長

∴ D' 與 A' 的 x 座標應相差「0.5 個」單位長

∴ $s=1+0.5=1.5$　　∵ A' 的 x 座標 $=1$

2. ∵ D 與 A 的 y 座標相差「3 個」單位

∴ D' 與 A' 的 y 座標應相差「1.5 個」單位

∴ $t=0+1.5=1.5$　　∵ A' 的 y 座標 $=0$

∴ $s+t=1.5+1.5=3$

∴ 選(B)

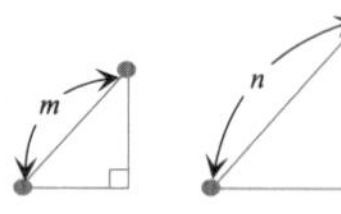

$\dfrac{\text{小斜邊長}}{\text{大斜邊長}}=\dfrac{m}{n}=\dfrac{\text{小}\Delta\text{對應股長}}{\text{大}\Delta\text{對應股長}}$

$=\dfrac{\text{小}\Delta\text{的對應頂點 } x \text{ 坐標差}}{\text{大}\Delta\text{的對應頂點 } x \text{ 坐標差}}$

$=\dfrac{\text{小}\Delta\text{的對應頂點 } y \text{ 坐標差}}{\text{大}\Delta\text{的對應頂點 } y \text{ 坐標差}}$

▶▶▶▶ Ans

(B)

例題 9　如圖，棋盤上有 A、B、C 三個黑子與 P、Q 兩個白子。請問第三個白子 R 應放在下列哪一個位置，才會使得 $\Delta ABC \sim \Delta PQR$？

(A)甲　(B)乙　(C)丙　(D)丁

為使「$\Delta ABC \sim \Delta PQR$」成立，所以，應考慮以「對應邊 $\overline{PQ}$ 與 $\overline{AB}$」為「底」的「對應高」

利用「相似圖形，其對應邊成（相同）比例」來解題。

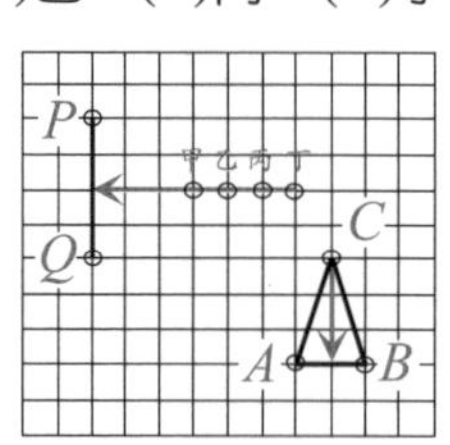

【基測 92】

▶▶▶▶ Sol

「相似」圖形，以「對應邊」當底的「對應高比」也與「對應邊」成相同比例

∵ ΔABC 的 C 與底「$\overline{AB}=2$」距離（y 方向）為「3」

∵ ΔPQR 的 R 與底「$\overline{PQ}=4$」距離（x 方向）應當為「$3\times\dfrac{4}{2}=6$」

∴ R 取丁點

∴ 選(D)

▶▶▶▶ Ans

(D)

∵ $\overline{AB}=2$ v.s. $\overline{PQ}=4$

互為「對應邊」且其比值為 $\dfrac{\overline{PQ}}{\overline{AB}}=\dfrac{4}{2}$

∴ $\dfrac{4}{2}=\dfrac{?}{3}$

∴ $?=3\times\dfrac{4}{2}$

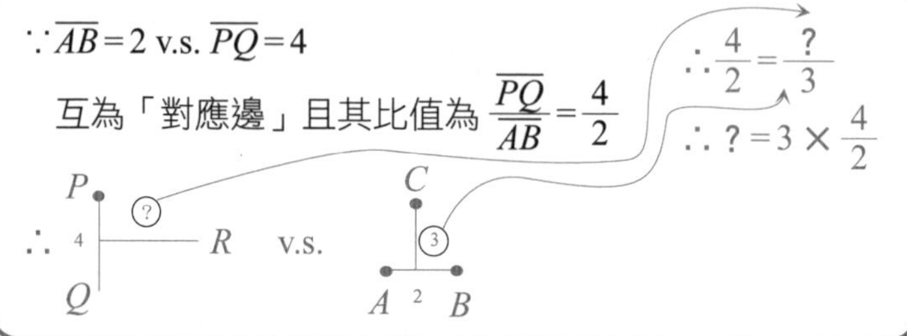

例題 10 如圖，$\overline{AD}$ 與 $\overline{BC}$ 相交於 E，EG 與 $\overline{AB}$、$\overline{CD}$ 垂直，且 $\Delta AEB \sim \Delta DEC$，若 $\overline{AB}=3$，$\overline{CD}=5$，$\overline{FG}=4$，求兩三角形面積和？

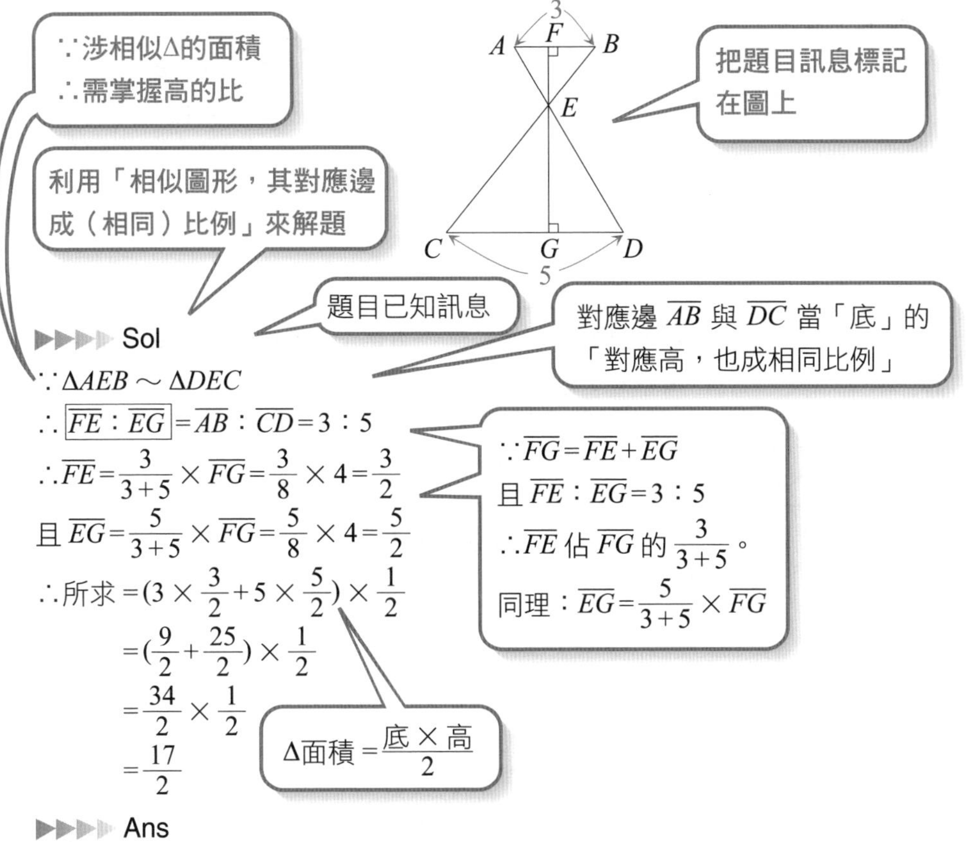

3
A
F
B
E
C
G
D
5
∵涉相似Δ的面積
∴需掌握高的比
利用「相似圖形，其對應邊成（相同）比例」來解題
把題目訊息標記在圖上
題目已知訊息
對應邊 AB 與 DC 當「底」的「對應高，也成相同比例」
∵FG＝FE＋EG
且 FE：EG＝3：5
∴FE 佔 FG 的 3/(3＋5)。
同理：EG＝5/(3＋5)×FG
Δ面積＝(底×高)/2

Sol

$\because \Delta AEB \sim \Delta DEC$

$\therefore \boxed{\overline{FE}:\overline{EG}}=\overline{AB}:\overline{CD}=3:5$

$\therefore \overline{FE}=\dfrac{3}{3+5}\times\overline{FG}=\dfrac{3}{8}\times 4=\dfrac{3}{2}$

且 $\overline{EG}=\dfrac{5}{3+5}\times\overline{FG}=\dfrac{5}{8}\times 4=\dfrac{5}{2}$

$\therefore$ 所求 $=(3\times\dfrac{3}{2}+5\times\dfrac{5}{2})\times\dfrac{1}{2}$

$=(\dfrac{9}{2}+\dfrac{25}{2})\times\dfrac{1}{2}$

$=\dfrac{34}{2}\times\dfrac{1}{2}$

$=\dfrac{17}{2}$

Ans

$\dfrac{17}{2}$

例題 11 甲、乙、丙、丁、戊五人各站在不同的位置。已知乙在甲的正西方 2 公尺處，丙在甲的正東方 3 公尺處，丁在甲的正北方 6 公尺處。若戊在丙的正北方 m 公尺處，使得乙、丁、戊的位置恰在一直線上，則 $m=$？

(A) 9　(B) 12　(C) 15　(D) 18　　【基測 95】

▶▶▶▶ Sol

「幾何」、「位置」或「路徑」問題，必繪製「題意訊息」的「聚集圖」。

由題目訊息可得下圖：

見「垂直、直角」必善用「平行截線」性質

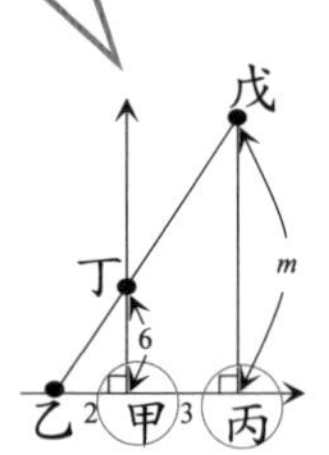

把「已知訊息」及「待求項」標記在「圖形」上

∵「垂直線」造成「平行截線」現象
∴必 AA 相似及對應邊成（相同）比例

∵Δ乙甲丁 ～ Δ乙丙戊

見「垂直線」欲確認「直角Δ」的相似，需再「找一角相等」或用「共同垂直一線，必平行」來處理

∴ $\dfrac{\overline{乙甲}}{\overline{乙丙}}=\dfrac{\overline{甲丁}}{\overline{丙戊}}$

大小Δ的對應邊長成（相同）比例

⇒ $\dfrac{2}{2+3}=\dfrac{6}{m}$

∴ $2m=30$

見「分式等式」，必用「交叉相乘相等」

∴ $m=15$

∴選(C)

▶▶▶▶ Ans

(C)

「直角」及「共用∠乙」造成 AA 相似

例題 12 如圖，$\overline{AQ}$ 為 $\angle BAC$ 的角平分線，P 在 $\overline{AQ}$ 上，且 $\overline{PB}\perp\overline{AB}$、$\overline{QC}\perp\overline{AC}$，若 $\overline{PB}=3$、$\overline{QC}=9$、$\overline{AP}=5$，則 $\overline{PQ}=$？

(A) 7　(B) 10　(C) 12　(D) 15

▶▶▶▶ Sol

「幾何」問題，首先應把「題目訊息」「聚集」，如右圖：

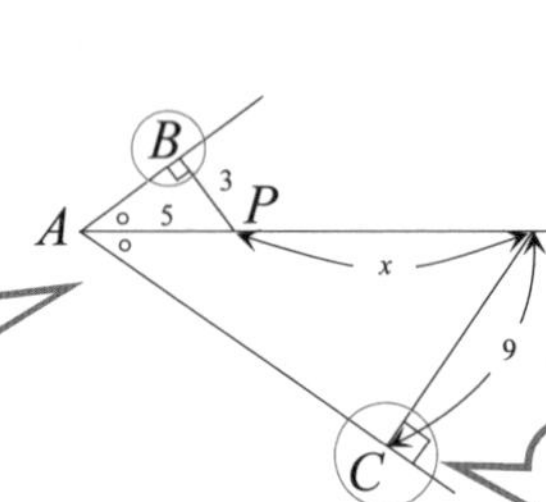

把「已知訊息」及「待求項」標記在「圖形」上

見「直角Δ」必善用：再找一角相等，就相似！

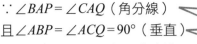

$\because \angle BAP = \angle CAQ$（角分線）

且 $\angle ABP = \angle ACQ = 90°$（垂直）

見「直角Δ」欲證「相似」：再找一角相等

$\therefore \Delta APB \sim \Delta AQC$（AA 相似）

$\therefore \frac{3}{9} = \frac{5}{x+5}$（設 $\overline{PQ} = x$）

「相似Δ」的對應邊成（相同）比例

$\Rightarrow \frac{1}{3} = \frac{5}{x+5}$

見「分式等式」，必用「交叉相乘相等」

$\Rightarrow x+5 = 15$

$\Rightarrow x = 10$

$\therefore$ 選(B)

Ans

(B)

例題 13 一群海盜在無名島上藏了三批珠寶，先在島上 A 地藏第一批珠寶，然後向東走 x 公里，再向南走 5 公里到 B 地藏第二批珠寶，再循原路回到 A 地後，向西走 6 公里，再向北走 10 公里到 C 地藏第三批珠寶，如果 A、B、C 三地恰好在一條直線上，則 $x=$？

(A) 3　(B) 6　(C) $\frac{25}{3}$　(D) 12　【基測 90】

Sol

繪製平面圖以「聚集題目訊息」

「幾何」、「位置」、「路徑」問題，即使題目沒給圖，自己也要先「畫圖」

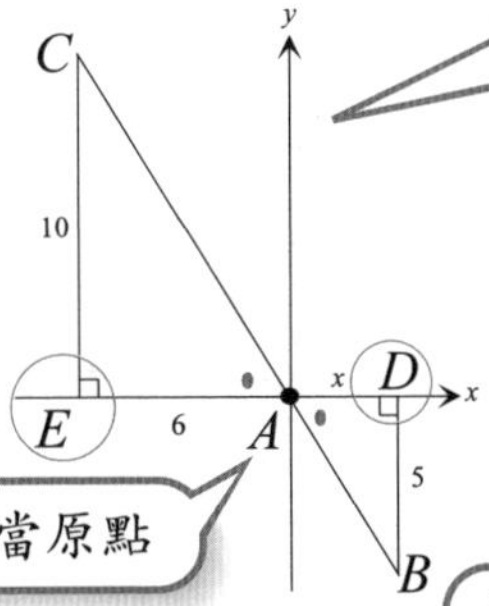

把「已知訊息」及「待求項」標記在「圖形」上

「$\angle A$ 及直角」構成 AA 相似

以「出發點 A」當原點

$\because \Delta ABD \sim \Delta ACE$（AA 相似）

見「直角Δ」，必善用：再找一角相等，其中 $\angle EAC = \angle DAB$

對頂角相等

$\therefore \frac{x}{6} = \frac{5}{10} \Rightarrow \frac{x}{6} = \frac{1}{2} \Rightarrow 2x = 6 \Rightarrow x = 3$

$\therefore$ 選(A)

相似Δ，其對應邊成（相同）比例

Ans

(A)

見「分式等式」，必用「交叉相乘相等」

例題 14 如圖，S、R、Q 在 $\overline{AP}$ 上，B、C、D、E 在 $\overline{AF}$ 上，其中 $\overline{BS}$、$\overline{CR}$、$\overline{DQ}$ 皆垂直於 $\overline{AF}$，且 $\overline{AB}=\overline{BC}=\overline{CD}=\overline{DE}$。若 $\overline{PE}=2$ 公尺，則 $\overline{BS}+\overline{CR}+\overline{DQ}$ 的長是多少公尺？

(A) $\frac{3}{2}$ (B) 2 (C) 3 (D) $\frac{5}{2}$ 【基測 92】

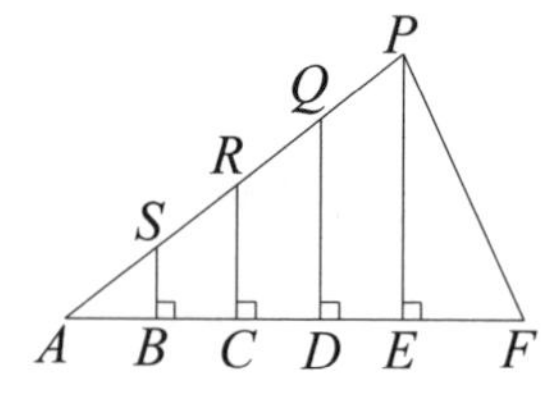

Sol

利用「相似圖形，其對應邊成（相同）比例」來解題。

∵「垂直邊」
$\overline{SB}//\overline{RC}//\overline{QD}//\overline{PE}$
造成「平行截線」現象
∴大大小小的Δ都相似

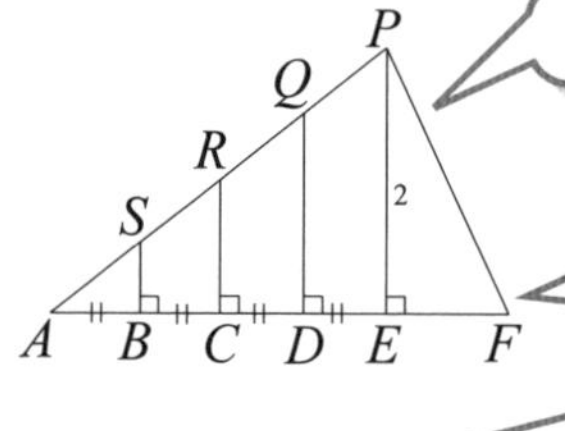

見「垂直」必善用「直角Δ」！

「直角Δ」的相似：再「找一個角相等」或「垂直邊」相互「平行」！

$\because \Delta APE \sim \Delta AQD \sim \Delta ARC \sim \Delta ASB$

$\overline{AE}$ 分 4 份，$\overline{AD}$ 占 3 份

$\therefore \overline{DQ}=2\times\frac{3}{4}=\frac{3}{2}$

$\overline{AE}$ 分 4 份，$\overline{AC}$ 占 2 份

$\therefore \overline{CR}=2\times\frac{2}{4}=1$

$\overline{AE}$ 分 4 份，$\overline{AB}$ 占 1 份

$\therefore \overline{BS}=2\times\frac{1}{4}=\frac{1}{2}$

利用「平行截線」的「分段比」或「大小Δ相似比」都可以！

$\therefore \overline{BS}+\overline{CR}+\overline{DQ}=\frac{1}{2}+1+\frac{3}{2}=3$

∴選(C)

Ans

(C)

例題 15 如圖，在ΔABC 中，$\overline{DE}//\overline{BC}$，$\overline{AD}=8$，$\overline{AE}=6$，$\overline{CE}=3$，$\overline{DE}=4$，求$\overline{DB}$及$\overline{BC}$的長？

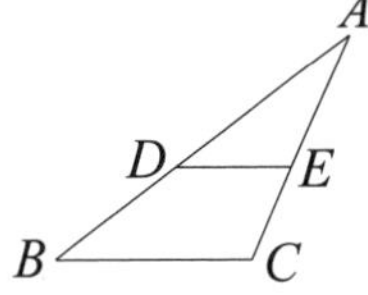

利用「平行截線」會「截兩邊成相同比例」並配命「相似圖形」要件來解題。

Sol

把「已知訊息」及「待求項」標記在「圖形」上

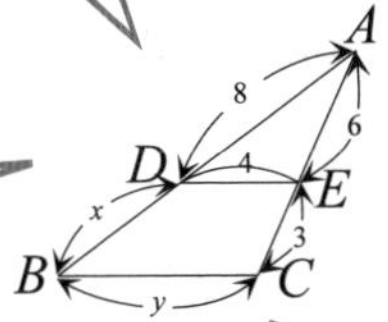

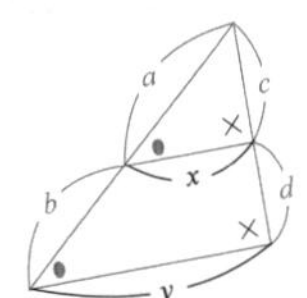

平行截線性質：

①截邊比 $\dfrac{a}{b}=\dfrac{c}{d}$

②大小Δ的對應邊長比

$\dfrac{y}{x}=\dfrac{a}{a+b}=\dfrac{c}{c+d}$

幾何問題，必繪圖

1. 設 $\overline{DB}=x$ 且 $\overline{BC}=y$

$\because \overline{DE}//\overline{BC}$

$\dfrac{8}{x}=\dfrac{6}{3}$ （利用交叉相乘展開）

平行截線 $\overline{DE}$ 會截兩邊成相同比例

$\Rightarrow 6x=24 \Rightarrow x=4 \Rightarrow \overline{DB}=4$

見「分段等式」，必用「交叉相乘相等」！

2. $\because \Delta ADE \sim \Delta ABC$（AA 相似）

「平行截線」會截得「上、全」兩個AA相似Δ

$\therefore$再利用相似圖形的「對應邊成相同比例」可得：

$\therefore \dfrac{8}{8+x}=\dfrac{4}{y}$

用：平行截線的「大小Δ的對應邊長比」

$\Rightarrow \dfrac{8}{8+4}=\dfrac{4}{y} \Rightarrow 8y=48 \Rightarrow y=6 \Rightarrow \overline{BC}=6$

已知「$x=4$」

Ans

$\overline{DB}=4$，$\overline{BC}=6$

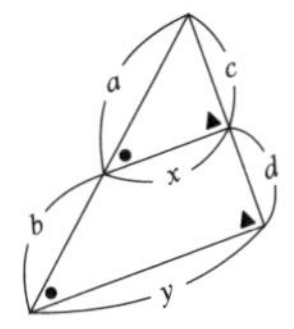

的截邊比 $\dfrac{a}{b}=\dfrac{c}{d}$

例題 16　如圖：ΔABC 與 ΔDEC 重疊的情形，其中 E 在 $\overline{BC}$ 上，$\overline{AC}$ 交 $\overline{DE}$ 於 F 點，且 $\overline{AB}//\overline{DE}$。若 ΔABC 與 ΔDEC 面積相等，且 $\overline{EF}=9$，$\overline{AB}=12$，則 $\overline{DF}=$？

(A) 3　(B) 7　(C) 12　(D) 15

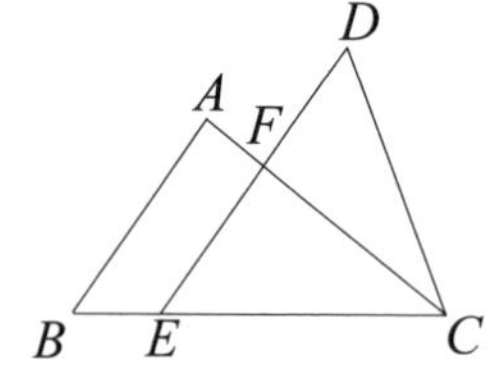

Sol

首先，將題目訊息「聚集」可得下圖：

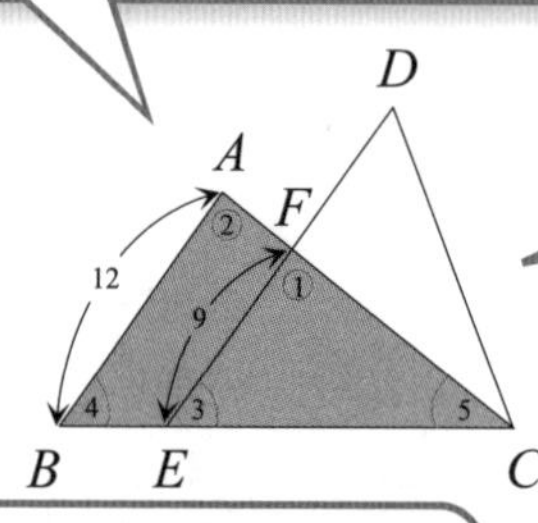

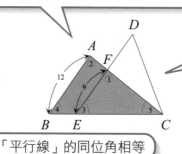

把「已知訊息」及「待求項」都標記在「圖形」上

1. $\because \overline{AB}//\overline{DE}$　「平行線」的同位角相等

$\therefore \angle 1 = \angle 2$；$\angle 3 = \angle 4$

且 $\angle 5 = \angle 5$

$\because \Delta ABC \sim \Delta FEC$　見「平行線」必聯想 AA 或 AAA 相似

$\therefore$ 兩相似三角形「對應邊比值 $=\dfrac{9}{12}=\dfrac{3}{4}$」

$\therefore$ 兩相似三角形「面積比值 $=(\dfrac{3}{4})^2=\dfrac{9}{16}$」

相似Δ的「面積比」為「邊長比」的「平方」

$\therefore \Delta FEC$ 面積 $=\dfrac{9}{16}\Delta ABC$ 面積 $=\dfrac{9}{16}\Delta DEC$ 面積

題目已知：ΔABC 與 ΔDEC 面積相等

$\therefore \Delta DFC$ 面積 $=(1-\dfrac{9}{16})\Delta DEC$ 面積 $=\dfrac{7}{16}\Delta DEC$ 面積

2. $\because \Delta DFC$ 與 ΔFEC 有相同高

$\therefore$ 它們的面積比值，恰為其底長比值

見「同頂點、同底線」的Δ面積問題，必聯想「同高」、「面積比 = 底長比」

$\therefore \dfrac{\overline{FD}}{\overline{EF}}=\dfrac{\frac{7}{16}\Delta DEC\text{ 面積}}{\frac{9}{16}\Delta DEC\text{ 面積}}$

$\therefore \dfrac{\overline{FD}}{9}=\dfrac{7}{9}$

$\Rightarrow \overline{FD}=7$

$\therefore$ 選(B)

Ans

(B)

例題 17 如下圖，將一個大三角形剪成一個小三角形及一個梯形。

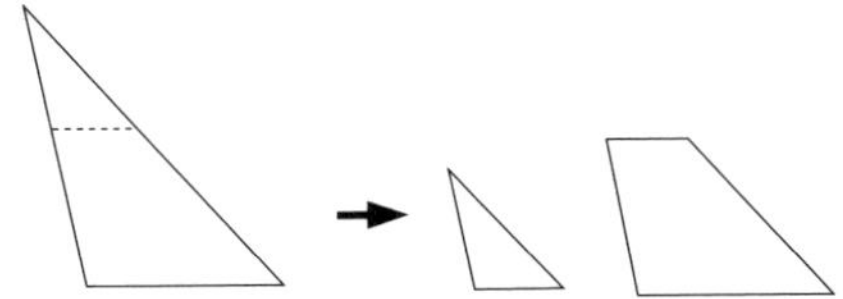

若梯形上、下底的長分別為 6、14，兩腰長為 12、16，則下列哪一選項中的數據表示此小三角形的三邊長？

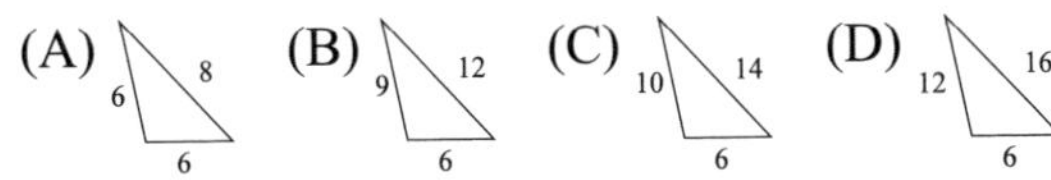

Sol

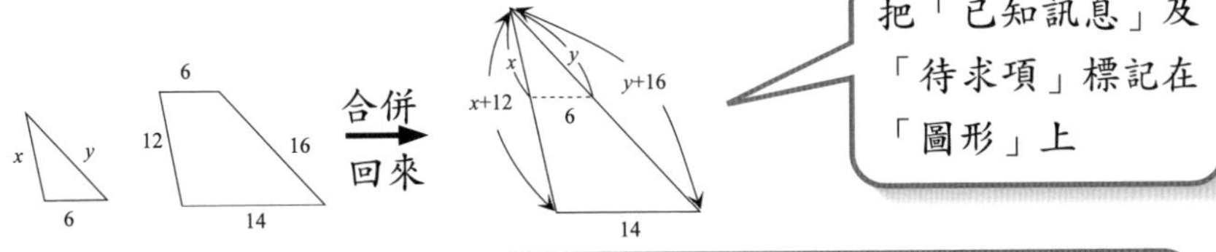

$\because$大、小三角形相似　見「平行截線」必聯想「AA 相似」！

$\therefore \dfrac{6}{14}=\dfrac{x}{x+12}$ 且 $\dfrac{6}{14}=\dfrac{y}{y+16}$　利用：「平行截線」的「大、小Δ的對應邊長比」

$\Rightarrow 6x+72=14x$ 且 $6y+96=14y$

$\Rightarrow 8x=72$ 且 $8y=96$　見「分式等式」，必用「交叉相乘相等」

$\Rightarrow x=9$ 且 $y=12$

$\therefore$選(B)

Ans

(B)

CHAPTER 7

基礎幾何裡的「圓」(1) 圓 v.s.「點、線、圓」

重點整理 7-1　「圓」與「點、線、圓」的關係

重點整理 7-2　應用的關鍵「特徵」與「策略」

重點整理 7-3　解開例題、弄懂策略

重點整理7-1 「圓」與「點、線、圓」的關係

「圓」的所有問題，必鎖定「圓心、半徑」來思考！

關係 1

「點」v.s.「心、半徑」

點與圓的位置關係：

點在圓外（圓外點）	點在圓上（圓上點）	點在圓內（圓內點）
點到圓心的距離 大於半徑	點到圓心的距離 等於半徑	點到圓心的距離 小於半徑

關係 2

「線」v.s.「心、半徑」

直線與圓的位置關係：

不相交（分離線）	交於一點（切點）	交於兩點（割線）
直線到圓心的距離 大於半徑	直線到圓心的距離 等於半徑	直線到圓心的距離 小於半徑

(A) 和一圓「只有一個交點」的直線，我們稱此直線為此圓的「切線」，並稱它們的交點為「切點」。

(B)「圓心到切線的距離」等於「圓的半徑」。

(C)「圓心與切點的連線」，必「垂直」過此切點的切線，且垂直於「切點」。

(D)「過圓心」且「與弦垂直」的直線，必「垂直平分此弦」。

(E) 圓中「最長的弦」是「直徑」。

圓上「兩相異點」的「連線段」稱之為「弦」

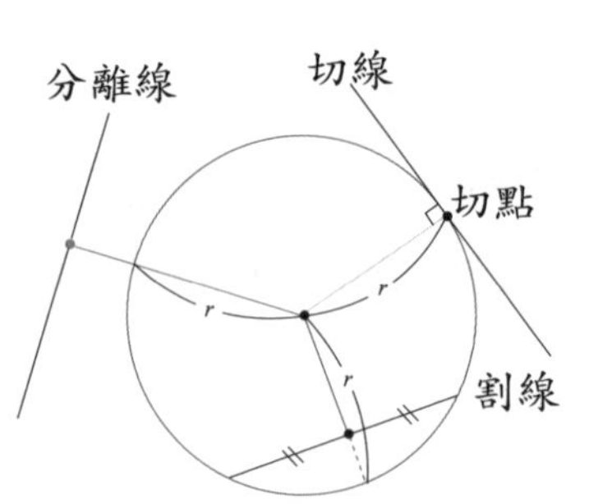

「心、半徑」v.s.「心、半徑」

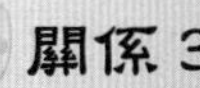

關係 3

兩圓的位置關係：

相交			不相交	
相交於兩點	相交於一點		內離	外離
	內切	外切		

(A) 當兩圓「外切」時，「連心線長」等於「兩半徑的和」。

(B) 當兩圓「內切」時，「連心線長」等於「兩半徑的差」。

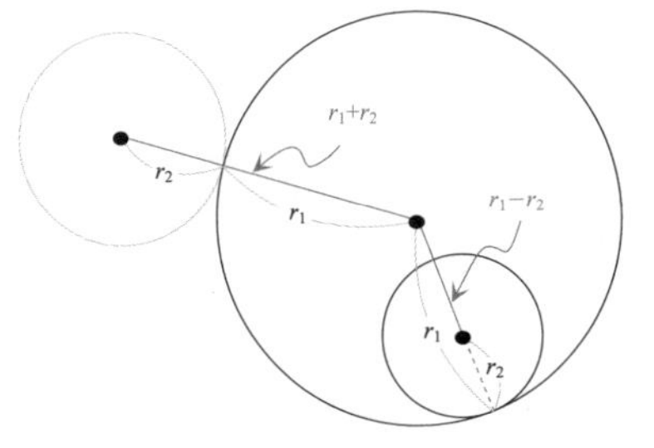

和兩圓同時相切的直線，我們稱它為此兩圓的「公切線」：

(A) 外公切線：外公切線長 $=\sqrt{(\overline{O_1O_2})^2-_{減}(r_2-_{減}r_1)^2}$

外減

外公切線

待求

r_2-r_1

O_1 O_2 $\overline{O_1O_2}$

「心心」v.s.「半徑±」

(B) 內公切線：內公切線長 $=\sqrt{(\overline{O_1O_2})^2-_{減}(r_2+_{加}r_1)^2}$

內加

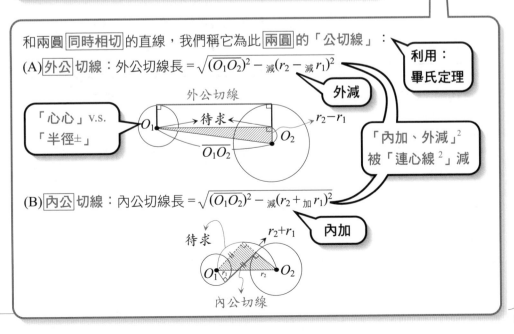

待求

r_2+r_1

O_1 r_1 r_2 O_2

內公切線

利用：畢氏定理

「內加、外減」^{2} 被「連心線 ^{2}」減

重點整理7-2 應用的關鍵「特徵」與「策略」

「幾何」問題，必「繪圖」

還是要記得將：「所有已知訊息」標記在「圖形」上！

「圓」v.s.「點、線、圓」的關係問題，必用

(A)「點與圓」的關係問題：

必由「圓心與點的距離，對應半徑關係」著手來解題。

(B)「直線與圓」的關係問題：

必由「圓心與直線的距離，對應半徑關係」著手來解題。

(C)「圓與圓」的關係問題：

必由「連心線長，對應半徑的和、差關係」著手來解題。

點 $P_1(x_1, y_1)$ 與點 $P_2(x_2, y_2)$ 的距離 $=\sqrt{(x_1-x_2)^2+(y_1-y_2)^2}$

利用

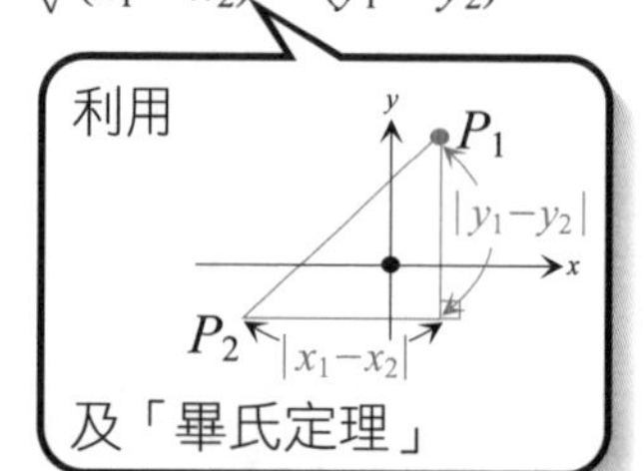

及「畢氏定理」

有了「相似」後，見「直角Δ」必聯想

◉畢氏定理

◉

h
a
b

$h^2=a\times b$

斜邊高^2 =斜邊分段積

◉兩股乘積＝斜邊 × 斜邊高

◉善用「再找一個相等角」或「共同垂直一線，必平行」來判定「相似」

見「切線、切點」必聯想「垂直」，並「找、造直角Δ」

(D) 見「切線長」，必用：

「圓心到切點連線，必垂直切線且距離恰為圓半徑」並配合「商高定理」及「RHS 全等」來解題。

請熟記：「內、外」公切線「長」的「內加、外減」公式

O
半徑
切線
切點

(E) 見「切線」，必作「圓心與切點連線」。

(F)「過圓心且垂直弦」之直線，必「垂直平分」此「弦」。

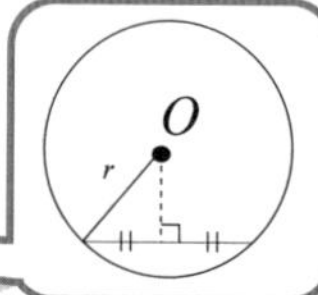

配合「直角Δ」的「RHS 全等」及「畢氏定理」

(G) 圓外一點 向圓作 兩切線，其「切線長 必 相等」並滿足下圖的「垂直 及 平分角」關係：

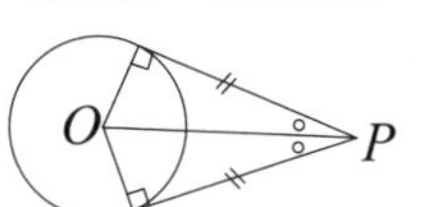

⊙「圓 外 點」所作「兩 切線段 必 等長」。

⊙見「圓 與 兩邊相切」，必用：「角平分線 上的 任意一點 到 兩邊等距離」來解題。

(H)「圓內接 四邊形」的「對角 必 互補」。

平行四邊形的「對角相等，鄰角互補」

(I)「滾動 圓」的「路徑（軌跡）」問題，需留意「轉角處（作垂線，得扇形）」的「扇形」變化！

(J) 內 冪、外 冪、切割 冪性質：

見圓「內、外」切割線段長問題，必用！

內冪 性質	外冪 性質	切割冪 性質
A, D, P, B, C	A, C, O, P, B, D	A, P, O, C, B
$\overline{PA}\times\overline{PC}$ $=\overline{PB}\times\overline{PD}$ ＝長段×短段（以 P 為主角）	$\overline{PA}\times\overline{PC}$ $=\overline{PB}\times\overline{PD}$ ＝長段×短段（以 P 為主角）	$\overline{PA}^2$ $=\overline{PB}\times\overline{PC}$ ＝長段×短段（以 P 為主角）

以「P」為主角 v.s. 同線「交點距離」的乘積相等

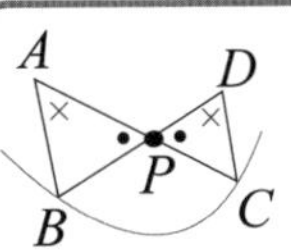

利用：對頂角相等及夾等弧可知：

$\Delta ABP\sim\Delta DCP$

$\therefore\dfrac{\overline{PA}}{\overline{PD}}=\dfrac{\overline{PB}}{\overline{PC}}$

見「相交線」，必聯想「對頂角相等」

(K) 涉「圖形」交點，必將「圖形方程式」聯立！

配合：「坐標化」及令「$x=0$；$y=0$」代入「圖形方程式」可得與坐標軸的交點坐標。

重點整理7-3 解開例題、弄懂策略

精選範例

例題 1 圓 O 的半徑為 5 公分，圓 O 外一點與圓心的距離 $\overline{OP}$ 為 7 公分，則 P 到圓 O 的最短距離為幾公分？最長距離為幾公分？

▶▶▶▶ Sol

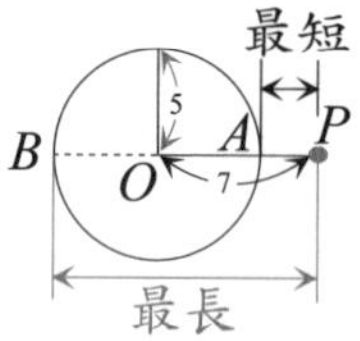

幾何問題，必繪圖

把「已知訊息」標記在「圖形」上

「點心距」±「半徑」

由上圖知：

最短距離 $=\overline{AP}=7-5=2$

最長距離 $=\overline{BP}=7+5=12$

「圓」的問題，必由「心、半徑」的對應關係下手

▶▶▶▶ Ans

2 公分，12 公分

例題 2 若兩圓的半徑分別為 2、6，連心線長為 x，在下列各種情形下，求 x 的範圍：

(1)外離 (2)外切 (3)相交於兩點
(4)內切 (5)內離

▶▶▶▶ Sol

幾何問題，必繪圖

(1)外離：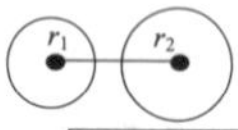

連心線長 $\boxed{x>r_1+r_2}=2+6=8$

(2)外切：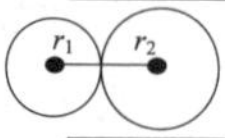

連心線長 $\boxed{x=r_1+r_2}=2+6=8$

心 v.s.心，
半徑 v.s.半徑，
看圖來列式！

「圓」的問題，必由「心、半徑」的對應關係下手

「圓」的問題，必由「心、半徑」的對應關係下手

(3)相交於兩點：

連心線長 x 滿足：$4=6-2=\boxed{r_2-r_1<x<r_1+r_2}=2+6=8$

(4)內切：

連心線長 $\boxed{x=r_2-r_1}=6-2=4$

(5)內離：

連心線長 x 滿足：$\boxed{0\le x<r_2-r_1}=6-2=4$

介於「內、外切」之間：

小圓再向大圓內推一些，才交兩點

小圓再外拉一些，才交兩點

心 v.s.心
半徑 v.s.半徑
看圖來列式！

別忘了極端狀況：「兩圓心重合」

▶▶▶▶ Ans

(1) $x>8$ (2) $x=8$ (3) $4<x<8$

(4) $x=4$ (5) $0\le x<4$

例題 3 自圓外一點 P 作此圓的兩切線分別切圓 O 於 A、B，若 $\angle APB=60°$，$\overline{OP}=10$ 公分，求 $\overline{AP}$ 的長？

見「直角Δ」、「切線長」必聯想「RHS 全等」，「商高定理」及「角分線」

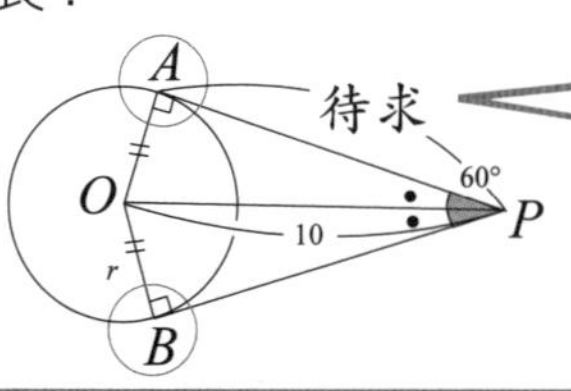

把「已知訊息」及「待求項」標記在「圖形」上

共用：斜邊 $\overline{OP}$ 及相同半徑「股」

圓的「切線長」問題，必利用「圓心與切點連線必垂直切線且圓心到切點距離恰為圓半徑」，並配合「RHS 全等」來解題。

▶▶▶▶ Sol

$\because \Delta AOP\cong\Delta BOP$（RHS 全等）　利用「一股、斜邊」對應「相等」的「RHS全等」

$\therefore \angle APO=\angle BPO=\dfrac{60°}{2}=30°$　$\overline{OP}$ 是 $\angle APB$ 的「角分線」

（三角形：斜邊 2，30°，對邊 1，鄰邊 $\sqrt{3}$）　30°-60°-90°的特殊角三角形

$\therefore r=10\times\dfrac{1}{2}=5$　「30°」角所對的邊 =「斜邊」之半

$\therefore 5^2+\overline{AP}^2=10^2$

$\Rightarrow \overline{AP}^2=10^2-5^2=75=5^2\times 3$　見「直角Δ」，必聯想「商高定理」

$\therefore \overline{AP}=5\sqrt{3}$　邊長 $\overline{AP}$ 只取「正平方根」

▶▶▶▶ Ans

$5\sqrt{3}$ 公分

「圓」的問題，必由「心、半徑」的對應關係下手

例題 4 如右圖，$\overline{AB}$、$\overline{CD}$ 分別為兩圓的弦，$\overline{AC}$、$\overline{BD}$ 為兩圓的公切線且相交於 P 點。若 $\overline{PC}=2$，$\overline{CD}=3$，$\overline{DB}=6$，，則ΔPAB 的周長為何？

(A) 6　(B) 9　(C) 12　(D) 14　　【基測 97】

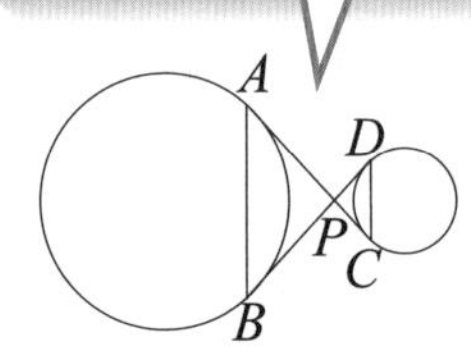

▶▶▶▶ Sol

首先將題目訊息「聚集」可得左圖：

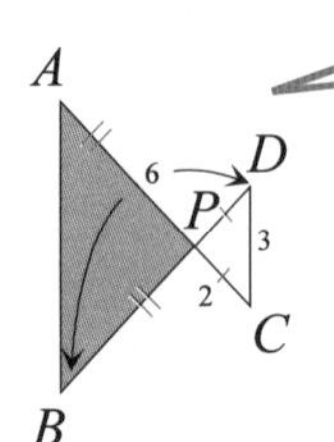

利用「由圓外點所作兩切線必等長」，再配合「相似圖形，其對應邊成（相同）比例」來解題。

1. ∵「由圓外點所作切線必等長」

　∴$\overline{PA}=\overline{PB}$ 且 $\overline{PD}=\overline{PC}=2$

　∴$\overline{PA}=\overline{PB}=\overline{DB}-\overline{PD}=6-2=4$

「相交線」，必聯想「對頂角相等」

2. ∵$\Delta ABP\sim\Delta DPC$　SAS 相似（$\overline{PA}=\overline{PB}$，$\overline{PD}=\overline{PC}$ 且 $\angle APB=\angle DPC$）

　∴$\dfrac{3}{\overline{AB}}=\dfrac{2}{4}\Rightarrow\overline{AB}=6$　交叉相乘相等

　∴ΔPAB 的周長 $=4+4+6=14$　（$\overline{PA}+\overline{PB}+\overline{AB}$）

　∴選(D)

▶▶▶▶ Ans

(D)

「相似」其「對應邊成（相同）比例」

例題 5 如圖，$\overline{AB}$ 為半圓的直徑，$\overline{CD}$ 為半圓的切線，$\overline{BD}\perp\overline{AB}$，$\overline{AC}\perp\overline{AB}$，若 $\overline{AC}=3$；$\overline{BD}=5$，求 $\overline{CD}$ 和 $\overline{AB}$？

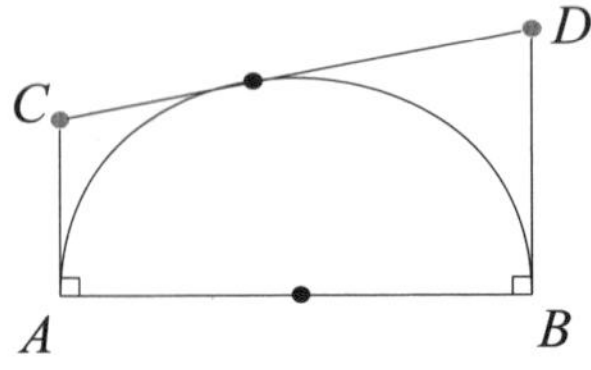

▶▶▶▶ Sol

設 E 為 $\overline{CD}$ 與圓的切點

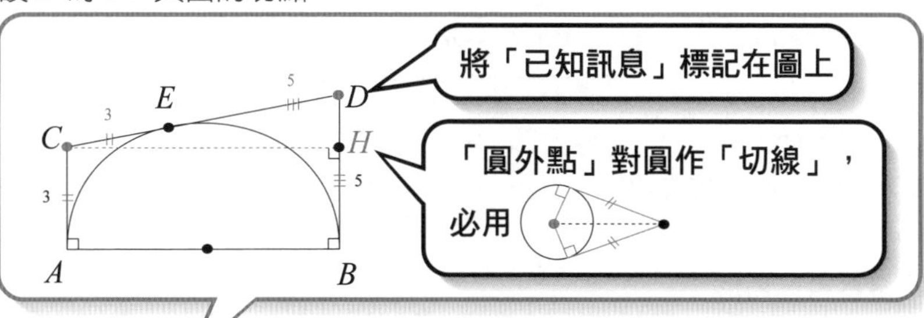
將「已知訊息」標記在圖上
「圓外點」對圓作「切線」，必用
C
E
D
H
A
B
3
5

圓外點「C」及「D」到「兩切點等距離」

$\therefore \begin{cases} \overline{AC}=\overline{CE}=3 \\ \overline{BD}=\overline{DE}=5 \end{cases}$

$\therefore \overline{CD}=3+5=8$

與「相切」有關聯想「垂直」，
並「找、造」與已知邊角訊息有關的「直角Δ」

再作：$\overline{CH} \perp \overline{BD}$

$\therefore$ 可得：$\overline{CH}=\sqrt{\overline{CD}^2-\overline{DH}^2}$

$=\sqrt{64-4}$

$=\sqrt{60}=2\sqrt{15}$

$=\overline{AB}$

利用：
「$\overline{CH}=\overline{AB}$」

畢氏定理：
兩股平方和 = 斜邊平方
及 C 8 D 5-3=2 H

邊長只取
「正平方根」

▶▶▶▶ Ans

$\overline{CD}=8$，$\overline{AB}=2\sqrt{15}$

令「$x=0$」代入「$x+y=b$」，得 $y=b$

例題 6 如圖，圓的圓心為原點 O，半徑為 a；A、F 兩點在 x 軸上，B、E 兩點在 y 軸上，直線 $\overline{AB}$ 方程式為 $x+y=b$，且 $b>a$。若 $\overline{AB}$ 與圓 O 交於 C、D 兩點，且 $\overline{CF} \perp \overline{OA}$，$\overline{CE} \perp \overline{OB}$。

(1)矩形 $OFCE$ 中，對角線 $\overline{EF}=$？

(A) a　(B) b　(C) $\dfrac{a+b}{2}$　(D) $\sqrt{\dfrac{a^2+b^2}{2}}$

(2)矩形 $OFCE$ 的周長為何？

(A) $2a$　(B) $2b$　(C) $a+b$　(D) $\sqrt{a^2+b^2}$

【基測 94】

E B C D F O A x y a b x+y=b

把「已知訊息」標記在「圖形」上

▶▶▶▶ Sol

(1)∵矩形 $OFCE$ 之「對角線等長」

∴$\overline{EF}=\overline{OC}=$ 圓半徑 $=a$

∴選(A)

> ∵「圓形」問題，必鎖定「心、半徑」來思考
> ∴拿 $\overline{OC}$ 來跟待求 $\overline{EF}$ 比較

(2)∵直線 $\overline{AB}$ 方程式為 $x+y=b$

∴A 點座標為$(b, 0)$，B 點座標為$(0, b)$

> 見「圖形」跟「坐標軸」關係，必令 $x=0, y=0$ 代入「圖形」方程式，求交點

$\Rightarrow \overline{OA}=\overline{OB}=b$

$\Rightarrow \Delta OAB$ 為等腰直角三角形

$\Rightarrow \angle A=\angle B=45°$

$\Rightarrow \angle C=45°$

> $\angle C$ 與 $\angle A$：同位角相等
> ∵$\overline{EC}//\overline{OF}$ 為「矩形」的平行對邊

$\Rightarrow \Delta BCE$ 為等腰直角三角形

> 題目有「已知直角」，必鎖定「直角Δ」來思考
> ∵$\angle B=\angle C=45°$ 且 $\overline{CF}\perp\overline{OA}$

$\Rightarrow \overline{EC}=\overline{EB}$

∴矩形 $OFCE$ 的周長

$=2(\overline{OE}+\overline{EC})$

$=2(\overline{OE}+\overline{EB})$

$=2\overline{OB}=2b$

> ∵$\overline{EC}=\overline{EB}$

∴選(B)

▶▶▶▶ Ans

(1)(A) (2)(B)

例題 7 如圖，（圓）拱橋的側面圖，其（圓）拱橋下緣呈一弧形，若洞頂為橋洞的最高點，且知當洞頂至水面距離為 90 公分時，量得洞內水面寬為 240 公分。後因久旱不雨，水面位置下降，使得拱橋下緣呈現半圓，這時，橋洞內的水面寬度變為多少公分？

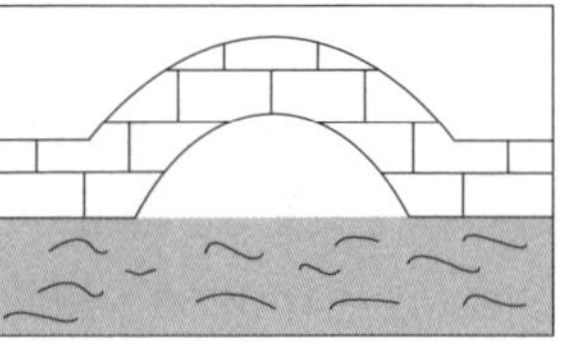

(A) 240 (B) 250 (C) 260 (D) 270 【基測 91】

▶▶▶▶ Sol

設圓半徑為 r，水面寬度為 $2r$

利用「過圓心且垂直弦之直線，必垂直平分此弦」及「商高定理」來解題。

把「已知訊息」標記在「圖形」上

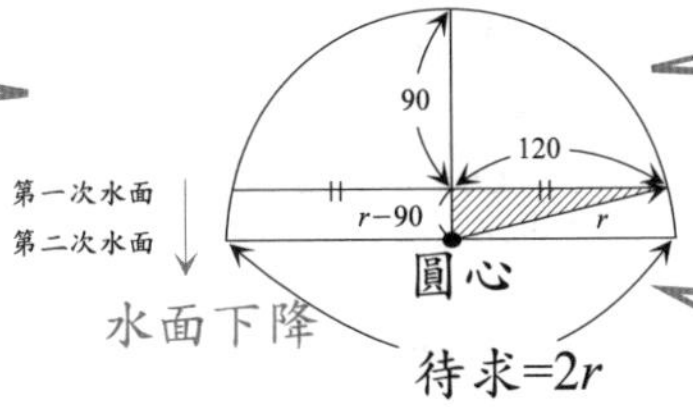

把「（圓）拱橋」予以「純線條」化

90

120

第一次水面

第二次水面

$r-90$

r

圓心

水面下降

待求$=2r$

見「圓的弦」，必聯想「被圓心的垂直線」平分

鎖定「斜線」直角Δ

由圖可得知：

$\Rightarrow r^2=120^2+(r-90)^2$　弦被平分及商高定理

$\Rightarrow r^2-(r-90)^2=120^2$

$\Rightarrow [r-(r-90)][r+(r-90)]=120^2$　平方差公式

$\Rightarrow 90\times(2r-90)=120^2$

$\Rightarrow 2r-90=160$

$\Rightarrow 2r=250$

$\Rightarrow$ 水面寬度 $=2r=250$

∴選(B)

▶▶▶▶ Ans

(B)

例題 8　如圖，ΔABC 中，$\overline{AB}=3$，$\overline{AC}=4$，$\overline{BC}=5$，若三直線 AB、AC、BC 分別與圓 O 切於 D、E、F 三點，則 $\overline{BE}=$？

(A) 6　(B) $\dfrac{25}{3}$　(C) $\sqrt{45}$　(D) $\sqrt{72}$　【基測 95】

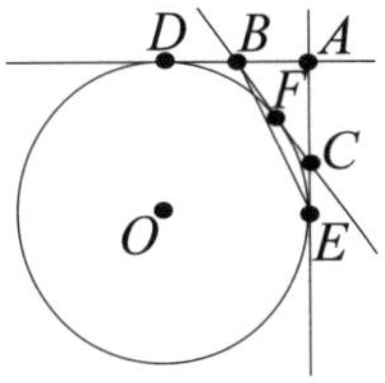

D　B　A　F　C　O　E

▶▶▶▶ Sol

利用「圓外點所作兩切線必等長」及「商高定理」來解題。

先將「題目訊息」「聚集」於右圖：

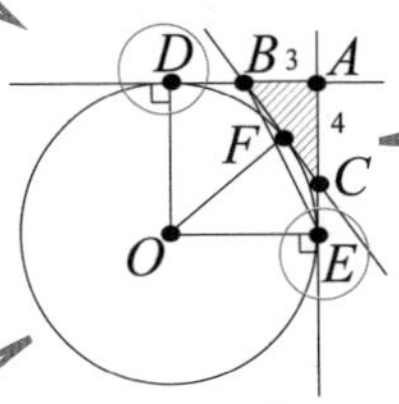

D　B　3　A　4　F　C　O　E

見「切線」必聯想：「RHS 全等」「垂直」、「等長」、「商高定理」

幾何問題，必繪圖！

「圓」的問題，必由「心、半徑」的關係下手

$\because \overline{OD}=\overline{OF}=\overline{OE}=$ 半徑，設半徑 $=r$

且 $3^2+4^2=5^2$

$\therefore \Delta ABC$ 為直角三角形

$\therefore$ 四邊形 $ODAE$ 為「邊長 r」的正方形

且 $\overline{DB}=\overline{DA}-\overline{BA}=r-3$ 及

$\overline{CE}=\overline{AE}-\overline{AC}=r-4$

（$\overline{OD}=\boxed{\overline{DA}=\overline{AE}}=\overline{EO}=r$）

1. $\because \overline{DB}$ 與 $\overline{BF}$ 均與圓相切

$\therefore \overline{BF}=\overline{DB}=r-3$

2. $\because \overline{FC}$ 與 $\overline{CE}$ 均與圓相切

$\therefore \overline{FC}=\overline{CE}=r-4$

（「圓外點」所作「切線長」必相等 ← 圓外點取「B，C」）

3. 又因 $\overline{BC}=\overline{BF}+\overline{FC}$

$\therefore 5=r-3+r-4 \Rightarrow 12=2r \Rightarrow r=6$

$\therefore \overline{BE}^2=\overline{AB}^2+\overline{AE}^2$（商高定理）

$=3^2+r^2=9+36=45$

（$\because ODAE$ 為「正方形」 $\therefore \overline{AE}=\overline{OD}=r=6$）

$\therefore \overline{BE}=\sqrt{45}$（邊長只取「正平方根」）

$\therefore$ 選(C)

▶▶▶▶ Ans

(C)

（ΔABE 的 $\angle A$ 為直角）

例題 9 如圖，直線 $\overleftrightarrow{AB}$ 切圓於 B 點，$\overline{AD}$ 交圓於 C、D，$\overline{BF}$ 平分 $\overline{CD}$ 於 E，且交圓於 F，若 $\overline{EF}=2$，$\overline{AB}=4$，$\overline{AC}=2$，求 $\overline{BE}=$？

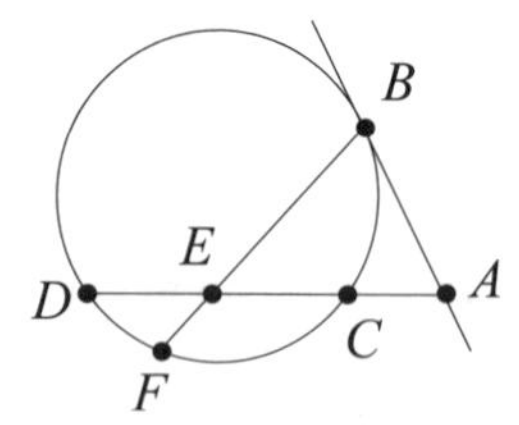

▶▶▶▶ Sol

（將「已知訊息」標記在圖上）

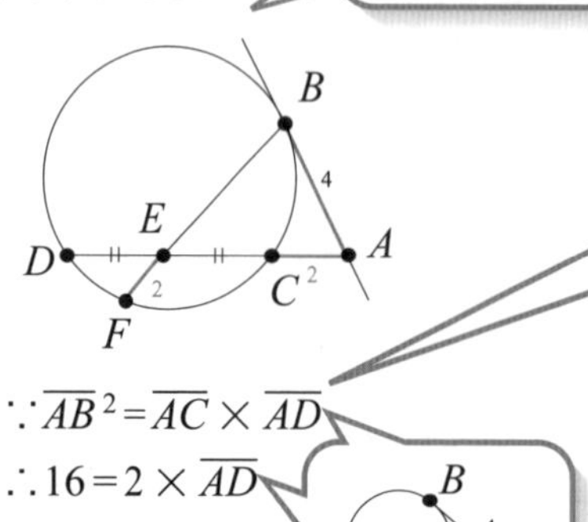

$\because \overline{AB}^2=\overline{AC}\times\overline{AD}$

$\therefore 16=2\times\overline{AD}$

切割冪性質：

$\overline{PA}^2=\overline{PC}\times\overline{PB}$

見圓之「內、外」切割線段問題，必用：「內、外、切割冪」性質

$\therefore \overline{AD}=8$ （題目已知）

$\therefore \overline{CE}=\overline{DE}=(8-2)\div 2=3$ （$\overline{CE}+\overline{ED}+\overline{AC}=\overline{AD}$，$\overline{AC}=2$，$\overline{AD}=8$ 且 $\overline{BF}$ 平分 $\overline{CD}$ 於 E）

又因：$\overline{BE}\times\overline{EF}=\overline{DE}\times\overline{CE}$

$\therefore \overline{BE}\times 2=3\times 3$

$\therefore \overline{BE}=\dfrac{9}{2}$

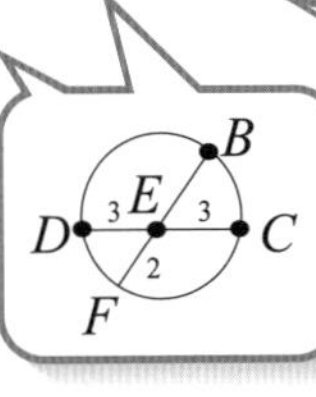

內冪性質

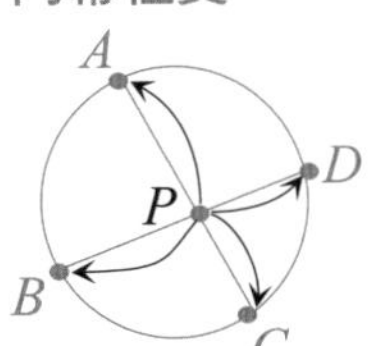

$\overline{PA}\times\overline{PC}=\overline{PB}\times\overline{PD}$

▶▶▶▶ Ans

$\dfrac{9}{2}$

例題 10 如圖，圓 O_1、圓 O_2、圓 O_3 三圓兩兩相切，且 $\overline{AB}$ 為圓 O_1、圓 O_2 的公切線，$\widehat{AB}$ 為半圓，且分別與三圓各切於一點。若圓 O_1、圓 O_2 的半徑均為 1，則圓 O_3 的半徑為何？

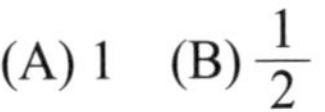

(A) 1　(B) $\dfrac{1}{2}$　(C) $\sqrt{2}-1$　(D) $\sqrt{2}+1$　【基測 97】

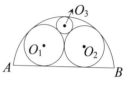

利用「見切線，必作圓心與切點連線」及「圓的互動，必由連心線與半徑」等策略來解題。

▶▶▶▶ Sol

先將「圓心、切點連線」及「連心線」可得右圖：

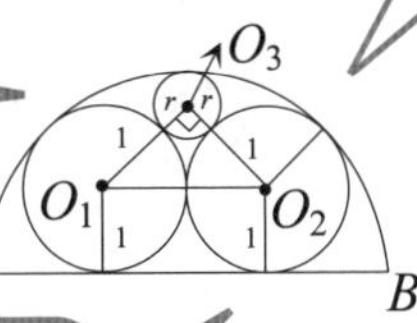

「圓」的問題，必由「心、半徑」的對應關係下手

見「垂直、直角」，必「找、造」直角Δ並配合「商高定理」！

設圓 O_3 的半徑為 r

$\therefore (1+r)^2+(1+r)^2=(1+1)^2$ （商高定理；取直角 $\Delta O_1O_2O_3$）

$\therefore 2(1+2r+r^2)=4$

$\therefore 1+2r+r^2=2$

$\therefore r^2+2r-1=0$

$\overset{(公式解)}{\Rightarrow}\ r=\dfrac{-2\pm\sqrt{2^2-4\times1\times(-1)}}{2}$

$=\dfrac{-2\pm\sqrt{8}}{2}$

$ax^2+bx+c=0$ 的「公式解」為：$x=\dfrac{-b\pm\sqrt{b^2-4ac}}{2a}$

取 $a=1$，$b=2$，$c=-1$

$= \dfrac{-2 \pm 2\sqrt{2}}{2}$

$= -1 \pm \sqrt{2}$

$\therefore r = -1 + \sqrt{2}$ （半徑 $r > 0$，負不合）

$\therefore$選(C)

▶▶▶▶ Ans

(C)

例題 11 如圖，坐標平面上圓 O 的半徑為 3，已知 P 點坐標(5, 1)，且直線 PQ 為切線，Q 為切點，求 $\overline{PQ}$ 長度？

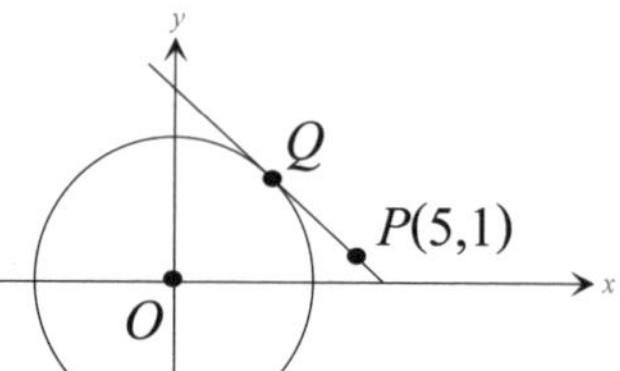

▶▶▶▶ Sol

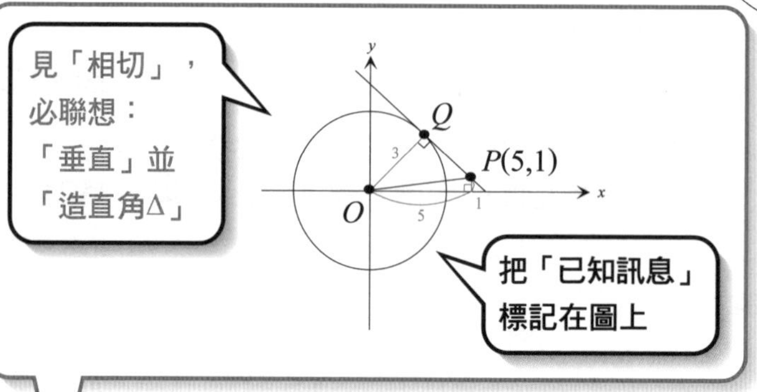

連接 $\overline{OQ}$、$\overline{OP}$

（$\because$圓的問題，必由「心、半徑」關係下手 $\therefore$連結 $\overline{OQ}$ 及 $\overline{OP}$）

$\overline{OP} = \sqrt{5^2 + 1^2} = \sqrt{26}$

（$P(5, 1)$；O；1：y 坐標差；5：x 坐標差；及畢氏定理：兩股平方和 = 斜邊平方）

$\because Q$ 為切點且 $\overleftrightarrow{PQ}$ 為切線

$\therefore \overline{OQ} \perp \overline{PQ}$ （切點性質）

$\therefore \overline{PQ} = \sqrt{26 - 3^2}$

$= \sqrt{26 - 9}$

$= \sqrt{17}$

（Q、P、O、3、$\sqrt{26}$ 及畢氏定理）

▶▶▶▶ Ans

$\sqrt{17}$

例題 12　如圖，$\overline{CD}$ 為圓 O 之直徑，交 $\overline{AB}$ 於 E，$\angle AED=90°$，$\overline{AD}=13$，$\overline{DE}=5$，求 $\overline{BO}=$？

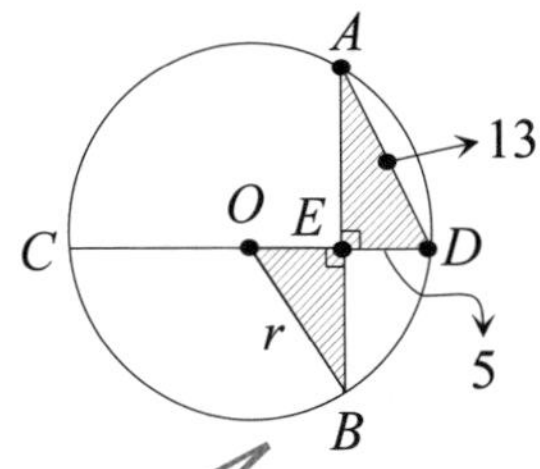

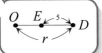

把「已知訊息」標記在「圖形」上

畢氏定理：兩股平方和＝斜邊平方

Sol

$\because \overline{AE}=\sqrt{\overline{AD}^2-\overline{DE}^2}=\sqrt{13^2-5^5}=12$

設 $\overline{BO}=r=$ 半徑

弦 $\overline{AB}$ 會被 $\overline{OD}$ 垂直平分 $\Rightarrow \overline{AE}=\overline{BE}$

$\therefore \overline{OE}=r-5$

又因：$\overline{AE}=\overline{BE}$ 且 $\overline{AE}=12$

$\therefore \overline{BE}=12$

$\therefore r^2=(r-5)^2+12^2$

$\because \Delta BEO$ 為直角Δ
$\therefore$ 可用「畢氏定理」

$\therefore r^2=r^2-10r+25+144$

$\therefore 10r=169$

$\therefore r=\dfrac{169}{10}$

Ans

$\dfrac{169}{10}$

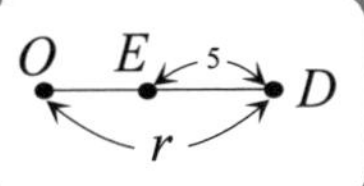

筆記欄

CHAPTER 8

基礎幾何裡的「圓」(2) 圓 v.s.「角、弧、弦」

重點整理 8-1　圓跟「角、弧、弦」的關係

重點整理 8-2　應用的關鍵「特徵」與「策略」

重點整理 8-3　解開例題、弄懂策略

重點整理8-1 圓跟「角、弧、弦」的關係

「圓」的問題，必由「心、半徑」的對應關係下手，並先用「線段、半徑」予以連接

關係 1

弧 v.s.圓心角 v.s.圓周角 v.s.弦切角：

「弦度數＝圓心角度數＝2 倍圓周角度數＝2 倍弦切角度數」」。

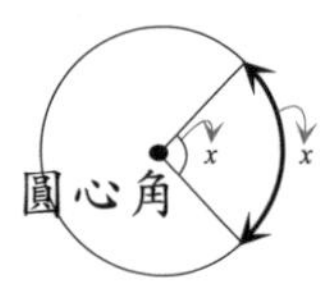

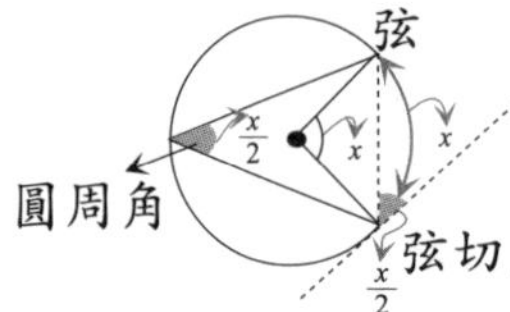

「弧」跟「圓心角」相等，且為其他角的「2 倍」

「圓」的「諸角」問題，必鎖定「所夾弧」下手

關係 2

圓內角 v.s.圓外角：

見「頂點」不在「圓心、圓周」的角問題，必用！

與「內、外公切線」一樣「內加、外減」

「內加、外減」，再對折

圓內角	圓外角
圓內角 $\theta=\frac{\text{一對所夾弧之和}}{2}=\frac{1}{2}(x+_{\text{加}}y)$ 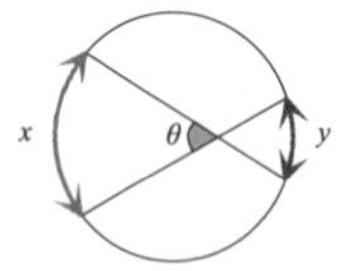	圓外角 $\theta=\frac{\text{一對所夾弧之差}}{2}=\frac{1}{2}(x-_{\text{減}}y)$ 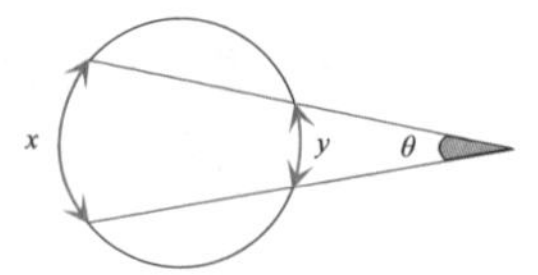

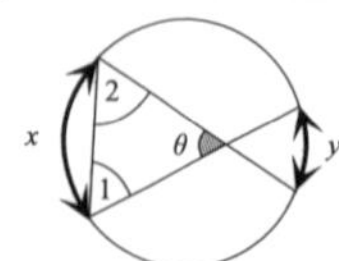

一圓周
$=2\angle1+2\angle2+x+y$
$=360°$

$\because\theta=180°-(\angle1+\angle2)$

$\therefore2\theta=360°-(2\angle1+2\angle2)=x+y$

$\therefore\theta=\frac{x+y}{2}$

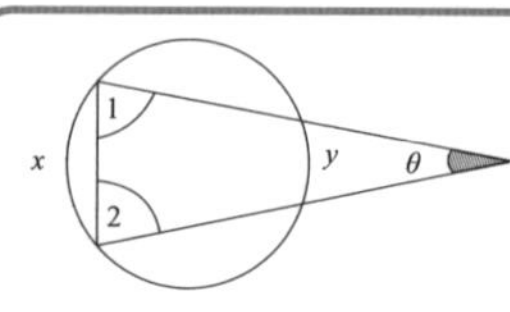

一圓周
$=2\angle1+2\angle2-y+x$
$=360°$

$\because\theta=180°-(\angle1+\angle2)$

$\therefore2\theta=360°-(2\angle1+2\angle2)=x-y$

$\therefore\theta=\frac{x-y}{2}$

重點整理8-2 應用的關鍵「特徵」與「策略」

鎖定「所夾弧」來解題

當「圓有缺角」而造成「所夾弧」不易判斷時，先用「虛線」將圓補完整

「圓」v.s.「角、弧、弦」的關係問題，必用：

記得還是要將「所有已知訊息」標記在「圖形」上！

(A)「弧度數＝圓心角度數＝2 倍圓周角度數＝2 倍弦切角度數」。

(B) 圓內角 $\theta=\dfrac{一對所夾弧之和}{2}$

(C) 圓外角 $\theta=\dfrac{一對所夾弧之差}{2}$

圓內接四邊形的「對角必互補」

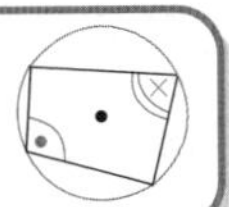

見「直徑」，必「找、造」夾「直徑」（＝夾「半圓」）的圓周角＝90°

記得要聯想：
- ◉畢氏定理（商高定理）。
- ◉斜邊高 ^{2}＝斜邊分段積
- ◉兩股乘積＝斜邊 × 斜邊高

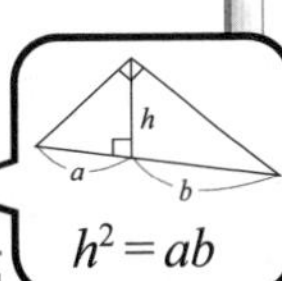

(D)「半圓」所對「圓周角」一定是「直角」。

(E) 夾同弧的圓內角＞圓周角（含：弦切角）＞圓外角：

見「平行線」v.s.「弧、弦、角」，必聯想「平行線截等弧」

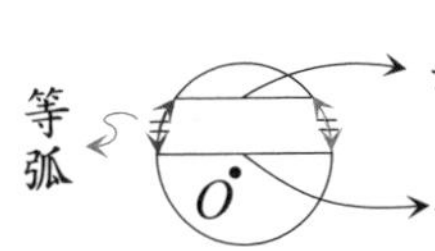

內＞上（弦）＞外
（圓心）（圓周）（弦切）（圓外）

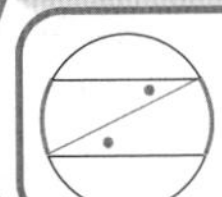

∵內錯角相等
∴截等弧

等弧
短弦（弧短，距心遠）
長弦（弧長，距心近）
O

「弦」的「長短」問題，必用：「所夾劣弧的大小」或「距心遠近」來判斷

(F)「平行弦，必截等弧」

(G)「弦越短，離圓心越遠，其截出之劣弧（較小的弧）較小」。

(H) 星形內角和＝180°

(I)「滾動圓」問題，必用「圓心移動距離＝圓周上，特定點滾動的圓弧長」

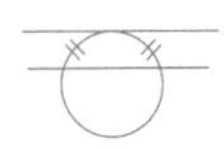

視「切線」為弦時，也有「截等弧」性質

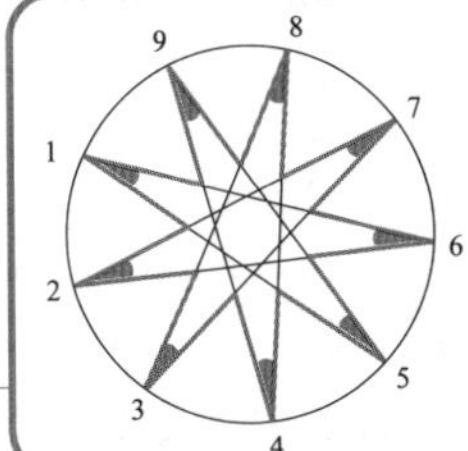

如左圖：「星形內角和」，所夾「弧的總和」恰為「一個圓周」！

重點整理8-3　解開例題、弄懂策略

精選範例

「圓」的「諸角」問題，並鎖定「所夾弧」下手

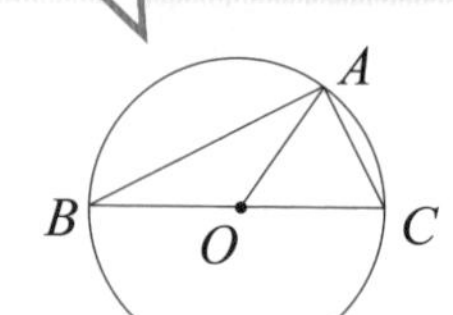

例題 1　如圖，$\overline{BC}$ 為圓 O 的直徑，$\angle ACB=75°$，求：

(1) $\angle BAC$ 的度數？

(2) $\angle AOB$ 的度數？

圓的諸角問題，必用「弧度數＝圓心角度數＝2 倍圓周角度數＝2 倍弦切角度數」，且由「所夾弧」下手

Sol

(1) ∵ 圓周角 $\angle BAC$（夾半圓）

∴ $\angle BAC=\frac{1}{2}$ 半圓（弧）角度

$=\frac{1}{2}\times 180°=90°$

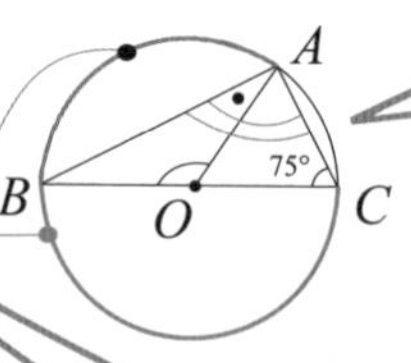

把「已知訊息」及「待求項」標記在「圖形」上

(2) ∵ 圓周角 $\angle ACB$（夾弧 $\overparen{AB}$）

∴ 弧 $\overparen{AB}=2\times 75°=150°$

∴ 圓心角 $\angle AOB=$ 弧 $\overparen{AB}$ 角度 $=150°$

「弧」跟「圓心角」相等且為其他角的「2 倍」

Ans

(1) 90°　(2) 150°

把「已知訊息」及「待求項」標記在「圖形」上

「圓」的「諸角」問題，必鎖定「所夾弧」下手

例題 2　如圖，$\overline{AB}$ 為圓 O 的弦，直線 $\overleftrightarrow{BC}$ 切圓 O 於 B 點，$\angle AOB=80°$，求 $\angle ABC$ 及 $\angle ADB$ 的度數？

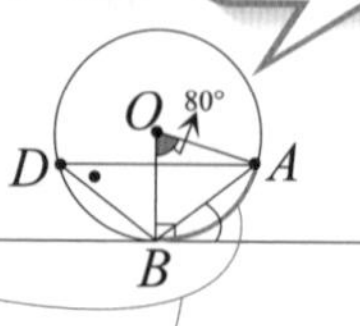

Sol

∵ 圓心角 $\angle AOB=80°$（夾弧 $\overparen{AB}$）

∴ 弦切角 $\angle ABC$（夾弧 $\overparen{AB}$）$=\frac{1}{2}$ 圓心角 $\angle AOB$（夾弧 $\overparen{AB}$）$=40°$

且圓周角 $\angle ADB$（夾弧 $\overparen{AB}$）

$=\frac{1}{2}$ 圓心角 $\angle AOB$（夾弧 $\overparen{AB}$）$=40°$

「弧」跟「圓心角」相等較大為其他角的「2 倍」

圓的諸角問題，必用「弧度數＝圓心角度數＝2 倍圓周角度數＝2 倍弦切角度數」來解題，且由「所夾弧」下手

▶▶▶▶ Ans

$\angle ABC=40°$；$\angle ADB=40°$

例題 3 如圖，$\overline{AB}$為半圓O之直徑，P、Q、R、S將此半圓五等分，求$\angle AQS$？

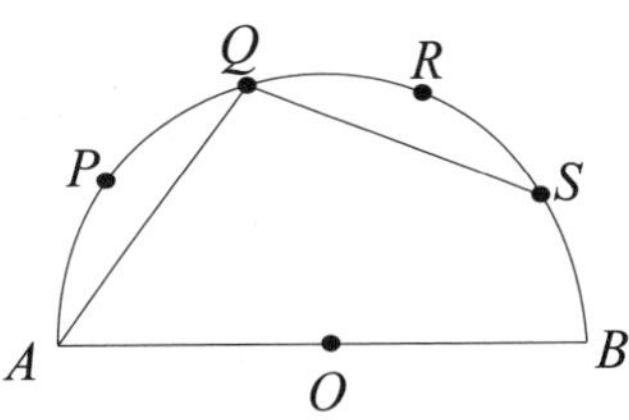

▶▶▶▶ Sol

「圓」的「諸角」問題，鎖定「所夾弧」下手

∵P、Q、R、S將半圓五等分

∴每一等分的「弧」度數為：

$180° \div 5 = 36°$

$$\therefore \angle AQS \text{ 所夾弧} = \frac{1}{2}(180° + \overset{\frown}{SB}) = \frac{1}{2}(180° + 36°) = \frac{1}{2}(216°) = 108°$$

Q S O A B

不確定所夾弧的大小時，將「缺角的圓」用虛線補完整

▶▶▶▶ Ans

108°

圓的諸角問題，必用「弧度數＝圓心角度數＝2 倍圓周角度數＝2 倍弦切角度數」來解題。

例題 4 將一條繩子緊緊圈住三個伍圓硬幣，如右圖所示，若伍圓硬幣的半徑是 1 公分，則圈住這三個硬幣的繩子長度是多少公分？

(A) 9　(B) 12　(C) $\pi+6$　(D) $2\pi+6$

連接三圓心及「圓心對切點連線」可得下圖：

▶▶▶▶ Sol

A F P B Q R E C D 1 1 1

「圓」的問題，必由「心、半徑」的互動關係下手，並將「心、切線」用「半徑」予以連接

把「已知訊息」標記在「圖形」上

見「切線」，必聯想「垂直、直角」、「等長」、「商高定理」

$\because \overline{PR}=\overline{PQ}=\overline{RQ}=\overline{AB}=\overline{EF}=\overline{CD}$

$=2\times 1$（兩個半徑）$=2$

所求 = 3 個「扇形」弧長 ＋加 3 個「長方形」邊長

且 $\angle APF$（夾 $\widehat{AF}$）$=\angle BQC$（夾 $\widehat{BC}$）$=\angle ERD$（夾 $\widehat{ED}$）

$=360^\circ-(90^\circ+60^\circ+90^\circ)=120^\circ$

整個圓的圓心角 = 360°，再扣「兩個直角及一個正Δ內角 60°」

$\therefore$ 所求 $=(\overline{AB}+\overline{CD}+\overline{EF})+(\widehat{BC}+\widehat{DE}+\widehat{FA})$

$=(\overline{PQ}+\overline{QR}+\overline{RP})+3\widehat{BC}$

$=3\overline{PQ}+3\widehat{BC}$

$=3\times 2+2\pi\times 3\times\dfrac{120}{360}$

$=2\pi+6$

「扇形」弧長 $=2\pi r\times\dfrac{\text{夾角（度）}}{360}$

$\therefore$ 選(D)

▶▶▶▶ Ans

(D)

例題 5 如下圖，圓弧上有五個點 A、B、C、M、N。比較 $\angle MAN$、$\angle MBN$、$\angle MCN$ 的大小關係？

「圓」的「諸角」問題，必鎖定：「所夾弧」下手

「夾同弧的圓周角均相等」

(A) $\angle MBN=\angle MCN=\angle MAN$

(B) $\angle MBN>\angle MCN>\angle MAN$

(C) $\angle MAN>\angle MCN>\angle MBN$

(D) $\angle MAN<\angle MCN<\angle MBN$

「圓周角」問題，必由「夾弧」下手

▶▶▶▶ Sol

$\because \angle MAN$、$\angle MBN$、$\angle MCN$「皆夾」相同弧 $\widehat{MABCN}$ 的「缺弧」

$\therefore \angle MAN=\angle MBN=\angle MCN$

$\therefore$ 選(A)

有「缺角的圓」，欲確認「所夾弧」，可用「虛線補足」以利判斷

等同：夾「沒畫出來」的共同弧

如：

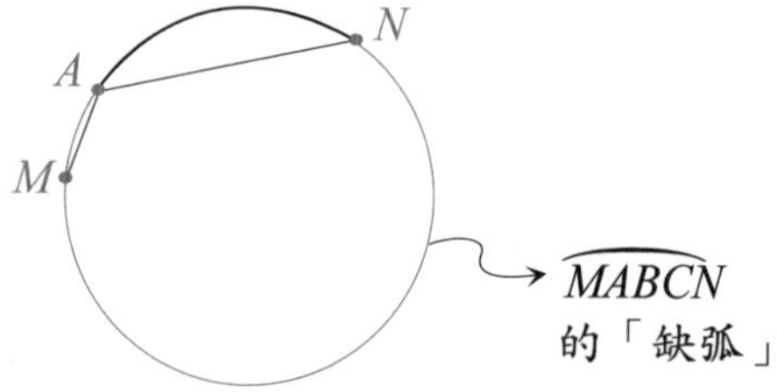

▶▶▶▶ Ans

(A)

鎖定「共同夾弧 $\overset{\frown}{AB}$」

留意「點 D」不在「圓上」

例題 6 如右圖，A、B、C 三點在圓上，D 點在圓內，E 點在圓外，L 為過 B 點之切線。根據圖中∠1、∠2、∠3、∠4的位置，判斷下列哪一個角度最大？
(A)∠1 (B)∠2 (C)∠3 (D)∠4 【基測 95】

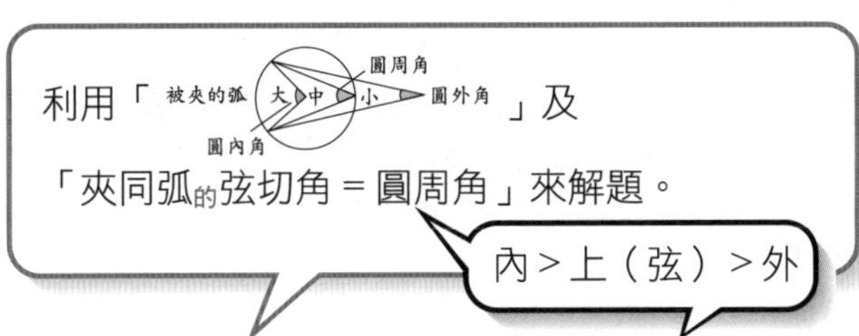

利用「被夾的弧 大 中 小 圓周角 圓外角 圓內角」及
「夾同弧的弦切角＝圓周角」來解題。
內＞上（弦）＞外

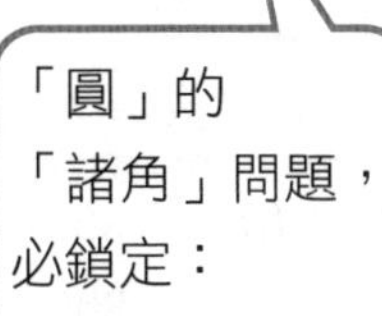

▶▶▶ Sol

∵「夾同弧的圓內角＞圓周角（含：弦切角）＞圓外角」

∴ $\angle 1_{\text{夾 }\overset{\frown}{AB}\text{ 的圓內角}} > \angle 2_{\text{夾 }\overset{\frown}{AB}\text{ 的圓周角}} = \angle 4_{\text{夾 }\overset{\frown}{AB}\text{ 的弦切角}} > \angle 3_{\text{夾 }\overset{\frown}{AB}\text{ 的圓外角}}$

∴∠1 最大

∴選(A)

▶▶▶ Ans

(A)

將題目訊息標記在圖上

例題 7 如圖，圓內拉四邊形 $ABCD$ 中，C、D 分別為圓 $\overline{CP}$、$\overline{DP}$ 之切點，$\overline{AD}//\overline{CP}$，$\angle P=94°$，求 $\angle ABC=$？

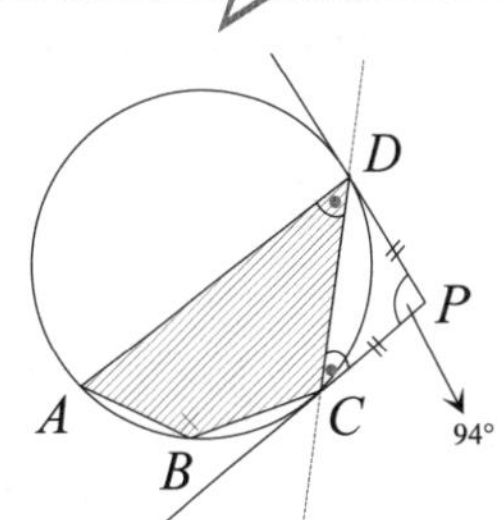

Sol

∵$ABCD$ 為圓內接四邊形

∴$\angle ABC+\angle ADC=180°$ （圓內接四邊形的對角互補）

也可用：平行弦「截等弧」，得知：$\overset{\frown}{CD}=\overset{\frown}{AC} \Rightarrow \angle ADC=DCP$

又因：$\overline{AD}//\overline{CP}$

∴$\angle ADC=\angle DCP$ （內錯角相等）

∵$\angle ABC$ 夾 $\overset{\frown}{ADC}$ 且
$\angle ADC$ 夾 $\overset{\frown}{ABC}$，共夾成一圓周
∴先求$\angle ADC$，便可求得$\angle ABC$

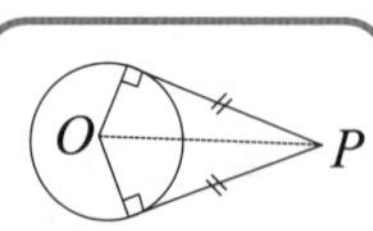

D
94°
P
C
且已得知：
$\angle ADC=\angle DCP$

再因：C、D 為圓外點 P 對圓作切線之切點

$\therefore \overline{DP}=\overline{CP}$

$\therefore \Delta DPC$ 為等腰三角形

$\therefore \angle ADC=\angle CDP=(180°-94°)\div 2=43°$

ΔDPC 的三內角和 $=180°$

「圓」的角問題，由「所夾弧」下手

$\because \angle ABC+\angle ADC=180°$

也可以用：圓內角四邊形的對角互補，來解題！

$\angle ABC$ 夾 $\overparen{ADC}$ 且 $\angle ADC$ 夾 $\overparen{ABC}$ 共夾成一圓周

$\therefore \angle ABC=180°-\angle ADC$

$=180°-43°$

$=137°$

▶▶▶▶ Ans

137°

例題 8 如圖為一個半圓，$\overline{AD}//\overline{BC}$，$\overparen{AB}=\frac{1}{2}\overparen{BC}$，若半圓直徑 $\overline{AD}=20$，求灰色面積？

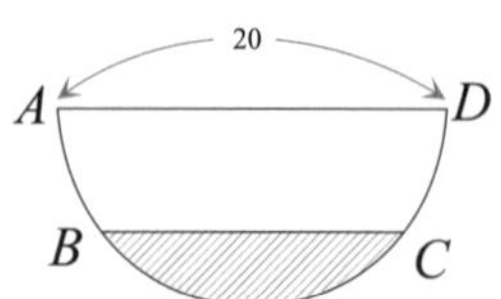

▶▶▶▶ Sol

將題目訊息標記在圖上

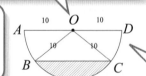

圓的角問題，鎖定：「所夾弧」下手

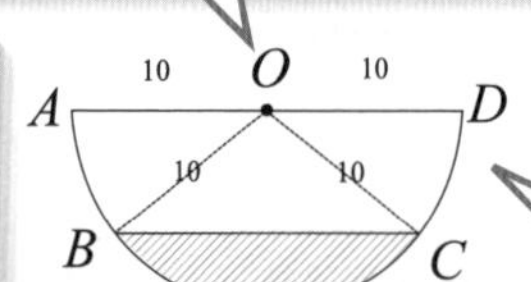

$\because$ 圓的問題，必由「圓心與半徑」之互動關係下手

$\therefore$ 必用「半徑」，將「心及點」予以連結

設 O 為圓心

平行「弦」，必「截等弧」及題目已知：$\overparen{AB}=\frac{1}{2}\overparen{BC}$

$\because \overparen{CD}=\overparen{AB}=\frac{1}{2}\overparen{BC}$

$\therefore \angle BOC=\overparen{BC}=180°\div 2=90°$

圓心角 = 所夾弧度

$\because \overparen{BC}+\overparen{AB}+\overparen{CD}=\overparen{BC}+\frac{1}{2}\overparen{BC}+\frac{1}{2}\overparen{BC}=2\overparen{BC}=$ 半圓

$\therefore$ 所求 = 扇形 OBC 面積 $-\Delta BOC$ 面積

$=\pi\times 10^2\times\frac{90}{360}-10\times 10\times\frac{1}{2}$

$=25\pi-50$

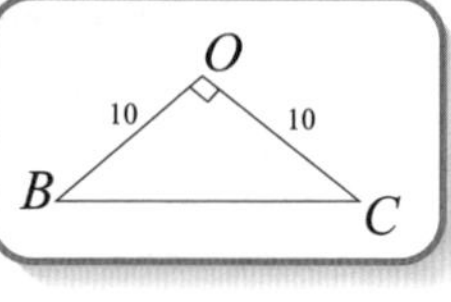

扇形 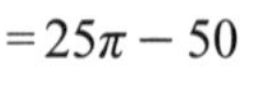 的面積 $=\pi r^2\times\frac{\theta\text{（度）}}{360}$

▶▶▶▶ Ans

$25\pi-50$

例題 9　如圖（甲），水平地面上有一面積為 30π 平方公分的灰色扇形 OAB，其中 $\overline{OA}$ 的長度為 6 公分，且與地面垂直。若在沒有滑動的情況下，將圖（甲）的扇形向右滾動至 $\overline{OB}$ 垂直地面為止，如圖（乙）所示，則 O 點移動多少公分？

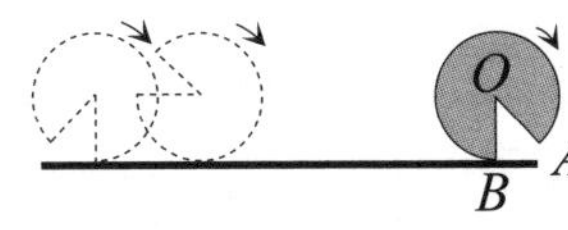

(A) 20　(B) 24　(C) 10π　(D) 30π

【基測 96】

▶▶▶▶ Sol

利用「圓心 O 點移動的距離＝圓周上 A 點滾動的圓弧長」來解題

設 A 滾了 $\theta°$

$\Rightarrow$ A 點恰滾了「灰色扇形 OAB」之弧長

$\Rightarrow$ 扇形 OAB 的圓心角 $=\theta°$

$\Rightarrow \dfrac{\theta}{360}\times(6\times6\times\pi)\overset{令}{=}30\pi$

扇形弧長 $=2\pi r\times\dfrac{夾角（度）}{360}$

$\Rightarrow \theta=300$

$\Rightarrow$ A 點滾了 $300°$

300°　A　A　剪開拉直恰為「圓心 O」移動的距離

$\therefore \dfrac{300}{360}\times2\pi\times6=10\pi$

$\therefore$ 選(C)

▶▶▶▶ Ans

(C)

$\because$ 題目的「已知訊息」為「扇形面積」

$\therefore$ 用「扇形面積 $=\pi r^2\times\dfrac{夾角（度）}{360}$」來求「夾角 θ」

例題 10　如圖，圓上有 A、B、C、D 四點，圓內有 E、F 兩點且 E、F 在 $\overline{BC}$ 上。若四邊形 $AEFD$ 為正方形，則下列弧長關係，何者正確？

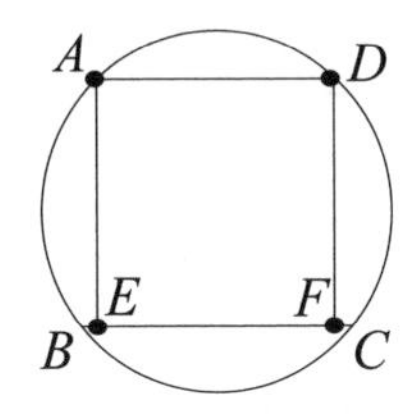

(A) $\overset{\frown}{AB}<\overset{\frown}{AD}$　(B) $\overset{\frown}{AB}=\overset{\frown}{AD}$

(C) $\overset{\frown}{AB}<\overset{\frown}{BC}$　(D) $\overset{\frown}{AB}=\overset{\frown}{BC}$

「弦」的「長短」問題，必用：
「所夾劣弧大小」或「距心遠近」來處理

利用：「弦越短」，「離圓心越遠，其截出之劣弧（較小的弧）較小」來解題。

▶▶▶▶ Sol

連接 $\overline{AC}$、$\overline{AB}$ 及 $\overline{AF}$ 可得圖：

主要「弧」為 $\overset{\frown}{AB}$

把「已知訊息」及「待求項」標記在「圖形」上

大角對大邊（參見 ΔABF）

由圖可知：$\angle BAF > \angle EAF = 45° = \angle AFB$

正方形的對角線平分對角

$\therefore \boxed{\overline{AB}} < \overline{BF} < \overline{BF} + \overline{FC} = \boxed{\overline{BC}}$

「同一」三角形：大角 v.s.大邊

又因：$\boxed{\overline{AD}}$（$\overset{\frown}{AD}$ 弧）$= \overline{AE} < \overline{AB}$（$\overset{\frown}{AB}$ 弧）$< \overline{BC}$（$\overset{\frown}{BC}$ 弧）

知：$\overset{\frown}{AD} < \overset{\frown}{AB} < \overset{\frown}{BC}$

正方形 $AEFD$：$\overline{AD} = \overline{AE}$

斜線 $\overline{AB}$ > 垂直線 $\overline{AE}$ 及已推得之「$\overline{AB} < \overline{BC}$」

$\therefore$ 選(C)

短弦 v.s.弧短 v.s.距心遠

▶▶▶▶ Ans

(C)

例題 11 如圖，A、B、C、D 四點均在一圓弧上，$\overline{BC} // \overline{AD}$，且直線 $\overleftrightarrow{AB}$ 與直線 $\overleftrightarrow{CD}$ 相交於 E 點。若 $\angle BCA = 10°$，$\angle BAC = 60°$，則 $\angle BEC =$ ？

(A) 35°　(B) 40°　(C) 60°　(D) 70°

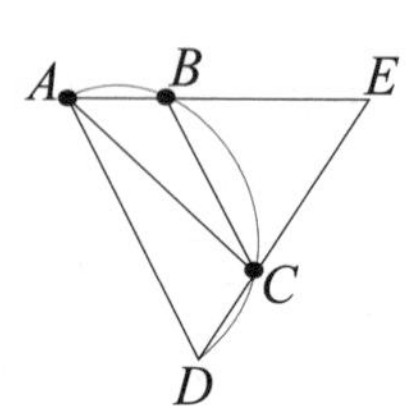

▶▶▶▶ Sol

見「平行」與「弧、角」問題，必用「平行線夾等弧」

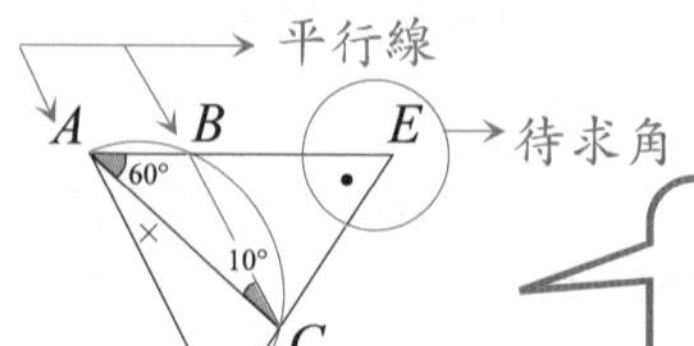

把「已知訊息」及「待求項」標記在「圖形」上

$\overline{BC} // \overline{AD}$

內錯角相等

1. $\angle CAD = \angle BCA = 10°$

$\therefore \boxed{\angle BAD \text{（夾 } \overset{\frown}{BCD} \text{ 弧）}} = 60° + 10° = 70°$

圓周角＝所夾弧之「半」且 $\angle BAD$ 的夾弧 $= \angle CAD$ 的夾弧 $+_{加}$ $\angle BAC$ 的夾弧

平行弦截等弧

見「平行」必用「平行弦截等弧」

亦即：$\overset{\frown}{AB}=\overset{\frown}{CD}$

已知：$\angle BAD=70°$

2. ∵「平行弦截等弧」

∴ $\boxed{\angle EDA}$（夾 $\overset{\frown}{ABC}=\overset{\frown}{AB}+\overset{\frown}{BC}$ 弧）$=\angle BAD$（夾 $\overset{\frown}{BCD}=\overset{\frown}{BC}+\overset{\frown}{CD}$ 弧）$=70°$

∴ $\boxed{\angle E}=180°-(70°+70°)$

$=40°$

ΔADE 的內角和 $=180°$

∴選(B)

▶▶▶▶ Ans

(B)

例題 12　如圖，以 $\overline{AB}$ 為直徑的半圓上找一點 C，作 $\overline{CD}\perp\overline{AB}$，再以 $\overline{AD}$、$\overline{BD}$ 為直徑作半圓，並連接 $\overline{AC}$、$\overline{BC}$，交兩圓於 P、Q，若 $\overline{AD}=3\overline{BD}=2$，求 $\overline{PQ}=$？

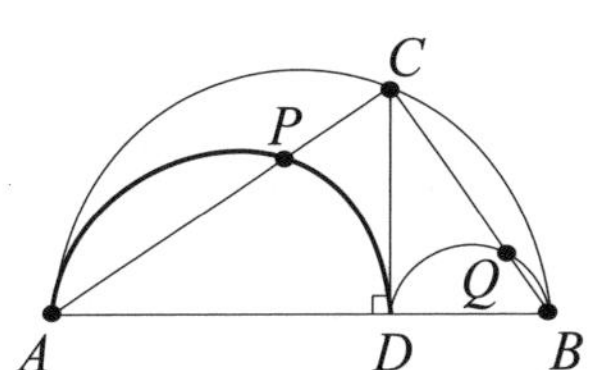

▶▶▶▶ Sol

見「直徑」必「找、造」夾「直徑」（= 夾半圓）的圓周角 $=90°$

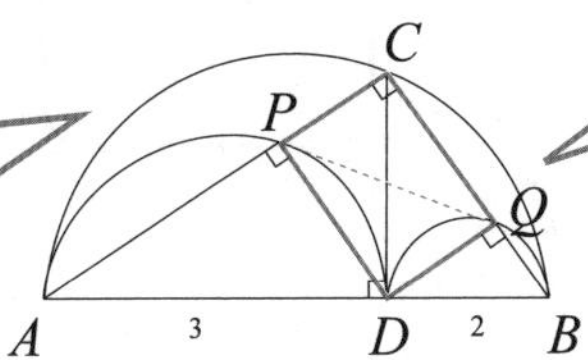

將題目訊息標記在圖上

連接 $\overline{PD}$、$\overline{DQ}$

$\angle APD$ 與 $\angle ACQ$ 為「夾直徑 = 夾半圓」的圓周角 $=90°$

∵ $CPDQ$ 為長方形

∴ $\overline{PQ}=\overline{CD}$

長方形的對角線等長

且 $\overline{AC}\perp\overline{BC}$

∴ ΔACB 為直角 Δ

$\angle ACQ$ 為夾直徑的圓周角 $=90°$
或 $\angle ACB$ 為長方形一角 $=90°$

又因：$\overline{CD}\perp\overline{AB}$

∴ $\overline{CD}$ 為直角 ΔACB 的高

∴ $\overline{CD}^2=\overline{AD}\times\overline{BD}=3\times 2=6$

∴ $\overline{CD}=\pm\sqrt{6}$（負不合）

∴所求：$\overline{PQ}=\overline{CD}=\sqrt{6}$

見直角 Δ，必聯想
⦿畢氏定理
⦿斜邊高 ^{2} = 斜邊分段積

▶▶▶▶ Ans

$\sqrt{6}$

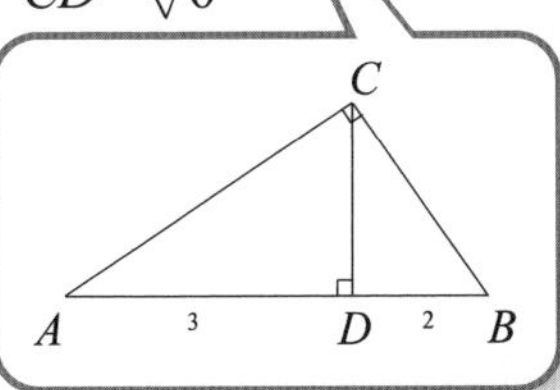

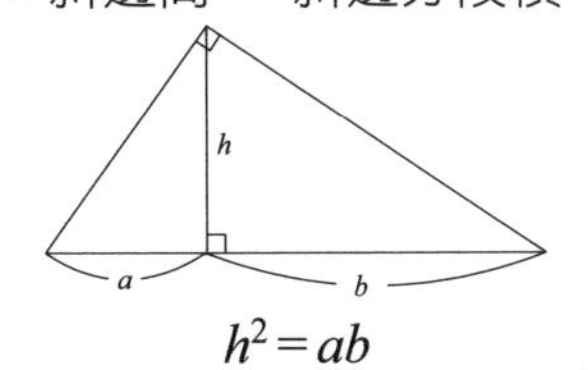

例題 13　如圖，A、C、D、E、Q 均在圓上，直線 $\overleftrightarrow{AB}$ 與圓相切於 A 點，$\overline{AB}//\overline{CD}$，若 $\angle CPD=30°$，$\angle CED=46°$，求 $\angle 1$ 和 $\angle 2$？

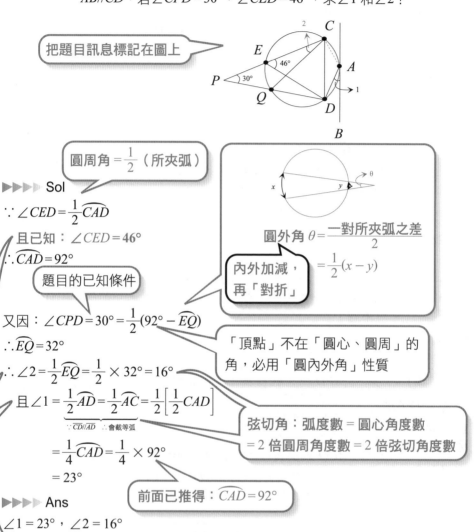

把題目訊息標記在圖上

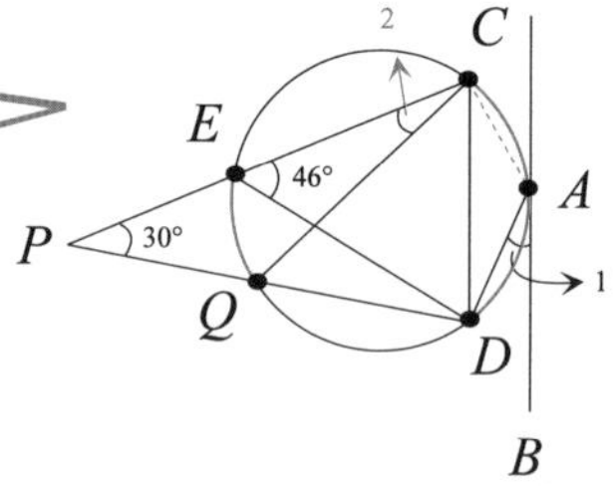

圓周角 $=\frac{1}{2}$（所夾弧）

▶▶▶▶ Sol

$\because \angle CED=\frac{1}{2}\overset{\frown}{CAD}$

且已知：$\angle CED=46°$

$\therefore \overset{\frown}{CAD}=92°$

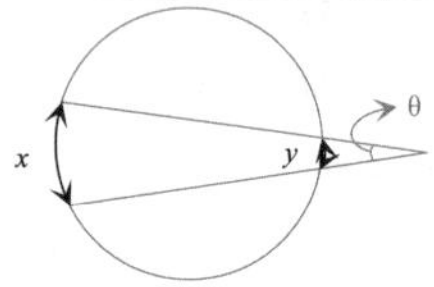

題目的已知條件

又因：$\angle CPD=30°=\frac{1}{2}(92°-\overset{\frown}{EQ})$

$\therefore \overset{\frown}{EQ}=32°$

$\therefore \angle 2=\frac{1}{2}\overset{\frown}{EQ}=\frac{1}{2}\times 32°=16°$

且 $\angle 1=\underbrace{\frac{1}{2}\overset{\frown}{AD}=\frac{1}{2}\overset{\frown}{AC}}_{\because \overline{CD}//\overline{AD}\ \therefore 會截等弧}=\frac{1}{2}\left[\frac{1}{2}\overset{\frown}{CAD}\right]$

$=\frac{1}{4}\overset{\frown}{CAD}=\frac{1}{4}\times 92°$

$=23°$

圓外角 $\theta=\frac{一對所夾弧之差}{2}=\frac{1}{2}(x-y)$

內外加減，再「對折」

「頂點」不在「圓心、圓周」的角，必用「圓內外角」性質

弦切角：弧度數 = 圓心角度數 = 2 倍圓周角度數 = 2 倍弦切角度數

前面已推得：$\overset{\frown}{CAD}=92°$

▶▶▶▶ Ans

$\angle 1=23°$，$\angle 2=16°$

「圓」的角問題，必由「所夾弧」下手

基礎幾何裡的三角形「三心」—「外心、內心、重心」v.s.「三角形、圓形」

等腰Δ：三心都在「兩腰」所夾的「角分線＝中線＝中垂線」上

三心共「線」

重點整理9-1　三角形的「三心」定義

◉「正三角形」的「外心、內心、重心」，必「三心合一」
亦即：正三角形的「外心、內心、重心」都是同一個點。

三心共「點」

定義 1

外心　對應「外接圓」圓心

「三邊的垂直平分線」交點
＝三角形的「外心 O」，也是三角形「外接圓」的圓心。

邊的「垂直平分線（中垂線）」
是「以邊的中點」當「垂足」的直線
PS：不一定經過「與邊對應的頂點」

定義 2

內心　對應「內切圓」圓心

「三個內角的角平分線」交點
＝三角形的「內心 I」，也是三角形「內切圓」的圓心。

定義 3

重心

「三中線（頂點與中點連線）交點
＝三角形的「重心 G」。

「中線」重要在「頂點」與
「對邊中點」的連接線

中線不一定「垂直對邊」

到三「頂點」
「等距」＝外接圓半徑

到三「邊」
「等距」＝內切圓半徑

到頂點距離
＝2 倍到對邊中點距離

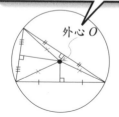

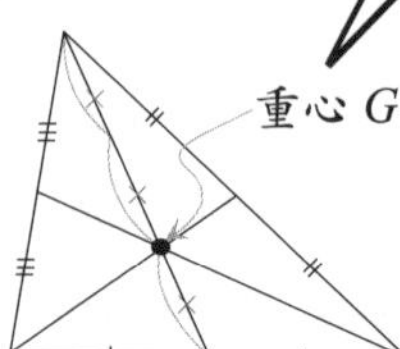

「鈍角三角形」的「外心」在三角形「外」；「銳角三角形」的「外心」在三角形「內」；「直角三角形」的「外心」在「斜邊中點」。

重點整理9-2　應用的關鍵「特徵」與「策略」

見「三心」必先連接：「三心與頂點」

常配合：大Δ面積＝小Δ面積之「總和」來解題！

應用

三角形的「三心」v.s.「三角形、圓形」問題，必用：

當你學了「三角函數」後，見「外心」還要聯想：

「正弦定理　$\frac{a}{\sin(A)}=\frac{b}{\sin(B)}=\frac{c}{\sin(C)}=2$ 倍「外接圓半徑」

(A) 三心要件：

1.「外心」：垂直平分線交點、外心到三頂點等距離

到頂點等距

必聯想「外接圓」圓心

2.「內心」：角平分線交點、內心到三邊等距離

到邊等距

必聯想「內切圓」圓心

3.「重心」：中線交點、重心到頂點距離＝2×（到邊中點距離）

$=\frac{2}{3}$×（中線長）

因：「半圓」的「圓周角＝90°」＝直角Δ的直角

(B)「直角三角形」的「外心」是「斜邊中點」。

斜邊長＝外接圓直徑

「直角Δ」三利器：

- ⊙畢氏定理
- ⊙斜邊高平方＝斜邊分段積
- ⊙斜邊中點＝外心＝外接圓圓心
- ⊙兩股積＝斜邊×斜邊高

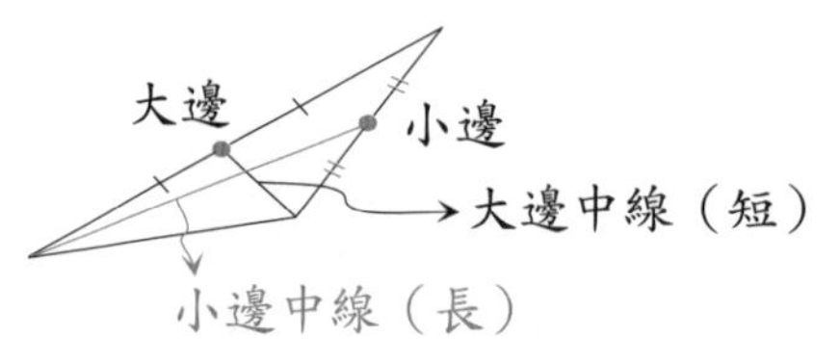

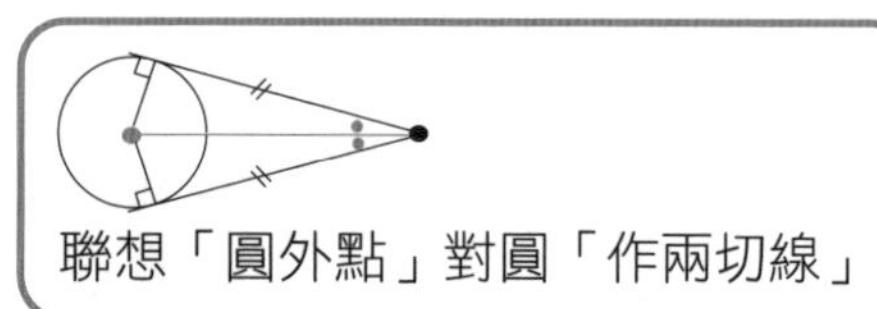

(C) 大邊的中線較短。

(D) 見「相切兩邊的圓」必由「兩邊所夾角的平分線」著手來解題。

(E) 見「切線」，必作「圓心與切點的連接線」。

(F) 「內角分線定理」：$a:b=c:d$，

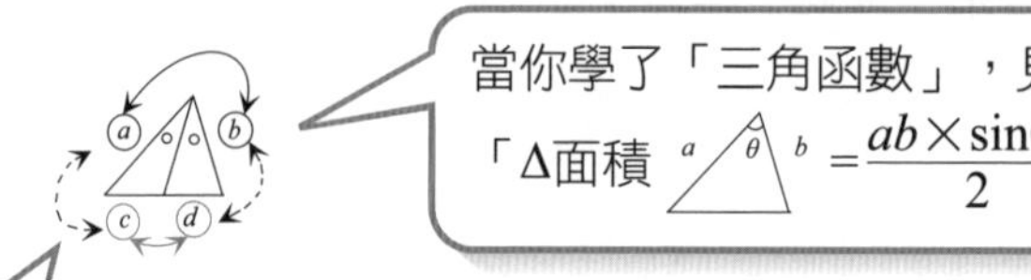

當你學了「三角函數」，見「內心、內角分線」還要聯想：「Δ面積 $=\frac{ab\times\sin(\theta)}{2}$」及「大Δ面積＝小Δ面積和」

亦即：「夾邊比 $a:b$」＝「緊鄰截線段比 $c:d$」

(G) 「重心與面積」問題，務必要記得：

「**1** 條中線平分三角形面積」及下列的「**3** 條中線六等分面積圖」：

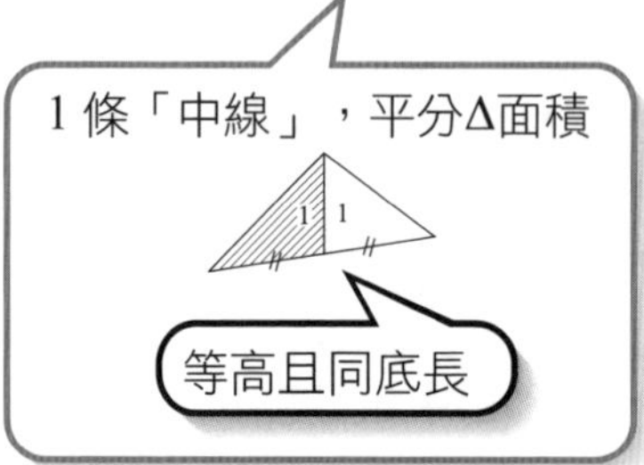

(H) 見「中線長、重心」，要記得「三角中線定理」：

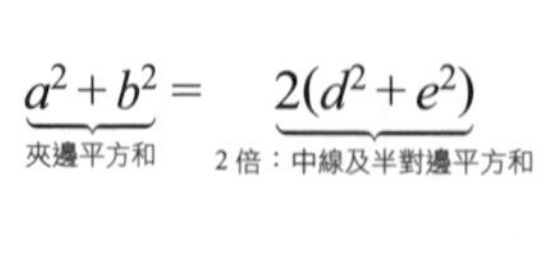
$$\underbrace{a^2+b^2}_{\text{夾邊平方和}}=\underbrace{2(d^2+e^2)}_{\text{2 倍：中線及半對邊平方和}}$$

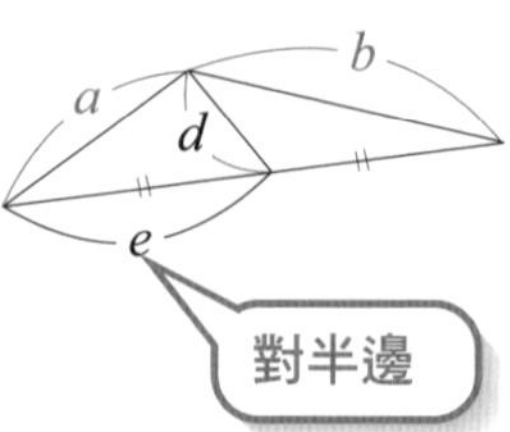

重點整理9-3　解開例題、弄懂策略

精選範例

「三點不共線」必成Δ

見Δ的「邊的垂直平分線」，必聯想「外心、外接圓、到三頂點等距」

例題 1　A、B、C 三點不共線，若 O 為 $\overline{AB}$、$\overline{BC}$ 之垂直平分線交點，且 $\overline{OB}=20$，則$\overline{OA}+\overline{OC}=$？

▶▶▶▶ Sol

三角形「三心問題」必利用「三心要件」：
1.「外心」⇔ 垂直平分線交點 ⇔ 到三頂點等距離
2.「內心」⇔ 角平分線交點 ⇔ 到三邊等距離
3.「重心」⇔ 中線交點
⇔ 到頂點距離 $=2\times$（到邊中點距離）$=\dfrac{2}{3}\times$（中線長）來解題。

幾何問題，必繪圖

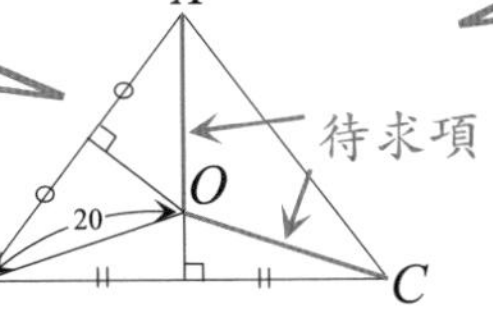

把「已知訊息」及「待求項」標記在「圖形」上

$\because O$ 為 $\overline{AB}$、$\overline{BC}$ 的垂直平分線交點
$\therefore O$ 為ΔABC 的外心
$\therefore O$ 到三頂點 A、B、C 等距離
$\therefore \overline{OA}=\overline{OC}=\boxed{\overline{OB}=20}$
$\therefore \overline{OA}+\overline{OC}=20+20=40$

見「垂直平分線」必聯想：「外心、外接圓、到三頂點等距」

▶▶▶▶ Ans

40

例題 2 如圖，ΔABC 中，$\overline{BF} \perp \overline{AC}$，$\overline{CE} \perp \overline{AB}$，$D$ 為 BC 之中點，下列何者錯誤？

(A)以 B 為圓心，$\overline{BE}$ 為半徑所作的圓必過 D 點
(B)以 D 為圓心，$\overline{DE}$ 為半徑所作的圓必過 B、C、E、F 四點
(C)以 C 為圓心，$\overline{DE}$ 為半徑所作的圓必過 D 點
(D)以 D 為圓心，$\overline{DF}$ 為半徑所作的圓必過 E 點

選項都是：過圓上點的「外接圓」問題

A
E
F
B
D
C

將題目訊息標記在圖上

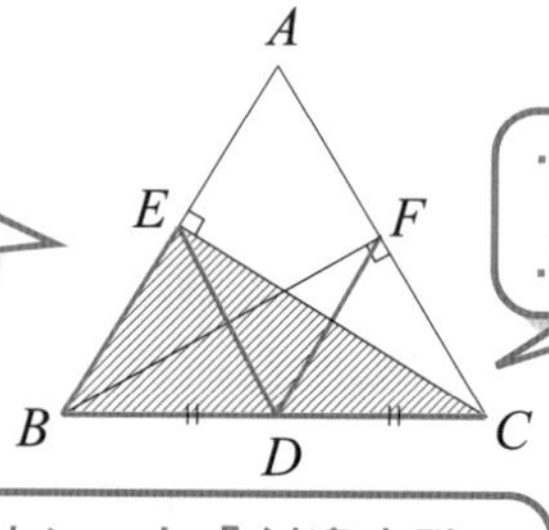

$\because \overline{BF} \perp \overline{AC}$ 且 $\overline{CE} \perp \overline{AB}$
$\therefore \angle E = \angle F = 90°$

跟外接圓有關，必由外心下手

「直角三角形」的「外心」在「斜邊中點」

Sol

$\because \Delta BCE$ 中，「斜邊中點 D」為外心
$\therefore \overline{BD} = \boxed{\overline{CD}} = \overline{DE}$

見「垂直」要「找、造」跟「已知、待求」邊角最相關的直角Δ

外心到三頂點等距離

同理，又因：ΔBFC 中，「斜邊中點 D」為外心
$\therefore \overline{BD} = \boxed{\overline{CD}} = \overline{FD}$

確定(B)，(C)，(D)必成立的訊息

$\therefore \overline{BD} = \boxed{\overline{CD}} = \overline{DE} = \overline{FD} \overset{\text{不一定}}{=} \boxed{\overline{BE}}$

$\therefore$(A)錯誤

$\because \overline{BE} \overset{?}{=} \overline{BD}$（除非知：$\angle BCE = 30° \Rightarrow \overline{BE} = \frac{1}{2}\overline{BC} = \overline{BD}$）
$\therefore$以 B 為圓且 $\overline{BE}$ 為半徑的圓不一定會過 D點

Ans

(A)

特殊角的直角Δ：

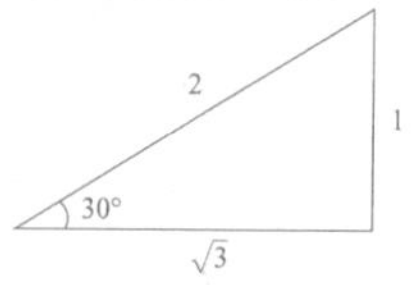

2
1
30°
$\sqrt{3}$

例題 3

如圖，ΔABC 中，$\angle ABC=90°$，O 為 ΔABC 的外心，$\angle C=60°$，$\overline{BC}=2$。若 ΔAOB 的面積 $=a$，ΔOBC 的面積 $=b$，則下列何者正確？

(A) $a>b$　(B) $a<b$　(C) $a+b=2\sqrt{3}$　(D) $a+b=4$

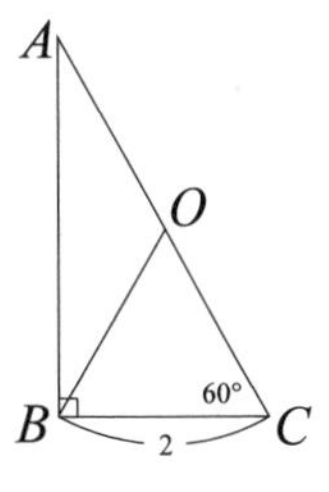

見「外心」，必聯想「垂直平分線、外接圓、到三頂點等距、直角Δ的斜邊中點 = 外心」

Sol

將題目訊息標記在圖上

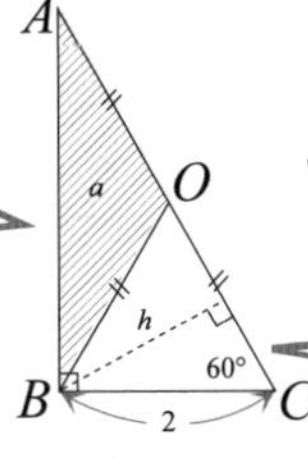

把「已知訊息」及「待求項」標記在「圖形」上

題目「給了 60°」應善用它！

1. $\because O$ 為 ΔABC 的外心

   $\therefore \overline{OA}=\overline{OB}=\overline{OC}$

   外心到三頂點等距離

   「同頂點、同底線」的「Δ面積比 = 底長比」

   ΔAOB 的面積 = ΔOBC 的面積

   $\therefore a=b$

   已知：等底長 $\overline{OA}=\overline{OC}$ 且同高 h

   見「Δ面積」，必找：「直角、垂直」當「底、高」或用：「找同頂點、同底線」的「高」相同且「面積比 = 底長比」

2. $\because \angle C=60°$，$\overline{OC}=\overline{OB}$

   $\therefore \Delta BOC$ 為正三角形

   $\therefore b=\frac{\sqrt{3}}{4}\times 2^2=\sqrt{3}$

   正三角形面積 $=\frac{\sqrt{3}}{4}\times$（邊長$)^2$

   $\therefore a+b=2\sqrt{3}$

   $\therefore$ 選(C)

Ans

(C)

例題 4 一個三角形的外接圓半徑為 3，且其三邊長之比為 3：4：5，求此三角形之面積？

▶▶▶▶ Sol

∵此三角形三邊長比為 3：4：5

∴可得知：此三角形為直角三角形

> $3^2+4^2=5^2$
> 滿足「畢氏定理」

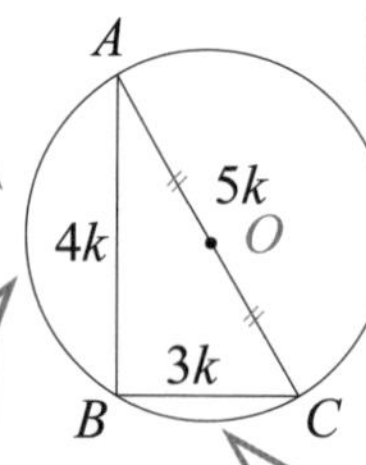

> 將「已知訊息」標記在圖上

> 「比例問題」，必「引入比例常數」

> 「外心 O」＝三角形「外接圓」的「圓心」

> 「直角」三角形的「外心」在「斜邊中點」

> ⊙見「外接圓」，必聯想「外心」
> ⊙見「直角Δ」及「外心」，必聯想「外心在斜邊中點」

$\because \overline{OA}=\overline{OC}=3 \Rightarrow \overline{AC}=6$

> 題目已知：外接圓半徑＝3 且外心是斜邊中點

> 「比例問題」，必「引入比例常數」

又因：$\overline{AC}：\overline{AB}：\overline{BC}=5：4：3 \Rightarrow$ 可設：$\overline{AC}=5k$，$\overline{AB}=4k$，$\overline{BC}=3k$

$\therefore \overline{AB}=\frac{24}{5}$，$\overline{BC}=\frac{18}{5}$，

> $\because \overline{AC}=6 \overset{令}{=} 5k$
>
> $\therefore k=\frac{6}{5} \Rightarrow \begin{cases} \overline{AB}=4k=4\times\frac{6}{5}=\frac{24}{5} \\ \overline{BC}=3k=3\times\frac{6}{5}=\frac{18}{5} \end{cases}$

$\therefore$ 所求 $=\frac{18^{9}}{5}\times\frac{24}{5}\times\frac{1}{2}=\frac{216}{25}$

> 三角形面積＝底 × 高 × $\frac{1}{2}$

▶▶▶▶ Ans

$\frac{216}{25}$

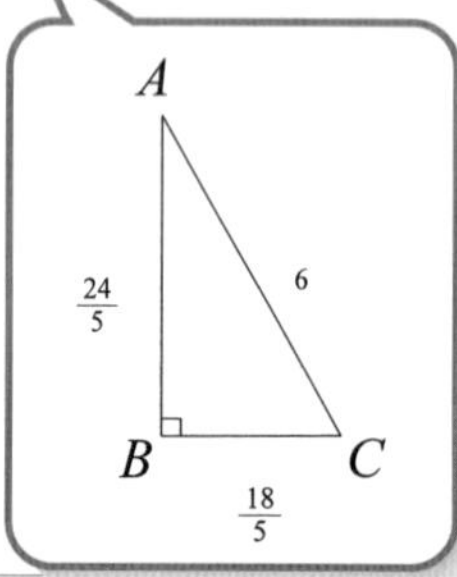

「5、12、13」「3、4、5」為常見的「直角Δ」三邊長

例題 5 三角形三邊長為 5、12、13，求外心到三頂點的距離和？

見「邊的垂直平分線」，必聯想「外心、外接圓、到三頂點等距」

三角形「三心問題」必利用「三心要件」：

1.「外心」⇔ 垂直平分線交點 ⇔ 到三頂點等距離

2.「內心」⇔ 角平分線交點 ⇔ 到三邊等距離

3.「重心」⇔ 中線交點

⇔ 到頂點距離 $=2\times$（到邊中點距離）$=\dfrac{2}{3}\times$（中線長）來解題。

Sol

幾何問題，必繪圖

把「已知訊息」及「待求項」標記在「圖形」上

$\because O$ 為 ΔABC 的外心

$\therefore O$ 到三頂點等距離

$\therefore \overline{OA}=\overline{OB}=\overline{OC}$

$\therefore O$ 為 ΔABC 外接圓圓心

$\therefore \overline{OA}=\Delta ABC$ 外接圓半徑

見「外心」必聯想「外接圓、到三頂點等距」

又因 $5^2+12^2=13^2$

商高定理

$\Rightarrow \angle BAC=90°$

$\therefore \overline{BC}$ 為 ΔABC 外接圓的直徑

$\therefore \overline{OA}=\dfrac{1}{2}\overline{BC}=\dfrac{13}{2}=$ 外接圓半徑

見「直角三角形 v.s. 外心」，必用「外心在斜邊中點」

$\therefore \overline{OA}+\overline{OB}+\overline{OC}=3\times\dfrac{13}{2}=\dfrac{39}{2}$

「外心」到「三頂點」等距

Ans

$\dfrac{39}{2}$

$\because$「外心」是「斜邊中點」

$\therefore$ 斜邊 = 外接圓直徑

例題 6　如下圖，ΔABC 中，D、E、F 三點將 $\overline{BC}$ 四等分，$\overline{AG}:\overline{AC}=1:3$，$H$ 為 $\overline{AB}$ 之中點。下列哪一個點為 ΔABC 的重心？

(A) X　(B) Y　(C) Z　(D) W

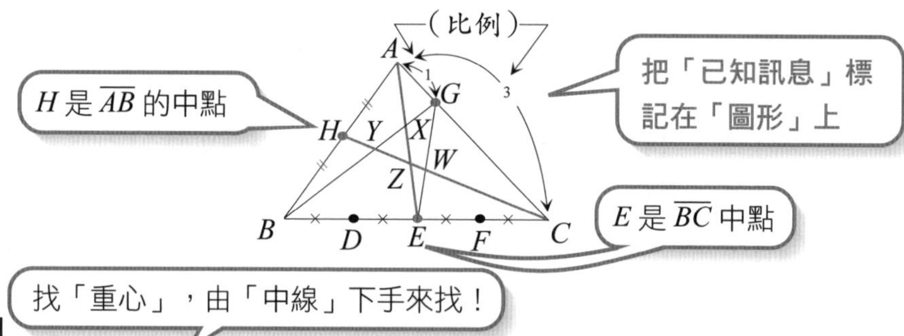

找「重心」，由「中線」下手來找！

▶▶▶▶ Sol

$\because \overline{AE}$ 為 $\overline{BC}$ 之中線，且 $\overline{CH}$ 為 $\overline{AB}$ 之中線

$\therefore \overline{AE}$ 與 $\overline{CH}$ 之交點 Z，即為 ΔABC 的重心

$\therefore$ 選(C)

鎖定「頂點」與「對邊中點」，並加以連接得「中線」

▶▶▶▶ Ans

(C)

例題 7　如圖，矩形 $ABCD$ 中，E 為 $\overline{AD}$ 上一點，P、Q 分別為 $\overline{BE}$、$\overline{BC}$ 的中點，$\overline{CP}$、$\overline{EQ}$ 相交於 G，且 $\overline{GH}\perp\overline{BC}$ 於 H，求 $\overline{GH}:\overline{CD}=$？

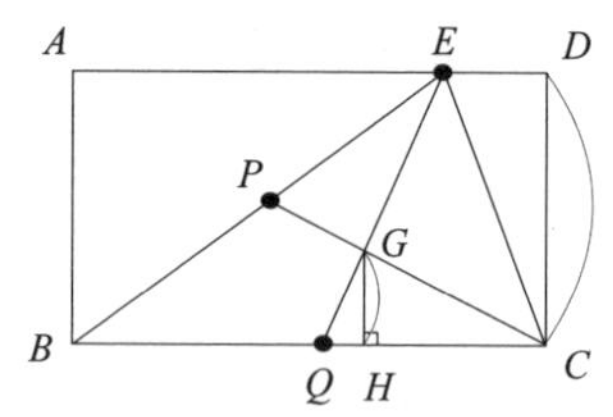

▶▶▶▶ Sol

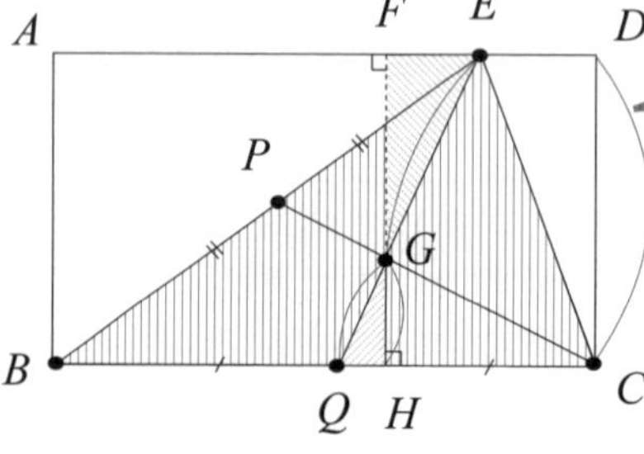

將題目訊息標記在圖上

見垂直，必「找、造直角Δ」

延長 $\overline{GH}$，交 $\overline{AD}$ 於 F，則 $\overline{HF}=\overline{CD}$

$\because G$ 為 ΔBCE 之重心

$\because ABCD$ 為矩形
$\therefore \overline{AD}/\!/\overline{BC}$
又因：$\overline{GH}\perp\overline{BC}$
$\therefore \overline{HF}$ 及 $\overline{CD}$ 長都是：平行線 $\overline{AD}$ 及 $\overline{BC}$ 的距離
$\therefore \overline{HF}=\overline{CD}$

因 G 是中線 $\overline{CP}$ 及 $\overline{EQ}$ 的交點

找、造可以利用已知線段比的Δ

直角相等且對頂角 $\angle QGH=\angle EGF$

$\therefore \overline{GQ}:\overline{GE}=1:2$ 重心到頂距 = 2 倍到邊距

又因：$\Delta GQH \sim \Delta GEF$（AA 相似）

$\therefore \overline{GH}:\overline{GF}=1:2$ 相似Δ對應邊長相同比例

$\therefore \overline{GH}:\boxed{\overline{CD}}=\overline{GH}:\boxed{\overline{HF}}=1:(1+2)$

$=1:3$

把 $\overline{CD}$ 轉移成與已知邊角有高度關聯性的 $\overline{HF}=\overline{GH}+\overline{GF}$

已知：$\overline{GH}:\overline{GF}=1:2$

▶▶▶▶ Ans

1：3

例題 8 如圖，G 是ΔABC 的重心，直線 L 過 A 點與 $\overline{BC}$ 平行。若直線 $\overline{CG}$ 分別與 $\overline{AB}$、L 交於 D、E 兩點，直線 $\overline{BG}$ 與 $\overline{AC}$ 交於 F 點，則ΔAED 的面積，$ADGF$ 的面積 = ？

見「重心」，必聯想：

「中線、重心到頂點距 $=\dfrac{2\times\text{中線長}}{3}$、

1 條中線平分Δ面積、3 條『中線』6 等分Δ面積」

E A L D G F B C

(A)1：2　(B)2：1　(C)2：3　(D)3：2

▶▶▶▶ Sol

首見，將題目訊息「聚集」可得下圖：

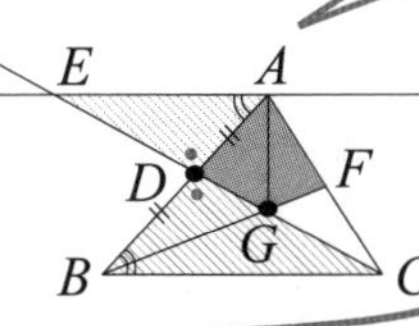

已知：G 為ΔABC 的重心

1. $\because \overline{AD}=\overline{BD}$（亦即：$\overline{DC}$ 為ΔABC 的中線），

見「重心」，必聯想「中點」

$\angle EDA=\angle CDB$（對頂角相等）

見「兩線相交」，必聯想「對頂角相等」

見「平行線」，必聯想：

「同位角、內錯角」相等；

「同側內角」互補

且 $\angle DBC=\angle DAE$（內錯角相等）

$\therefore \Delta AED \cong \Delta BCD$（ASA 全等）

「全等」要件：AAS、ASA、SAS、SSS、RHS

Δ全等，面積亦相等

$\therefore \Delta AED$ 面積 $= \Delta BCD$ 面積

$= \dfrac{\Delta ABC \text{ 面積}}{2}$

1 條中線平分Δ

利用「重心與頂點連線，會三等分三角形面積」「1 條中線平分三角形面積」及「3 條六等分面積圖」：

2. $\because$ 四邊形 $ADGF$ 面積

$= \Delta ADG$ 面積 $+ \Delta AGF$ 面積

$= \dfrac{\Delta ABC \text{ 面積}}{6} + \dfrac{\Delta ABC \text{ 面積}}{6}$

$= \dfrac{\Delta ABC \text{ 面積}}{3}$

3 條「中線」6 等分Δ面積

$\therefore$ 所求 $= \dfrac{\Delta ABC \text{ 面積}}{2} : \dfrac{\Delta ABC \text{ 面積}}{3} = 3 : 2$

$\therefore$ 選(D)

Ans

(D)

例題 9 如圖，ΔABC 中，$\angle C = 90°$，D 在 $\overline{BC}$ 上，E 為 $\overline{AB}$ 之中點，$\overline{AD}$、$\overline{CE}$ 相交於 F，且 $\overline{AD} = \overline{DB}$。若 $\angle B = 20°$，則 $\angle DFE = ?$

(A)40° (B)50° (C)60° (D)70°

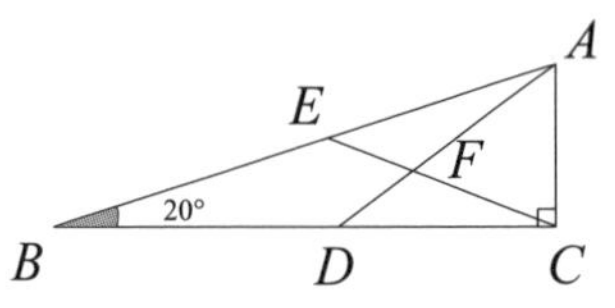

見「中點」出發的「線」，必聯想：

1. 「垂直線」v.s.「外心」 v.s.「外接圓」v.s.「到三頂點等距」 v.s.「直角Δ的外心在斜邊中點」
2. 「與遠頂點」連線 v.s.「重心」 v.s.「到頂點距 $= \dfrac{2 \times \text{中線長}}{3}$」

利用「直角三角形的外心，必為斜邊中點」，並配合「外心到三個頂點等距離」來解題。

Sol

首先，將題目訊息「聚焦」可得下圖：

見「直角Δ」的「斜邊中點」，必聯想「外心」

(1) $\because \overline{AD}=\overline{DB}$

$\therefore \Delta ABD$ 為等腰三角形

$\therefore \angle BAD=\angle ABD=20^\circ$　（等腰Δ的「底角相等」，且已知 $\angle B=20^\circ$）

$\therefore \angle ADB=180^\circ-20^\circ-20^\circ=140^\circ$　（內角和 = 180°）

（平角互補）

$\therefore \angle FDC=180^\circ-140^\circ=40^\circ$

(2) $\because E$ 為 $\overline{AB}$ 之中點，且 ΔABC 為直角三角形

$\therefore E$ 為 ΔABC 之外心　（「直角Δ」的「外心」在「斜邊中點」）

$\therefore \overline{CE}=\overline{BE}$　（外心 E 到三頂點等距離）

$\therefore \Delta BEC$ 為等腰三角形

$\therefore \angle ECB=\angle EBC=20^\circ$　（等腰Δ的「底角相等」，且已知 $\angle B=20^\circ$）

$\therefore \angle DFE=\angle FDC+\angle ECB=40^\circ+20^\circ=60^\circ$　（ΔDFC 的外角等於兩個內對角和）

∴選(C)

Ans

(C)

> 「幾何」圖形問題：除了要
> 1.「繪圖」；2.把「已知訊息」、「待求項」標記於「圖形」上之外，
> 「最最重要」的是：要陸續將「解題過程」所得的「新已知訊息」
> 補在「圖形」上！

例題 10　ΔABC 中，$\overline{AB}=12$，$\overline{BC}=24$，$\overline{AC}=18$，過 ΔABC 內心 I，作平行於 $\overline{BC}$ 的直線交 $\overline{AB}$ 於 M 點，交 $\overline{AC}$ 於 N 點，求 ΔAMN 之周長？

Sol

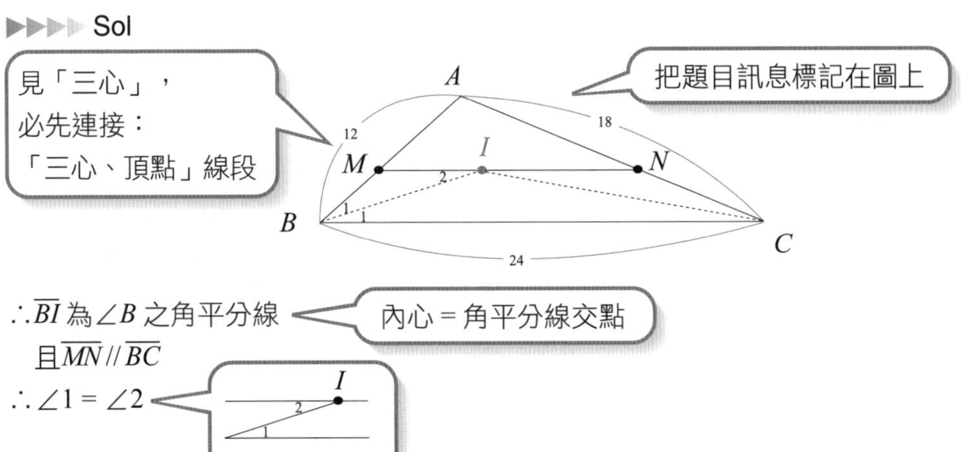
見「三心」，
必先連接：
「三心、頂點」線段
把題目訊息標記在圖上
A
12
18
M
I
N
2
1
1
B
C
24
內錯角相等

$\therefore \overline{BI}$ 為 $\angle B$ 之角平分線　（內心 = 角平分線交點）

且 $\overline{MN}//\overline{BC}$

$\therefore \angle 1=\angle 2$

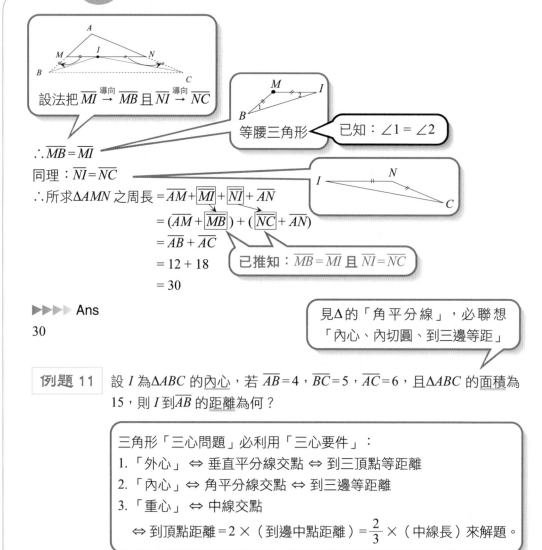

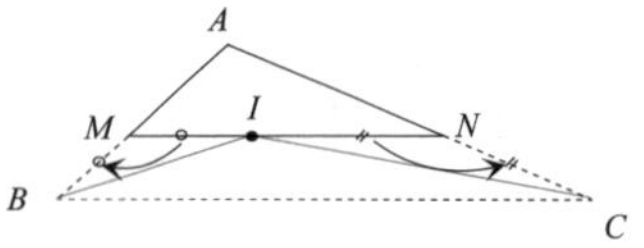

設法把 $\overline{MI} \xrightarrow{導向} \overline{MB}$ 且 $\overline{NI} \xrightarrow{導向} \overline{NC}$

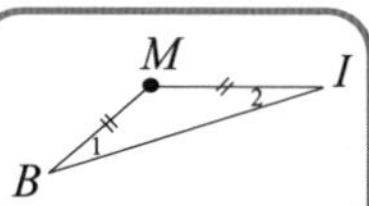

等腰三角形

已知：$\angle 1 = \angle 2$

$\therefore \overline{MB} = \overline{MI}$

同理：$\overline{NI} = \overline{NC}$

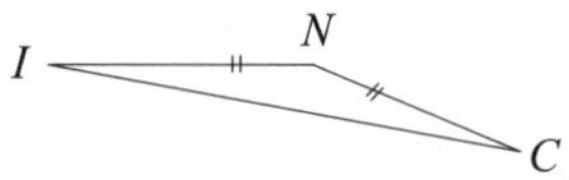

$\therefore$ 所求 ΔAMN 之周長 $= \overline{AM} + \overline{MI} + \overline{NI} + \overline{AN}$

$= (\overline{AM} + \overline{MB}) + (\overline{NC} + \overline{AN})$

$= \overline{AB} + \overline{AC}$

$= 12 + 18$

$= 30$

已推知：$\overline{MB} = \overline{MI}$ 且 $\overline{NI} = \overline{NC}$

Ans

30

見Δ的「角平分線」，必聯想「內心、內切圓、到三邊等距」

例題 11 設 I 為 ΔABC 的內心，若 $\overline{AB} = 4$，$\overline{BC} = 5$，$\overline{AC} = 6$，且 ΔABC 的面積為 15，則 I 到 $\overline{AB}$ 的距離為何？

三角形「三心問題」必利用「三心要件」：

1.「外心」⇔ 垂直平分線交點 ⇔ 到三頂點等距離

2.「內心」⇔ 角平分線交點 ⇔ 到三邊等距離

3.「重心」⇔ 中線交點

⇔ 到頂點距離 $= 2 \times$（到邊中點距離）$= \frac{2}{3} \times$（中線長）來解題。

Sol

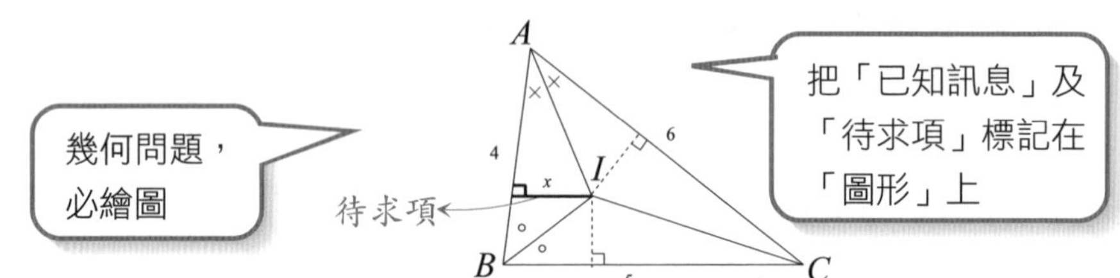

幾何問題，必繪圖

把「已知訊息」及「待求項」標記在「圖形」上

$\because I$ 為ΔABC 的內心

$\therefore I$ 到 $\overline{AB}$、$\overline{BC}$、$\overline{AC}$ 距離相等

見「角分線」，必聯想「內心、內切圓、到三邊等距」

設 I 到 $\overline{AB}$ 距離為 x

$\therefore x$ 恰為ΔAIB，ΔAIC，ΔBIC 的高

見「直角、垂直」，必聯想到「高」！

$\therefore a\Delta ABC = a\Delta AIB + a\Delta AIC + a\Delta BIC$

$\therefore 15 = \left[\frac{1}{2} \times 4 \times x\right] + \left[\frac{1}{2} \times 6 \times x\right] + \left[\frac{1}{2} \times 5 \times x\right] = \frac{15}{2}x \Rightarrow x = 2$

三角形面積 $= \frac{底 \times 高}{2}$

$\therefore I$ 到 $\overline{AB}$ 距離為 2

▶▶▶▶ Ans

2

「三心」問題，常配合：大Δ面積 = 小Δ面積之「總和」

例題 12 座標平面上，$4x+3y=12$ 交 x 軸於 A 點，交 y 軸於 B 點，若 O 為原點，I 為ΔABO 之內心，求ΔAIB 面積？

▶▶▶▶ Sol

$\because 4x+3y=12$

$\therefore A(3,0)$、$B(0,4)$

令 $x=0$ 及 $y=0$ 代入直線方程式，可求直線與兩座標軸的交點

(0,4)B　I　O　A(3,0)　x　y

將題目訊息標記在圖上且「三心」問題，必先連接「三心與頂點」

內心到三邊等距離

$\because I$ 為ΔABO 的內心

$\therefore I$ 到 $\overline{AB}$、$\overline{BO}$、$\overline{AO}$ 距離相等

設 I 到 $\overline{AB}$ 距離為 x

$\therefore x$ 恰為ΔBIO、ΔAIO、ΔAIB 的高

見「直角、垂直」，必聯想到「高」

$\therefore 3 \times 4 \times \frac{1}{2} = \left[4 \times x \times \frac{1}{2}\right] + \left[3 \times x \times \frac{1}{2}\right] + \left[5 \times x \times \frac{1}{2}\right]$

◉大Δ面積 = 3 個小Δ面積和

◉3 個小Δ面積的「高」都是內切圓半徑

三角形面積 $= \frac{底 \times 高}{2}$

「三心」問題，常配合：大Δ面積 = 小Δ面積之「總和」

$\therefore 6=\frac{1}{2}(4x+3x+5x)=\frac{1}{2}\times 12x=6x$

$\therefore x=1$

$\therefore$ 所求 ΔAIB 面積 $=\frac{1}{2}\times 5\times 1=\frac{5}{2}$

$\overline{AB}=B(0,4)$、$A(3,0)$ 的斜邊 $\sqrt{3^2+4^2}=5$ ← 用「商高定理」

$=\sqrt{(3-0)^2+(0-4)^2}=5$ ← 用「兩點距離公式」

$\frac{1}{2}\times\overline{AB}\times x$

▶▶▶▶ Ans

$\frac{5}{2}$

見「內切圓」，必聯想：
「內心、角平分線、到三邊等距離」

例題 13 如圖，圓 O 為四邊形 $ABCD$ 的內切圓。若$\angle AOB=70°$，則$\angle COD=$？

(A) 110° (B) 125° (C) 140° (D) 145°

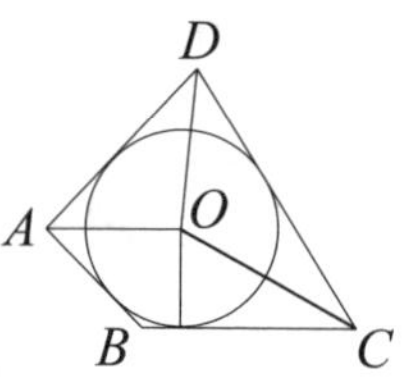

見「切線」，必作「圓心與切點的連接線」。

▶▶▶▶ Sol

連接「圓心與切點」可得下圖

把「已知訊息」及「待求項」標記在「圖形」上

70°　待求角

∵「內切圓圓心＝Δ的內心」
∴「O」為「角平分線」交點

由圖知：

$2\times(\angle 1+\angle 2+\angle 3+\angle 4)=\angle A+\angle B+\angle C+\angle D=360°$ ← 四邊形內角和＝360°

$\therefore \angle 1+\angle 2+\angle 3+\angle 4=180°$

$\because \angle 2+\angle 3=180°-\angle AOB$ ← 三角形內角和＝180°

$=180°-70°=110°$

$\therefore \angle 1+\angle 4=180°-110°=70°$

因$\angle 1+\angle 2+\angle 3+\angle 4=180°$

$\therefore \angle COD=180°-(\angle 1+\angle 4)=180°-70°=110°$

$\therefore$ 選(A)

三角形內角和＝180°

▶▶▶▶ Ans

(A)

例題 14 如圖，四邊形 $ABCD$ 中，$\angle B=60^\circ$、$\angle DCB=80^\circ$、$\angle D=100^\circ$。若 P、Q 兩點分別為 ΔABC 及 ΔACD 的內心，則 $\angle PAQ$？

(A) 60° (B) 70° (C) 80° (D) 90°

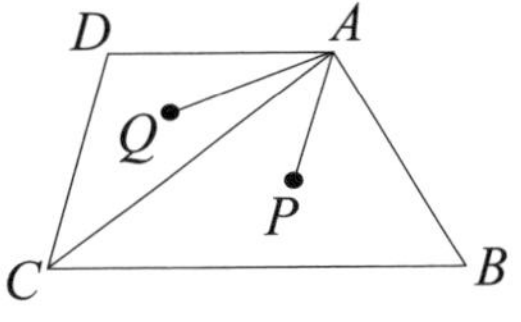

利用「內心 = 角平分線交點」並配合「四邊形內角和 = 360°」來解題。

見「內心」，必聯想：「角分線、內切圓、到三邊等距」

Sol

首先繪圖以聚集訊息

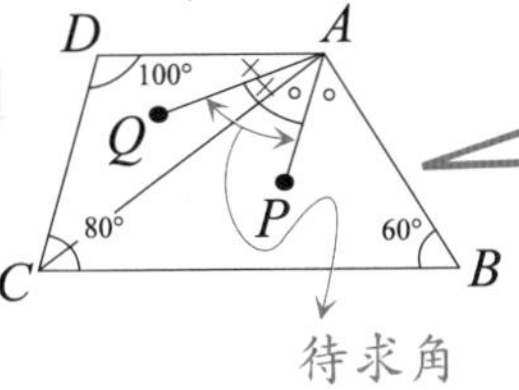

把「已知訊息」及「待求項」標記在「圖形」上

角平分線，必「平分角」！

$\because \angle PAQ$

$=\angle CAQ+\angle CAP$

$=\frac{1}{2}\angle CAD+\frac{1}{2}\angle CAB$

內心 = 角平分線交點

$=\frac{1}{2}(\angle CAD+\angle CAB)$

$=\frac{1}{2}\angle BAD$

四邊形內角和 = 360°

$=\frac{1}{2}(360^\circ-\angle B-\angle C-\angle D)$

$=\frac{1}{2}(360^\circ-60^\circ-80^\circ-100^\circ)=\frac{1}{2}\times 120^\circ=60^\circ$

$\therefore$ 選(A)

Ans

$\because$ 題目給了「四邊形」三個內角

$\therefore$ 一定要善用「n 邊形內角和 $=(n-2)\times 180^\circ$」

例題 15 如圖，正 ΔABC 的邊長為 12，圓 O 為其內切圓，且與圓 O 相切，圓 O_1 為 ΔADE 內切圓，求(1)圓 O 的面積 (2)圓 O_1 的面積？

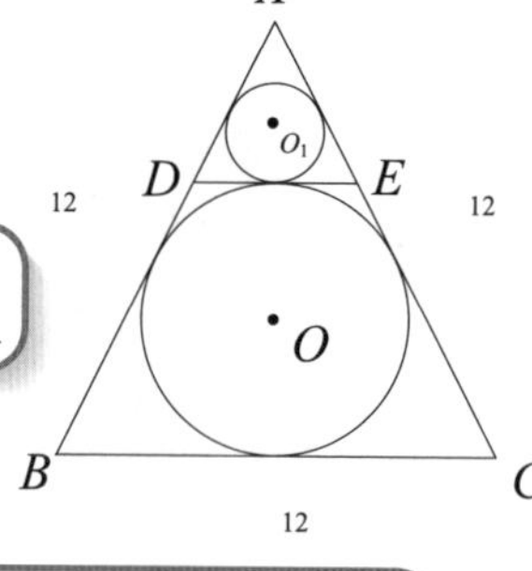

 Sol

見「切線」，必聯想「垂直」

將「已知訊息」標記在圖上

見「三心」必先連接「頂點與三心」

恰為「圓 O」的「半徑」

(1) $\because O$ 為 ΔABC 的內心

$\therefore O$ 到 $\overline{AB}$、$\overline{BC}$、$\overline{AC}$ 等距

設 O 到 $\overline{AB}$ 距離為 x

$\therefore x$ 恰為 ΔAOB、ΔAOC、ΔBOC 的高

$\therefore 36\sqrt{3}=3\times\left(12\times x\times\frac{1}{2}\right)$

$=18x$

$\Rightarrow x=2\sqrt{3}$

$\therefore O$ 的面積 $=\pi\times(2\sqrt{3})^2=12\pi$

內心＝內切圓圓心
＝角平分線交點到「三邊等距」

x＝圓 O 的半徑

大Δ面積＝3 個小Δ面積和，且 3 個小Δ的高＝x

$\because$ 正Δ面積 $=\frac{\sqrt{3}}{4}$（邊長平方）

$\therefore \Delta ABC$ 面積 $=\frac{\sqrt{3}}{4}\times 12\times 12=36\sqrt{3}$

∵正Δ的「三心共點」

∴O 也是ΔABC 的重心（及外心）

∴

亦即：$\overline{OA}=2\overline{OF}$

重心到頂距離 $=2$ 倍重心到邊距離

「比例問題」，必「引入比例常數」

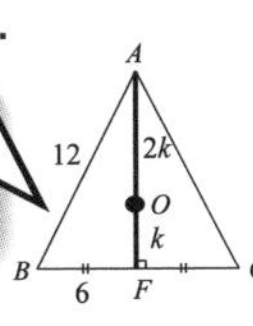

(2) ∵$\overline{AF}=\sqrt{12^2-6^2}=\sqrt{108}=6\sqrt{3}$　畢氏定理及 $108=6^2\times 3$

∴$\overline{OA}=\dfrac{2k}{2k+k}\overline{AF}=\dfrac{2}{3}\times 6\sqrt{3}=4\sqrt{3}$

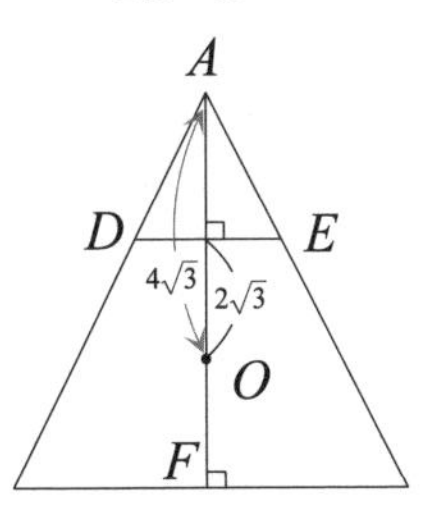

∵$AF\perp\overline{DE}$ 與 $\overline{AB}$　圓與線相切，必「垂直」

∴$\overline{DE}/\!/\overline{BC}$

∴$\angle D=\angle B$ 且 $\angle E=\angle C$　同位角相等

∴ΔADE 也是正Δ

∴ΔADE 的「三心共點」

∴ΔADE 的高（=中線）

$=4\sqrt{3}-2\sqrt{3}$

$=2\sqrt{3}$

ΔADE 的高 $=\overline{AO}-$ 圓 O 的半徑

$=\overline{AO}-x=\overline{AO}-2\sqrt{3}=4\sqrt{3}-2\sqrt{3}=2\sqrt{3}$

「比例問題」，必「引入比例常數」

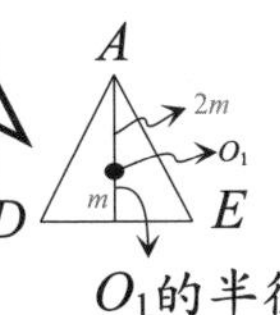

∵正Δ的「三心共點」

∴O_1 也是ΔADE 的重心（及外心、內心）

∴$\overline{O_1A}=2$ 倍 O_1 的半徑

重心到頂距 $=2$ 倍重心到邊距

∴O_1 的半徑 $=\dfrac{m}{2m+m}\times$（ΔADE 的高）

$=\dfrac{1}{3}\times 2\sqrt{3}$

$=\dfrac{2\sqrt{3}}{3}$

∴O_1 的面積 $=\pi\times(\dfrac{2\sqrt{3}}{3})^2=\dfrac{4}{3}\pi$

Ans

(1) 12π　(2) $\dfrac{4}{3}\pi$

筆記欄

CHAPTER 10

用「代數算式」或代數方程式（不等式）來討論「幾何圖形」

「解析幾何」觀點的「平面直線」

重點整理 10-1　「平面直線」的探討

重點整理 10-2　應用的關鍵「特徵」與「策略」

重點整理 10-3　解開例題、弄懂策略

重點整理10-1　「平面直線」的探討

法向量 (a,b) 跟直線 L 上的任意向量恆「垂直」

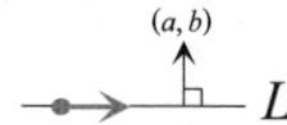

探討 1

通用型、適用範圍最廣的「圖形」坐標關係（代數）式

「平面直線」方程式（一般式）L：

$ax+by+c=0$，$a^2+b^2\neq0$　意謂：x，y 的「係數」不能「同時為 0」

且 a，b 為實數

$(a,b)\perp$ 直線，稱為「直線法向量」

非函數的圖形

與 y 軸無傾斜交角

(A) 無斜率的鉛直線　垂直 x 軸的直線

$x=x_0$

其圖形如：

一般式的「y 係數 $=0$」

y　$x=x_0$　x　x_0　鉛直線

垂直 x 軸的直線 $\overset{\text{等同}}{\Leftrightarrow}$ 平行 y 軸的直線 $\overset{\text{等同}}{\Leftrightarrow}$ 直線任意點的「x 坐標，都是相同的 x_0」。

與 y 軸有傾斜夾角

但與 y 軸正向夾角 $\neq$ 斜角

一般式的「y 係數 $\neq0$」

(B) 有斜率的非鉛直線　為函數的圖形

其圖形如：

一般式的「x，y 係數」都不為 0

y　$ax+by+c=0$　或　x　「斜角 $\theta\neq0°$」　$ab\neq0$　斜直線

一般式的「x 係數 $=0$」

y　$y=y_0$　「斜角 $\theta=0°$」　y_0　x　水平線

斜角 $\theta\overset{\text{定義}}{=}$ 跟「x 軸正向」滿足「$0\leq\theta<\pi$」的夾角

平行 x 軸的直線 $\overset{\text{等同}}{\Leftrightarrow}$ 垂直 y 軸的直線 $\overset{\text{等同}}{\Leftrightarrow}$ 直線上「任意點」的「y 坐標，都是相同的 y_0」

有「斜率」概念的「函數式」平面直線「方程式」

探討 2

「斜率」下的「平面直線」：

跟 x 軸正向夾「斜角」

一般式：$ax+by+c=0$，「$b\neq0$」

絕大多數的「平面直線」問題，必從「斜率」下手！

$\overset{可}{\Leftrightarrow}$（改寫）斜截式：$y=mx+k$

令「$x=0$」代入「直線方程式」，可得「k」

沒給「直線已知點」必用！

m 為直線斜率

k 為直線的「y 軸截距」$\overset{定義}{=}$ 直線與 y 軸交點的「y 坐標，其值可正、可負」

$\overset{可}{\Leftrightarrow}$（改寫）點斜式：$y-y_0=m(x-x_0)$，

m 為直線斜率

已知或可求：「直線上一點」，必用！

(x_0,y_0) 為直線上任意一個（已知）點座標

其中：斜率 $m \overset{定義}{=} \tan$（斜角）

需配合：「三角」的「複角公式」來解題

$\overset{定義}{=} \dfrac{-a（x\text{ 係數}）}{b（y\text{ 係數}）}$

已知或可求：$ax+by+c=0$，必用！

同一直線，不管你用什麼方法求，「m」固定

$\overset{定義}{=} \dfrac{y_2-y_1}{x_2-x_1}$

已知或可求：直線上兩相異點 (x_1,y_1) 及 (x_2,y_2)，必用

更多求直線方程式的方法

「同一條直線」的「m」恆為固定（值）

(A) 兩點式：$\dfrac{y-y_1}{x-x_1}=\dfrac{y_2-y_1}{x_2-x_1}$，其中 (x_1,y_1)，(x_2,y_2) 為直線上任意「2 個相異點坐標」

(B) 截距式：$\dfrac{x}{a}+\dfrac{y}{b}=1$，

其中 $(a,0)$，$(0,b)$ 為直線跟「x，y 軸」交點的「x 坐標及 y 坐標」

跟「坐標軸」有關的直線問題，必用

「a,b」分別稱之為：直線的「x 截距，y 截距」
注記：「截距」可正、可負！

重點整理10-2 應用的關鍵「特徵」與「策略」

應用 1

求「平面直線」方程式：

同一直線或平行線，其「m」必相同

$y-y_0=m(x-x_0)$

$y=mx+k$

$\frac{y-y_1}{x-x_1}=\frac{y_2-y_1}{x_2-x_1}$

(A) 優先由「斜率」下手！再搭配「點斜式、斜截式、兩點式」來解題！

已知直線上兩點

$m=\tan$（斜角）$=\frac{y_2-y_1}{x_2-x_1}=\frac{-a}{b}$

$\begin{bmatrix}\text{平行}\\ m\\ \text{相同}\end{bmatrix}$ 或 $\begin{bmatrix}\text{垂直}\\ m_1\times m_2=-1\end{bmatrix}$

跟「坐標軸夾角、三角函數」有關

與已知「一般式」直線 $ax+by+c=0$「平行」的直線，或「共線、重合」的直線

(B) 跟「坐標軸」有關時，必用「截距式」！

常搭配：「算術平均數 ≥ 幾何平均數」來求「極值」！

$\frac{a_1+\cdots+a_n}{n}\geq\sqrt[n]{a_1\times\cdots\times a_n}$

且 $a_1=\cdots=a_n\geq 0$ 時，「等號」才成立

$\frac{x}{a}+\frac{y}{b}=1$

注記：截距「a，b」可正、可負！

常配合：

1. m 的定義 **如(A)的備註**
2. 與其他「已知線」的互動：來求(A)需要的「m」
   - 垂直：$L_1\perp L_2\Leftrightarrow m_1\times m_2=-1$
   - 平行（含重合、共線）：$L_1/\!/L_2\Leftrightarrow m_1=m_2$
   - 直線 $ax+by+c=0$ 的「法向量」為 (a,b)，配合「內積」來處理！

「平面直線」的「法向量」$\overset{\text{定義}}{=}$ 與「平面直線」垂直的「向量」

(a,b) L

(C) 見「過 L_1，L_2 交點」，必設「L_1+kL_2」！

見「直線圖形」，必先掌握
◉與兩軸交點
◉斜角是否 $>90°$

見「含 k 直線」恆過「定點 (x_0,y_0)」，必將「有 k、無 k 分別整併成：$L_1+kL_2=0$」

應用 2

「已知或已求出」的平面直線方程式：

(A) 見「直線」上「點」，必將「點坐標」代入「直線方程式」

(B) 見「直線」跟「坐標軸、其他圖形」的「交點」，必：

「將 $x=0$、$y=0$ 代入直線方程式」或「與其他圖形方程式聯立」！

可以判斷直線過「那些象限」及「截距的正負號」

(C) 將「$m=\tan$（斜角）」與「三角」的「複角公式、正餘弦公式」結合，可處理「直線夾角及向量內積」問題！

(D) 見「點 v.s. 線」互動問題，必用：

見「圖上點」，必將「點坐標」代入「圖形方程式」

1. 兩點 $P_1(x_1,y_1)$ 及 $P_2(x_2,y_2)$ 的距離 $\overset{記}{=} d(P_1,P_2) \overset{定義}{=} \overline{P_1P_2} \overset{定義}{=} |\overrightarrow{P_1P_2}|=\sqrt{(x_2-x_1)^2+(y_2-y_1)^2}$

外心到「三頂點等距」，可用此求「外心」

2. 跟「坐標軸」有關，記得用「截距式」，令 $x=0$ 或 $y=0$ 代入直線方程式及「算術平均數 ≥ 幾何平均數」來繪圖與求極值

滿足一些要求，但尚未確認位置的點坐標

3. 見「直線」上的「動點」，必用「直線參數式」：

$ax+by+c=0$ 的「動點參數為 $\left(t,\dfrac{-(at+c)}{b}\right)_{當\,b\neq0}$ 或 $\left(\dfrac{-(bt+c)}{a},t\right)_{當\,a\neq0}$」

4. 點 $P_0(x_0,y_0)$ 到直線 L：$ax+by+c=0$ 的距離 $\overset{記}{=} d(P_0,L)=\dfrac{|ax_0+by_0+c|}{\sqrt{a^2+b^2}}$

角分線、內心到「兩邊等距」，可用此求「角平分線」及「內心」

「分母」別忘了「開平方」

先將「等號」的一邊，化為「0」

將點坐標代入直線方程式並取絕對值

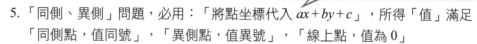

先把「常數項」移到「x、y」的同一邊

5.「同側、異側」問題，必用：「將點坐標代入 $ax+by+c$」，所得「值」滿足「同側點，值同號」，「異側點，值異號」，「線上點，值為 0」

6. 見「對稱點、投影點、向量」跟「直線」有「平行、垂直」關係問題，必用：

直線也可以用「$m_1=m_2$」來處理「平行、共線」

兩線平行，可設「相同的 x，y 係數」

(a) 直線 $ax+by+c=0$ 的「法向量 $=(a,b)$」，並配合「向量平行或直線平行、共線」其「動點坐標」，必可「向量參數化」！

向量平行、共線

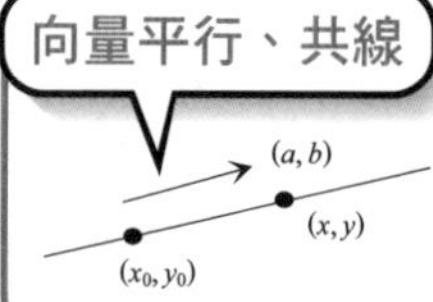
(a, b)
(x, y)
(x₀, y₀)

未知向量 $\overset{設}{=}$ $t\times$ 已知向量（t 倍的已知向量）

$\Leftrightarrow (x-x_0, y-y_0)=t\times(a,b)$

$\Leftrightarrow x=x_0+at$ 且 $y=y_0+bt$

直線也可以用「$m_1\times m_2=-1$」來處理「垂直、直角」

$m_1\times m_2=-1$，可用此求「垂心」$\overset{定義}{=}$ 三高交點

(b)「向量」相互「垂直」，其「內積必為 0」！

$(a_1,b_1)\perp(a_2,b_2)\Leftrightarrow a_1a_2+b_1b_2=0$ ← 向量 (a_1,b_1) 及 (a_2,b_2) 的內積 $=0$

$\Leftrightarrow$ 向量夾角「θ」滿足「$\cos(\theta)=0$」

(c) 點 $P_0(x_0,y_0)$ 對「直線」L：$ax+by+c=0$ 的 ← 先將「等號一邊，化為 0」

⊙投影點：$\left(x_0-\dfrac{af}{a^2+b^2}, y_0-\dfrac{bf}{a^2+b^2}\right)$

⊙對稱點：$\left(x_0-\dfrac{2af}{a^2+b^2}, y_0-\dfrac{2bf}{a^2+b^2}\right)$，

其中 $f\overset{定義}{=}ax_0+by_0+c$

注意！跟「距離公式」不同，其「分母不用開平方」！

可以解：「大同 $|\overline{PA}-\overline{PB}|$」及「小異 $|\overline{PA}+\overline{PB}|$」問題

投影點 Q（又稱：垂足）

P_0

法向量 (a,b)

L

Q

P_0'

$\Rightarrow$ 可令 $\overrightarrow{P_0Q}=t(a,b)$ 或 $\overrightarrow{P_0P_0'}=t(a,b)$

把「Q 及 P_0'」坐標予以「向量參數化」，再利用「Q 及 $\overline{PP_0'}$ 中點」在直線 L 上，將「參數式坐標」代入直線 L，可得參數 t 的值。

對稱點 P_0' 滿足「投影點 Q」是「P 跟 P'」連接線段的「垂直中點」

善用「圖形方程式聯立」，來求「圖形交點」

注記：「大同小異」問題的解說

①給「異側點」A、B 求：L 上的 P 點，使 $|\overline{PA}-\overline{PB}|$ 的「值」最「大」

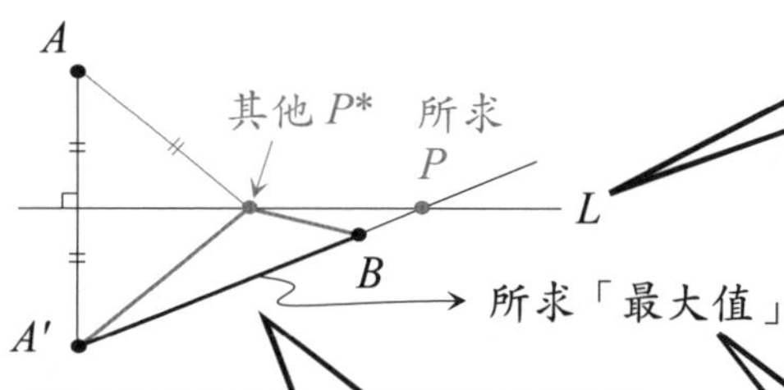

其他 P^* 滿足：$|\overline{P^*A}-\overline{P^*B}|$
$=|\overline{P^*A'}-\overline{P^*B}|$
$\le \overline{A'B}$（$\Delta A'P^*B$）

兩邊差 ≤ 第三邊

◉先用「對稱點」概念：求 A'，使「A'、B 同側」

◉再「連接 $\overleftrightarrow{A'B}$ 到 L」

◉所求 $P=\overleftrightarrow{A'B}$ 跟 L 的「交點」且 $|\overline{PA}-\overline{PB}|$ 的最大值 $=\overline{A'B}$

也可用「分點公式」，來求 P 的坐標

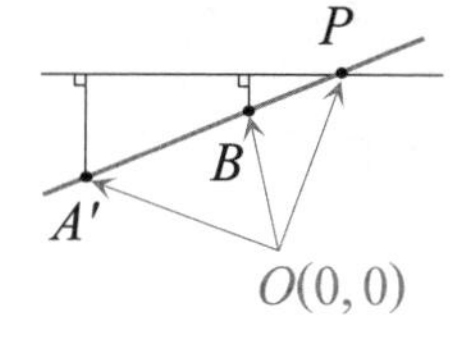

②給「同側點」A、B 求：L 上的 P 點，使 $\overline{PA}+\overline{PB}$ 的「值」最「小」

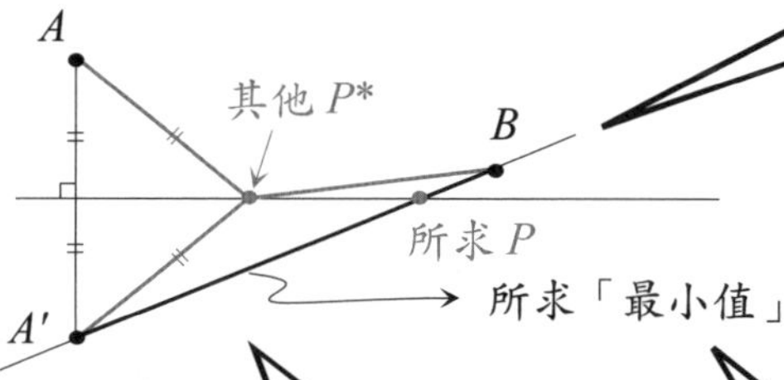

其他 P^* 滿足：$\overline{P^*A}+\overline{P^*B}$
$=\overline{P^*A'}+\overline{P^*B}$
$\ge \overline{A'B}$（$\Delta A'P^*B$）

兩邊和 ≥ 第三邊

◉先用「對稱點」概念：求 A'，使「A'、B 異側」

◉再「連接 $\overleftrightarrow{A'B}$ 到 L」

◉所求 $P=\overleftrightarrow{A'B}$ 跟 L 的交點且 $\overline{PA}+\overline{PB}$ 的最小值 $=\overline{A'B}$

也可用「分點公式」，來求 P 坐標

B P L A' O(0, 0)

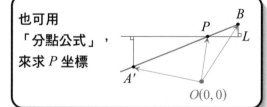

設兩線方程式為：
L_1：$ax_1+b_1y+c_1=0$；L_2：$ax_2+b_2y+c_2=0$
且「斜率、斜角」分別是「m_1, m_2、θ_1, θ_2」

善用「圖形方程式聯立」，來求「圖形交點」

(E)「線 v.s. 線」互動問題：

1. 見「平行、重合、共線」，必用：$m_1=m_2$　斜率必相同

如見：共線點、平行四邊形

如見：外心、垂心、投影點、對稱點

2. 見「垂直、直角」，必用：$m_1\times m_2=-1$　斜率相乘為「-1」

或「一個 $m=\pm\infty$，一個 $m=0$」　平行兩坐標軸

鉛直線，無斜率　水平線

3. 兩線「夾角」，必用：$\tan(\theta_{12})=\tan(\theta_1-\theta_2)=\boxed{\pm}\dfrac{m_1-m_2}{1+m_1m_2}$

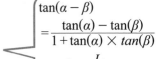

$\tan(\alpha-\beta)=\dfrac{\tan(\alpha)-\tan(\beta)}{1+\tan(\alpha)\times\tan(\beta)}$

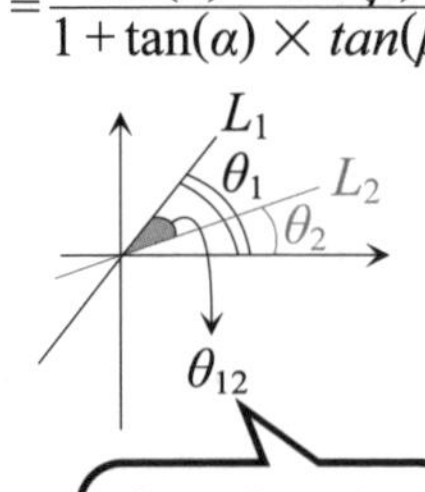

$\theta_{12}=\theta_1-\theta_2$

或 $\cos(\theta_{12})=\boxed{\pm}\dfrac{a_1a_2+b_1b_2}{\sqrt{a_1^2+b_1^2}\sqrt{a_2^2+b_2^2}}$　$\cos(\theta_{12})=\pm\dfrac{(a_1,b_1)\cdot(a_2,b_2)}{|(a_1,b_1)||(a_2,b_2)|}$

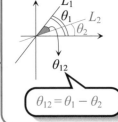

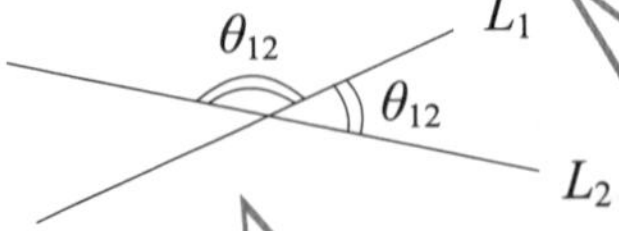

(圖：θ_{12}、L_1、θ_{12}、L_2)

∵兩個「夾角」必「互補」
∴公式需用「±」來表現 cos 的「異號等值」。

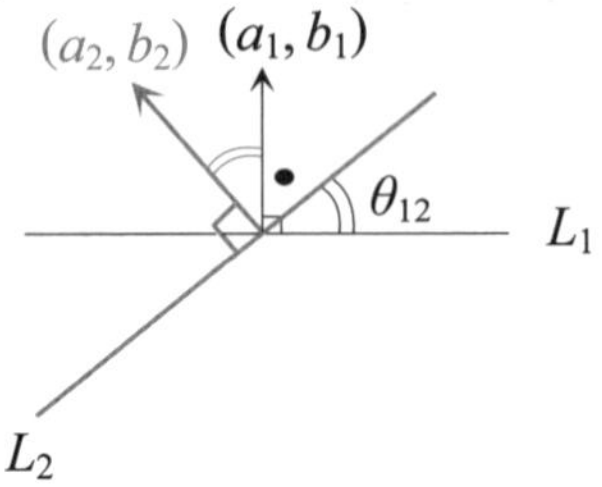

(圖：(a_2,b_2)、(a_1,b_1)、θ_{12}、L_1、L_2)

∵法向量夾角也是 θ_{12}
∴再用 $\vec{A}\cdot\vec{B}=|\vec{A}||\vec{B}|\cos(\theta)$，便可得上述公式。

4. 兩「平行（直）線」距離，必用：

(a) 先將「x、y 係數」化「相同」成 $\begin{cases}ax+by+c_1=0\\ax+by+c_2=0\end{cases}$

(b) 所求 $=d(L_1,L_2)=\dfrac{|c_1-c_2|}{\sqrt{a^2+b^2}}$

分子為「常數差」的絕對值

「分母」要開平方

「先」任取 L_1 的一點 $P(x,y)$

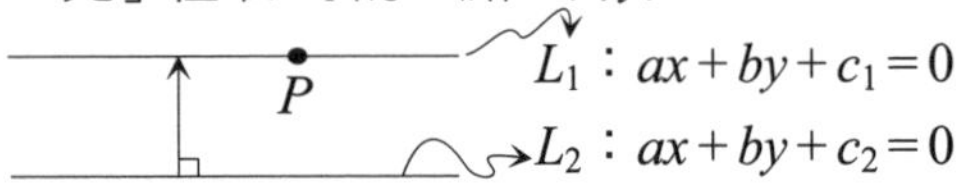

(圖：P、L_1：$ax+by+c_1=0$、L_2：$ax+by+c_2=0$)

再「代」點到直線 L_2 的距離公式

∵兩平行線的距離「固定」
∴任取 L_1 的一點，再求此 L_1 上的點到 L_2 的距離，即可得此公式！

5.「兩（直）線相交」狀況的討論，必用：

圖形觀點　方程組觀點　方程式互動觀點　比例法

(a) 相交線 ⇔ 恰一解 ⇔ 兩式相容 ⇔ $\dfrac{a_1}{a_2}\boxed{\neq}\dfrac{b_1}{b_2}$　（x，y 係數「不」成相同比例）

(b) 重合線 ⇔ 無限多解 ⇔ 兩式相依或同義 ⇔ $\dfrac{a_1}{a_2}=\dfrac{b_1}{b_2}=\dfrac{c_1}{c_2}$　（x，y 係數及常數項「都」成相同比例）

(c) 平行但不重合線 ⇔ 無解 ⇔ 兩式矛盾 ⇔ $\dfrac{a_1}{a_2}=\dfrac{b_1}{b_2}\boxed{\neq}\dfrac{c_1}{c_2}$　（x，y 係數成相同比例，但與常數項「不」成相同比例）

注意：方程式的「常數項」應放在「x，y 的等號另一邊」！

平面直線與行列式之關係問題，必用

(A) 任意直線組：

稱 Δ 為：方程組的「係數方陣」

$$\begin{cases}L_1：a_1x+b_1y=c_1\\L_2：a_2x+b_2y=c_2\end{cases}；\Delta\overset{令}{=}\underbrace{\begin{vmatrix}a_1 & b_1\\a_2 & b_2\end{vmatrix}}_{x,y\text{ 係數}}；\Delta_x\overset{令}{=}\underbrace{\begin{vmatrix}\boxed{c_1} & b_1\\\boxed{c_2} & b_2\end{vmatrix}}_{x\text{ 的係數用常數項取代}}；\Delta_y\overset{令}{=}\underbrace{\begin{vmatrix}a_1 & \boxed{c_1}\\a_2 & \boxed{c_2}\end{vmatrix}}_{y\text{ 的係數用常數項取代}}$$

◉恰一解（相交線）：$\Delta\neq0$，$x=\dfrac{\Delta_x}{\Delta}$，$y=\dfrac{\Delta_y}{\Delta}$

◉無解（平行不重合線）：$\boxed{\Delta=0}$ 且 Δ_x，Δ_y 至少有一個不為零

◉無限多解（重合線）：$\boxed{\Delta}=\Delta_x=\Delta_y=\boxed{0}$

(B) 過原點直線組：

$$\begin{cases}L_1：a_1x+b_1y=0\\L_2：a_2x+b_2y=0\end{cases}；\Delta\overset{令}{=}\begin{vmatrix}a_1 & b_1\\a_2 & b_2\end{vmatrix}；\Delta_x\underset{定}{\overset{必}{=}}\Delta_y\underset{定}{\overset{必}{=}}0$$

◉只有有零解：$\Delta\neq0$

◉有異於零之解：$\boxed{\Delta=0}$　等同：「無限多解」或「不只一解」

見「無解、無限多解、不只一解」方程組，必先聯想「$\Delta=0$」

「Δ」在此處，是指「係數方陣」的「行列式（值）」，而不是「一元二次方程式」的「判別式」！

◉平面「三點共線」：

$A(a_1,a_2)$，$B(b_1,b_2)$，$C(c_1,c_2)$，

必滿足 $\begin{vmatrix}a_1 & a_2 & \boxed{1}\\b_1 & b_2 & \boxed{1}\\c_1 & c_2 & \boxed{1}\end{vmatrix}=0$

◉平面「三線共點」：

$\begin{cases}a_1x+b_1y=\boxed{c_1}\\a_2x+b_2y=\boxed{c_2}\\a_3x+b_3y=\boxed{c_3}\end{cases}$，必滿足 $\begin{vmatrix}a_1 & b_1 & \boxed{c_1}\\a_2 & b_2 & \boxed{c_2}\\a_3 & b_3 & \boxed{c_3}\end{vmatrix}=0$

由「直線不等式」所成「多邊形區域」圖形
◉令等號成立，先畫「直線」
◉用(0, 0)（或(1, 0)、(0, 1)）代入直線，以判定「直線不等式」含不含「(0, 0)（或(1, 0)、(0, 1)）」
◉兩兩直線「聯立」，求直線「交點」

應用 3

其他特殊題型

(A) $\sum_{k=1}^{n}\overline{PP_k}^2$ 之「最小值」出現在「坐標平均值」$\left(\frac{x_1+\cdots\cdots+x_n}{n}, \frac{y_1+\cdots\cdots+y_n}{n}\right)$，其中 $P_k(x_k, y_k), k=1, \cdots\cdots, n$ 為 n 個已知點坐標

「線性規劃」的「應用」問題，必再加
◉$x\geq 0, y\geq 0$
◉x, y（是否需要）為整數

(B) 線性規劃：多邊形區域之極值，必用

先找出「頂點」再代入「比大小」，求極值

◉二元一次式 $ax+by+c$ 之極值必出現在「頂點」。

◉$(x-x_0)^2+(y-y_0)^2$ 之極值，必出現在區域「邊界」。

畫「過 (x_0, y_0) 直線」v.s. 區域頂點

極值由 (x_0, y_0) 至區域 $\underbrace{\text{「邊線及頂點」}}_{\text{邊界}}$ 的「距離」來決定

◉$\frac{y-y_0}{x-x_0}\overset{\text{定義}}{=}m$ 之極值，必由直線交多邊形區域之「可能斜率範圍」來決定極值。

$\overset{\text{等同}}{\Leftrightarrow}$ 恆過「定點 (x_0, y_0)」的直線族
$y-y_0=m(x-x_0)$ 的極值

配合：「有 m、沒 m」分別「整併」，並分別「令它 $=0$」

過 (x_0, y_0) 的點斜式

(C) 直線族：見過兩條直線 L_1, L_2 交點之直線 L 問題，必設「$L+kL_2=0$」。

(D)「一次絕對值」加減式 $f(x)=\sum_{k=1}^{n}a_k|b_kx-c_k|$：極值必在「轉折點」

分段討論（對稱與「由內往外」之原則，除去絕對值）進而畫其圖形（折線圖）

使「絕對值 $=0$」的 x 所在點

(E)「多邊對稱圖形」問題，必用：

含：$\sqrt{\ }$，絕對值，$(\quad)^2+(\quad)^2$ 的「x, y 不等式」圖形

◉令絕對值「內部為 0」，找出「對稱坐標軸」

◉去絕對值，先在「對稱坐標軸的第一象限」內作圖，再對應「對稱坐標軸」，畫「對稱線段」，即可得：多邊對稱圖形。

「先畫全正」區域，再用「對稱」概念，來完成全圖

重點整理10-3 解開例題、弄懂策略

精選範例

求直線
⊙先求 m，再用「點斜式」，
$y-y=m(x-x_0)$
⊙跟坐標軸有關：$\frac{x}{a}+\frac{y}{b}=1$

例題 1 試求下列的直線方程式：
(1)通過(3, 4), (6, −2)兩點的直線。
(2)通過點(2, −5)，斜率為 3 的直線。
(3) x 截距為 2 且 y 截距為 −5 的直線。
(4)通過點(2, −5)且與直線 $3x+2y=8$ 平行的直線。
(5)通過點(2, −5)且與直線 $3x+2y=8$ 垂直的直線。

跟「軸」有關

* 兩點求 $m=\frac{y_2-y_1}{x_2-x_1}$
* 平行：m 相同
* 垂直：$m_1\times m_2=-1$
* 一般式：$m=\frac{-a}{b}$
* 斜角：$m=\tan(\theta)$

Sol

(1)∵直線斜率 $=\frac{-2-4}{6-3}=-2$ （$m=\frac{y_2-y_1}{x_2-x_1}$）

∴直線方程式：$y-4=-2(x-3)$，亦即：$2x+y=10$

(2)用點斜式，可得：$y-(-5)=3(x-2)$，亦即：$3x-y=11$

(3)用截距式，可得：$\frac{x}{2}+\frac{y}{-5}=1$ 或 $5x-2y=10$ （去分母，化整式）

(4)∵直線 $3x+2y=8$ 的斜率為 $\frac{-3}{2}$ 且平行線斜率相同 （$m=\frac{-a}{b}$ 且平行 m 相同）

∴所求：$y-(-5)=\frac{-3}{2}(x-2)$，亦即：$3x+2y+4=0$

(5)∵直線 $3x+2y=8$ 的斜率為 $\frac{-3}{2}$

∴其垂直的直線斜率為 $\frac{2}{3}$ （$m=\frac{-a}{b}$ 且垂直 $m_1\times m_2=-1$）

∴所求：$y-(-5)=\frac{2}{3}(x-2)$，亦即：$2x-3y=19$

Ans

(1) $2x+y=10$　(2) $3x-y=11$
(3) $5x-2y=10$　(4) $3x+2y+4=0$
(5) $2x-3y=19$

例題 2 直線 L 過點 $P(-2,3)$ 且在第二象限與兩坐標軸所圍成的三角形最小面積為何？並求此時 L 之方程式？

Sol

設 L：$\frac{x}{a}+\frac{y}{b}=1$，$a<0$，$b>0$

⊙跟「坐標軸」有關，必用「截距式」：$\frac{x}{a}+\frac{y}{b}=1$

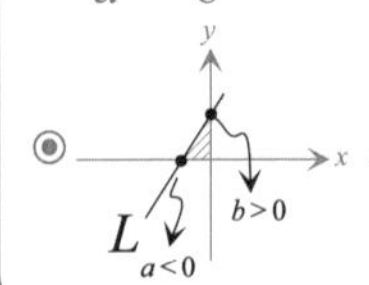

x 截距 $=a$ = 直線與 x 軸交點的「x 坐標」；y 截距 $=b$ = 直線與 y 軸交點的「y 坐標」

$\because P(-2,3)$ 在 L 上

$\therefore \frac{-2}{a}+\frac{3}{b}=1$

見「圖上點」必代入「圖方程式」

又因：$\frac{-2}{a}>0$，$\frac{3}{b}>0$　　已知：$a<0$ 且 $b>0$

$\therefore \frac{\frac{-2}{a}+\frac{3}{b}}{2}\geq\sqrt{\left(\frac{-2}{a}\right)\left(\frac{3}{b}\right)}$

「截距式」，必用「算術平均 ≥ 幾何平均」不等式：$\frac{a_1+a_2}{2}\geq\sqrt{a_1a_2}$ 來求「極值」

$\therefore \frac{1}{2}\geq\sqrt{\frac{-6}{ab}}$　　$\frac{-2}{a}+\frac{3}{b}=1$

$\therefore \frac{1}{4}\geq\frac{6}{(-a)b}$　　「平方」去$\sqrt{\ }$

$\therefore \frac{1}{2}(-a)b\geq 12$

$\therefore$ 三角形面積 ≥ 12，即：三角形最小面積為 12

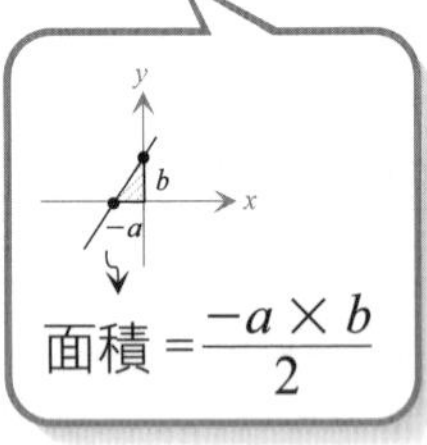

$\frac{a_1+a_2}{2}\geq\sqrt{a_1a_2}$ 的「等號成立」⇔ $a_1=a_2$

再因：等號成立 ⇔ $\frac{-2}{a}=\frac{3}{b}=\frac{1}{2}$ ⇔ $a=-4$，$b=6$

$\frac{-2}{a}+\frac{3}{b}=1$

$\frac{-2}{a}=\frac{1}{2}$ 且 $\frac{3}{b}=\frac{1}{2}$　　分式等式，必交叉相乘相等

$\therefore L$：$\frac{x}{-4}+\frac{y}{6}=1$ 即 $3x-2y+12=0$

將 $a=-4$，$b=6$ 代入 $\frac{x}{a}+\frac{y}{b}=1$

Ans

$3x-2y+12=0$

例題 3 直線 L 過點 $(6,-4)$，且與兩坐標軸在第一象限內所圍成之三角形面積為 6，試求 L 之方程式？

◉跟「坐標軸」有關，必用「截距式」：$\frac{x}{a}+\frac{y}{b}=1$

◉

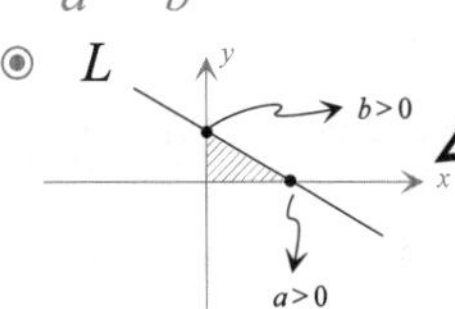

x 截距 $=a$ = 與 x 軸交點的「x 坐標」；y 截距 $=b$ = 與 y 軸交點的「y 坐標」

Sol

設直線 L 的 x,y 截距分別為 $a>0$，$b>0$

$\therefore$ 可設 L：$\frac{x}{a}+\frac{y}{b}=1$

$\because$ 點 $(6,-4)$ 在 L 上

$\therefore \frac{6}{a}+\frac{-4}{b}=1$

見「圖上點」，必代入「圖形方程式」

$\therefore 6b-4a=ab$

又因：三角形面積 $=\frac{1}{2}|ab|=6$ 且 $a,b>0$

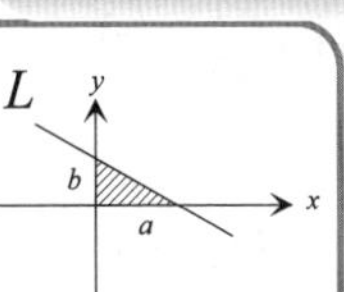

$\therefore$ 可得：$6b-4a=12$，亦即：$a=\frac{3}{2}b-3$

$\because \frac{1}{2}|ab|=6$ 且 $a,b>0$
$\therefore ab=12$
又因：$6b-4a=ab$
$\therefore$ 可得：$6b-4a=12$

$\therefore$ 可得：$\left(\frac{3}{2}b-3\right)b=12$

利用：$ab=12$

$\therefore b^2-2b-8=0$

$\therefore (b-4)(b+2)=0$

$\therefore b=4$ 或 -2（不合）

題目要求：$a>0$ 且 $b>0$

$\therefore a=3$

$\therefore L$：$\frac{x}{3}+\frac{y}{4}=1$，即 $4x+3y=12$

Ans

$4x+3y=12$

將 $b=4$ 代入 $a=\frac{3}{2}b-3$

直線上的「動點、極值」問題，必用「直線參數式」

例題 4 xy 平面上有一直線 L：$2x-y+1=0$ 及二定點 $A(1,-1)$、$B(3,2)$，若 P 點在 L 上移動，則當 $\overline{PA}^2+\overline{PB}^2$ 有最小值時，其值為何？P 點的坐標為何？

任取一個分量當 t，便能得「直線參數」

Sol

設 P 的 x 坐標為 t，代入直線 L：$2x-y+1=0$ 中，可得：$y=2t+1$

$\therefore$ 可設：P 的坐標為 $(t,2t+1)$

又因：$\overline{PA}^2+\overline{PB}^2=[(t-1)^2+(2t+1+1)^2]+[(t-3)^2+(2t+1-2)^2]$

$=10t^2-4t+15$

$=10(t^2-\frac{2}{5}t)+15$

$=10(t-\frac{1}{5})^2+\frac{73}{5}$

「二次式」求極值，必用「配方法」，
但需留意：「變數」是否有限制範圍

$\because t$ 沒有限制範圍
$\therefore$ 使 $(\quad)^2=0$ 的點，便是極值發生處

$\therefore$ 當 $t=\frac{1}{5}$ 時，$\overline{PA}^2+\overline{PB}^2$ 有最小值 $\frac{73}{5}$

$\therefore y=2t+1=2\times\frac{1}{5}+1=\frac{7}{5}$

$\therefore$ 此時 P 點坐標為 $(\frac{1}{5},\frac{7}{5})$

▶▶▶▶ Ans

在 $P(\frac{1}{5},\frac{7}{5})$ 時，有最小值 $\frac{73}{5}$

例題 5 直線 L：$(1-3k)x+(k-2)y+1=0$ 恆過一定點 P，試問：
(1) P 點坐標為何？ (2)若直線 L 不過第二象限，則 k 的範圍為何？

▶▶▶▶ Sol

(1) $\because L$：$(1-3k)x+(k-2)y+1=0$

「有 k、沒 k」分別整併成：$L_1+kL_2=0$

見「含 k 直線」，
必「將有 k、沒 k 分別整併」成 $L_1+kL_2=0$

$\therefore L$：$(x-2y+1)+k(-3x+y)=0$

$\therefore L$：恆過 $x-2y+1=0$ 與 $-3x+y=0$ 之交點 P

$\begin{cases}x-2y+1=0\\-3x+y=0\end{cases}\Rightarrow(x,y)=\left(\frac{1}{5},\frac{3}{5}\right)\Rightarrow P\left(\frac{1}{5},\frac{3}{5}\right)$

聯立求交點

為判別「直線圖形」過那些「象限」及
「截距的正負號」，應先求與「x 軸，y 軸」的交點

(2) ① 有 x 軸交點：$x=\frac{1}{3k-1}$，$3k-1\neq0$

令 $y=0$，代入直線方程式

② 有 y 軸交點：$y=\frac{1}{2-k}$，$2-k\neq0$

令 $x=0$，代入直線方程式

又因：

題目要求

◉過 $P(\frac{1}{5},\frac{3}{5})$

◉不可以過第 2 象限

又因：L 的常數項 $=1\neq 0$

∴不會經過 $(0, 0)$

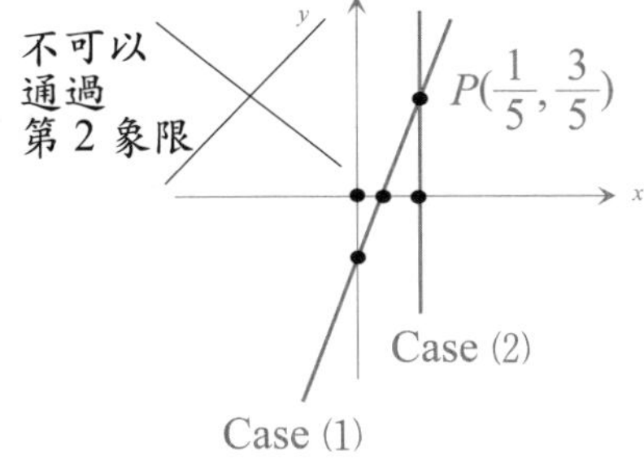

Case (1)同時有「x、y 軸交點」：

$$\begin{cases}\dfrac{1}{3k-1}>0\\[2ex]\dfrac{1}{2-k}<0\end{cases}\Rightarrow\begin{cases}3k->0\\2-k<0\end{cases}\Rightarrow\begin{cases}k>\dfrac{1}{3}\\[1ex]k>2\end{cases}\Rightarrow k>2\text{；}$$

Case (2)只有「x 軸交點 = 無 y 軸交點」：

∵它必為「垂直 x 軸」的直線

∴此線的「x 坐標，都相同」

∴$\frac{1}{5}\overset{\text{令}}{=}\frac{1}{3k-1}$

∴$3k-1=5$ 分式等式，必「交叉相乘相等」

∴$k=2$

∴由 Case (1)、(2)，可得：$k\geq 2$ $k=2$ 或 $k>2$

▶▶▶▶ Ans

(1) $P(\frac{1}{5},\frac{3}{5})$ (2) $k\geq 2$

例題 7　若直線 $L：ax+by+c=0$ 之圖形，如右圖所示，則下列敘述何者正確？

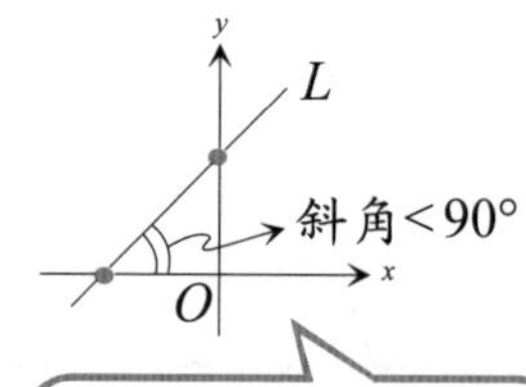

(1)直線 L 之斜率為 $\frac{-a}{b}$

(2)直線 L 之 y 截距為 $\frac{c}{b}$

(3)直線 L 之 x 截距為 $\frac{-c}{a}$

(4)過原點且與 L 平行之直線方程式為 $ax+by=0$

(5)由圖可知 $ab<0$，$bc<0$

直線圖形，先求「跟 x 軸，跟 y 軸」的「交點」及判斷斜角是否 $>90°$

Sol

(1) $\because b\neq 0$

$\therefore$ 斜率 $=\frac{-a}{b}$

$\because L$ 與 x 軸、y 軸交點，分別為：$(\frac{-c}{a},0)$ 及 $(0,\frac{-c}{b})$

$\therefore m=\dfrac{\frac{-c}{b}-0}{0-(\frac{-c}{a})}=\frac{-a}{b}$

(2)令 $x=0$，得 $y=\frac{-c}{b}$

$\therefore y$ 截距 $=\frac{-c}{b}$

(3)令 $y=0$，得 $x=\frac{-c}{a}$

$\therefore x$ 截距 $=\frac{-c}{a}$

(4)與 L 平行之直線可設為 $ax+by=k$

$\because (0,0)$在 $ax+by=k$ 上

$\therefore a\times 0+b\times 0=k$

$\therefore k=0$

$\therefore ax+by=0$

平行線「m」相同 $\Leftrightarrow m=\frac{-a}{b}$ 相同 $\Leftrightarrow x,y$ 係數相同

見「圖形」上的「點坐標」，必將「點坐標」代入「圖形方程式」

(5)由圖可知：$\frac{-c}{b}>0$，$\frac{-c}{a}<0\Rightarrow ab<0$，$bc<0$，$ac>0$

$\begin{cases}\frac{-c}{b}>0\Rightarrow b,-c\text{「同號」}\\ \frac{-c}{a}<0\Rightarrow a,-c\text{「異號」}\end{cases}$

$\therefore a$，b「異號」，b，c「異號」且 a，c「同號」

Ans

(1)(3)(4)(5)

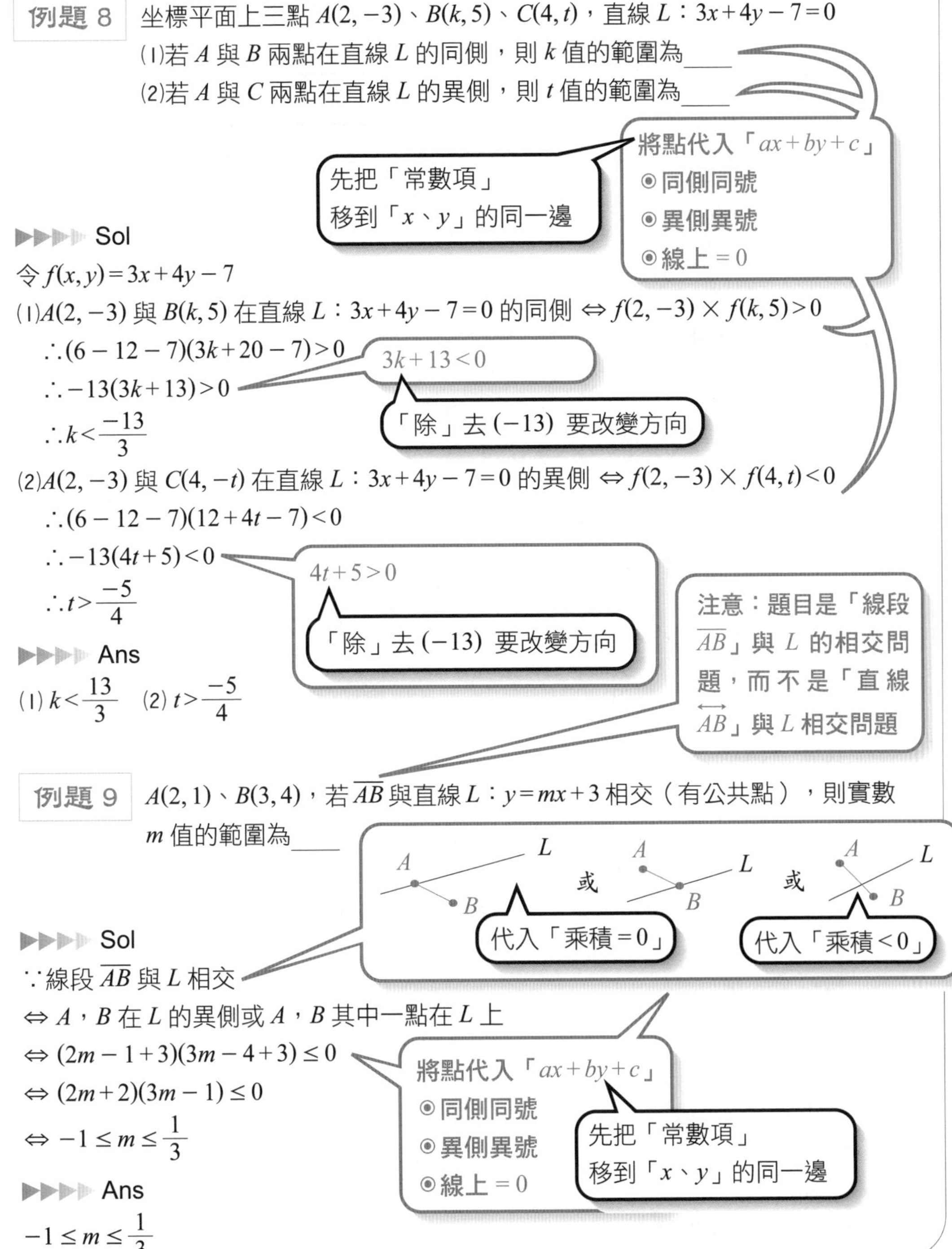

將點代入「$ax+by+c$」
◉同側同號
◉異側異號
◉線上 $=0$
先把「常數項」
移到「x、y」的同一邊
$3k+13<0$
「除」去 (-13) 要改變方向
$4t+5>0$
「除」去 (-13) 要改變方向
注意：題目是「線段 $\overline{AB}$」與 L 的相交問題，而不是「直線 $\overleftrightarrow{AB}$」與 L 相交問題
A
B
L
或
代入「乘積 $=0$」
代入「乘積 <0」
將點代入「$ax+by+c$」
◉同側同號
◉異側異號
◉線上 $=0$
先把「常數項」
移到「x、y」的同一邊

例題 8 坐標平面上三點 $A(2,-3)$、$B(k,5)$、$C(4,t)$，直線 $L：3x+4y-7=0$

(1)若 A 與 B 兩點在直線 L 的同側，則 k 值的範圍為____

(2)若 A 與 C 兩點在直線 L 的異側，則 t 值的範圍為____

▶▶▶ Sol

令 $f(x,y)=3x+4y-7$

(1) $A(2,-3)$ 與 $B(k,5)$ 在直線 $L：3x+4y-7=0$ 的同側 $\Leftrightarrow f(2,-3)\times f(k,5)>0$

$\therefore (6-12-7)(3k+20-7)>0$

$\therefore -13(3k+13)>0$

$\therefore k<\dfrac{-13}{3}$

(2) $A(2,-3)$ 與 $C(4,-t)$ 在直線 $L：3x+4y-7=0$ 的異側 $\Leftrightarrow f(2,-3)\times f(4,t)<0$

$\therefore (6-12-7)(12+4t-7)<0$

$\therefore -13(4t+5)<0$

$\therefore t>\dfrac{-5}{4}$

▶▶▶ Ans

(1) $k<\dfrac{13}{3}$　(2) $t>\dfrac{-5}{4}$

例題 9 $A(2,1)$、$B(3,4)$，若 $\overline{AB}$ 與直線 $L：y=mx+3$ 相交（有公共點），則實數 m 值的範圍為____

▶▶▶ Sol

$\because$ 線段 $\overline{AB}$ 與 L 相交

$\Leftrightarrow A$，B 在 L 的異側或 A，B 其中一點在 L 上

$\Leftrightarrow (2m-1+3)(3m-4+3)\le 0$

$\Leftrightarrow (2m+2)(3m-1)\le 0$

$\Leftrightarrow -1\le m\le \dfrac{1}{3}$

▶▶▶ Ans

$-1\le m\le \dfrac{1}{3}$

例題 10 已知ΔABC之三頂點為 $A(3,-2)$，$B(-1,0)$，$C(5,2)$，試求此三角形之垂心 H 及外心 O 的坐標？

Sol

(1)首先求垂心 $H(x,y)$：

> **也可以用「內積 = 0」**
> ◉垂心：三高交點，用「$m_1m_2=-1$」
> ◉外心：三中垂線交點，用「到三頂點等距」

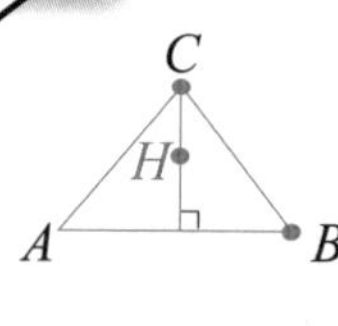

①$\because m_{AB}=\dfrac{-2-0}{3-(-1)}=\dfrac{-1}{2}$

且 $m_{AB}\times m_{CH}=-1$

$\therefore m_{CH}=2\overset{令}{=}\dfrac{y-2}{x-5}$

$\therefore 2x-y=8$—(a)

> $P_1(x_1,y_1)$ 及 $P_2(x_2,y_2)$ 所在直線的斜率 $m=\dfrac{y_2-y_1}{x_2-x_1}$，且「同一直線的 m 恆相同」

②$\because m_{BC}=\dfrac{2-0}{5-(-1)}=\dfrac{1}{3}$

且 $m_{BC}\times m_{AH}=-1$

$\therefore m_{AH}=-3\overset{令}{=}\dfrac{y-(-2)}{x-3}=\dfrac{y+2}{x-3}$

$\therefore 3x+y=7$—(b)

$\therefore$(a) + (b)，可得：$5x=15\Rightarrow x=3$

$\therefore$將 $x=3$ 代入(a)，可得：$6-y=8\Rightarrow y=-2$

$\therefore x=3$ 且 $y=-2$

$\therefore H(3,-2)$

> 外心到Δ的「三頂點」等距離

(2)再求外心 $O(x,y)$

> $P_1(x_1,y_1)$，$P_2(x_2,y_2)$ 的距離 $=\overline{P_1P_2}=|\overrightarrow{P_1P_2}|=\sqrt{(x_2-x_1)^2+(y_2-y_1)^2}$

$\because \begin{cases}\overline{OA}^2=\overline{OB}^2\\ \overline{OA}^2=\overline{OC}^2\end{cases}$

$\therefore \begin{cases}(x-3)^2+(y-(-2))^2=(x-(-1))^2+(y-0)^2\\ (x-3)^2+(y-(-2))^2=(x-5)^2+(y-2)^2\end{cases}$

$\therefore \begin{cases}\cancel{x^2}-6x+9+\cancel{y^2}+4y+4=\cancel{x^2}+2x+1+\cancel{y^2}\\ \cancel{x^2}-6x+9+\cancel{y^2}+4y+4=\cancel{x^2}-10x+25+\cancel{y^2}-4y+4\end{cases}$

$\therefore \begin{cases}-8x+4y=-12\\ 4x+8y=16\end{cases}$

$\therefore \begin{cases}-2x+y=-3\\ 2x+4y=8\end{cases}$

$\therefore y=1$ 且 $x=2$

$\therefore O(2,1)$

Ans

(1) $H(3,-2)$　(2) $O(2,1)$

例題 11 在坐標平面上，三直線 L_1：$x-2y+4=0$，L_2：$2x-y-2=0$，L_3：$2x+y+4=0$ 所圍成三角形內心 I 的坐標為____

Sol

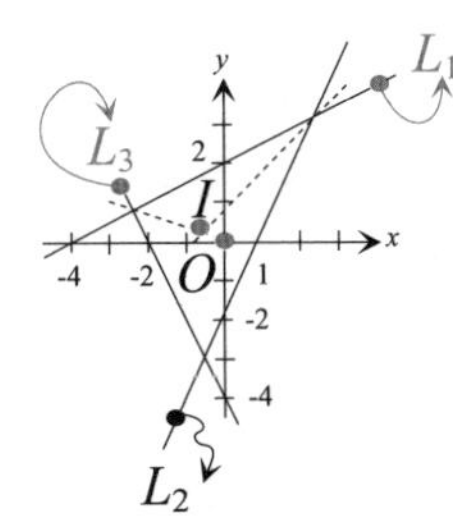

用「內心，角分線」到夾邊等距離，可求內心及角分線

◉原點 $O(0,0)$ 代入，可得：
*L_1，得值 $4>0$
*L_2，得值 $-2<0$
*L_3，得值 $4>0$
◉$I(x,y)$ 與 $O(0,0)$：
*L_1 同側，得值 $x-2y+4>0$
*L_2 同側，得值 $2x-y-2<0$
*L_3 同側，得值 $2x+y+4>0$

①先畫出 L_1：$x-2y+4=0$，L_2：$2x-y-2=0$ 及 L_3：$2x+y+4=0$ ← 為了判別「同異側」

②∵三角形內心 $I(x,y)$ 在三角形內部與原點 O 均在三角形內。

∴滿足 $x-2y+4>0$，$2x-y-2<0$，$2x+y+4>0$

∴ $\begin{cases} L_1，L_2 \text{ 交角平分線為 } \dfrac{x-2y+4}{\sqrt{5}}=-\left[\dfrac{2x-y-2}{\sqrt{5}}\right] \Rightarrow 3x-3y+2=0 \text{—(a)} \\ L_1，L_3 \text{ 交角平分線為 } \dfrac{x-2y+4}{\sqrt{5}}=\dfrac{2x+y+4}{\sqrt{5}} \Rightarrow x+3y=0 \text{—(b)} \end{cases}$

由求「內心」過程，可以間接求得「角分線」

∴(a)+(b)，可得：$4x+2=0 \Rightarrow x=\dfrac{-1}{2}$

∵將 $x=\dfrac{-1}{2}$ 代回(b)，可得：$\dfrac{-1}{2}+3y=0 \Rightarrow y=\dfrac{1}{6}$

∴可得：$I(x,y)=\left(\dfrac{-1}{2},\dfrac{1}{6}\right)$

Ans

$I\left(\dfrac{-1}{2},\dfrac{1}{6}\right)$

◉點 $P_0(x_0,y_0)$ 到直線 $ax+by+c=0$ 的距離 $=\dfrac{|ax_0+by_0+c|}{\sqrt{a^2+b^2}}$

◉$I(x,y)$ 到「兩夾邊（線）等距」

◉由 $\begin{cases} x-2y+4>0 \\ 2x-y-2<0 \\ 2x+y+4>0 \end{cases}$，可去「絕對值」成

$\begin{cases} |x-2y+4|=x-2y+4 \\ |2x-y-2|=-(2x-y-2) \\ |2x+y+4|=2x+y+4 \end{cases}$

利用：角平分線上點 $P(x,y)$ 到「兩夾邊」等距離

例題 12 L_1：$3x-2y-6=0$、L_2：$2x-3y+7=0$，求 L_1 與 L_2 交角平分線方程式？

Sol

設 $P(x,y)$ 為 L_1 與 L_2 的交角平分線上任一點

$\because d(P,L_1)=d(P,L_2)$

$\therefore \dfrac{|3x-2y-6|}{\sqrt{3^2+(-2)^2}}=\dfrac{|2x-3y+7|}{\sqrt{2^2+(-3)^2}}$

$\therefore 3x-2y-6=\pm(2x-3y+7)$

$\therefore$所求為 $x+y-13=0$ 或 $5x-5y+1=0$

$\because |3x-2y-6|$ 及 $|2x-3y+7|$ 的「內部」可能「同號（同正、同負）」或「異號（一正、一負）」$\therefore$去絕對值時，需補上「±」

Ans

$x+y-13=0$ 或 $5x-5y+1=0$

去分母，化整式

例題 13 試求直線 $3x+2y-1=0$ 及 $2x+3y+3=0$，所夾銳角之角平分線方程式？

Sol

角平分線方程式為：

$\dfrac{|3x+2y-1|}{\sqrt{3^2+2^2}}=\dfrac{|2x+3y+3|}{\sqrt{2^2+3^2}}$

$\because |3x+2y-1|$ 及 $|2x+3y+7|$ 的「內部」可能「同號」或「異號」$\therefore$去絕對值時，需補上「±」

$\therefore 3x+2y-1=\pm(2x+3y+3)$

但因：題目只要求「銳角平分線」，如同「求內心」般，需畫「夾邊圖」以判別「$|3x+2y-1|$ 及 $|2x+3y+3|$」去絕對值時，要不要補「負號」

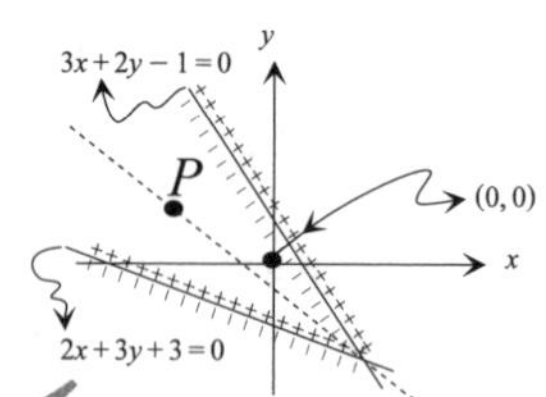

$\therefore$將兩直線繪於直角坐標系中，得知：兩直線所交的銳角在「L_1 及 L_2」的異號區，須取“$-$”

$\therefore -(3x+2y-1)=2x+3y+3$

$\therefore$所求直線為 $5x+5y+2=0$

Ans

$5x+5y+2=0$

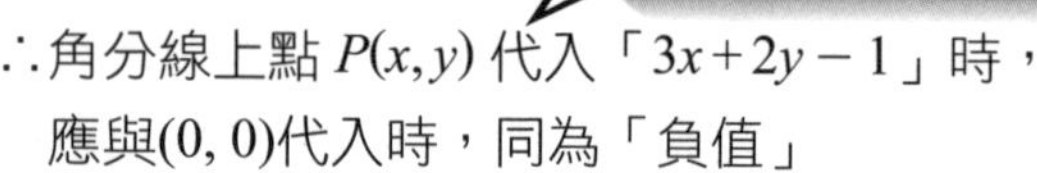

用(0, 0)代入

$P(x,y)$ 與 $(0,0)$ 都在 L_1 及 L_2 的「同側」

①$3x+2y-1=-1<0$

$\therefore$角分線上點 $P(x,y)$ 代入「$3x+2y-1$」時，應與(0, 0)代入時，同為「負值」

②$2x+3y+3=3>0$

$\therefore$角分線上點 $P(x,y)$ 代入「$2x+3y+3$」時，應與(0, 0)代入時，同為「正值」

「大同小異」問題：
⊙求 A 的對稱點 A'
⊙$\overline{A'B}$＝答案
⊙P 是 $\overleftrightarrow{A'B}$ 跟 L 的交點或也可用「分點公式」來求 P

例題 14 (1) $A(1,5)$，$B(0,-2)$，則點 A 關於直線 $L：2x-y+8=0$ 的對稱點坐標為何？

(2)若 P 在 L 上，使 ΔABP 之周長為最小，則 P 點坐標為何？

「向量平行」，必用：未知向量＝t×已知向量

▶▶▶▶ Sol

(1)設 A 的對稱點坐標為 $A'(x,y)$

$\because \overrightarrow{AA'}=t(2,-1)$

$\therefore (x-1,y-5)=(2t,-t)$

$\therefore x=1+2t$ 且 $y=5-t$

法向量 (2, −1)　$A(1,5)$　M　$L：2x-y+8=0$　$B(0,-2)$　$A'(x,y)$

$ax+by+c=0$ 的法向量 (a,b)

又因：$\overline{AA'}$ 的中點（即：A 在 L 上的投影點）

$M\left(\dfrac{1+(1+2t)}{2},\dfrac{5+(5-t)}{2}\right)=(1+t,5-\dfrac{t}{2})$ 在 L 上

$\therefore 2(1+t)-(5-\dfrac{t}{2})+8=0$

$\therefore \dfrac{5t}{2}+5=0$

$\therefore t=-2$

將「$t=-2$」代入 $\left(1+t,5-\dfrac{t}{2}\right)$

$\therefore A'(1-4,5-(-2))=(-3,7)$

見「圖上點」，必將點代入「圖形方程式」

題目一定要考你：會不會求「對稱點」

∵題目所給：
⊙求大同時，必給「異」側點
⊙求小異時，必給「同」側點
∴「通常」不用檢驗「同異側」就直接畫「簡圖」來協助思考！

(2) ΔABP 周長 $=\overline{AB}+\overline{PA}+\overline{PB}$ 的「$\overline{AB}$ 固定」

∴求 ΔABP 的最小周長 ⇔ 求 $\overline{PA}+\overline{PB}$ 的最小值

$m_{\overleftrightarrow{A'B}}=\dfrac{7-(-2)}{-3-0}=\dfrac{9}{-3}=-3$

$\therefore \overleftrightarrow{A'B}：y-(-2)=-3(x-0)$

$m_{\overleftrightarrow{P_1P_2}}=\dfrac{y_2-y_1}{x_2-x_1}$ 且 $y-y_0=m(x-x_0)$

亦即：$y=-3x-2$

$\therefore \begin{cases} y=-3x-2 \\ 2x-y+8=0 \end{cases}$

聯立，求「圖形交點 P」

$\therefore 2x-(-3x-2)+8=0$

「式子」被「± × ÷」，先加「括號」

$\therefore 5x+10=0$

$\therefore x=-2$ 且 $y=-3\times(-2)-2=4$

$\therefore P(-2,4)$

又因：所求 P 為 L 與 $\overleftrightarrow{A'B}$ 的交點
且 $\overline{PA}+\overline{PB}$ 的最小值 $=\overline{A'B}$
∴需求：$\overleftrightarrow{A'B}$ 的方程式，再與 L「聯立求交點」

▶▶▶▶ Ans

(1) $(-3,7)$　(2) $(-2,4)$

例題 15 設直線 L 過 $(-2,1)$ 且與直線 $4x+y-8=0$ 之夾角為 $45°$，求 L 的方程式？

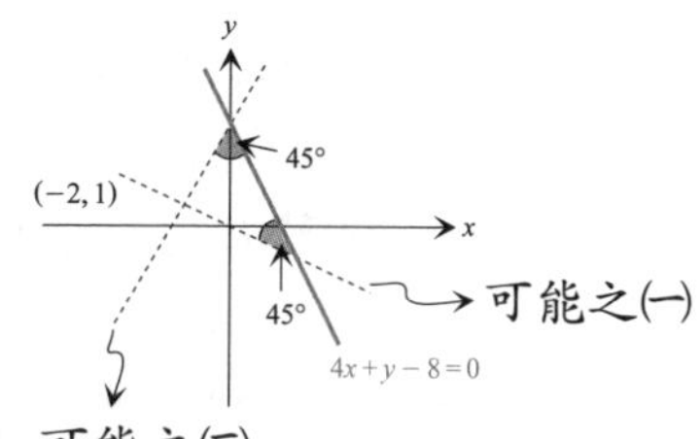

Sol

直線 $4x+y-8=0$ 之斜率 $m_1=-4$，並令所求直線 L 的斜率為 m_2

$\therefore$ 依題意，可得：$\tan\theta=\pm\dfrac{m_1-m_2}{1+m_1\times m_2}$

> 用「斜角」及 tan（夾角）
> $=\pm\tan(\theta_1-\theta_2)$
> $=\pm\dfrac{\tan(\theta_1)-\tan(\theta_2)}{1+\tan(\theta_1)\tan(\theta_2)}$
> $=\pm\dfrac{m_1-m_2}{1+m_1m_2}$ 來處理

$\therefore \tan45°=\pm\dfrac{-4-m_2}{1+(-4)m_2}$

$\therefore \dfrac{-4-m_2}{1-4m_2}=\pm1$

$\therefore m_2=\dfrac{5}{3}$ 或 $\dfrac{-3}{5}$

又因：直線 L 過 $(-2,1)$

$\therefore$ 由點斜式，可得直線 L 方程式為：

$y-1=\dfrac{5}{3}(x+2)$，$y-1=\dfrac{-3}{5}(x+2)$

$\therefore$ 直線 L 為：$5x-3y+13=0$ 或 $3x+5y+1=0$

Ans

$5x-3y+13=0$，$3x+5y+1=0$

> 也可以用「法向量」來處理：
>
> 設直線為：$y-1=m(x-(-2))$
>
> （點斜式：$y-y_0=m(x-x_0)$）
>
> $\therefore mx-y+2m+1=0$
>
> $\therefore$ 法向量為 $(m,-1)$
>
> $\therefore \cos(45°)=\pm\dfrac{(4,1)\cdot(m,-1)}{\sqrt{4^2+1^2}\sqrt{m^2+(-1)^2}}$
>
> （兩直線法向量(4, 4)與 $(m,-1)$ 的 cos（向量夾角）$=\dfrac{(4,1)\cdot(m,-1)}{\sqrt{4^2+1^2}\sqrt{m^2+(-1)^2}}$）
>
> $\therefore \dfrac{\sqrt{2}}{2}=\pm\dfrac{4m-1}{\sqrt{17}\sqrt{m^2+1}}$
>
> （平方去√）
>
> $\therefore \dfrac{1}{2}=\dfrac{(4m-1)^2}{17(m^2+1)}$
>
> （分式等式，交叉相乘相等）
>
> $\therefore 17(m^2+1)=2(16m^2-8m+1)$
>
> $=32m^2-16m+2$
>
> （$(4m-1)^2=16m^2-8m+1$）
>
> $\therefore 15m^2-16m-15=0$
>
> （$5m$ ╳ $+3$；$3m$ ╳ -5）
>
> $\therefore (5m+3)(3m-5)=0$
>
> $\therefore m=\dfrac{-3}{5}$ 或 $\dfrac{5}{3}$

例題 16 試求 L_1：$3x-y-2=0$，L_2：$2x+y-1=0$ 的夾角？

Sol

令 $\overrightarrow{n_1}=(3,-1)$，$\overrightarrow{n_2}=(2,1)$，代入「用法向量，求直線夾角」公式：

$$\cos(\theta)=\pm\frac{(\overrightarrow{n_1}\cdot\overrightarrow{n_2})}{|\overrightarrow{n_1}||\overrightarrow{n_2}|}=\frac{\pm(3\times 2+(-1)\times 1)}{\sqrt{3^2+(-1)^2}\times\sqrt{2^2+1^2}}=\frac{\pm 5}{\sqrt{10}\times\sqrt{5}}=\frac{\pm 1}{\sqrt{2}}$$

$\therefore\cos(\theta)=\pm\frac{1}{\sqrt{2}}$ $\therefore\theta=45°$ 或 $135°$

先任求一角 θ，另一角必為 $180-\theta$

也可以用「斜角」來解：

L_1：$3x-y-2=0$，則斜率為 $m_1=3$

L_2：$2x+y-1=0$，則斜率為 $m_2=-2$

$$\therefore\tan(\theta)=\frac{\pm(m_1-m_2)}{1+m_1\times m_2}=\frac{\pm(3-(-2))}{1+3\times(-2)}=\pm\frac{5}{-5}=\pm 1$$

$\therefore\tan\theta=\pm 1$ $\therefore\theta=45°$ 或 $135°$

Ans

$45°$，$135°$

先由 $\cos(\theta)=\frac{1}{\sqrt{2}}$，求得 $\theta=45°$。再得另一夾角 $=180°-45°=135°$

例題 17 設 $\sqrt{3}x^2+4xy+\sqrt{3}y^2+dx+ey+f=0$ 之圖形為二直線，求二直線的夾角？

Sol

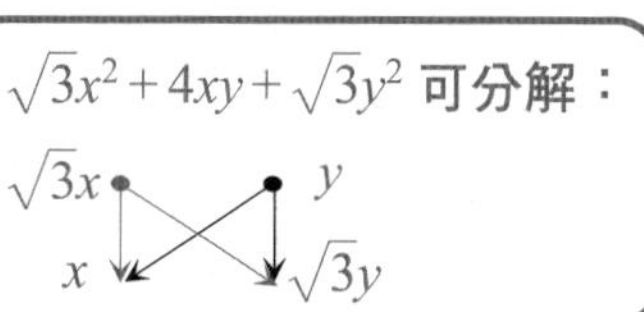

$\because$原式表二直線

$\therefore$方程式可因式分解

$\therefore$可設原式為：$(\sqrt{3}x+y+k)(x+\sqrt{3}y+m)=0$

$\therefore$可得：二直線為 $\sqrt{3}x+y+k=0$，$x+\sqrt{3}y+m=0$

$\therefore$二直線的法向量 $\overrightarrow{n_1}=(\sqrt{3},1)$，$\overrightarrow{n_2}=(1,\sqrt{3})$

代入「用法向量，求直線夾角」公式

$$\therefore\cos(\theta)=\frac{\pm(\sqrt{3}\times 1+1\times\sqrt{3})}{\sqrt{(\sqrt{3})^2+1^2}\times\sqrt{1^2+(\sqrt{3})^2}}=\pm\frac{\sqrt{3}}{2}$$

$\therefore\theta$ 值為 $30°$或 $150°$

先由 $\cos(\theta)=\frac{\sqrt{3}}{2}$，

求得 $\theta=30°$。

再得另一夾角 $=180°-30°$

$=150°$

Ans

$30°$，$150°$

例題 18 二直線 $L_1：(k+2)x+(3k+4)y+(2k-1)=0$，

$L_2：(2k+1)x+(4k+3)y+(3k-2)=0$，

請依下列各條件，求k之值：(1) $L_1=L_2$ (2) $L_1//L_2$ (3) L_1與L_2相交於一點

▶▶▶▶ Sol

令 $\frac{k+2}{2k+1}=\frac{3k+4}{4k+3}$

$\therefore (k+2)(4k+3)=(2k+1)(3k+4)$

$\therefore 2k^2=2$

$\therefore k=\pm 1$

(1) $k=1$ 時，$L_1：3x+7y+1=0$ 且 $L_2：3x+7y+1=0$

$\therefore L_1=L_2$

(2) $k=-1$ 時，$L_1：x+y-3=0$ 且 $L_2：-x-y-5=0$

$\therefore L_1//L_2$

(3) $k\neq\pm 1$ 時，$\frac{k+2}{2k+1}\neq\frac{3k+4}{4k+3}$

$\therefore L_1$ 與 L_2 交於一點

▶▶▶▶ Ans

(1) $k=1$ (2) $k=-1$ (3) $k\neq\pm 1$

分式等式，必交叉相乘相等

「x、y 係數」及「常數項」都成「相同比例」

只有 x，y 係數，成相同比例

代入「k」值，精確判斷：是「重合」或只是「平行（而不重合）」

$\begin{cases} a_1x+b_1y+c_1=0 \\ a_2x+b_2y+c_2=0 \end{cases}$

⊙相交：$\frac{a_1}{a_2}\neq\frac{b_1}{b_2}$ 比例法

⊙平行但不重合：$\frac{a_1}{a_2}=\frac{b_1}{b_2}\neq\frac{c_1}{c_2}$

⊙重合：$\frac{a_1}{a_2}=\frac{b_1}{b_2}=\frac{c_1}{c_2}$。

此方法的重點在：$\frac{a_1}{a_2}=\frac{b_1}{b_2}$

∴先求「x、y 係數成相同比例」，再依題目要求逐項討論

也可以用：「行列式」來處理

例題 19 方程組 $\begin{cases} 3mx+4y+m=0 \\ (2m-1)x+my+1=0 \end{cases}$ 為矛盾方程組，則 $m=$？

▶▶▶▶ Sol

令 $\frac{3m}{2m-1}=\frac{4}{m}$

$\therefore 3m^2-8m+4=0$

$\therefore m=\frac{2}{3}$ 或 2

① $m=\frac{2}{3}$ 時，$\frac{3m}{2m-1}=\frac{4}{m}\neq\frac{m}{1}$，為矛盾

② $m=2$ 時，$\frac{3m}{2m-1}=\frac{4}{m}=\frac{m}{1}$，為相依

$\therefore m=\frac{2}{3}$

▶▶▶▶ Ans

$m=\frac{2}{3}$

分式等式，必交叉相乘相等

將 $m=\frac{2}{3}$ 及 $m=2$ 分別代入「比例式」

也可以用「行列式」來處理！但對「平面直線」或「二元一次方程組」，除非題目要求，不然都優先利用「比例法」來解題

$\begin{cases} a_1x+b_1y+c_1=0 \\ a_2x+b_2y+c_2=0 \end{cases}$

⊙相交：$\frac{a_1}{a_2}\neq\frac{b_1}{b_2}$ 比例法

⊙平行但不重合：$\frac{a_1}{a_2}=\frac{b_1}{b_2}\neq\frac{c_1}{c_2}$

⊙重合：$\frac{a_1}{a_2}=\frac{b_1}{b_2}=\frac{c_1}{c_2}$。

此方法的重點在：$\frac{a_1}{a_2}=\frac{b_1}{b_2}$

∴先求「x、y 係數成相同比例」，再依題目要求逐項討論

例題 20 已知方程組 $\begin{cases}2x+5y=kx\\3x+4y=ky\end{cases}$，試求：

(1) $k=6$ 之解 $(x,y)=$？

(2)除了 $x=0$，$y=0$ 外，還有其他解時，$k=$？

將 $k=6$ 代入方程組

為了讓讀者熟識如何用「行列式」來處理「二元一次方程組」∴我們採用「行列式」來解題！

Sol

(1) $k=6$：$\begin{cases}4x-5y=0\\3x-2y=0\end{cases}$ $\therefore\Delta=\begin{vmatrix}4&-5\\3&-2\end{vmatrix}=-8+15\neq0$

∴方程組僅一組解 $(x,y)=(0,0)$

$x=\dfrac{\Delta_x}{\Delta}$ 且 $y=\dfrac{\Delta_y}{\Delta}$，其中 $\Delta_x=\begin{vmatrix}\boxed{0}&-5\\\boxed{0}&-2\end{vmatrix}=0$ 且 $\Delta_y=\begin{vmatrix}4&\boxed{0}\\3&\boxed{0}\end{vmatrix}=0$

(2)除了 $x=0$，$y=0$ 外，還有其他解

∴方程組有無限多組解

見「無解，無限多解，不只一解」，必聯想「$\Delta=0$」

$\therefore\Delta=\begin{vmatrix}k-2&-5\\-3&k-4\end{vmatrix}\overset{令}{=}0$

$\therefore(k-2)(k-4)-(-5)\times(-3)=0$

$\therefore k^2-6k-7=0$

$\therefore(k-7)(k+1)=0$

$\therefore k=7$ 或 -1

又因：代回原式，可得 $\Delta_x=\Delta_y=0$

∴確為相依，亦即：方程組有無限多解

$\Delta_x=\begin{vmatrix}\boxed{0}&-5\\\boxed{0}&k-4\end{vmatrix}=\begin{vmatrix}k-2&\boxed{0}\\-3&\boxed{0}\end{vmatrix}=\Delta_y=0$

∵有「1 行全為 0」
∴不管 k 的值為何？
它的行列式值，必為 0

Ans

$k=7$，-1

例題 21 試解方程組 $\begin{cases}2x+ay=1\\ax+8y=2\end{cases}$，並就 a 值討論各種解的情形？

Sol

$\Delta=\begin{vmatrix}2&a\\a&8\end{vmatrix}=16-a^2=(4+a)(4-a)$，$\Delta_x=\begin{vmatrix}\boxed{1}&a\\\boxed{2}&8\end{vmatrix}=8-2a$，$\Delta_y=\begin{vmatrix}2&\boxed{1}\\a&\boxed{2}\end{vmatrix}=4-a$

x、y 的係數，分別用「等號另一邊」的「常數項」取代

(1) ∵ $a\neq4$ 且 $a\neq-4$ 時，$\Delta\neq0$

∴恰有一組解

且 $x=\dfrac{8-2a}{16-a^2}=\dfrac{2}{4+a}$，$y=\dfrac{4-a}{16-a^2}=\dfrac{1}{4+a}$

$x=\dfrac{\Delta_x}{\Delta}$ 且 $y=\dfrac{\Delta_y}{\Delta}$

(2) $\because a=4$ 時，$\Delta=\Delta_x=\Delta_y=0$ 〔代入 $\Delta, \Delta_x, \Delta_y$ 的式子〕

$\therefore$ 有無限多組解

〔令 $x=t$，代入 $2x+4y=1$〕

且方程組可化簡為：$2x+4y=1$，亦即：$x=t$，$y=\frac{1}{4}(1-2t)$，$t\in R$ 為其解集合

(3) $\because a=-4$ 時，$\Delta=0$，但 $\Delta_x\neq 0$，$\Delta_x\neq 0$ 〔代入 $\Delta, \Delta_x, \Delta_y$ 的式子〕

$\therefore$ 無解

▶▶▶▶ Ans

(1) $a\neq\pm 4$ 時，有唯一解 $x=\frac{2}{4+a}$ 且 $y=\frac{1}{4+a}$

(2) $a=4$ 時，有無限多組解

(3) $a=-4$ 時，無解

例題 22 已知三點 $A(a,2)$、$B(-3,4)$、$C(2,3)$，試求：

(1)若 A、B、C 三點共線時，則 a 之值為何？

(2)若 ΔABC 的面積為 2 時，則 a 之值為何？

〔$A(a_1,a_2)$、$B(b_1,b_2)$、$C(c_1,c_2)$「三點共線」$\Leftrightarrow \begin{vmatrix} a_1 & a_2 & 1 \\ b_1 & b_2 & 1 \\ c_1 & c_2 & 1 \end{vmatrix}=0$〕

▶▶▶▶ Sol

(1) $\because A$、B、C 三點共線

$\therefore \begin{vmatrix} a & 2 & 1 \\ -3 & 4 & 1 \\ 2 & 3 & 1 \end{vmatrix} \overset{令}{=} 0$

〔「行列式」值 $=(4a-9+4)-(8+3a-6)=a-7$〕

$\therefore a-7=0$

$\therefore a=7$

(2) $\because \Delta ABC$ 面積為 2

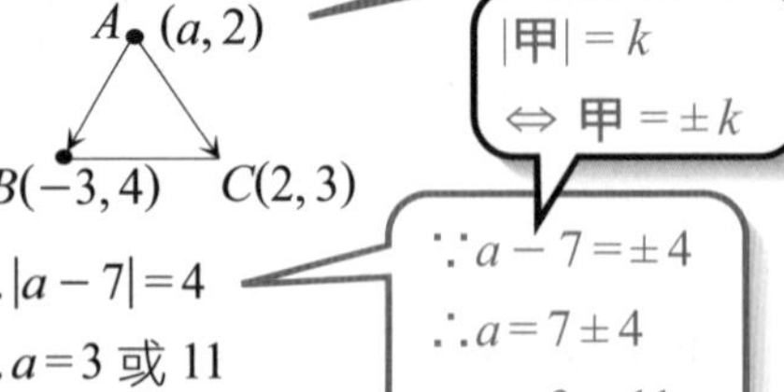

〔知「三點」或「夾向量」，必用：〕

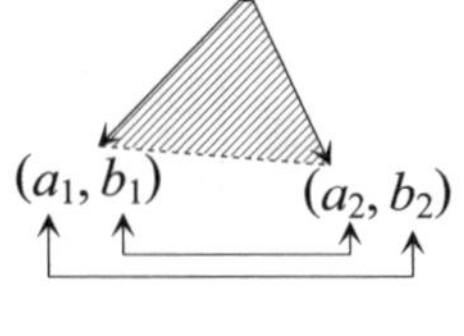

〔面積 $=\frac{|a_1b_2-a_2b_1|}{2}=\frac{\left|\begin{vmatrix} a_1 & b_1 \\ a_2 & b_2 \end{vmatrix}\right|}{2}$〕

〔$|甲|=k \Leftrightarrow 甲=\pm k$〕

$\therefore |a-7|=4$

〔$\because a-7=\pm 4$ $\therefore a=7\pm 4=3，11$〕

$\therefore a=3$ 或 11

〔$\overrightarrow{AB}=(-3-a,4-2)=(-3-a,2)$
且 $\overrightarrow{AC}=(2-a,3-2)=(2-a,1)$
$\therefore \Delta ABC$ 面積 $=\left|\frac{(-3-a)\times 1-2\times(2-a)}{2}\right|=\frac{|a-7|}{2}\overset{令}{=}2$〕

〔題目要求〕

▶▶▶▶ Ans

(1) $a=7$

(2) $a=3$ 或 11

例題 23 已知平面上三直線 $3x-2y=a-1$、$x+5y=a+4$、$2x-3y=3a-7$ 共點，試求：

(1) a 之值？ (2)交點坐標？

Sol

(1)∵三點共線

$$\therefore\begin{vmatrix}3 & -2 & a-1\\1 & 5 & a+4\\2 & -3 & 3a-7\end{vmatrix}\overset{令}{=}0 \quad \therefore a=2$$

$\begin{cases}a_1x+b_1y=c_1\\a_2x+b_2y=c_2\\a_3x+b_3y=c_3\end{cases}$ 「三線共點」：$\begin{vmatrix}a_1 & b_1 & c_1\\a_2 & b_2 & c_2\\a_3 & b_3 & c_3\end{vmatrix}=0$

直接展開

$[15(3a-7)-3(a-1)-4(a+4)]-[10(a-1)-9(a+4)-2(3a-7)]$

$=(38a-118)-(-5a-32)$

$=43a-86\overset{令}{=}0$

$\Rightarrow a=2$

(2)將 $a=2$ 代入原直線方程式，

可得三直線：$3x-2y=1$，$x+5y=6$，$2x-3y=-1$

∴得交點為$(1, 1)$

將「$3x-2y=1$ 及 $x+5y=6$」予以聯立，即可得交點

Ans

(1) $a=2$ (2) $(1, 1)$

例題 24 在坐標平面上，畫出下列不等式組的圖形：

$x+y\geq 0$，$7x-2y\leq 18$，$x-2y\geq -6$，並求該區域之面積？

畫「直線不等式」的圖形：

◉令等號成立，先畫「直線」

◉用$(0, 0)$（或$(1, 0)$、$(0, 1)$）代入「直線」，以判定「直線不等式」含不含「$(0, 0)$（或$(1, 0)$、$(0, 1)$）」

◉兩兩直線「聯立」，求「交點」

以利求：圖形面積及一次式極值

▶▶▶▶ Sol

⑴先畫出三直線 $x+y=0$，$7x-2y=18$，$x-2y=-6$

⑵再代入$(0, 0)$ 或 $(1, 0)$ 或 $(0, 1)$ 來判定「不等式」要的是「含不含$(0, 0)$、$(1, 0)$、$(0, 1)$」：

①$(1, 0)$ 代入 $x+y=1\ge 0$，與「原不等式」相同，
表示：$x+y\ge 0$ 含$(1, 0)$

②$(0, 0)$ 代入 $7x-2y=0\le 18$，與「原不等式」相同，
表示：$7x-2y\le 18$ 含$(0, 0)$

③$(0, 0)$ 代入 $x-2y=0\ge -6$，與「原不等式」相同，
表示：$x-2y\ge -6$ 含$(0, 0)$

不過 $(0, 0)$ 的線用 $(0, 0)$ 代入；過 $(0, 0)$ 的線用 $(1, 0)$ 或 $(0, 1)$ 代入。

∴不等式組的圖形，如圖所示：

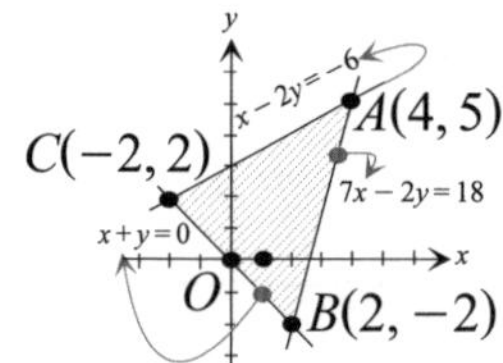

⑶解直線的兩兩交點 $A(4,5)$，$B(2,-2)$，$C(-2,2)$

兩兩「聯立」，求「交點」

又因：$\overrightarrow{AB}=(-2,-7)$，$\overrightarrow{AC}=(-6,-3)$

ΔABC 面積為：$\frac{1}{2}\left|\begin{vmatrix}-2 & -7\\ -6 & -3\end{vmatrix}\right|=\frac{1}{2}|6-42|=18$

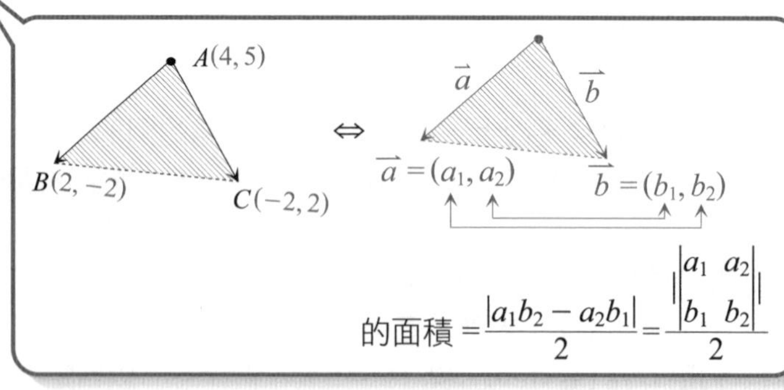

▶▶▶▶ Ans

18

畫「直線不等式」的圖形：
⊙令等號成立，先畫「直線」
⊙用(0, 0)（或 (1, 0)、(0, 1)）代入「直線」，以判定「直線不等式」含不含「(0, 0) 或 (1, 0)、(0, 1)）」
⊙兩兩直線「聯立」求「交點」

以利求：圖形面積及一次式極值

例題 25 坐標平面上，下列不等式組 $\begin{cases}3x-4y+20\geq 0\\ 8x+3y-56\leq 0\\ x\geq 0, y\geq 0\end{cases}$ 所示圖形中，格子點有____個

格子點 $\overset{\text{定義}}{=}$ x，y 坐標都是「整數」的點

Sol

(1)先畫「直線不等式」圖形：

不等式組 $\begin{cases}3x-4y+20\geq 0\\ 8x+3y-56\leq 0\\ x\geq 0, y\geq 0\end{cases}$ 的圖形為一四邊形區域，

如圖且頂點有(0, 0)，(7, 0)，(4, 8) 及 (0, 5)

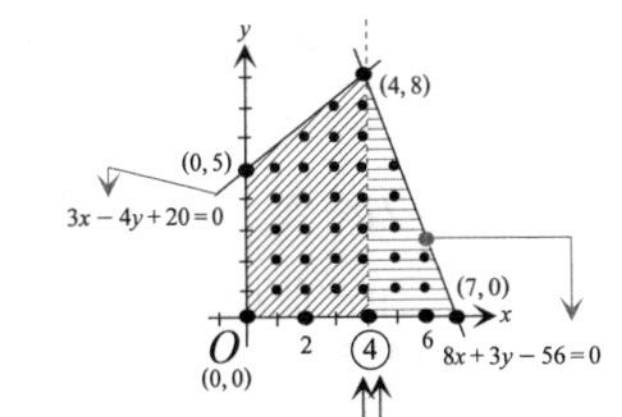

(2)找出區域內的格子點：

①當「$x=0\sim4$」時，y 值由「$3x-4y+20\geq 0$」決定：

$x=0$ 時，$y=0\sim5$ 有 6 個；

$x=1$ 時，$4y\leq 3+20=23$，$y=0\sim5$ 有 6 個；

$x=2$ 時，$4y\leq 26$，$y=0\sim6$ 有 7 個；

$x=3$ 時，$4y\leq 29$，$y=0\sim7$ 有 8 個；

$x=4$ 時，$4y\leq 32$，$y=0\sim8$ 有 9 個。

②當「$x=5\sim7$」時，y 值由「$8x+3y-56\leq 0$」決定：

$x=5$ 時，$3y\leq 56-40=16$，$y=0\sim5$ 有 6 個；

$x=6$ 時，$3y\leq 56-48=8$，$y=0\sim2$ 有 3 個；

$x=7$ 時，$3y\leq 56-56=0$，$y=0$ 有 1 個；

∴格子點共有 $6+6+7+8+9+6+3+1=46$ 個

Ans

46

畫「直線不等式」的圖形：
⊙令等號成立，先畫「直線」
⊙用(0, 0)（或 (1, 0)、(0, 1)）代入「直線」，以判定「直線不等式」含不含「(0, 0) 或 (1, 0)、(0, 1)）」
⊙兩兩直線「聯立」求「交點」

以利求：圖形面積及一次式極值

例題 26　設 R 表示聯立不等式 $\begin{cases} x+2y-9\geq 0 \\ 3x-2y+5\geq 0 \\ 5x+2y-29\leq 0 \end{cases}$ 所圍成的圖形區域，且 $P(x,y)$ 為區域 R 中的任意一點，試求：

(1) $2x-3y$ 的極值　(2) $\dfrac{y+1}{x+1}$ 的極值？

Sol

①先畫「直線不等式」圖形：

$\begin{cases} x+2y-9\geq 0 \\ 3x-2y+5\geq 0 \\ 5x+2y-29\leq 0 \end{cases}$ 之圖形為 ΔABC 的區域，

如圖且頂點有 $A(5,2)$，$B(3,7)$ 及 $C(1,4)$

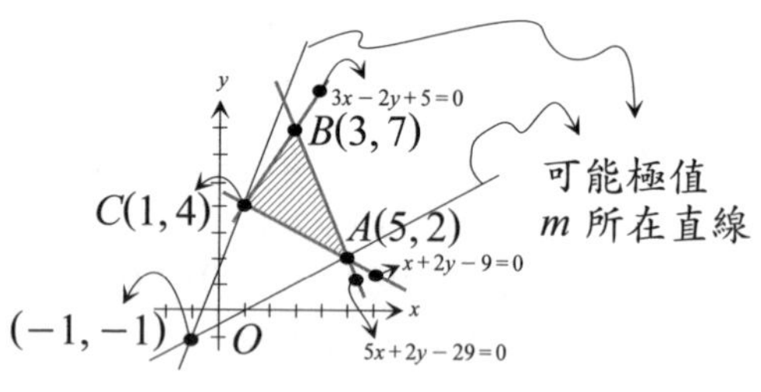

②又因：

(x,y)	$(5,2)$	$(3,7)$	$(1,4)$
$2x-3y$	4	-15	-10

$\therefore 2x-3y$ 的最大值為 4，最小值為 -15。

「一次式 $ax+by+c$」的極值，必在「頂點」

不管 m 為何值的「點斜式」$y+1=m(x+1)$，必過 $(-1,-1)$

③ $\dfrac{y+1}{x+1}\overset{令}{=}m$

$\therefore y+1=m(x+1)$ 表示恆通過 $(-1,-1)$ 且斜率為 m 的直線

「有 m，沒 m」分別「整併」

$\therefore$ 由圖可知：過 C 點的斜率最大，過 A 點的斜率最小

$\therefore$ 斜率 m 的最大值為 $\dfrac{-1-4}{-1-1}=\dfrac{5}{2}$ 且最小值為 $\dfrac{-1-2}{-1-5}=\dfrac{1}{2}$

有 m、沒 m 分開整併，並分別「令它 = 0」

Ans

(1)最大 4；最小 -15

(2)最大 $\dfrac{5}{2}$；最小 $\dfrac{1}{2}$

畫「直線不等式」的圖形：
⊙令等號成立，先畫「直線」
⊙用(0, 0)（或(1, 0)、(0, 1)）代入「直線」，以判定「直線不等式」含不含「(0, 0)或(1, 0)、(0, 1)）」
⊙兩兩直線「聯立」求「交點」

以利求：圖形面積及一次式極值

例題 27　在不等式組 $\begin{cases} x \ge 0 \\ y \ge 0 \\ 3x+2y-12 \le 0 \\ x+y-2 \ge 0 \end{cases}$ 的圖形內，試求下列各式的極值，

(1) x^2+y^2 的最小值為____

(2) $x^2+y^2+2x+4y+5$ 的最大值為____

▶▶▶▶ Sol

①先畫「直線不等式」圖形：

$\begin{cases} x \ge 0, y \ge 0 \\ 3x+2y-12 \le 0 \text{ 的圖形，如圖} \\ x+y-2 \ge 0 \end{cases}$

且頂點有(2, 0)，(4, 0)，(0, 6)及(0, 2)

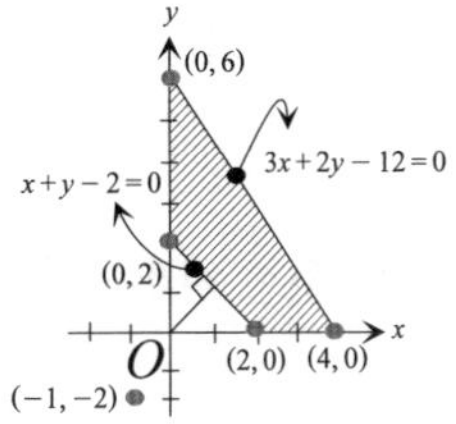

(0, 6)　$3x+2y-12=0$　$x+y-2=0$　(0, 2)　O　(2, 0)　(4, 0)　(−1, −2)

②∵x^2+y^2 表示點 (x,y) 與原點(0, 0)的距離平方

∴距離最小值為(0, 0)到直線 $x+y-2=0$ 的距離

∴x^2+y^2 之最小值為 $\left(\dfrac{|-2|}{\sqrt{2}}\right)^2=2$

點 $P_0(x_0,y_0)$ 到 $ax+by+c=0$ 的距離 $=\dfrac{|ax_0+by_0+c|}{\sqrt{a^2+b^2}}$

∵$(x-x_0)^2(y-y_0)^2$
　＝點 (x_0,y_0) 到區域點 (x,y)的「距離平方」
∴由點 (x_0,y_0) 到區域「邊線（小），頂點（大）的距離」來決定極值

③∵$x^2+y^2+2x+4y+5=(x^2+2x+1)+(y^2+4y+4)=(x+1)^2+(y+2)^2$

見「（二次）一般式，必配方」

表示點 (x,y) 與點 $(-1,-2)$ 的距離平方

又因：區域距 $(-1,-2)$ 可能「較遠」的點有(0, 6)及(4, 0)

∴需求：$\begin{cases} (-1,-2)\text{距}(0,6)\text{的「距離」}=\sqrt{(-1-0)^2+(-2-6)^2}=\sqrt{65} \\ (-1,-2)\text{距}(4,0)\text{的「距離」}=\sqrt{(-1-4)^2+(-2-0)^2}=\sqrt{29} \end{cases}$

∴$(-1,-2)$ 距(0, 6)的「距離平方 $=(\sqrt{65})^2=65$」為所求「最大值」

▶▶▶▶ Ans

(1) 2　(2) 65

距(0, 0)最近的邊線是 $x+y-2=0$

例題 28 某廠生產甲、乙兩種產品，均需經過金加工和裝配兩個車間加工，其經濟結構如下表，試問兩種產品各生產多少件時，才能獲得最大總收益？

車間	產品		有效工時
	甲	乙	
	每件產品所需工時		
金加工	4	2	400
裝配	2	4	500
收益（元／件）	100	80	

Sol

⑴設生產甲產品 x 件，乙產品 y 件，收益為 $f(x,y)$

∴「金加工」所用時間為 $4x+2y$，

「裝配」所用時間為 $2x+4y$

⑵依題意列出聯立不等式為：$\begin{cases} 4x+2y \le 400 \\ 2x+4y \le 500 \\ x \ge 0 \\ y \ge 0 \\ x, y \text{ 為整數} \end{cases}$

金加工的限制

裝配的限制

「$x\ge 0$，$y\ge 0$」是應用問題的「基本限制」，千萬別忘了！

且總收益為 $f(x,y)=100x+80y$（元）

甲：100 元／件且
乙：80 元／件

⑶畫「直線不等式」圖：

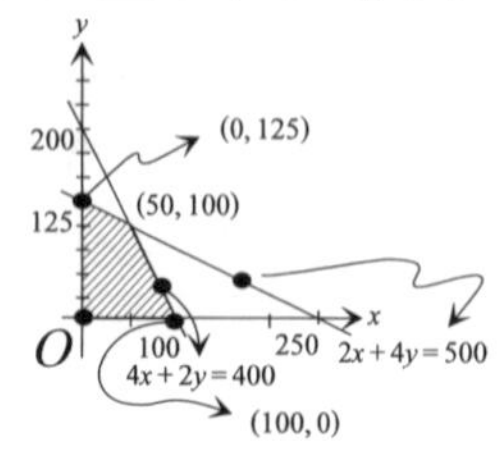

畫「直線不等式」的圖形：
◉令等號成立，先畫「直線」
◉用(0, 0)（或(1, 0)、(0, 1)）代入「直線」，以判定「直線不等式」含不含「(0, 0)（或(1, 0)、(0, 1)）」
◉兩兩直線「聯立」求「交點」

以利求：圖形面積及一次式極值

如圖所示且區域的頂點有(100, 0)，(50, 100)，(0, 125)，(0, 0)

又因：

(x,y)	$(100,0)$	**$(50,100)$**	$(0,125)$	$(0,0)$
$f(x,y)$	10000	**13000**	10000	0

∴當甲產品 50 件，乙產品 100 件時，得最大總收益為 13000 元

「一次式 $ax+by+c$」的極值，必在「頂點」。但需留意：「頂點」不為「整數格子點」時，應取「（比較）靠近的格子點」，來求極值

Ans

甲 50 件，乙 100 件時，有最大收益 13000 元

例題 29 工藤公司製造木製搖椅和野餐桌，每張搖椅需要 3 立方公尺的木頭和 4 小時的工時；每張野餐桌需要 5 立方公尺的木頭和 3 小時的工時，現在該公司擁有 105 立方公尺的木頭和每星期 96 小時的工時，而每張搖椅可獲利潤 700 元，每張野餐桌可獲利潤 600 元；由於競爭激烈，每星期至少要生產 10 張搖椅，8 張野餐桌，請問該公司每星期要製造搖椅和野餐桌各多少張，才能獲得最多的利潤？又最大利潤為多少元？

Sol

(1)設製造 x 張搖椅，y 張野餐桌，總利潤為 $P(x,y)$

(2)依題意列出聯立不等式為：$\begin{cases} x\geq 10 \\ y\geq 8 \\ 3x+5y\leq 105 \\ 4x+3y\leq 96 \\ x,y \text{ 為整數} \end{cases}$

生產下限（$x\geq 10$、$y\geq 8$）

材料限制（$3x+5y\leq 105$）

工時限制（$4x+3y\leq 96$）

原本還要有 $x\geq 0$，$y\geq 0$ 的基本應用限制，但前已有 $x\geq 10$ 及 $y\geq 8$，故省略之！

且總利潤為 $P(x,y)=700x+600y$

椅 700 元／件且桌 600 元／件

畫「直線不等式」的圖形：

◉令等號成立，先畫「直線」

◉用 $(0,0)$（或 $(1,0)$、$(0,1)$）代入「直線」，以判定「直線不等式」含不含「$(0,0)$（或 $(1,0)$、$(0,1)$）」

◉兩兩直線「聯立」求「交點」

以利求：圖形面積及一次式極值

(3)畫「直線不等式」圖：

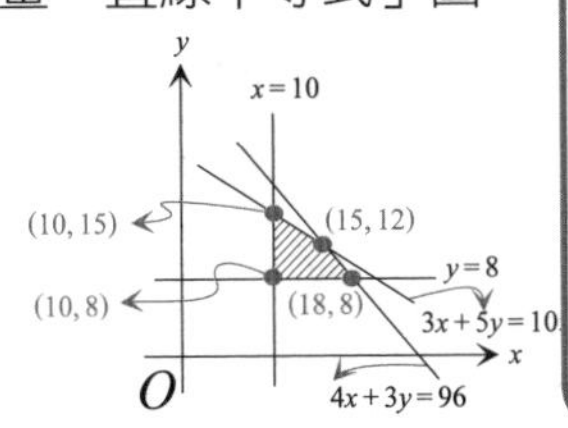

圖形如右且頂點有 $(10,8)$，$(10,15)$，$(15,12)$，$(18,8)$

又因：

(x,y)	$(10,8)$	$(10,15)$	$(15,12)$	$(18,8)$
$P(x,y)$	11800	16000	17700	17400

∴當：$x=15$，$y=12$ 時，$P(x,y)$ 有極大值 17700

亦即：每星期製造搖椅 15 張，野餐桌 12 張，利潤最多為 17700 元

「一次式 $ax+by+c$」的極值，必在「頂點」

▶▶▶▶ Ans

搖椅 15 張，野餐桌 12 張時，有最多利潤為 17700 元

例題 30 某農夫有一塊菜圃，最少須施氮肥 5 公斤，磷肥 4 公斤及鉀肥 7 公斤，已知農會出售甲，乙兩種肥料，甲種肥料每公斤 10 元，其中含氮 20%，磷 10%，鉀 20%，乙種肥料每公斤 14 元，其中含氮 10%，磷 20%，鉀 20%，試問農夫需向農會買甲、乙兩種肥料各多少公斤加以混合施肥，才能使花費最少而又有足夠分量的氮、磷、鉀肥？

▶▶▶▶ Sol

(1)設農夫需向農會購買甲種肥料 x 公斤，乙種肥料 y 公斤，花費為 $f(x,y)$，並將已知條件列表如下：

	氮	磷	鉀	價格
甲種	20%	10%	20%	10（元／公斤）
乙種	10%	20%	20%	14（元／公斤）
限制	≥5	≥4	≥7	

題目要求：「最少」的用量

「$x\geq 0$，$y\geq 0$」是應用問題的「基本限制」

(2)依題意列出聯立不等式為：$\begin{cases} x\geq 0 \\ y\geq 0 \\ \frac{20}{100}x+\frac{10}{100}y\geq 5 \\ \frac{10}{100}x+\frac{20}{100}y\geq 4 \\ \frac{20}{100}x+\frac{20}{100}y\geq 7 \end{cases}$ 亦即：$\begin{cases} x\geq 0 \\ y\geq 0 \\ 2x+y\geq 50 \\ x+2y\geq 40 \\ x+y\geq 35 \end{cases}$

且花費為 $f(x,y)=10x+14y$

(3)畫「直線不等式」圖：

如圖所示且頂點有(40, 0)，(30, 5)，(15, 20)，(0, 50)

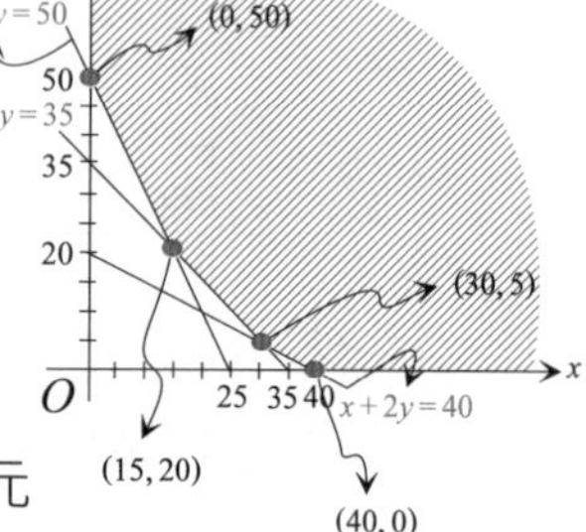

又因：

(x,y)	$(40,0)$	$(30,5)$	$(15,20)$	$(0,50)$
$f(x,y)$	400	370	430	700

∴甲種肥料 30 公斤，乙種肥料 5 公斤時，最少花費為 370 元

▶▶▶▶ Ans

甲 30 公斤，乙 5 公斤時，最少花費 370 元

例題 31 某商人有二倉庫，第一倉庫存有產品 90 個，第二倉庫存有產品 100 個，該商人自甲、乙二地接到訂單，甲、乙二地分別各申購產品 60 個與 80 個，假定每個之運費如下表所示，則應如何運送可使運費最少？又最少運費為多少？

每個運費	甲	乙
第一倉庫	200 元	280 元
第二倉庫	240 元	300 元

應用的基本限制

甲地需求總量 60
乙地需求總量 80

▶▶▶▶ Sol

(1)設第一倉庫運 x 個給甲地，運 y 個給乙地；

第二倉庫運 $60-x$ 個給甲地，運 $80-y$ 個給乙地；

且運費為 $f(x,y)$

倉庫 申購地
90 個 ① x → 甲 60 個
y
$60-x$
100 個 ② $80-y$ → 乙 80 個

∴滿足題意的聯立不等式為：

$$\begin{cases} x\ge 0, y\ge 0, x,y \text{ 為整數} \\ 60-x\ge 0, 80-y\ge 0 \\ x+y\le 90 \\ (60-x)+(80-y)\le 100 \end{cases}，亦即：\begin{cases} 0\le x\le 60 \\ 0\le y\le 80 \\ 40\le x+y\le 90 \\ x,y \text{ 為整數} \end{cases}$$

$f(x,y)$ 的最小值，發生在：「減 $2x+y$」的最大值

且運費為 $f(x,y)=200x+280y+240(60-x)+300(80-y)=38400-20(2x+y)$

(2)畫「直線不等式」圖：

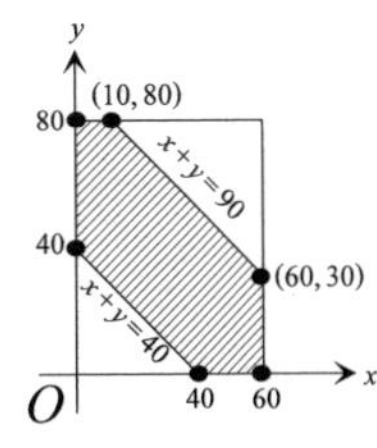

圖形如圖所示且當 $2x+y$ 有最大值時，運費 $f(x,y)$ 為最少，

頂點有(60, 30)，(10, 80)，(0, 80)，(0, 40)，(40, 0)，(60, 0)

又因：

(x,y)	**(60, 30)**	(10, 80)	(0, 80)	(0, 40)	(40, 0)	(60, 0)
$2x+y$	**150**	100	80	40	80	120

$f(60,30)=38400-2\times 150=35400$

∴$(x,y)=(60,30)$ 時，運費最少為 35400 元

亦即：第一倉庫運 60 個給甲地，運 30 個給乙地；

第二倉庫運 0 個給甲地，運 50 個給乙地時，運費最少。

▶▶▶▶ Ans

第 1 倉庫運 60 個給甲地，運 30 個給乙地；且第 2 倉庫：運 50 個給乙地時，最少運費為 35400 元

倉庫的庫存限制

筆記欄

CHAPTER 11

∵「平面」的「一般式」與「平面直線」相似
∴「平面」的題型及策略與「平面直線」大多相似

「解析幾何」觀點的「平面與空間直線」

最愛用「向量」來處理問題

重點整理 11-1　「平面與空間直線」剖析
重點整理 11-2　應用的關鍵「特徵」與「策略」
重點整理 11-3　解開例題、弄懂策略

重點整理11-1　「平面與空間直線」剖析

剖析 1

「平面 E」方程式

法向量 (a, b, c) 跟平面上的任意向量恆「垂直」

跟「平面直線」一般式「$ax+by+c=0$」相似

(A) 一般式：

$ax+by+cz+d=0$，$a^2+b^2+c^2\neq 0$ 且 a, b, c 為實數

稱由「x、y、z」的「係數」組成的「向量 (a, b, c)」為「平面」的「法向量」

⊙ $x=x_0$：法向量 $(1, 0, 0)$，平行 yz 平面
⊙ $y=y_0$：法向量 $(0, 1, 0)$，平行 xz 平面
⊙ $z=z_0$：法向量 $(0, 0, 1)$，平行 xy 平面

最常用的平面定義

$P_0(x_0, y_0, z_0)$ 為「平面」上任意一個（已知）點坐標，(a, b, c) 為「空間」中任意一個與「平面」「垂直」的「（法）向量」

(B) 點法式：

$a(x-x_0)+b(y-y_0)+c(z-z_0)=0$，$a^2+b^2+c^2\neq 0$ 且 a, b, c 為實數

∵法向量 (a, b, c) 跟平面上的任意向量
「如：$(x-x_0, y-y_0, z-z_0)$」恆「垂直」
∴其「內積 $=0$」　∴得上述「點法式」！

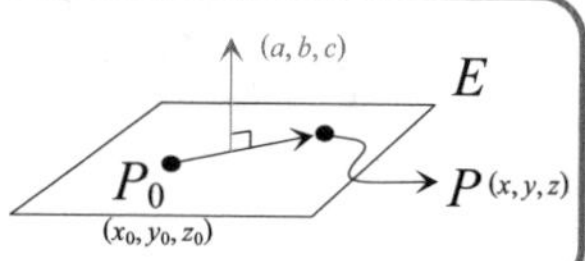

跟「坐標軸」有關，必用

(C) 截距式：$\dfrac{x}{a}+\dfrac{y}{b}+\dfrac{z}{c}=1$，其中 $(a, 0, 0)$，$(0, b, 0)$，$(0, 0, c)$ 為平面跟「x，y，z 軸」交點的「x 坐標，y 坐標，z 坐標」

一如「平面直線」所言，「a, b, c」分別稱之為：「x 截距，y 截距，z 截距」且「截距」可正、可負！

剖析 2

「空間直線 L」方程式

注意：分子為「$\boxed{x}-x_0$，$\boxed{y}-y_0$，$\boxed{z}-z_0$」時，其分母才是「方向向量 (m,n,l)」

(A) 對稱式：

方向向量 (m,n,l) 跟空間直線上的任意向量恆「平行」

$P_0(x_0,y_0,z_0)$ 為「空間直線」上任意一個（已知）點坐標，(m,n,l) 為「空間」中任意一個與「空間直線」「平行」的「（方向）向量」

$\dfrac{\boxed{x}-x_0}{m}=\dfrac{\boxed{y}-y_0}{n}=\dfrac{\boxed{z}-z_0}{l}$，$m\times n\times l\neq 0$ 且 m，n，l 為實數

稱由「空間向量 $(x-x_0,y-y_0,z-z_0)$」各「分量」的「分母」組成的「向量 (m,n,l)」為「空間直線」的「方向向量」

與空間直線的「點、動點」相關問題必用！

(B) 參數式：

$x=x_0+\boxed{m}\times t$，$y=y_0+\boxed{n}\times t$，$z=z_0+\boxed{l}\times t$，t 為實數

「空間直線」最常用的定義

∵「方向向量 (m,n,l)」跟空間直線上的任意向量恆「平行」

∴其「向量成比例」

∴可設：$\overrightarrow{P_0P}\overset{設}{=}t\times(m,n,l)$

(m, n, l)
L
P (x, y, z)
P_0 (x_0, y_0, z_0)

向量平行，必設「未知向量＝已知向量的 t 倍」

重點整理11-2　應用的關鍵「特徵」與「策略」

應用 1

若「平面//平面」及「空間直線//空間直線」，則它們的「法向量」及「方向向量」成比例

$\begin{cases} x=x_0+m\times t \\ y=y_0+n\times t \\ z=z_0+l\times t \end{cases}$ 及 $\dfrac{x-x_0}{m}=\dfrac{y-y_0}{n}=\dfrac{z-z_0}{l}$

$a(x-x_0)+b(y-y_0)+c(z-z_0)=0$

求「平面與空間直線」方程式：

(A) 優先由「法向量及方向向量」下手！再搭配「點法式、參數式（或：對稱式）」來解題。

空間中跟「平面」相互「垂直」的「向量 (a,b,c)」

空間中跟「空間直線」相互「平行（重合）」的「向量 (m,n,l)」

其實，(x,y,z) 就是：(a_1,b_1,c_1) 及 (a_2,b_2,c_2) 的「外積」

常配合：

1. 已知「平面的法向量」，「空間直線的方向向量」，「平面、空間直線」上「兩個已知點所成向量」的互動關係（如：平行或垂直）**內積 = 0**

設：未知向量 = 已知向量的 t 倍或「已、未知向量成比例」

2. 「行列式比例法」：

$\begin{cases} a_1x+b_1y+c_1z=\text{“}0\text{”} \\ a_2x+b_2y+c_2z=\text{“}0\text{”} \end{cases}$

$\Rightarrow x:y:z=$ （$bcab$）$\begin{matrix} b_1 & c_1 & a_1 & b_1 \\ b_2 & c_2 & a_2 & b_2 \end{matrix}$

(a_1,b_1,c_1) 及 (a_2,b_2,c_2) 的外積

$\overset{\text{定義}}{=}(b_1c_2-b_2c_1):(a_2c_1-a_1c_2):(a_1b_2-a_2b_1)$

意謂： 待求向量 (x,y,z) **跟兩個已知向量** (a_1,b_1,c_1) **及** (a_2,b_2,c_2) **都「垂直（內積 = 0）」**

欲求 (a,b,c) 及 (m,n,l) 先找「兩個已知向量」與「待求向量」都相互垂直

(B) 見過「E_1，E_2 交線」的平面，必用「平面族」：設 E 為「$E_1+kE_2=0$」

「含 k 方程式」必「有 k、沒 k」分別整併，並分別「令它 $=0$」，可得，「平面族」的「原始平面 E_1, E_2」。

$\frac{x}{a}+\frac{y}{b}+\frac{z}{c}=1$，截距「$a$、$b$、$c$：可正、可負」

常搭配：「算術平均數 ≥ 幾何平均數」來求「極值」！

$\frac{a_1+\cdots+a_n}{n} \geq \sqrt[n]{a_1 \times \cdots \times a_n}$ **且「等號成立 ⇔ $a_1=\cdots=a_n$」**

應用 2

「已知或已求出」平面與空間直線方程式：

(A) 見「平面、空間直線」上「點」，必將「點坐標」代入「平面、空間直線方程式」

(B) 見「平面、空間直線」跟「坐標軸、其他圖形」的「交點」，必「將 $x=0$、$y=0$、$z=0$ 代入平面及空間直線方程式」或與「其他圖形方程式聯立」！

(C) 善用「法向量 (a,b,c)」及「方向向量 (m,n,l)」的「向量」特性，

如：內積 $\vec{A} \cdot \vec{B} \overset{\text{定義}}{=} (a_1,a_2,a_3)\cdot(b_1,b_2,b_3)$

$\overset{\text{定義}}{=} a_1b_1+a_2b_2+a_3b_3$

$\overset{\text{公式}}{=} |\vec{A}||\vec{B}|\cos$(向量夾角)

及「三角正、餘弦」公式來解題！

正弦：$\frac{a}{\sin(A)}=\frac{b}{\sin(B)}=\frac{c}{\sin(C)}=2R$

2 倍「外接圓半徑 R」

餘弦：$\cos(A)=\frac{b^2+c^2-a^2}{2bc}$

「空間兩點的距離公式」，如同「平面直線」問題般，可以用來求「外

(D) 見「點 v.s. 平面 或 空間直線」問題，必用：

1. 兩點 $P_1(x_1, y_1, z_1)$ 及 $P_2(x_2, y_2, z_2)$ 的距離 $= d(P_1, P_2) = \overline{P_1P_2} = |\overrightarrow{P_1P_2}|$
$= \sqrt{(x_2 - x_1)^2 + (y_2 - y_1)^2 + (z_2 - z_1)^2}$

見「$(x - x_0)^2 + (y - y_0)^2 + (z - z_0)^2$」的極值，必聯想：
「動點 (x, y, z)」到 (x_0, y_0, z_0) 的距離

2. 跟「坐標軸」有關的「平面」問題，記得用：
「截距式」，「令 $x = 0$ 或 $y = 0$ 或 $z = 0$。代入平面方程式」，並配合
「算術平均數 ≥ 幾何平均數」來求極值

涉「空間直線」的「點」問題，必用「參數式」

可用此求「面線、線線」的
「交點，投影點，對稱點」

3. 見「空間直線」上的「動點」，必用「空間直線參數式」：
$x = x_0 + \boxed{m} \times t$；$y = y_0 + \boxed{n} \times t$；$z = z_0 + \boxed{l} \times t$

「空間的點到平面距離公式」，如同「平面直線」問題般，可以用來求「角平分面」

4. 點 $P_0(x_0, y_0, z_0)$

先將「等號一邊，化為 0」

(a) 到「平面」E：$ax + by + cz + d = 0$ 的距離
$\overset{記}{=} d(P_0, E) = \dfrac{|ax_0 + by_0 + cz_0 + d|}{\sqrt{a^2 + b^2 + c^2}}$

將點坐標代入平面方程式，並取絕對值

也可以用：
$\overrightarrow{P_0P} \perp (m, n, l)$
∴內積 = 0 來解題！

「分母」別忘了「開平方」

(b) $P_0(x_0, y_0, z_0)$ 到「空間直線」L：$x = x_1 + \boxed{m} \times t$，$y = y_1 + \boxed{n} \times t$，$z = z_1 + \boxed{l} \times t$
的距離
$\overset{記}{=} d(P_0, L)$
$= \sqrt{[(x_1 - x_0) + m \times t]^2 + [(y_1 - y_0) + n \times t]^2 + [(z_1 - z_0) + l \times t]^2}$ 的「最小值」

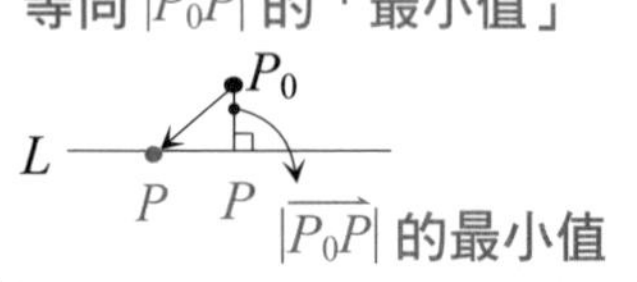

∵二次根式內為「t 的二次式」
∴可用「配方法」來求「t 的二次式」極值，
但需注意：「變數 t 是否有限制範圍」！

與「平面直線」的手法相同！

5.「同側、異側」問題，必用：「將點坐標代入 $ax+by+cz+d$」所得「值」滿足「同側點，值同號」，「異側點，值異號」

6. 見「對稱點、投影點、向量及與平面、空間直線具平行或垂直關係」問題，必用：

處理「動點極值」，必用此法予以「向量參數化」

(a) 向量「平行、重合、共線」，

利用
- 未知向量 $\overset{\text{設}}{=}$ 已知向量的 t 倍
- 未知向量與已知向量的「分量比值相等」

意謂：兩向量成比例

(b) 向量「垂直、直角」，利用「向量內積＝0」

其應注意事項跟「平面直線」相同

跟「距離公式」不同，其「分母不用開平方」

(c) 點 $P_0(x_0,y_0,z_0)$ 對「平面」E：$ax+by+cz+d=0$ 的

⊙投影點：$\left(x_0-\dfrac{af}{a^2+b^2+c^2}，y_0-\dfrac{bf}{a^2+b^2+c^2}，z_0-\dfrac{cf}{a^2+b^2+c^2}\right)$

⊙對稱點：$\left(x_0-\dfrac{\boxed{2}af}{a^2+b^2+c^2}，y_0-\dfrac{\boxed{2}bf}{a^2+b^2+c^2}，z_0-\dfrac{\boxed{2}cf}{a^2+b^2+c^2}\right)$，

其中 $f\overset{\text{定義}}{=}ax+by_0+cz_0+d$

如同：「平面直線」般，可用來解：
「大同 $|\overline{PA}-\overline{PB}|$」及「小異 $|\overline{PA}+\overline{PB}|$」問題。

設兩平面方程式為：
E_1：$a_1x+b_1y+c_1z+d_1=0$；
E_2：$a_2x+b_2y+c_2z+d_2=0$

設兩空間直線方程式為：
L_1：$x=x_1+\boxed{m_1}\times t$，$y=y_1+\boxed{n_1}\times t$，$z=z_1+\boxed{l_1}\times t$；
L_2：$x=x_2+\boxed{m_2}\times s$，$y=y_2+\boxed{n_2}\times s$，$z=z_2+\boxed{l_2}\times s$；

(E)「平面 v.s. 平面，空間直線 v.s. 空間直線，平面 v.s. 空間直線」互動問題：

1. 見「平行、重合、共線」或「垂直、直角」，必用

(a) 未知向量＝已知向量的 t 倍

(b) 未知向量與已知向量的「分量比值相等」

(c) 內積＝0

(d)「行列式比例法」

設平面與空間直線方程式為：
E：$ax+by+cz+d=0$；
L：$x=x_0+\boxed{m}\times t$，
$y=y_0+\boxed{n}\times t$，
$z=z_0+\boxed{l}\times t$

「同類」夾角用「cos」！

用「法向量 v.s.法向量」及「方向向量 v.s.方向向量」及「向量內積」來處理

2. 面面、線線及面線的「夾角」：

(a) 面面夾角：cos（夾角）＝± $\dfrac{a_1a_2+b_1b_2+c_1c_2}{\sqrt{a_1^2+b_1^2+c_1^2}\sqrt{a_2^2+b_2^2+c_2^2}}$

$\cos(\theta)=-\cos(\pi-\theta)$

(b) 線線夾角：cos（夾角）＝± $\dfrac{m_1m_2+n_1n_2+l_1l_2}{\sqrt{m_1^2+n_1^2+l_1^2}\sqrt{m_2^2+n_2^2+l_2^2}}$

(c) 面線夾角：sin（夾角）＝ $\left|\dfrac{am+bn+cl}{\sqrt{a^2+b^2+c^2}\sqrt{m^2+n^2+l^2}}\right|$

「異類」夾角用「sin」，且必為「正值」

∵sin 在 0 ～ π 的值，必「正」
∴「加絕對值」且先求「銳夾角」，再用：「π － 正銳夾角」得另一夾

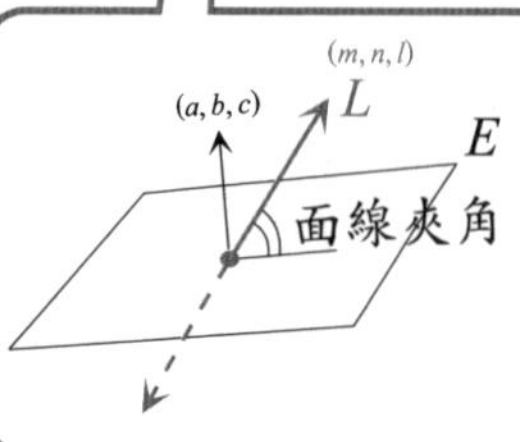

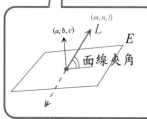

∵「法向量與方向向量夾角」與「面線夾角」恰「互餘（兩角和＝90°）」
∴「向量夾角」的「cos」會變成「面線夾角的 sin」

3.「平行或歪斜」距離，必用：

(a) 兩「平行平面」距離：先將「x、y、z 係數」化「相同」成
$\begin{cases}ax+by+cz+d_1=0\\ax+by+cz+d_2=0\end{cases}$，
再代入公式，得所求 $=d(E_1,E_2)=\dfrac{|d_1-d_2|}{\sqrt{a^2+b^2+c^2}}$

公式的應該注意事項及處理手法與「平面直線」的備註說明相同！」

也可以用：「先」任取 E_1 上一點，再「代」點到「平面 E_2」的距離公式，便可得所求！

(b) 兩「平行空間直線」距離：「先」任取 L 上一點，再「套用」點到「空間直線 L_2」的處理手法，便可得所求！

(c)「相互平行」的平面與空間直線距離：「先」任取「空間直線 L」上一點，再「代」點到「平面 E」的距離公式，便可得所求！

$\overleftrightarrow{P_1P_2}$ 即為 L_1，L_2 的「公垂線」

(d)兩「歪斜」（不平行，也不相交）空間直線的距離：

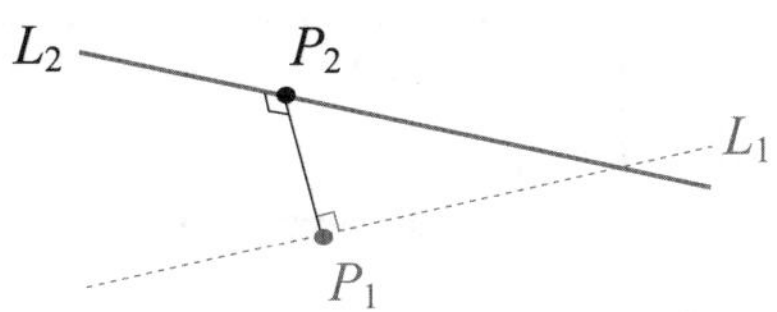

「先」用「參數式」寫出 L_1 及 L_2 的任意點坐標

$$\begin{cases} P_1：x=x_1+m_1\times t, y=y_1+n_1\times t, z=z_1+l_1\times t \\ P_2：x=x_2+m_2\times s, y=y_2+n_2\times s, z=z_2+l_2\times s \end{cases},$$

要用不同的參數 s，t

「再」利用「$\overrightarrow{P_1P_2}$」分別「垂直 L_1 及 L_2」

∵公垂線 $\overleftrightarrow{P_1P_2}\perp L_1$，$L_2$
∴內積 $=0$

得「$\overrightarrow{P_1P_2}\perp(m_1,n_1,l_1)$，且 $\overrightarrow{P_1P_2}\perp(m_2,n_2,l_2)$」

∴由「垂直向量，其內積 = 0」可求得：「s，t」。「最後」，再將所得「s，t」代回「P_1，P_2」的「參數式」，

便可求得「兩線最近處」的兩個「垂足 P_1 及 P_2」點坐標及所求「歪斜線距離 $=\overline{P_1P_2}$」！

4. 面面、線線及面線的「相交」狀況討論，必用：

(a)「兩平面」的「相交」：

⊙相交於一條「空間直線 L」

（$\overset{\Rightarrow}{\not\Leftarrow}$）無限多解 且 $\dfrac{a_1}{a_2}$，$\dfrac{b_1}{b_2}$，$\dfrac{c_1}{c_2}$「不全相等」，**並可套用下述流程求出 L 的方程式**

兩面交線：「先」令 $z=z_1$，z_2 等兩個任意已知實數；「再」代回平面方程式，並聯立求出兩個交點座標 P_1，P_2，便可求得：兩面之交線 $L_{1,2}=\overleftrightarrow{P_1P_2}$。

如：令 $z=0$，1 或其他好算數值

以 $\overrightarrow{P_1P_2}$ 當「方向向量」

稱 Δ 為：方程組的「係數方陣」

◉重合 $\left(\substack{\Rightarrow \\ \not\Leftarrow}\right)$ 無限多解 且 $\dfrac{a_1}{a_2}=\dfrac{b_1}{b_2}=\dfrac{c_1}{c_2}=\dfrac{d_1}{d_2}$

◉平行 $\Leftrightarrow$ 無解 且 $\dfrac{a_1}{a_2}=\dfrac{b_1}{b_2}=\dfrac{c_1}{c_2} \boxed{\neq} \dfrac{d_1}{d_2}$

注意：方程式的「常數項」須放在「x，y，z的等號另一邊」！

平面與行列式之關係問題，必用

(A) 任意平面：

$$\begin{cases} E_1：a_1x+b_1y+c_1z=\boxed{d_1} \\ E_2：a_2x+b_2y+c_2z=\boxed{d_2} \\ E_3：a_3x+b_3y+c_3z=\boxed{d_3} \end{cases}；\Delta \overset{令}{=} \begin{vmatrix} a_1 & b_1 & c_1 \\ a_2 & b_2 & c_2 \\ a_3 & b_3 & c_3 \end{vmatrix}；$$

用「常數項行」分別取代「x、y、z」的「係數行」

$$\Delta_x \overset{令}{=} \begin{vmatrix} d_1 & b_1 & c_1 \\ d_2 & b_2 & c_2 \\ d_3 & b_3 & c_3 \end{vmatrix}；\Delta_y \overset{令}{=} \begin{vmatrix} a_1 & d_1 & c_1 \\ a_2 & d_2 & c_2 \\ a_3 & d_3 & c_3 \end{vmatrix}；\Delta_z \overset{令}{=} \begin{vmatrix} a_1 & b_1 & d_1 \\ a_2 & b_2 & d_2 \\ a_3 & b_3 & d_3 \end{vmatrix}$$

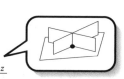

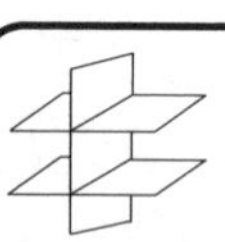

◉恰一解（三面交一點）：$\Delta\neq 0, x=\dfrac{\Delta_x}{\Delta}, y=\dfrac{\Delta_y}{\Delta}, z=\dfrac{\Delta_z}{\Delta}$

見「無解、無限多解、不只一解」方程組，必聯想「$\Delta=0$」

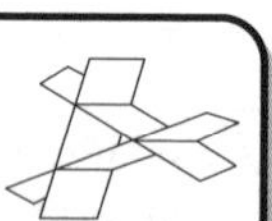

◉無解（兩平行面、一面貫穿兩平行面或三面只兩兩相交）：

$\boxed{\Delta=0}$ 且 $\Delta_x, \Delta_y, \Delta_z$ 至少有一個不為零

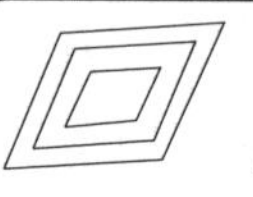

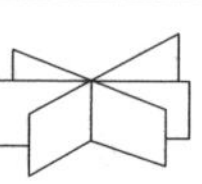

◉無限解（三重合面或二重合一貫穿或三面不平行交一線）；

無解（三平行都不重合面或二重合一平行）：$\boxed{\Delta}=\Delta_x=\Delta_y=\Delta_z=\boxed{0}$

特別的平行

簡稱：全平行

$\Delta=\Delta_x=\Delta_y=\Delta_z=0$

需針對方程組作細部討論，以確定究竟是「無解或無限解」及平面的互動狀況

常數項 $\overset{全部}{=}$ 0

(B) 過原點平面：

$$\begin{cases} E_1：a_1x+b_1y+c_1z=0 \\ E_2：a_2x+b_2y+c_2z=0 \\ E_3：a_3x+b_3y+c_3z=0 \end{cases}；\Delta \overset{令}{=} \begin{vmatrix} a_1 & b_1 & c_1 \\ a_2 & b_2 & c_2 \\ a_3 & b_3 & c_3 \end{vmatrix}；\Delta_x=\Delta_y=\Delta_z=0$$

◉只有（全）零解：$\Delta\neq 0$

◉有異於零之解：$\boxed{\Delta=0}$

等同：「無限多解」或「不只一解」！

(b)「兩空間直線」的「相交」：

∵可能歪斜
∴可能不相交

⊙相交於一點 $P_0(x_0, y_0, z_0)$

⇔ 恰一解 $\left(\overset{\Rightarrow}{\not\Leftarrow}\right)$ $\dfrac{m_1}{m_2}$，$\dfrac{n_1}{n_2}$，$\dfrac{l_1}{l_2}$「不全相等」，

並可用下述流程求出 P_0 的點坐標

兩線交點：利用參數式，並聯立，可求得：兩線交點。

用：參數式聯立，若求不出解，就代表為「無解」

⊙重合 ⇔ 無限多解 且 $\dfrac{m_1}{m_2}=\dfrac{n_1}{n_2}=\dfrac{l_1}{l_2}$

⊙平行或歪斜 ⇔ 無解 且「$\dfrac{m_1}{m_2}$，$\dfrac{n_1}{n_2}$，$\dfrac{l_1}{l_2}$」

可能「全相等」也可能「不全相等」

(c)「平面 E 與空間直線 L」的「相交」：

⊙相交於一點：可用「空間直線」的「參數式」來表現「空間直線」的任意點坐標，再將它代入「平面方程式」，便可得「面線交點」！

⊙不相交：可用下述流程求得「含 L」且與「E」「平行」的平面「E^*」，並可用「$E // E^*$」來求取「L 與 E 的距離」

∵$E//E^*$

∴其「法向量」必「相同」

又因：E^* 含「L」

∴任取「L 上的一個點」跟「E 的法向量 (a,b,c)」結合，便可由「點法式」求得「E^*」的方程式。

∵$E//E^*$，E^* 含 L

∴L 與 E 的距離 = 平行面「E^* 及 E」的距離

代入「兩平行面」距離公式

(a,b,c)　L　E

$A\in L \overset{\text{意謂}}{\Leftrightarrow}$ 點 A 在 L 上

(d)⊙**二面角**：

兩平面 E_1、E_2 交於直線 L，又 $P\in E_1$、$Q\in E_2$、$A\in L$，且 $\overline{PA}\perp L$，$\overline{QA}\perp L$，則 $\angle PAQ$ 為 E_1、E_2 之二面角。

$\overline{AB}\perp E$ 且 $\overline{BC}\perp L \Rightarrow \overline{AC}\perp L$
共有 3 個垂直狀態

⊙**三垂線定理**：

已知直線 L 在平面 E 上，又平面 E 外一點 A，若 $\overline{AB}\perp E$ 於 B，且 $\overline{BC}\perp L$ 於 C，則 $\overline{AC}\perp L$。

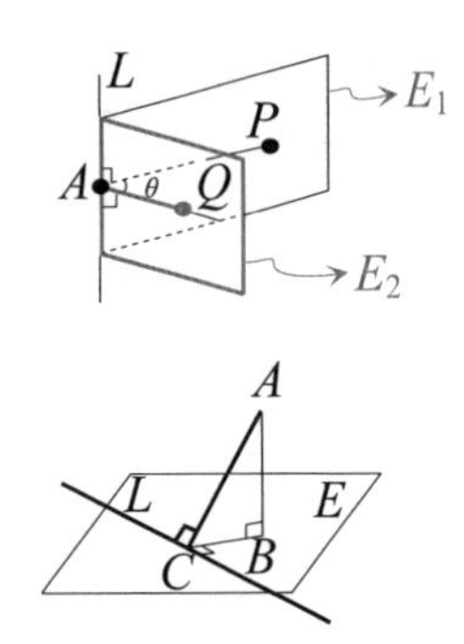

重點整理11-3　解開例題、弄懂策略

求平面 ◉ 找出「垂直」平面的「法向量」
◉ 見過「E_1，E_2 交線」，必設 $E_1+kE_2=0$
◉ 跟坐標軸有關，用截距式

例題 1　(1)求經過點 $P(1,3,-5)$，而且以 $\vec{n}=(3,-4,7)$ 為一法向量的平面 E 的方程式為________

(2)空間中 $A(1,2,3)$，$B(3,4,5)$，則 $\overline{AB}$ 的垂直平分面方程式為________

▶▶▶▶ Sol

(1) $\because E$ 的法向量為 $\vec{n}=(3,-4,7)$ 且 E 過 $P(1,3,-5)$

$\therefore E：3\times(x-1)+(-4)\times(y-3)+7\times(z-(-5))=0$

$\therefore E：3x-4y+7z-44=0$

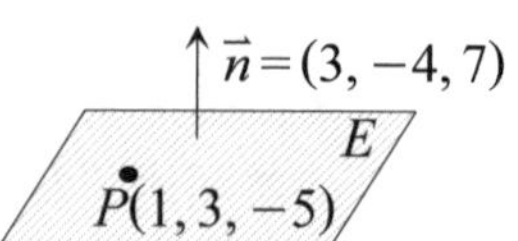

點法式：$a(x-x_0)+b(y-y_0)+c(z-z_0)=0$

(2) $\because \overrightarrow{AB}=(3-1,4-2,5-3)=(2,2,2)=2\times(1,1,1)$

且 $\overline{AB}$ 的中點 $P\left(\dfrac{1+3}{2},\dfrac{2+4}{2},\dfrac{3+5}{2}\right)=P(2,3,4)$

$\therefore$取 $(1,1,1)$ 當法向量，可得：

$1\times(x-2)+1\times(y-3)+1\times(z-4)=0$

$\therefore E：x+y+z-9=0$

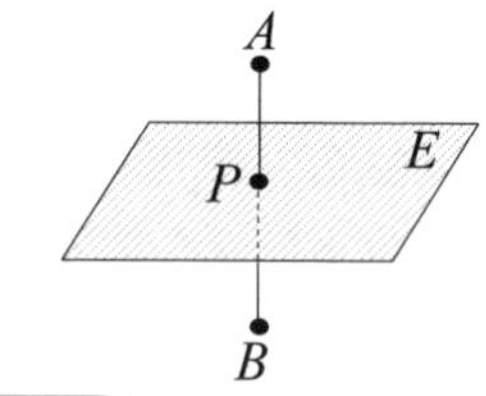

$P_1(x_1,y_1,z_1)$ 及 $P_2(x_2,y_2,z_2)$ 的「中點」為 $\left(\dfrac{x_1+x_2}{2},\dfrac{y_1+y_2}{2},\dfrac{z_1+z_2}{2}\right)$

▶▶▶▶ Ans

(1) $3x-4y+7z+44=0$

(2) $x+y+z-9=0$

求平面 ◉ 找出「垂直」平面的「法向量」
◉ 見過「E_1，E_2 交線」，必設 $E_1+kE_2=0$
◉ 跟坐標軸有關，用截距式

例題 2　過三點 $A(-1,-1,1)$，$B(2,2,2)$，$C(4,3,2)$ 的平面方程式為＿＿＿＿＿

先找兩個已知向量跟「待求法向量」垂直，再用「行列式比例法（外積）」求「法向量」

▶▶▶▶ Sol

$\because \overrightarrow{AB}=(2+1,2+1,2-1)=(3,3,1)$，$\overrightarrow{AC}=(4+1,3+1,2-1)=(5,4,1)$，
都跟平面法向量「垂直」

平面上「任意向量」都跟「法向量」垂直

行列式比例法：若 (a_1,b_1,c_1)，(a_2,b_2,c_2) 都跟 (x,y,z)「垂直」，則 $x:y:z=\begin{matrix} b_1 & c_1 & a_1 & b_1 \\ b_2 & c_2 & a_2 & b_2 \end{matrix}$

$$\therefore \begin{matrix} 3 & 1 & 3 & 3 \\ 4 & 1 & 5 & 4 \end{matrix}=(3-4):(5-3):(12-15)$$
$$=-1:2:-3$$

其實，就是：$\overrightarrow{AB}\times\overrightarrow{AC}=\left(\begin{vmatrix}3&1\\4&1\end{vmatrix},\begin{vmatrix}1&3\\1&5\end{vmatrix},\begin{vmatrix}3&3\\5&4\end{vmatrix}\right)=(-1,2,-3)$

$\therefore$取 $(-1,2,-3)$ 當法向量

$\therefore E:(-1)\times(x-2)+2\times(y-2)+(-3)\times(z-2)=0$

取 $B(2,2,2)$ 來套 $a(x-x_0)+b(y-y_0)+c(z-z_0)=0$

$\therefore E:-x+2y-3z+4=0$，亦即
$x-2y+3z-4=0$

▶▶▶▶ Ans

$x-2y+3z-4=0$

求平面◉找出「垂直」平面的「法向量」
◉見過「E_1，E_2 交線」，必設 $E_1+kE_2=0$
◉跟坐標軸有關，用截距式

例題 3 包含點 $A(1,2,-1)$ 及直線 L：$\dfrac{x+1}{3}=\dfrac{y-1}{2}=\dfrac{z+1}{-2}$ 之平面 E 方程式為 ______________

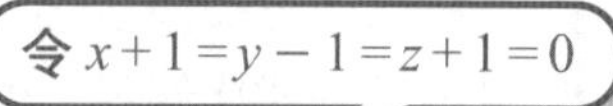

▶▶▶▶ Sol

設 $\vec{n}$ 為 E 之法向量，$\vec{m}=(3,2,-2)$ 為 L 之方向向量，並令 $P(-1,1,-1)$

$\because P$ 是 L 上的點，而 L 在 E 上

$\therefore P(-1,1,-1)$ 也在 E 上

又因：E 含 $A(1,2,-1)$

$\therefore \overrightarrow{PA}=(1-(-1),2-1,-1-(-1))=(2,1,0)$ 是 E 上的一個向量

$\therefore L$ 的方向向量 $(3,2,-2)$ 及 $\overrightarrow{PA}=(2,1,0)$ 都跟 E 的法向量垂直

平面上的「任意向量」，必跟「法向量」垂直

先找兩個已知向量跟「待求法向量」垂直，再用「行列式比例法（外積）」求「法向量」

$\therefore \begin{matrix} 2 & -2 & 3 & 2 \\ 1 & 0 & 2 & 1 \end{matrix}=(0-(-2)):(-4-0):(3-4)$

$=2:-4:-1$

行列式比例法：若 (a_1,b_1,c_1)，(a_2,b_2,c_2) 都跟 (x,y,z)「垂直」，則 $x:y:z=\begin{matrix} b_1 & c_1 & a_1 & b_1 \\ b_2 & c_2 & a_2 & b_2 \end{matrix}$

$\therefore$ 取 $(2,-4,-1)$ 當 E 的法向量

$\therefore E：2\times(x-1)+(-4)\times(y-2)+(-1)\times(z-(-1))=0$

$\therefore E：2x-4y-z+5=0$

$a(x-x_0)+b(y-y_0)+c(z-z_0)=0$
且 $(x_0,y_0,z_0)\overset{\text{取}}{=}A(1,2,-1)$

▶▶▶▶ Ans

$2x-4y-z+5=0$

求平面◉找出「垂直」平面的「法向量」
◉見過「E_1，E_2 交線」，必設 $E_1+kE_2=0$
◉跟坐標軸有關，用截距式

例題 4 包含兩相交直線 $L_1：\frac{x-1}{2}=\frac{y+2}{2}=\frac{z-1}{-1}$ 與 $L_2：\frac{x-1}{2}=\frac{y+2}{5}=\frac{z-1}{3}$ 的平面 E 方程式為＿＿＿＿＿＿

▶▶▶▶ **Sol**

$\because E$ 含 L_1 及 L_2

$\therefore E$ 的法向量跟 L_1 及 L_2 的方向向量 $(2,2,-1)$ 及 $(2,5,3)$ 都垂直

平面上的「任意向量」，必跟「法向量」垂直

先找兩個已知向量跟「待求法向量」垂直，再用「行列式比例法（外積）」求「法向量」

$\therefore \begin{matrix}2 & -1 & 2 & 2\\ 5 & 3 & 2 & 5\end{matrix}=(6-(-5))：(-2-6)：(10-4)$

$=11：-8：6$

行列式比例法：若 (a_1,b_1,c_1)，(a_2,b_2,c_2) 都跟 (x,y,z)「垂直」，則 $x：y：z=\begin{matrix}b_1 & c_1 & a_1 & b_1\\ b_2 & c_2 & a_2 & b_2\end{matrix}$

$\because L_1$ 在 E 上

$\therefore L_1$ 上的點也在 E 上

令 $x-1=y+2=z-1=0$

取 $(11,-8,6)$ 當 E 的法向量，並取 L_1 上的點$(1,-2,1)$，可得：

E 的方程式為 $11\times(x-1)+(-8)\times(y-(-2))+6\times(z-1)=0$

$\therefore 11x-8y+6z-33=0$

$a(x-x_0)+b(y-y_0)+c(z-z_0)=0$

且 $(x_0,y_0,z_0)\overset{取}{=}(1,-2,1)$

▶▶▶▶ **Ans**

$11x-8y+6z-33=0$

例題 5 設ΔABC的三頂點座標分別為$A(-2,7,15)$、$B(1,16,3)$、$C(10,7,3)$。
⑴試求通過A、B、C三點的平面方程式？
⑵試求ΔABC的外心座標？

> 本題為平面點法式及三角外心（到三頂點等距離）的基本應用。

▶▶▶▶ Sol

⑴$\because \overrightarrow{AB}=(3,9,-12)//(1,3,-4)$，$\overrightarrow{AC}=(12,0,-12)//(1,0,-1)$都在平面上

$\therefore (1,3,-4)$及$(1,0,-1)$都與法向量垂直

$\therefore$由行列式比例法

$\begin{matrix} 3 & -4 & 1 & 3 \\ 0 & -1 & 1 & 0 \end{matrix}$ 知：

> 先找兩個已知向量跟「待求法向量」垂直，再用「行列式比例法（外積）」求「法向量」

$(-3-0):(-4+1):(0-3)=-3:-3:-3=1:1:1$

$\therefore$可取$(1,1,1)$當所求平面之法向量

$\therefore$所求：$1\times(x-(-2))+1\times(y-7)+1\times(z-15)=0$

$\therefore$平面方程式為$x+y+z-20=0$

> $\because$外心到三頂點等距離：
> $\overline{OA}^2=\overline{OC}^2$且$\overline{OB}^2=\overline{OC}^2$

⑵設外心$O(x,y,z)$

$\therefore \begin{cases}(x+2)^2+(y-7)^2+(z-15)^2=(x-10)^2+(y-7)^2+(z-3)^2 \\ (x-1)^2+(y-16)^2+(z-3)^2=(x-10)^2+(y-7)^2+(z-3)^2\end{cases}$

$\therefore \begin{cases}x-z=-5 \\ x-y=-6\end{cases}$ 且外心$O(x,y,z)$在ΔABC的平面$x+y+z=20$上

> 見圖形上點，必將點坐標代入圖形方程式！亦即：x,y,z也滿足$x+y+z=20$

三式聯立，可得：$x=3$，$y=9$，$z=8$

▶▶▶▶ Ans

⑴$x+y+z-20=0$

⑵外心$(3,9,8)$

例題 6 ΔABC 中，$A(2,-3,5)$，$B(3,0,10)$，$C(x,y,0)$，則使ΔABC 的周長為最小的 C 點座標為＿＿＿＿＿　【84 自聯招】

利用「大同（側）（$|\overline{AP}-\overline{BP}|$）小異（側）（$\overline{AP}+\overline{BP}$）」概念，再配合「向量分點公式」來解題。

Sol

因為 $\overline{AB}$ 之長為定值，欲使ΔABC 之周長為最小，所以 $\overline{AC}+\overline{BC}$ 需為最小

小異：設法使兩點「先變異側點，再連接兩異側點」

$\because C(x,y,0)$ 在 xy 平面（$z=0$）上且「A，B 在 xy 平面之同側」

圖形方程式 = 圖形所有點坐標的共同特徵

$\because xy$ 平面的方程式為：$z=0$

$\therefore A(2,-3,\boxed{5})$ 及 $B(3,10,\boxed{10})$ 代入「z」得值皆「正（分別為：$\boxed{5}$ 及 $\boxed{10}$）」

$\therefore A$ 及 B 同側

圖形上「點」的共同特徵為：z 坐標為 0

$\therefore$ 需先取 $A(2,-3,5)$ 對於 xy 平面的「對稱點 $A'(2,-3,-5)$」

並得圖：

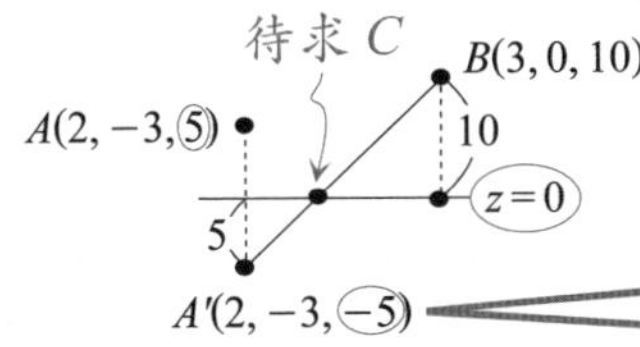

$\because$ 對稱「$z=0$」

$\therefore$「x、y 坐標不變且 z 坐標變號」便可得 A 的對稱點 A'

$\therefore$ 再利用分點公式，可得：

$$C\text{ 點之座標}=\frac{10\times(2,-3,-5)+5\times(3,0,10)}{10+5}=(\frac{7}{3},-2,0)$$

利用「向量分點公式」：

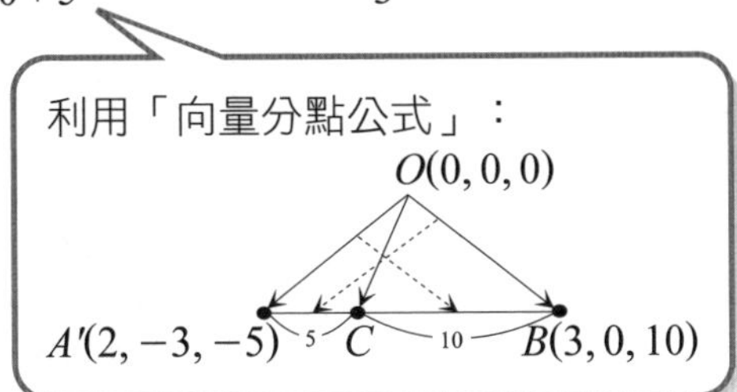

Ans

$(\frac{7}{3},-2,0)$

求平面◉找出「垂直」平面的「法向量」
◉見過「E_1，E_2 交線」，必設 $E_1+kE_2=0$
◉跟坐標軸有關，用截距式

例題 7 直線 L_1：$\frac{x-3}{3}=\frac{y-8}{-1}=z-3$ 與 L_2：$\frac{x+3}{-3}=\frac{y+7}{2}=\frac{z-6}{4}$ 不共平面，試求：
(1)包含 L_1 且平行 L_2 的平面方程式？ (2)L_1 與 L_2 之間的距離？

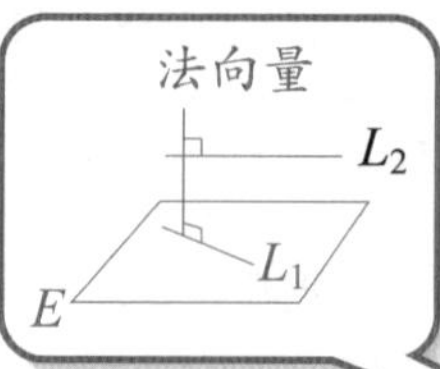

先找兩個已知向量與「待求法向量」垂直，再用「行列式比例法」求「待求法向量」

$\frac{x-3}{3}=\frac{y-8}{-1}=\boxed{z-3}\overset{改成}{=}\boxed{\frac{z-3}{1}}$

Sol

(1)∵平面 E 含 L_1 且平行 L_2

∴平面 E 的「法向量」跟 L_1，L_2 的方向向量 $(3,-1,1)$ 及 $(-3,2,4)$ 都垂直

∴
$$\begin{matrix}-1 & 1 & 3 & -1\\ 2 & 4 & -3 & 2\end{matrix}=(-4-2):(-3-12):(6-3)$$
$=-6:-15:3$
$=2:5:-1$

行列式比例法：若 (a_1,b_1,c_1)，(a_2,b_2,c_2) 都跟 (x,y,z)「垂直」，則 $x:y:z=\begin{matrix}b_1 & c_1 & a_1 & b_1\\ b_2 & c_2 & a_2 & b_2\end{matrix}$

∵L_1 在 E 上
∴$(3,8,3)$ 也在 E 上

∴取 $(2,5,-1)$ 當 E 的「法向量」，並取 L_1 上的點 $(3,8,3)$

∴E：$2\times(x-3)+5\times(y-8)+(-1)\times(z-3)=0$

∴E：$2x+5y-z-43=0$

(2)∵E 含 L_1 且 E 平行 L_2

∴L_1 與 L_2 距離

$=L_2$ 上任意點到 E 的距離

$=3\sqrt{30}$

令 $x+3=y+7=z-6=0$

∴取 L_2 上的點 $(-3,-7,6)$ 來用，
可得所求為：
$$\frac{|2\times(-3)+5\times(-7)-1\times 6-43|}{\sqrt{2^2+5^2+(-1)^2}}=\frac{90}{\sqrt{30}}=3\sqrt{30}$$

代「點到平面」距離公式

分母有理化

Ans

(1) $2x+5y-z-43=0$

(2) $3\sqrt{30}$

求空間直線
◉找出「平行」空間直線的「方向向量」
◉常配合：先找兩個已知向量與「待求方向向量」垂直，再用「行列式比例法（外積）」求此方向向量

例題 8 設二平面 E_1：$x+2y-3z=1$，E_2：$x-y-3z=2$ 的交線為 L，試求通過點 $A(1,2,3)$ 且平行直線 L 之直線的參數式？

Sol

設 $\overrightarrow{n_1}=(1,2,-3)$，$\overrightarrow{n_2}=(1,-1,-3)$

$\because L$ 在 E_1 及 E_2 上

圖形「交集」，分別在每一參與圖形上

平面上的「任意向量」都跟「法向量」垂直

L 的方向向量跟 E_1，E_2 的法向量 $\overrightarrow{n_1}$ 及 $\overrightarrow{n_2}$ 都垂直

$$\therefore \begin{matrix} 2 & -3 & 1 & 2 \\ -1 & -3 & 1 & -1 \end{matrix} = (-6-3):(-3-(-3)):(-1-2)$$

$$=-9:0:-3$$

$$=3:0:1$$

行列式比例法：若 (a_1,b_1,c_1)，(a_2,b_2,c_2) 都跟 (x,y,z)「垂直」，則 $x:y:z=\begin{matrix} b_1 & c_1 & a_1 & b_1 \\ b_2 & c_2 & a_2 & b_2 \end{matrix}$

$\therefore$ 取 $(3,0,1)$ 當 L 的方向向量

$$\therefore L:\begin{cases} x=1+3\times t=1+3t \\ y=2+0\times t=2 \\ z=3+1\times t=3+t \end{cases}，t \text{ 為實數}$$

Ans

$$\begin{cases} x=1+3t \\ y=2 \\ z=3+t \end{cases}，t \text{ 為實數}$$

$$\begin{cases} x=x_0+m\times t \\ y=y_0+n\times t \\ z=z_0+l\times t \end{cases}$$

且取 $A(1,2,3)$ 當 $P_0(x_0,y_0,z_0)$

> 求空間直線
> ◉找出「平行」空間直線的「方向向量」
> ◉常配合：先找兩個已知向量與「待求方向向量」垂直，再用「行列式比例法（外積）」求此方向向量

例題 9 設兩平面 E_1：$2x+y-z=4$，E_2：$x+3y+2z=7$ 之交線為 L，試求 L 的參數式？

▶▶▶▶ Sol

L 在 E_1 及 E_2 上

> 圖形「交集」，分別在每一參與圖形上

> 平面上的「任意向量」都跟「法向量」垂直

$\therefore L$ 的方向向量跟 E_1，E_2 的法向量 $(2,1,-1)$ 及 $(1,3,2)$ 都垂直

$$\therefore \begin{matrix} 1 & -1 & 2 & 1 \\ 3 & 2 & 1 & 3 \end{matrix} = (2-(-3)):(-1-4):(6-1)$$

$=5:-5:5$

$=1:-1:1$

> 行列式比例法：若 (a_1,b_1,c_1)，(a_2,b_2,c_2) 都跟 (x,y,z)「垂直」，則 $x:y:z=\begin{matrix} b_1 & c_1 & a_1 & b_1 \\ b_2 & c_2 & a_2 & b_2 \end{matrix}$

$\therefore$取 $(1,-1,1)$ 當 L 的方向向量

> 接著：再找一個「E_1 及 E_2 的交點」
> ⇔「L 上的任意一個點」，便可得 L 的參數式

> 「變數個數＞方程式個數」
> ⇒可指定「差距數」㊀個變數為特定已知值

令「$z=0$」代入 E_1 及 E_2，可得：

$$\begin{cases} 2x+y=4 \\ x+3y=7 \end{cases}$$

> 3 個變數 －（2 個方程式）＝ 可以指定「1 個變數」為「特定已知值」

$\therefore x=1$ 且 $y=2$

$\therefore$點 $(1,2,0)$ 為 E_1 及 E_2 的某一個交點，也是 L 上的某一個點

$$\therefore L：\begin{cases} x=1+1\times t=1+t \\ y=2+(-1)\times t=2-t，t \text{ 為實數} \\ z=0+1\times t=t \end{cases}$$

> $\begin{cases} x=x_0+m\times t \\ y=y_0+n\times t \\ z=z_0+l\times t \end{cases}$
> 且 $(x_0,y_0,z_0)\overset{\text{取}}{=}(1,2,0)$

▶▶▶▶ Ans

$$\begin{cases} x=1+t \\ y=2-t，t \text{ 為實數} \\ z=t \end{cases}$$

求平面◉找出「垂直」平面的「法向量」
◉見過「E_1，E_2 交線」，必設 $E_1+kE_2=0$
◉跟坐標軸有關，用截距式

例題 10　過點 $P(5,6,6)$ 且與 E_1：$x+y+z=0$，E_2：$3x-y+z=1$ 均垂直的平面方程式為__________

先找兩個已知向量跟「待求法向量」垂直，再用「行列式比例法（外積）」求「法向量」

Sol

令 $\overrightarrow{n_1}=(1,1,1)$，$\overrightarrow{n_2}=(3,-1,1)$ 分別為 E_1，E_2 的法向量

並設所求平面 E 的法向量為 $\vec{n}$

$\because \overrightarrow{n_1}$ 與 $\overrightarrow{n_2}$ 都跟待求平面法向量 $\vec{n}$「垂直」

$$\therefore \begin{matrix} 1 & 1 & 1 & 1 \\ -1 & 1 & 3 & -1 \end{matrix} =(1-(-1))：(3-1)：(-1-3)$$

$=2：2：-4$

$=1：1：-2$

行列式比例法：若 (a_1,b_1,c_1)，(a_2,b_2,c_2) 都跟 (x,y,z)「垂直」，則 $x：y：z=\begin{matrix} b_1 & c_1 & a_1 & b_1 \\ b_2 & c_2 & a_2 & b_2 \end{matrix}$

$\therefore$取 $(1,1,-2)$ 當法向量

$\therefore E：1\times(x-5)+1\times(y-6)+(-2)\times(z-6)=0$

取點 $P(5,6,6)$ 來代入：$a(x-x_0)+b(y-y_0)+c(z-z_0)=0$

$\therefore E：x+y-2z+1=0$

Ans

$x+y-2z+1=0$

例題 11 平面 E 包含 E_1：$x+2y-3z+2=0$ 與 E_2：$3x-2y+z-5=0$ 之交線，則

⑴若 E 通過點 $(1,-1,2)$，則 E 之方程式為＿＿＿＿＿

⑵若 E 與平面 $2x+y-z-1=0$ 垂直，則 E 之方程式為＿＿＿＿＿

> 求平面◉找出「垂直」平面的「法向量」
> ◉見過「E_1，E_2 交線」，必設 $E_1+kE_2=0$
> ◉跟坐標軸有關，用截距式

Sol

設所求平面為 E：$(x+2y-3z+2)+k(3x-2y+z-5)=0$

> 平面族：$E_1+kE_2=0$

> 「x、y」分別整併成「平面一般式」

$\therefore E$：$(3k+1)x+(2-2k)y+(k-3)z+(2-5k)=0$

> 見「圖形上點」，必將點坐標代入圖形方程式

⑴$\because(1,-1,2)$ 在 E 上

$\therefore(3k+1)\times 1+(2-2k)\times(-1)+(k-3)\times 2+(2-5k)=0$

$\therefore 2k=5$

$\therefore k=\dfrac{5}{2}$，並代入 E，可得：$\dfrac{17}{2}x-3y-\dfrac{1}{2}z-\dfrac{21}{2}=0$

亦即 E：$17x-6y-z-21=0$

> 去分母，整式化

> E:$(3k+1)x+(2-2k)y+(k-3)z+(2-5k)=0$

⑵$\because E$ 的法向量 $=(3k+1,2-2k,k-3)$

且 E 與平面 $2x+y-z-1=0$ 垂直

$\therefore(3k+1,2-2,k-3)\cdot(2,1,-1)=0$

$\therefore 2\times(3k+1)+1\times(2-2k)+(-1)\times(k-3)=0$

> 平面垂直
> ⇔ 法向量垂直
> ⇔ 法向量內積 $=0$

$\therefore k=\dfrac{-7}{3}$，並代入 E，可得：

E：$-6x+\dfrac{20}{3}y-\dfrac{16}{3}z+\dfrac{41}{3}=0$，亦即：$E$：$18x-20y+16z-41=0$

Ans

⑴ $17x-6y-z-21=0$

⑵ $18x-20y+16z-41=0$

E 在「x、y、z」軸的「截距」分別為「交點」坐標的「x、y、z」分量。

求平面◉找出「垂直」平面的「法向量」
◉見過「E_1，E_2 交線」，必設 $E_1+kE_2=0$
◉跟坐標軸有關，用截距式

例題 12 (1)試求與平面 $x+y+2z+3=0$ 平行，且其三軸截距之和為 20 的平面方程式？

(2)設平面 E 的 x，y 軸截距分別為 2，3，且通過 $(1, 1, 1)$，求平面 E 之方程式？

與坐標軸有關，必用「截距式」：$\frac{x}{a}+\frac{y}{b}+\frac{z}{c}=1$

Sol

(1)設平面為：$\frac{x}{a}+\frac{y}{b}+\frac{z}{c}=1$　（去分母，整式化）

$\therefore \boxed{bc}x+\boxed{ac}y+\boxed{ab}z-abc=0$

$\therefore \frac{bc}{1}=\frac{ac}{1}=\frac{ab}{2}$　（$\because$ 與 $x+y+2z+3=0$ 平行　$\therefore$ 法向量平行　$\therefore$ 各分量成相同比例）

$\therefore$ 可設：$bc=k$，$ac=k$ 且 $ab=2k$　（連比例，必引進「比例常數」）

$\therefore (abc)^2=bc\times ac\times ab$

$=k\times k\times 2k$

$=2k^3$ ">0"　（$(abc)^2>0$）

（見「兩兩乘（加）」，必「全乘（加）」，再分別「除（減）」）

$\therefore abc=\sqrt{2}k^{\frac{3}{2}}>0$

$\therefore a=b=\sqrt{2}k^{\frac{1}{2}}$ 且 $c=\frac{1}{\sqrt{2}}k^{\frac{1}{2}}$　（$a=\frac{abc}{bc}=\frac{\sqrt{2}k^{\frac{3}{2}}}{k}=\sqrt{2}k^{\frac{1}{2}}$，同理其他）

$\because 2k^3>0$　$\therefore k>0$
$\therefore a$，b，c 同號　（$ac=ab=k>0$ **且** $ab=2k>0$）
$\therefore abc>0$

又因：截距和 $=20$

$\therefore a+b+c=(\sqrt{2}+\sqrt{2}+\frac{1}{\sqrt{2}})k^{\frac{1}{2}}\overset{令}{=}20$

$\therefore \frac{5}{\sqrt{2}}k^{\frac{1}{2}}=20$

$\therefore \frac{25}{2}k=20^2$　（平方去$\sqrt{\ }$）

$\therefore k=32$

$\therefore a=b=8$ 且 $c=4$　（把 $k=32$ 代入：$a=b=\sqrt{2}k^{\frac{1}{2}}$ 且 $c=\frac{1}{\sqrt{2}}k^{\frac{1}{2}}$）

$\therefore E：\frac{x}{8}+\frac{y}{8}+\frac{z}{4}=1$

(2)設平面 E 的 z 軸截距為 c

$\therefore$可設 $E：\frac{x}{2}+\frac{y}{3}+\frac{z}{c}=1$

已知：x，y 軸截距分別為 2，3

$\because(1,1,1)$ 在 E 上

$\therefore\frac{1}{2}+\frac{1}{3}+\frac{1}{c}=1$

見「圖形上點」，必將點坐標代入圖形方程式

$\therefore c=6$

$\therefore E：\frac{x}{2}+\frac{y}{3}+\frac{z}{6}=1$

Ans

(1) $\frac{x}{8}+\frac{y}{8}+\frac{z}{4}=1$

(2) $\frac{x}{2}+\frac{y}{3}+\frac{z}{6}=1$

求平面◉找出「垂直」平面的「法向量」
◉見過「E_1，E_2 交線」，必設 $E_1+kE_2=0$
◉跟坐標軸有關，用截距式

例題 13 若平面 E 過點 $P(1,3,2)$，分別交 x，y，z 軸之正向於 A，B，C 三點，O 為原點，則四面體 $O-ABC$ 之體積最小為＿＿＿＿＿；又此時平面 E 之方程式為＿＿＿＿＿

與坐標軸正向交點

Sol

設平面 $E：\frac{x}{a}+\frac{y}{b}+\frac{z}{c}=1$，$a>0$，$b>0$，$c>0$，

$\because E$ 過 $P(1,3,2)$

$\therefore\frac{1}{a}+\frac{3}{b}+\frac{2}{c}=1$

見「圖形上點」，必將點坐標代入圖形方程式

$\frac{1}{3}\times$ 底面積 $\times$ 高

又因：四面體體積 $=\frac{1}{3}\times\left(\frac{1}{2}ab\right)\times c=\frac{1}{6}abc$

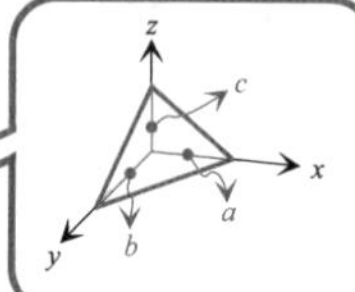

動用到「截距式」的極值問題，必用「算平 ≥ 幾平」：$\frac{a_1+\cdots+a_n}{n}\geq\sqrt[n]{a_1\times\cdots\times a_n}$ 且「等號成立 $\Leftrightarrow a_1=\cdots=a_n$」

$\therefore$由「算幾不等式」知：$\frac{\frac{1}{a}+\frac{3}{b}+\frac{2}{c}}{3}\geq\sqrt[3]{\frac{6}{abc}}$

「立方」去 $\sqrt[3]{\ }$

$\therefore\frac{1}{27}\geq\frac{6}{abc}$　　$\therefore\frac{1}{6}abc\geq 27$

$\therefore$體積最小為：27 且此時 $\frac{1}{a}=\frac{3}{b}=\frac{2}{c}=\frac{1}{3}$

$\because$等號成立時，才有最小值 27
$\therefore\frac{1}{a}=\frac{3}{b}=\frac{1}{c}$

分別當 $\frac{a_1+\cdots+a_n}{n}\geq\sqrt[n]{a_1\times\cdots\times a_n}$ 的 a_1，a_2，a_3 且 $n=3$

$\therefore a=3$，$b=9$，$c=6$

$\therefore$平面 $E：\frac{x}{3}+\frac{y}{9}+\frac{z}{6}=1$，亦即：$6x+2y+3z=18$

Ans

最小體積 $=27$，$E：6x+2y+3z=18$

例題 14 (1)點 $P(1,3,-2)$ 到平面 E：$3x-2y+6z+1=0$ 的距離為＿＿＿＿

(2)設點 $(3,4,a)$ 到平面 $2x-2y+z+4=0$ 的距離為 4，則 $a=$＿＿＿＿

$P_0(x_0,y_0,z_0)$ 到 $ax+by+cz+d=0$ 的距離 $=\dfrac{|ax_0+by_0+cz_0+d|}{\sqrt{a^2+b^2+c^2}}$

Sol

(1)由距離公式知：點 $P(1,3,-2)$ 到平面 E：$3x-2y+6z+1=0$ 的距離

$=\dfrac{|3\times1-2\times3+6\times(-2)+1|}{\sqrt{3^2+(-2)^2+6^2}}=\dfrac{14}{7}=2$

(2)由距離公式知：點 $(3,4,a)$ 到平面 $2x-2y+z+4=0$ 的距離

$=\dfrac{|2\times3-2\times4+a+4|}{\sqrt{2^2+(-2)^2+1^2}}\overset{\text{令}}{=}4$　題目的要求

$\therefore\dfrac{|a+2|}{3}=4$

$\therefore|a+2|=12$

$\therefore(a+2)^2=12^2$　「平方」去絕對值

$\therefore(a+2)^2-12^2=0$

$\therefore(a+2+12)(a+2-12)=0$　用「$a^2-b^2=(a+b)(a-b)$」分解

$\therefore(a+14)(a-10)=0$

$\therefore a=-14$ 或 10

Ans

(1) 2　(2) -14，10

見「$(x-x_0)^2+(y-y_0)^2+(z-z_0)^2$」的極值必聯想「兩點距離」公式

例題 15 設 $P(x,y,z)$ 為平面 $x+y+z=6$ 上任一點，則 $x^2+y^2+z^2$ 的最小值為＿＿

Sol

令 $O(0,0,0)$，E：$x+y+z-6=0$

$\because x^2+y^2+z^2=(x-0)^2+(y-0)^2+(z-0)^2=\overline{OP}^2$

$\therefore x^2+y^2+z^2$ 表示定點 $O(0,0,0)$ 到平面上動點 $P(x,y,z)$ 距離的平方

又因：$\overline{OP}^2\geq(d(O,E))^2=\left(\dfrac{|0+0+0-6|}{\sqrt{1^2+1^2+1^2}}\right)^2=\dfrac{36}{3}=12$

$\therefore x^2+y^2+z^2$ 的最小值 $=12$

$d(O,E)\overset{\text{定義}}{=}$ 點 O 到平面 E 的距離

O, E, P, P, P

$d(O,E)$ 為最短 $\overline{OP}$

Ans

12

例題 16 E_1：$x+2y-2z+4=0$ 與 E_2：$2x-y+2z-4=0$ 的角平分面方程式為＿＿＿＿＿＿

角平分面上的點到兩夾面，必「等距離」

跟「平面直線」相同！
可以用「點到平面距離公式」，
求「角平分面」：角平分面上點 $P(x,y,z)$ 到兩夾平面，必「等距」

Sol

$P(x,y,z)$ 是 E_1 與 E_2 的角平分面上的任意點

$\therefore d(P,E_1)=d(P,E_2)$

$\therefore \dfrac{|x+2y-2z+4|}{\sqrt{1^2+2^2+(-2)^2}}=\dfrac{|2x-y+2z-4|}{\sqrt{2^2+(-1)^2+2^2}}$

$\therefore \dfrac{|x+2y-2z+4|}{3}=\dfrac{|2x-y+2z-4|}{3}$

$\therefore x+2y-2z+4=\boxed{\pm}(2x-y+2z-4)$

∵兩側「絕對值內的式子」，可能「同號（同正、同負）」或「異號（一正、一負）」
∴需加上「±」

$\therefore x-3y+4z=8$ 或 $3x+y=0$

Ans

$x-3y+4z=8$ 或 $3x+y=0$

求「投影點、對稱點」，可用
⊙ A、P 與法向量平行
∴可令：未知向量 ＝已知向量的 t 倍，或
⊙代「投影點、對稱點」公式

例題 17 點 $A(1,-1,5)$ 在平面 E：$x+2y+2z=0$ 上的投影點 P 的坐標為＿＿＿＿，點 A 對平面 E 的對稱點 A' 的坐標為＿＿＿＿

Sol

設 $P(x,y,z)$

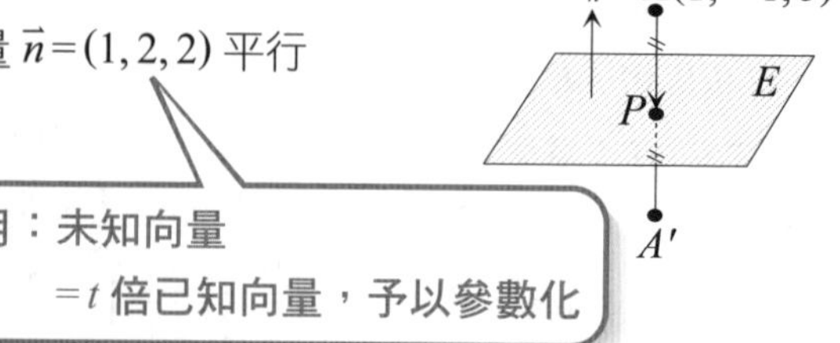

$\because \overrightarrow{AP}=(x-1,y+1,z-5)$ 與平面法向量 $\vec{n}=(1,2,2)$ 平行

$\therefore \overrightarrow{AP}=t\vec{n}$

$\therefore (x-1,y+1,z-5)=t\times(1,2,2)$

$\therefore (x,y,z)=(1+t,-1+2t,5+2t)$

用：未知向量 ＝t 倍已知向量，予以參數化

又因：P 在平面 E 上

$\therefore (1+t)+2(-1+2t)+2(5+2t)=0$

$\therefore 9t=-9$

見「圖形上點」，必將點坐標代入「圖形方程式」

$\therefore t=-1$

$\therefore P(1-1,-1-2,5-2)=P(0,-3,3)$

再設：$A'(a,b,c)$

$\because \overline{AA'}$ 的中點為 $P(0,-3,3)$

$\therefore \left(\dfrac{a+1}{2},\dfrac{b-1}{2},\dfrac{c+5}{2}\right)\overset{令}{=}(0,-3,3)$

$P_1(x_1,y_1,z_1)$ 及 $P_2(x_2,y_2,z_2)$ 的「中點」為 $\left(\dfrac{x_1+x_2}{2},\dfrac{y_1+y_2}{2},\dfrac{z_1+z_2}{2}\right)$

$\therefore (a,b,c)=(-1,-5,1)$

$\therefore A'(-1,-5,1)$

▶▶▶▶ Ans

(1) $P(0,-3,3)$

(2) $A'(-1,-5,1)$

涉「空間直線」的「點」問題，必用參數式

例題 18 已知 L_1：$\dfrac{x-4}{3}=\dfrac{y-2}{-1}=\dfrac{z-1}{2}$ 與 L_2：$\dfrac{x-5}{-7}=\dfrac{y-3}{1}=\dfrac{z+2}{a}$ 相交，則 $a=$ ＿＿＿＿＿＿，兩直線的交點坐標為＿＿＿＿＿＿

▶▶▶▶ Sol

設 $P(x,y,z)$ 為 L_1 與 L_2 的交點，

$\because P$ 在 L_1 上

$\therefore P(x,y,z)=P(4+3t,2-t,1+2t)$，

分別用 L_1，L_2 的「參數式」改寫 $P(x,y,z)$。但需注意：要用「不同」的參數符號！

又因：P 在 L_2 上

$\therefore P(x,y,z)=P(5-7s,3+s,-2+as)$，

$\therefore \begin{cases}4+3t=5-7s \\ 2-t=3+s \\ 1+2t=-2+as\end{cases}$

都是 P 的 x

都是 P 的 y

都是 P 的 z

$\therefore 4+3t+3(2-t)=(5-7s)+3(3+s)$

用「前兩式」（無 a 的式子），先聯立求出「s，t」

$\therefore s=1$ 且 $t=-2$

接著，將 $s=1$，$t=-2$ 代入「$1+2t=-2+as$」，可得：$1+2(-2)=-2+a$

$\therefore a=-1$

$\therefore L_1$ 與 L_2 的交點為 $(-2,4,-3)$

將「$t=-2$」代入交點參數：$P(4+3t,2-t,1+2t)$

▶▶▶▶ Ans

(1) $a=-1$

(2) $(-2,4,-3)$

例題 19 李探長為了找尋槍手的可能發射位置，他設定一空間座標，先從 $(0,0,2)$ 朝向 $(5,8,3)$ 發射一固定雷射光束，接著又從點 $(0,7,a)$ 沿平行於 x 軸方向發射另一雷射光束，則當 $a=$ ＿＿＿＿ 時，兩雷射光速會相交。【93 社聯招】

▶▶▶▶ Sol

「空間直線交點」問題，必用「參數式」來解題。

設 $A(0,0,2)$，$B(5,8,3)$，$C(0,7,a)$

(1)從 $A(0,0,2)$ 朝向 $B(5,8,3)$ 發射的雷射光束，其方向向量為

$\overrightarrow{AB}=(5-0,8-0,3-2)=(5,8,1)$

$\therefore \overleftrightarrow{AB}$ 的參數式為：$\begin{cases} x=5t \\ y=8t, \quad t\in R \\ z=2+t \end{cases}$

取「x 軸正向」的「單位向量」，當「方向向量」

(2)又因：從 $C(0,7,a)$ 沿「平行 x 軸方向」發射的雷射光束，其方向向量為 $(1,0,0)$

$\therefore$ 通過 C 的直線參數式為：$\begin{cases} x=s \\ y=7, s\in R \\ z=a \end{cases}$

不同空間直線，其參數符號應不相同

$\therefore$ 可得：$\begin{cases} 5t=s \\ 8t=7 \\ 2+t=a \end{cases}$

圖形方程式聯立 ⇔ 求圖形交點

$\therefore t=\dfrac{7}{8} \quad \therefore a=2+\dfrac{7}{8}=\dfrac{23}{8}$

將「$t=\dfrac{7}{8}$」代入「$2+t=a$」

▶▶▶▶ Ans

$\dfrac{23}{8}$

例題 20 曲面 $x^2+y^2+z^2=4$ 與空間中兩點 $P=(1,-2,1)$，$Q=(-1,2,-1)$ 的關係是：

(1)直線 $\overleftrightarrow{PQ}$ 和曲面交於兩點

(2)直線 $\overleftrightarrow{PQ}$ 與曲面相切

(3)直線 $\overleftrightarrow{PQ}$ 通過曲面中心$(0,0,0)$

「空間直線之交點」問題，必利用「方向向量，予以參數化」。

Sol

$\because \overrightarrow{PQ}=(-2,4,-2)//(1,-2,1)$

$\therefore$ 可取 $(1,-2,1)$ 當 $\overleftrightarrow{PQ}$ 的方向向量

$\therefore \overleftrightarrow{PQ}:\begin{cases}x=1+t\\y=-2-2t\\z=1+t\end{cases}$

將「空間直線」參數化，以利求交點

$\therefore$ 代入曲面 $x^2+y^2+z^2=4$，可得：

$(1+t)^2+(-2-2t)^2+(1+t)^2=4$

圖形方程式聯立，便可求交點
或 交點在圖形上，所以，
將交點坐標代入圖形方程式

$\therefore 3t^2+6t+1=0$

又因：判別式 $=6^2-4\times3\times1=24>0$

$\therefore t$ 有 2 解

$\therefore$ 直線 $\overleftrightarrow{PQ}$ 與球面交於 2 點，而非相切

再因：球心 $(0,0,0)$ 代入直線 $\overleftrightarrow{PQ}$，可得：

$\begin{cases}0=1+t\\0=-2-2t\\0=1+t\end{cases}$

$\therefore t=-1$

$\therefore$ 表示球心可以用直線 $\overleftrightarrow{PQ}$ 的參數式來表現

$\therefore$ 直線 $\overleftrightarrow{PQ}$ 通過曲面中心

$\because t$ 有解
$\therefore (0,0,0)$ 可以用 $\overleftrightarrow{PQ}$ 的參數式來表現
$\therefore (0,0,0)$ 在 $\overleftrightarrow{PQ}$ 上

$\therefore$ 選 (1)、(3)

Ans

(1)、(3)

涉「空間直線」的「點」問題，必用參數式

例題 21 試討論平面 $E：3x-y+2z=5$ 與三直線 $L_1：\frac{x-1}{2}=\frac{y+2}{4}=\frac{z-2}{-1}$，$L_2：\frac{x+6}{3}=\frac{y+1}{1}=\frac{z+7}{2}$，$L_3：\frac{x-2}{3}=\frac{y-5}{1}=\frac{z-2}{-4}$ 的相交狀況？

將「空間直線」的參數式，代入 E。如果，可以求出 t 值，便表示有交點！

Sol

①L_1 之動點為 $P(1+2t,-2+4t,2-t)$ 代入 E，可得：

$3(1+2t)-(-2+4t)+2(2-t)=5$

$\therefore 0\times t+9=5$

$\therefore t$ 無解　$\therefore L_1 // E$，亦即：不相交

②L_2 之動點為 $Q(-6+3t,-1+t,-7+2t)$ 代入 E，可得：

$3(-6+3t)-(-1+t)+2(-7+2t)=5$

$\therefore 12\times t=36$

$\therefore t=3$　$\therefore L_2$ 與 E 交於一點 $Q(3,2,-1)$

③L_3 之動點為 $R(2+3t,5+t,2-4t)$ 代入 E，可得：

$3(2+3t)-(5+t)+2(2-4t)=5$

$\therefore 0\times t+5=5$

$\therefore t$ 為任意實數　$\therefore L_3$ 落在平面 E 上

意謂：空間直線的「參數式」代「任何 t 值」所得的點都在 E 上。
$\therefore$ 整條 L_3 都在 E 上

$\because$ 任意 t，$5=5$ 恆成立
$\therefore 0\times t+5=5$ 的解為「任意實數」

Ans

(1) 不相交

(2) 交於一點 $Q(3,2,-1)$

(3) L_3 是 E 上的一條空間直線

涉「空間直線」的「點」問題，必用參數式

例題 22 已知點 $P(6,-4,4)$，$Q(2,1,2)$，$R(3,-1,4)$，試求：

(1)自點 P 作 $\overleftrightarrow{QR}$ 的垂直線，令垂足為 H，則 H 的坐標為________

(2)點 P 至 $\overleftrightarrow{QR}$ 的最短距離為________

Sol

(1)$\because \overrightarrow{QR}=(1,-2,2)$ 為 $\overleftrightarrow{QR}$ 的方向向量

且 $\overleftrightarrow{QR}$ 過 $Q(2,1,2)$

$\therefore$ 可設 $H(2+t,1-2t,2+2t)$

$\therefore \overrightarrow{PH}=(-4+t,5-2t,-2+2t)$

利用 $\overleftrightarrow{QR}$ 的參數式

畫圖來協助思考：
$P(6,-4,4)$
$(2,1,2)$　$(3,-1,4)$
Q　H　R

又因：$\overrightarrow{PH} \perp \overrightarrow{QR}$

$\therefore \overrightarrow{PH} \cdot \overrightarrow{QR} = 0$　見「向量垂直」，必用：內積 = 0

$\therefore (-4+t, 5-2t, -2+2t) \cdot (1, -2, 2) = 0$

$\therefore (-4+t) - 2(5-2t) + 2(-2+2t) = 0$

$\therefore t = 2 \quad \therefore H(4, -3, 6)$

(2) P 到 $\overleftrightarrow{QR}$ 的最短距離為：

$\overline{PH} = \sqrt{(6-4)^2 + (-4-(-3))^2 + (4-6)^2}$　代入「兩點距離」公式

$= \sqrt{4+1+4}$

$= 3$

點到線的「最短距離」= 點到線的「垂足」距離

▶▶▶▶ Ans

(1) $H(4, -3, 6)$

(2) 3

兩平面夾角⇔兩法向量的夾角 θ 及 $\pi - \theta$

例題 23　設平面 E_1：$x + ky + z - 2 = 0$ 與平面 E_2：$x + \sqrt{2}y - z + 1 = 0$ 的夾角為 60° 與 120°，求 k 之值？

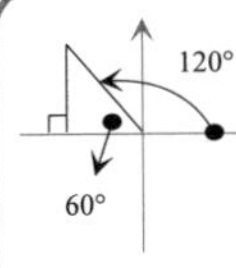

$\therefore \cos(120°) = ㊀\cos(60°)$

▶▶▶▶ Sol

令 $\overrightarrow{n_1} = (1, k, 1)$，$\overrightarrow{n_2} = (1, \sqrt{2}, -1)$

$\because \cos(60°) = \dfrac{1}{2}$；$\cos(120°) = \dfrac{-1}{2}$

$\therefore \dfrac{\overrightarrow{n_1} \cdot \overrightarrow{n_2}}{|\overrightarrow{n_1}||\overrightarrow{n_2}|} = \pm\dfrac{1}{2}$　$\vec{a} \cdot \vec{b} = |\vec{a}||\vec{b}|\cos(\theta)$

$\therefore \pm\dfrac{1}{2} = \dfrac{(1, k, 1) \cdot (1, \sqrt{2}, -1)}{\sqrt{1^2 + k^2 + 1^2} \times \sqrt{1^2 + (\sqrt{2})^2 + (-1)^2}} = \dfrac{\sqrt{2}k}{\sqrt{k^2+2} \times 2}$

$\therefore \pm 1 = \dfrac{\sqrt{2}k}{\sqrt{k^2+2}}$　等號兩邊的「分母，同約 2」

$\therefore 1 = \dfrac{2k^2}{k^2+2}$　平方去√￣

$\therefore k^2 = 2$

$\therefore k = \pm\sqrt{2}$　平方根「正負都要」

▶▶▶▶ Ans

$k = \pm\sqrt{2}$

用「向量內積」求「平面夾角」，記得加「±」

涉「空間直線」的「點」問題，必用參數式

例題 24　兩平行直線 $L_1:\frac{x+1}{2}=\frac{y-1}{2}=\frac{z}{1}$ 與 $L_2:\frac{x-1}{2}=\frac{y}{2}=\frac{z+2}{1}$ 間的距離為 ______

∵兩直線平行
∴任取 L_1 上一點，投影到 L_2 的「參數點」上，
便可利用「垂直向量，內積 $=0$」來解題

▶▶▶▶ Sol

取 L_1 上的點 $P(-1,1,0)$，並設點 P 在 L_2 上的投影點為 Q

令 $x+1=y-1=z=0$

$P(-1,1,0)$ L_1

L_2 $Q(1+2t,2t,-2+t)$

畫簡圖，來協助思考

$\therefore$ 由 L_2 之參數式可設 $Q(1+2t,2t,-2+t)$

$\therefore \overrightarrow{PQ}=(2+2t,-1+2t,-2+t)$

又因：$\overrightarrow{PQ}\perp L_2$ 的方向向量$(2,2,1)$

$\therefore \overrightarrow{PQ}\cdot(2,2,1)=0$

∵Q 在 L_2 上
∴Q 可用 L_2 的參數來表達

向量垂直，內積 $=0$

$\therefore (2+2t,-1+2t,-2+t)\cdot(2,2,1)=0$

$\therefore 2(2+2t)+2(-1+2t)+(-2+t)=0$

$\therefore 9t=0$

$\therefore t=0$

$\therefore \overrightarrow{PQ}=(2,-1,-2)$

將「$t=0$」代入 $\overrightarrow{PQ}=(2+2t,-1+2t,-2+t)$

$\therefore d(L_1,L_2)=\overline{PQ}=|\overrightarrow{PQ}|=\sqrt{2^2+(-1)^2+(-2)^2}=3$

$|\overrightarrow{P_1P_2}|=|(a,b,c)|=\sqrt{a^2+b^2+c^2}$

▶▶▶▶ Ans

3

「歪斜線」問題，必用「參數式」造「公垂線 $\overleftrightarrow{P_1P_2}$」的「垂足 P_1，P_2」，並配合「垂直向量，內積為0」來解題！

例題 25 直線 L_1：$\dfrac{x-3}{2}=\dfrac{y-1}{2}=z-2$ 與 L_2：$\dfrac{x-4}{-2}=y+4=\dfrac{z-1}{2}$ 不共平面，試求：

(1)其公垂線的對稱（比例）式？

(2)兩直線 L_1 與 L_2 之間的距離？

涉「空間直線」的「點」問題，必用參數式

Sol

設所求公垂線交 L_1 於 P_1，交 L_2 於 P_2

$\because P_1$ 在 L_1 上

$\therefore$ 可設 $P(3+2t,1+2t,2+t)$，

$\because P_2$ 在 L_2 上

$\therefore$ 可設 $Q(4-2s,-4+s,1+2s)$

用 L_1 及 L_2 的參數式表達「垂足」，但須記得用「不同的參數符號」

$\therefore \overrightarrow{PQ}=(1-2s-2t,-5+s-2t,-1+2s-t)$，

$\because \overrightarrow{PQ}\perp L_1$

$\therefore 2(1-2s-2t)+2(-5+s-2t)+(-1+2s-t)=0$

$\therefore -9t=9 \quad \therefore t=-1$

又因：$\overrightarrow{PQ}\perp L_2$

$\therefore -2(1-2s-2t)+(-5+s-2t)+2(-1+2s-t)=0$

$\therefore 9s=9 \quad \therefore s=1$

$\therefore P(1,-1,1)$ 且 $Q(2,-3,3)$

將「$t=-1$，$s=1$」分別代入「P，Q」的參數式

$\because$(1)公垂線 $\overleftrightarrow{PQ}$：$\dfrac{x-1}{1}=\dfrac{y+1}{-2}=\dfrac{z-1}{2}$

(2)直線 L_1 與 L_2 間的距離 $=\overline{PQ}=\sqrt{1+4+4}=3$

取 $\overrightarrow{PQ}=(2-1,-3-(-1),3-1)=(1,-2,2)$ 當方向向量，並取 $P(1,-1,1)$ 當 (x_0,y_0,z_0) 套入：$\dfrac{x-x_0}{m}=\dfrac{y-y_0}{n}=\dfrac{z-z_0}{l}$

Ans

(1) $\dfrac{x-1}{1}=\dfrac{y+1}{-2}=\dfrac{z-1}{2}$

(2) 3

留意：「常數項」應放「等號另一邊」

例題 26 試分別求出 k 的值，使得方程組 $\begin{cases} kx+y+z=\boxed{1} \\ x+ky+z=\boxed{1} \\ x+y+kz=\boxed{1} \end{cases}$：

(1)恰有一解　(2)無解　(3)無限多組解

Δ_x，Δ_y，Δ_z 是將「常數項行」取代「x 係數，y 係數，z 係數」行的新行列式（值）

▶▶▶▶ Sol

$\because \Delta = \begin{vmatrix} k & 1 & 1 \\ 1 & k & 1 \\ 1 & 1 & k \end{vmatrix} = (k-1)^2(k+2)$，$\Delta_x = \begin{vmatrix} \boxed{1} & 1 & 1 \\ \boxed{1} & k & 1 \\ \boxed{1} & 1 & k \end{vmatrix} = (k-1)^2$，

$\Delta_y = \begin{vmatrix} k & \boxed{1} & 1 \\ 1 & \boxed{1} & 1 \\ 1 & \boxed{1} & k \end{vmatrix} = (k-1)^2$，$\Delta_z = \begin{vmatrix} k & 1 & \boxed{1} \\ 1 & k & \boxed{1} \\ 1 & 1 & \boxed{1} \end{vmatrix} = (k-1)^2$

「1 個方程式」有「3 個變數 x，y，z」
$\therefore$需引入「③－①＝2 個符號」，才能將「解」予以「參數化」

$\therefore$可得：

(1)當 $k \neq 1$ 且 $k \neq -2$ 時：$\because \Delta \neq 0$　$\therefore$恰有一解 $x=y=z=\dfrac{1}{k+2}$

$x=\dfrac{\Delta_x}{\Delta}$，$y=\dfrac{\Delta_y}{\Delta}$ 且 $z=\dfrac{\Delta_z}{\Delta}$

(2)當 $k=-2$ 時：$\because \Delta=0$ 且 $\Delta_x \neq 0$　$\therefore$無解

(3)當 $k=1$ 時：$\because \Delta=\Delta_x=\Delta_y=\Delta_z=0$

且 $\begin{cases} x+y+z=1 \\ x+y+z=1 \\ x+y+z=1 \end{cases}$ 有無限多組解，且其解為 $\begin{cases} x=t \\ y=s \\ z=1-t-s \end{cases}$，$t$，$s$ 為實數

將 $k=1$ 代回方程組，作細部討論！

⊙恰一解：$\Delta \neq 0$ 且唯一解為 $x=\dfrac{\Delta_x}{\Delta}$，$y=\dfrac{\Delta_y}{\Delta}$，$z=\dfrac{\Delta_z}{\Delta}$

⊙ 無解：$\Delta=0$ 且 $\Delta x, \Delta_y, \Delta_z$「至少有一個 $\neq 0$」
無限解或不全重合平行（三平行都不重合或 $\underbrace{\text{二重合}}_{\text{特別的平行}}$ 一平行）的「無解」：
$\underbrace{\Delta=\Delta_x=\Delta_y=\Delta_z=0}_{\text{全為 0}}$

見「無解、無限解、不只一解」必聯想「$\Delta=0$」！

對「$\Delta=\Delta_x=\Delta_y=\Delta_z=0$」，需將「未知數代回方程組」，並作細部討論，以確認方程組究竟是「無限解或無解」及平面的互動狀況

例題 27 已知方程組 $\begin{cases}5x+3y-z=0\\2x+y+3z=a\\x+4y+bz=17\end{cases}$ 有無限多組解，求 a、b 的值？

留意：要先將「常數項」放在「等號另一邊」

Sol

∵方程組有無限多組解：

$\therefore \Delta=\Delta_x=\Delta_y=\Delta_z=0$

$\therefore \Delta=\begin{vmatrix}5 & 3 & -1\\2 & 1 & 3\\1 & 4 & b\end{vmatrix}\overset{令}{=}0$

$\therefore b=-58$

又因：

也可以選「$\Delta_x=0$ 或 $\Delta_y=0$」來解題

$\Delta_z=\begin{vmatrix}5 & 3 & 0\\2 & 1 & a\\1 & 4 & 17\end{vmatrix}\overset{令}{=}0$

$\therefore a=-1$

$\therefore a=-1$ 且 $b=-58$

Ans

$a=-1$ 且 $b=-58$

◉恰一解：$\Delta\neq 0$ 且唯一解為 $x=\dfrac{\Delta_x}{\Delta}$，$y=\dfrac{\Delta_y}{\Delta}$，$z=\dfrac{\Delta_z}{\Delta}$

◉ 無解：$\Delta=0$ 且 $\Delta x, \Delta_y, \Delta_z$「至少有一個 $\neq 0$」

無限解或不全重合平行（三平行都不重合或二重合一平行（特別的平行））的「無解」：

$\underbrace{\Delta=\Delta_x=\Delta_y=\Delta_z=0}_{全為 0}$

見「無解、無限解、不只一解」必聯想「$\Delta=0$」！

對「$\Delta=\Delta_x=\Delta_y=\Delta_z=0$」，需將「未知數代回方程組」，並作細部討論，以確認方程組究竟是「無限解或無解」及平面的互動狀況

例題 28 若齊次方程組 $\begin{cases} x+2y+4z+2t=0 \\ 3x+5y+10z+4t=0 \\ 2x-y+z+t=0 \\ x+y+az+(a+2)t=0 \end{cases}$ 有不為零的解，則 $a=$ ______

【85 自聯招】

▶▶▶ Sol

∵原方程組，「常數項都是 0」

∴必有(0, 0, 0, 0, 0)解

又因：有不為 0 的解

∴無限多解

$$\therefore \Delta = \begin{vmatrix} 1 & 2 & 4 & 2 \\ 3 & 5 & 10 & 4 \\ 2 & -1 & 1 & 1 \\ 1 & 1 & a & a+2 \end{vmatrix} \overset{令}{=} 0$$

用：
$R_1 \times (-3) + R_2$，
$R_1 \times (-2) + R_3$，
$R_1 \times (-1) + R_4$，
設法「製造最多 0 元素行」！再用「第 1 行」來降階

$$\therefore \begin{vmatrix} 1 & 2 & 4 & 2 \\ 0 & -1 & -2 & -2 \\ 0 & -5 & -7 & -3 \\ 0 & -1 & a-4 & a \end{vmatrix} = 0 \quad \therefore (-1)^{1+1} \times (1) \times \begin{vmatrix} -1 & -2 & -2 \\ -5 & -7 & -3 \\ -1 & a-4 & a \end{vmatrix} = 0$$

取「0」最多的「第 1 行」來「降階」

將「三階行列式」直接展開

$\therefore 4a-20=0$

$\therefore a=5$

▶▶▶ Ans

$a=5$

◉恰一解：$\Delta \neq 0$ 且唯一解為 $x=\dfrac{\Delta_x}{\Delta}$，$y=\dfrac{\Delta_y}{\Delta}$，$z=\dfrac{\Delta_z}{\Delta}$

◉ 無解：$\Delta=0$ 且 $\Delta x, \Delta_y, \Delta_z$「至少有一個 $\neq 0$」

無限解或不全重合平行（三平行都不重合或二重合一平行（特別的平行））的「無解」：

$\underbrace{\Delta=\Delta_x=\Delta_y=\Delta_z=0}_{全為 0}$

見「無解、無限解、不只一解」必聯想「$\Delta=0$」！

對「$\Delta=\Delta_x=\Delta_y=\Delta_z=0$」，需將「未知數代回方程組」，並作細部討論，以確認方程組究竟是「無限解或無解」及平面的互動狀況

不只一解

例題 29 已知聯立方程式 $\begin{cases}2x-y-z=0\\3x+y-4z=0\\5x-2y+mz=0\end{cases}$ 除了(0, 0, 0) 外尚有其他解，求常數 m 之值？

等同於：無限解

▶▶▶▶ Sol

$\because \Delta=\begin{vmatrix}2 & -1 & -1\\3 & 1 & -4\\5 & -2 & m\end{vmatrix}\overset{令}{=}0$

$\therefore 2m+20+6+5-16+3m=0$

$\therefore m=-3$

▶▶▶▶ Ans

$m=-3$

⊙恰一解：$\Delta\neq0$ 且唯一解為 $x=\dfrac{\Delta_x}{\Delta}$，$y=\dfrac{\Delta_y}{\Delta}$，$z=\dfrac{\Delta_z}{\Delta}$

⊙ 無解：$\Delta=0$ 且 $\Delta x, \Delta_y, \Delta_z$「至少有一個 $\neq0$」

無限解或不全重合平行（三平行都不重合或二重合一平行）的「無解」：（二重合：特別的平行）

$\underbrace{\Delta=\Delta_x=\Delta_y=\Delta_z=0}_{全為0}$

見「無解、無限解、不只一解」必聯想「Δ= 0」！

對「$\Delta=\Delta_x=\Delta_y=\Delta_z=0$」，需將「未知數代回方程組」，並作細部討論，以確認方程組究竟是「無限解或無解」及平面的互動狀況

留意：要先將「常數項」放在「等號另一邊」

例題 30 若 α，$\beta \in R$，且聯立方程組 $\begin{cases}(1-\alpha)x+7y=1\\ x+y+\alpha z=\beta\\ 2\alpha y+z=0\end{cases}$ 有兩組以上的解，則

$\alpha=$ ________，$\beta=$ ________ 【84 社聯招】

不只一解，無限解，無解，必令係數矩陣的行列式值為 0

▶▶▶▶ Sol

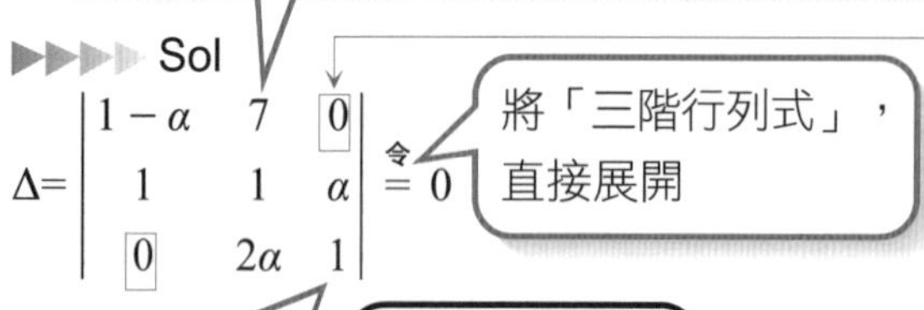

$$\Delta=\begin{vmatrix}1-\alpha & 7 & \boxed{0}\\ 1 & 1 & \alpha\\ \boxed{0} & 2\alpha & 1\end{vmatrix}\overset{令}{=}0$$

將「三階行列式」，直接展開

注意：$(1-\alpha)x+7y$
$=(1-\alpha)x+7y+\boxed{0z}$

要記得：補 $0z$

注意：$2\alpha y+z$
$=\boxed{0x}+2\alpha y+z$

要記得：補 $0x$

$\therefore 2\alpha^3-2\alpha^2-\alpha-6=0$

$\therefore(\alpha-2)(2\alpha^2+2\alpha+3)=0$

又因：α 為一實數

$\therefore \alpha=2$

$\because 2\alpha^2+2\alpha+3=0$ 的判別式 $=2^2-4\times2\times3<0$
$\therefore$「$2\alpha^2+2\alpha+3=0$」無「實數」解

同理：$\Delta_y=\begin{vmatrix}-1 & \boxed{1} & 0\\ 1 & \beta & 2\\ 0 & \boxed{0} & 1\end{vmatrix}\overset{令}{=}0$

將「$\alpha=2$」代入，且可以用 Δ_x，Δ_y 來求

$\therefore \beta=-1$

▶▶▶▶ Ans

無限多組解：$\Delta=\Delta_x=\Delta_y=\Delta_z=0$

$\alpha=2$，$\beta=-1$

⊙恰一解：$\Delta\neq0$ 且唯一解為 $x=\dfrac{\Delta_x}{\Delta}$，$y=\dfrac{\Delta_y}{\Delta}$，$z=\dfrac{\Delta_z}{\Delta}$

⊙ 無解：$\Delta=0$ 且 $\Delta x, \Delta_y, \Delta_z$「至少有一個 $\neq0$」
無限解或不全重合平行（三平行都不重合或二重合一平行）的「無解」：（二重合：特別的平行）
$\underbrace{\Delta=\Delta_x=\Delta_y=\Delta_z=0}_{全為0}$

見「無解、無限解、不只一解」必聯想「$\Delta=0$」！

對「$\Delta=\Delta_x=\Delta_y=\Delta_z=0$」，需將「未知數代回方程組」，並作細部討論，以確認方程組究竟是「無限解或無解」及平面的互動狀況

留意：要先將「常數項」放在「等號另一邊」

例題 31 三平面 E_1：$2x+3y-z=5$，E_2：$x-y+z=2$，E_3：$ax+by-5z=-7$ 相交於一直線，試求實數 a，b 之值？

Sol

∵三平面交於一直線 ⇔ 方程組有無限多組解 ← 直線上，有無限多個點

$\therefore \Delta=\Delta_x=\Delta_y=\Delta_z=0$

$$\therefore \Delta_x=\begin{vmatrix} 5 & 3 & -1 \\ 2 & -1 & 1 \\ -7 & b & -5 \end{vmatrix} \overset{令}{=} 0$$

「換掉 x 的係數行」，只留「未知數 b」，可以「減少未知數」加快解題速度

$\therefore b=\dfrac{41}{7}$

$$同理：\Delta_y=\begin{vmatrix} 2 & 5 & -1 \\ 1 & 2 & 1 \\ a & -7 & -5 \end{vmatrix} \overset{令}{=} 0$$

「換掉 y 的係數行」，只留「未知數 a」，可以「減少未知數」加快解題速度

$\therefore a=\dfrac{-26}{7}$

$\therefore a=\dfrac{-26}{7}$ 且 $b=\dfrac{41}{7}$

Ans

$a=\dfrac{-26}{7}$ 且 $b=\dfrac{41}{7}$

⊙恰一解：$\Delta\neq 0$ 且唯一解為 $x=\dfrac{\Delta_x}{\Delta}$，$y=\dfrac{\Delta_y}{\Delta}$，$z=\dfrac{\Delta_z}{\Delta}$

⊙
- 無解：$\Delta=0$ 且 $\Delta x, \Delta_y, \Delta_z$「至少有一個 $\neq 0$」
- 無限解或不全重合平行（三平行都不重合或 $\underbrace{二重合}_{特別的平行}$ 一平行）的「無解」：

  $\underbrace{\Delta=\Delta_x=\Delta_y=\Delta_z=0}_{全為 0}$

見「無解、無限解、不只一解」必聯想「$\Delta=0$」！

對「$\Delta=\Delta_x=\Delta_y=\Delta_z=0$」，需將「未知數代回方程組」，並作細部討論，以確認方程組究竟是「無限解或無解」及平面的互動狀況

題目的「已知訊息」標記在圖上

例題 32 正四面體 $A-BCD$ 中，如圖所示，若 $\overline{AB}=1$，$\overline{DE}=\overline{CE}$，

⑴求 $\overline{AE}$，$\overline{BE}$ 的長度？

⑵若兩半平面 CDA，CDB 夾角為θ，試求 $\cos(\theta)$？

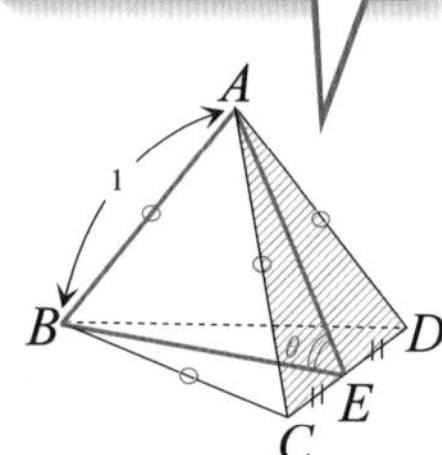

Sol

⑴∵四面體 $A-BCD$ 為正四面體，

∴每個面都是正三角形

又因：$\overline{AB}=1$

∴每個稜長都是 $1=\overline{AC}=\overline{AD}=\overline{BC}$

∵$\overline{DE}=\overline{CE}$

∴$\overline{AE}$ 是正ΔACD 的中線 = 高

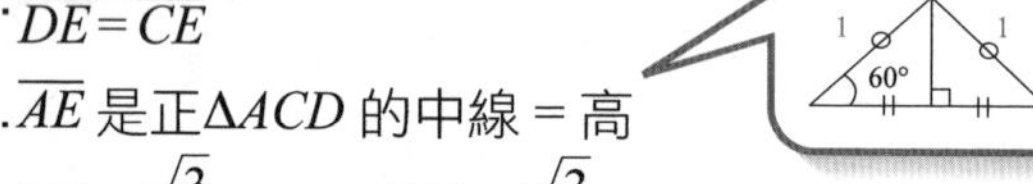

∴$\overline{AE}=\dfrac{\sqrt{3}}{2}$，同理 $\overline{BE}=\dfrac{\sqrt{3}}{2}$

$\overline{BE}$ 為正ΔBCD 的中線 = 高

$\overline{AE}$ 是ΔACD 的高，且 $\overline{BE}$ 是 ΔBCD 的高

⑵$\overline{AE}\perp\overline{CD}$ 且 $\overline{BE}\perp\overline{CD}$

∴$\angle AEB=\theta$

「θ」= 平面 CDA 及 CDB 夾角

在ΔABE 中，由餘弦定理知：

$$\cos(\theta)=\frac{\overline{AE}^2+\overline{BE}^2-\overline{AB}^2}{2\times\overline{AE}\times\overline{BE}}=\frac{\left(\frac{\sqrt{3}}{2}\right)^2+\left(\frac{\sqrt{3}}{2}\right)^2-1^2}{2\times\frac{\sqrt{3}}{2}\times\frac{\sqrt{3}}{2}}=\frac{1}{3}$$

Ans

$\dfrac{1}{3}$

$$\cos(A)=\frac{b^2+c^2-a^2}{2bc}$$

A
c　b
B　a　C

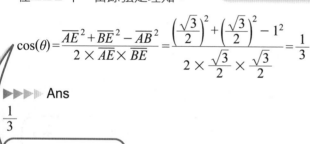

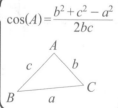

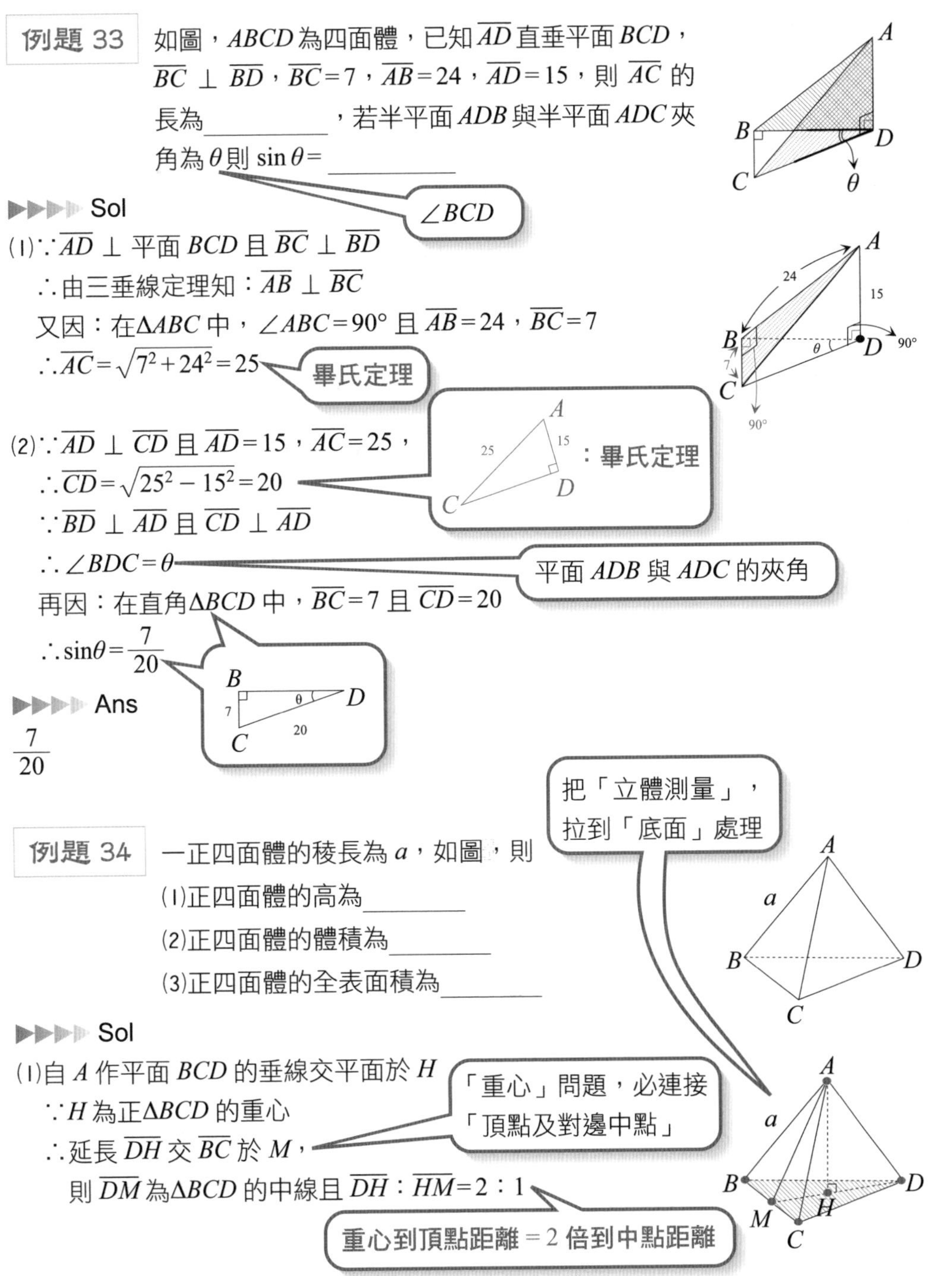

例題 33 如圖，$ABCD$ 為四面體，已知 $\overline{AD}$ 直垂平面 BCD，$\overline{BC} \perp \overline{BD}$，$\overline{BC}=7$，$\overline{AB}=24$，$\overline{AD}=15$，則 $\overline{AC}$ 的長為________，若半平面 ADB 與半平面 ADC 夾角為 θ 則 $\sin\theta=$________

Sol

(1) $\because \overline{AD} \perp$ 平面 BCD 且 $\overline{BC} \perp \overline{BD}$

$\therefore$ 由三垂線定理知：$\overline{AB} \perp \overline{BC}$

又因：在 ΔABC 中，$\angle ABC=90°$ 且 $\overline{AB}=24$，$\overline{BC}=7$

$\therefore \overline{AC}=\sqrt{7^2+24^2}=25$

(2) $\because \overline{AD} \perp \overline{CD}$ 且 $\overline{AD}=15$，$\overline{AC}=25$，

$\therefore \overline{CD}=\sqrt{25^2-15^2}=20$

$\because \overline{BD} \perp \overline{AD}$ 且 $\overline{CD} \perp \overline{AD}$

$\therefore \angle BDC=\theta$

再因：在直角 ΔBCD 中，$\overline{BC}=7$ 且 $\overline{CD}=20$

$\therefore \sin\theta=\dfrac{7}{20}$

Ans

$\dfrac{7}{20}$

例題 34 一正四面體的稜長為 a，如圖，則

(1)正四面體的高為________

(2)正四面體的體積為________

(3)正四面體的全表面積為________

Sol

(1)自 A 作平面 BCD 的垂線交平面於 H

$\because H$ 為正 ΔBCD 的重心

$\therefore$ 延長 $\overline{DH}$ 交 $\overline{BC}$ 於 M，

則 $\overline{DM}$ 為 ΔBCD 的中線且 $\overline{DH}:\overline{HM}=2:1$

$\therefore \overline{DH}=\frac{2}{3}\overline{DM}=\frac{2}{3}\times \boxed{\frac{\sqrt{3}}{2}\overline{BD}}=\frac{\sqrt{3}}{3}a$

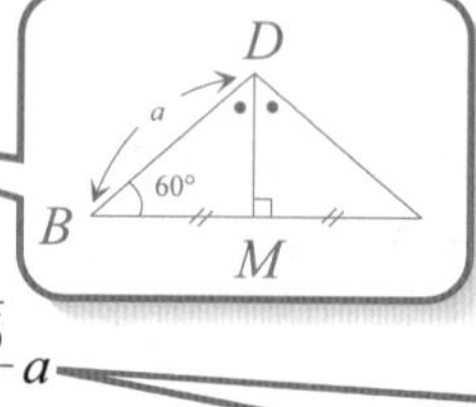

又因：$\overline{AD}=a$

$\therefore$在ΔAHD中，由畢氏定理知：

$\overline{AH}=\sqrt{\overline{AD}^2-\overline{DH}^2}=\sqrt{a^2-\left(\frac{\sqrt{3}}{3}a\right)^2}=\frac{\sqrt{6}}{3}a$

A
a
H
D
$\frac{\sqrt{3}}{3}a$

已知：$\overline{DH}=\frac{\sqrt{3}}{3}a$

(2)正四面體體積 $=\frac{1}{3}\times \Delta BCD$ 的面積 $\times \overline{AH}$

$=\frac{1}{3}\times\left(\frac{\sqrt{3}}{4}a^2\right)\times\frac{\sqrt{6}}{3}a=\frac{\sqrt{2}}{12}a^3$

(3)全表面積 $=4\times \Delta BCD$ 的面積

$=4\times\frac{\sqrt{3}}{4}a^2=\sqrt{3}a^2$

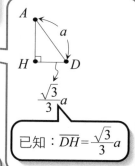

$\frac{1}{3}\times$ 底面積 $\times$ 高；

正Δ面積 $=\frac{\sqrt{3}}{4}$（邊長）^{2}

正四面體，共有4個正Δ形面

Ans

(1) $\frac{\sqrt{6}}{3}a$

(2) $\frac{\sqrt{2}}{12}a^3$

(3) $\sqrt{3}a^2$

CHAPTER 12

「解析幾何」觀點的「圓與球」

重點整理 12-1　「圓與球」特論

重點整理 12-2　應用的關鍵「特徵」與「策略」

重點整理 12-3　解開例題、弄懂策略

重點整理12-1 「圓與球」特論

用「兩點距離」公式

見「圓」的問題，必由「圓心、半徑」的互動關係下手！

特論 1

「圓」的代數式

稱 (h,k) 為圓心，r 為半徑

圓：xy 平面上與定點 (h,k) 距離為 r 的「所有點」所成的集合

圓的標準式	$(x-h)^2+(y-k)^2=r^2$ ← 最佳定義式
圓的一般式	$x^2+y^2+Dx+Ey+F=0$ ← 見一般式，必先配方且見圓上三點時，必用
圓的直徑式	$(x-x_1)(x-x_2)+(y-y_1)(y-y_2)=0$ 以 $\overline{AB}$ 為直徑，其中 $A(x_1,y_1)$，$B(x_2,y_2)$ 為「直徑的兩端點」 ～見「直徑」上的端點坐標，必用 $P(x,y)$，A，B，O $\overrightarrow{PA}\cdot\overrightarrow{PB}=0$
圓的限制	1. x^2 之係數 $=y^2$ 之係數 2. xy 之係數 $=0$ ← 由「一般式」，可看出「這些基本要求」
…必先配方圓的一般式	$\left(x+\frac{D}{2}\right)^2+\left(y+\frac{E}{2}\right)^2=\frac{1}{4}(D^2+E^2-4F)$ 1. $D^2+E^2-4F>0$：表以 $(\frac{-D}{2},\frac{-E}{2})$ 為圓心，以 $\frac{\sqrt{D^2+E^2-4F}}{2}$ 為半徑之「實圓」 2. $D^2+E^2-4F=0$：表一點 $(\frac{-D}{2},\frac{-E}{2})$，並稱之為「點圓」 3. $D^2+E^2-4F<0$：圖形不存在，並稱之為「虛圓」 $(?_1)^2+(?_2)^2=0 \Rightarrow ?_1=?_2=0$

用「圓周角 = 90°」及「內積 = 0」

$\because r=\sqrt{D^2+E^2-4F}$ 的 $\sqrt{\ }$ 內為「負數」，表「r 為虛數」是「實數系統」無法「呈現或描繪」的數值

見「球」的問題，必由「球心、半徑」的互動關係下手！

特論 2

由下列關於「球」的代數式，可知：「多數」球的問題，都可以比照「圓」來處理！

「球」的代數式

球：xyz 空間上與定點 (h,k,l) 距離為 r 的「所有點」所成的集合

稱 (h,k,l) 為球心，r 為半徑

球的標準式	$(x-h)^2+(y-k)^2+(z-l)^2=r^2$ 最佳定義式
球的一般式	$x^2+y^2+z^2+Dx+Ey+Fz+G=0$ 見一般式，必先配方
球的直徑式	$(x-x_1)(x-x_2)+(y-y_1)(y-y_2)+(z-z_1)(z-z_2)=0$ 以 $\overline{AB}$ 為直徑， 其中 $A(x_1,y_1,z_1)$，$B(x_2,y_2,z_2)$ 為「直徑的兩端」 ～見「直徑」上的端點坐標，必用
球的限制	1. x^2 之係數 $=y^2$ 之係數 $=z^2$ 之係數 2. xy 之係數 $=yz$ 之係數 $=xz$ 之係數 $=0$ 由「一般式」，可看出「這些基本要求」
…必先配方球的一般式	$\left(x+\frac{D}{2}\right)^2+\left(y+\frac{E}{2}\right)^2+\left(z+\frac{F}{2}\right)^2=\frac{1}{4}(D^2+E^2+F^2-4G)$ 1. $D^2+E^2+F^2-4G>0$：表以 $(\frac{-D}{2},\frac{-E}{2},\frac{F}{2})$ 為圓心， 以 $\frac{\sqrt{D^2+E^2+F^2-4G}}{2}$ 為半徑之「實球」 2. $D^2+E^2+F^2-4G=0$：表一點 $(\frac{-D}{2},\frac{-E}{2},\frac{-F}{2})$，並稱之為「點球」 3. $D^2+E^2+F^2-4G<0$：圖形不存在，並稱之為「虛球」

特論 3

「圓與球」的基本處理原則：

(A)「球」的大部份問題，都可以「平面化」成「圓」來協助思考

(B)「圓、球」問題，都是「幾何」問題。

因此，通常要「繪圖」並將「已知訊息（含：原始已知及推論出的新已知）」標記在「圖形」上。

(C)「基本幾何」裡已有「性質及特徵」，不可或忘並善用之！

見「相切」，必聯想「垂直，內積 $=0$，斜率相乘 $=-1$，畢氏定理」

(D)「圓、球」問題，必鎖定「心及半徑」的互動關係來思考解題！

解題前，一定要先把連接「心點、心線、心心」的線段「畫出來」

(E) 給「圓、球」的「（二次）一般式」，一定要「先配方」！

(F)「圖形交點」必將「圖形方程式」予以「聯立」！

(G) 常配合「相似（找線段長的比），半徑比及向量分點公式」來找「交點坐標」

重點整理12-2 應用的關鍵「特徵」與「策略」

應用 1

「點 v.s.圓與球」互動問題：

(A) 圓（球）外點：至圓（球）心距離 $>r$

(B) 圓（球）上點：至圓（球）心距離 $=r$

(C) 圓（球）內點：至圓（球）心距離 $<r$

利用：「兩點距離」公式，求「點跟心」的距離

(D)「圓（球）外點」P_0至圓（球）之「最短」及「最長」距離分別為「$\overline{OP_0}-r$，$\overline{OP_0}+r$」且圓（球）上距 P_0 之最短及最長距離「點坐標」，可利用「向量分點公式」來求取。

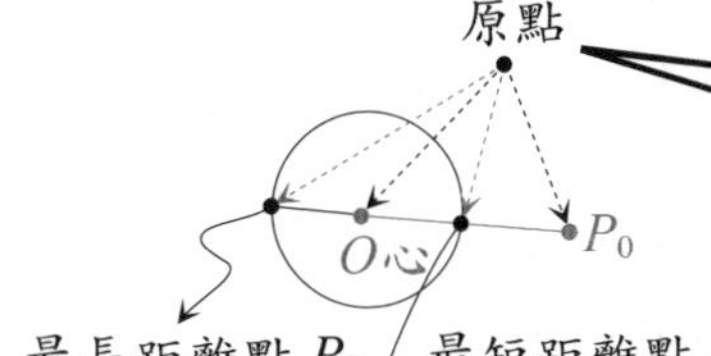

∵搭配「虛擬原點」可組成「共線三點」的具「長度比」之「線段」
∴可用「向量分點公式」，來求 P_1 及 P_2

(E)「圓（球）內點」P_0至圓（球）之「最短」及「最長」距離分別為「$r-\overline{OP_0}$，$r+\overline{OP_0}$」且圓（球）上距 P_0 之最短及最長距離「點坐標」，可利用「向量分點公式」來求取。

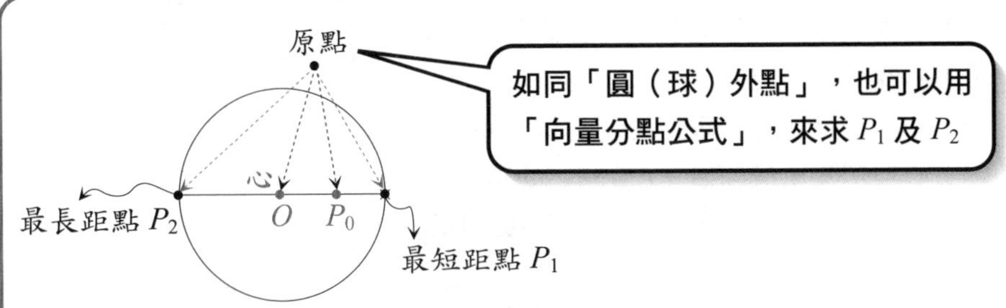

「圖形族」需先將「方程式」的「等號一邊化為0」

應用 2

用「聯立（判別式）」來處理「交點」問題是典型的「解析幾何」技巧

「平面直線 v.s.圓」的互動「判斷」問題：

——可類推到「平面 v.s.球」的互動「判斷」問題！

(A) 相離線：聯立判別式 <0（無交點）⇔圓心至線的距離 $>r$

(B) 相切線：聯立判別式 $=0$（恰一交點）⇔圓心至線的距離 $=r$

(C) 相割線：聯立判別式 >0（兩相異交點）⇔圓心至線的距離 $<r$

(D) 圓與直線族：見經「圓 C 與直線 L 交點」的「圓」，必用「$C+kL=0$」來解題

∵「圓」的「次方較高」
∴「圓」的「影響力較大」
∴「k」最好用在「L」身上而不要用「$kC+L=0$」來求「新的圓」方程式

跟「直線族 $L_1+kL_2=0$」、「平面族 $E_1+kE_2=0$」一樣，專門處理「過已知圖形交點」的「新圖形」方程式！

「含 k 方程式」為「恆過某些點」圖形，必聯想「圖形族」，並「將有 k、沒 k 分開整併」成：圖形① $+k\times$ 圖形② $=0$ 或「分別令它為0」或若含 k 方程為「二次式」，則也許要先「（分別）配方」

可類推到「球與平面族」：見經「球 C 與平面 E 交點」的「球」，必用「$C+kE=0$」來解題

不僅是「判斷」有無「交點」，而是要作更多的演化推論！

應用 3

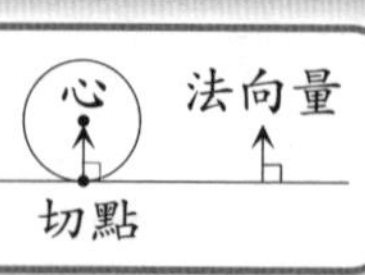

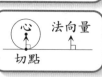

「圓（球）v.s.『切』平面直線（平面）」的特殊「相交」問題

(A) 圓（球）心在切直線（平面）的「投影點」= 切點

(B) 聯立所得的交點 = 切點

(C) 圓（球）心與切點連線，垂直於切直線（平面）

(D) 圓（球）心與切點所成向量 $=t$ 倍的「切直線（平面）的法向量」

(E) 給「切點」的切線「平均值公式」：過圓上切點 $P_0(x_0,y_0)$ 的「切線」為

見「平行、共線」：未知向量 $=t$ 倍的已知向量

此「垂直」線一定要畫出來（亦即：連接「心」與「切點」的連線，要畫）

要將 P_0 代入「平均值公式」之前，須先「確認 P_0 真的是切點」！

$(x-h)(x_0-h)+(y-k)(y_0-k)=r^2$ 或 $xx_0+yy_0+\frac{D}{2}(x+x_0)+\frac{E}{2}(y+y_0)+F=0$

給「**切點**」的切平面「**平均值公式**」：
過球上切點 $P_0(x_0,y_0,z_0)$ 的「切平面」為
$(x-h)(x_0-h)+(y-k)(y_0-k)+(z-l)(z_0-l)=r^2$ 或
$xx_0+yy_0+zz_0+\frac{D}{2}(x+x_0)+\frac{E}{2}(y+y_0)+\frac{F}{2}(z+z_0)+G=0$

⊙「2 次項 x^2，y^2，xy」用「1 個 x_0，y_0」取代；
⊙「1 次項 x，y」用平均值「$\frac{x+x_0}{2}$，$\frac{y+y_0}{2}$」取代；
⊙「常數項」則照抄

代入「切點」，才是切線（切平面）

(F) 經「**圓外點**」$P_0(x_0,y_0)$ 的「切」直線特有問題：

將 P_0「點坐標」代入圓方程式

⊙必有兩條切線 $\overleftrightarrow{P_0A}$，$\overleftrightarrow{P_0B}$ 及兩個切點 A，B

⊙「切線段長」為 $\overline{P_0A}=\overline{P_0B}=\sqrt{(x-x_0)^2+(y-y_0)^2-r^2}=\sqrt{x_0^2+y_0^2+Dx_0+E_0y_0+F}$

點斜式

⊙先設切線為 $y-y_0=m(x-x_0)$，再與「圓方程式」聯立，並令$\Delta_x=0$ 或
令圓心至切線距離＝圓半徑，可求得兩個 m

若只求得一個 m，則表示有一切線為 $x=x_0$（無 m 的平面直線，必垂直 x 軸）

⊙兩「**切點 A，B 連線**」為 ← 與「給切點的切線平均值公式」完全相同

$(x-h)(x_0-h)+(y-k)(y_0-k)=r^2$；$xx_0+yy_0+\frac{D}{2}(x+x_0)+\frac{E}{2}(y+y_0)+F=0$

代「非切點」入「平均值公式」，所得「非切線」而是「切點，連線」！

將「圓心 O 及圓外點 P_0」代入圓的「直徑式」，便可得方程式

⊙ΔOAB 的外接圓＝以 $\overline{OP_0}$ 為直徑的圓 ← **「圓外點」求「外接圓」的特殊方法**

「非圓外點」的「外心」問題，需用：「外心」到「三頂點等距離」且「外心＝外接圓圓心」，亦即，設外心為 $O(x,y)$ 滿足：「到三頂點等距」，求外接圓圓心

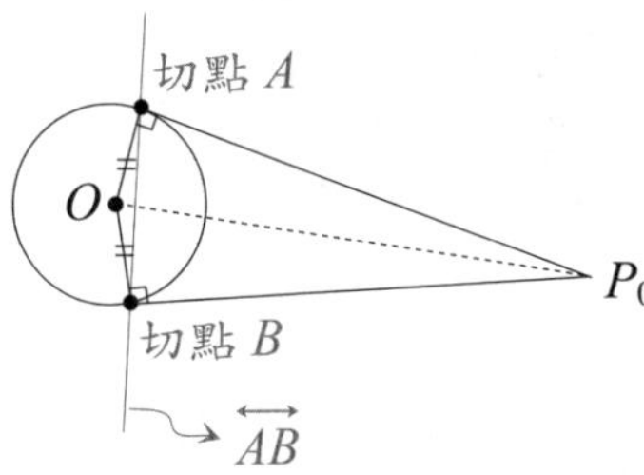

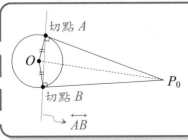

⊙將 P_0 代入「平均值公式」得 $\overleftrightarrow{AB}$ 方程式
⊙$\because \angle OAP_0=\angle OBP_0=90^\circ$ 圓周角
$\therefore \overline{OP_0}$ 是「外接圓」的「直徑」

(G) 見「相切」，必聯想「畫與心連線、半徑、垂直、平分、內積=0、斜率相乘=−1、方程式聯立判別式 = 0」

應用 4

「圓（球）v.s.『割』平面直線（平面）」的特殊「相交」問題

(A)經「圓外點」$P_0(x_0, y_0)$ 的「割」直線特有問題：

◉ 先設割線為 $y-y_0=m(x-x_0)$

> 設交點 x 坐標，分別是 α 及 β 。再代入直線方程式 $y-y_0=m(x-x_0)$，可得交點的 y 坐標

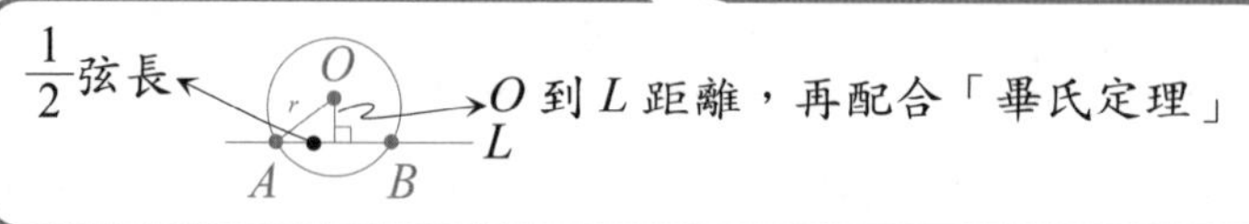

> 聯立後，可得「x 的二次式」，它的「兩根 α，β」為「交點的 x 坐標」

◉ 再與圓聯立，得「圓與割直線」交點 $A(\alpha, y_0+m(\alpha-x_0))$，$B(\beta, y_0+m(\beta-x_0))$，再配合「根與係數公式」，可得「弦中點」與「弦長關係式」。最後再：配合題目訊息，即可求得 m 值。

> 圓心在割線 $\overleftrightarrow{AB}$ 的投影點

> 也可以用：
> ∵「圓心到弦的中點」連線必「垂直弦 $\overline{AB}$」
> ∴可用：向量內積 = 0及畢氏定理

> $ax^2+bx+c=0$ 的兩根「α，β」必滿足：
> $\alpha+\beta=\frac{-b}{a}$ 且 $\alpha\beta=\frac{c}{a}$

(B)「平面」割「球」特有問題：

> 「平面直線」割「圓」會變成：

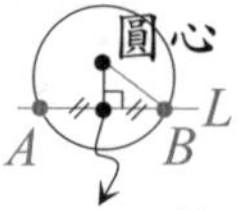

> 圓心在 L 上的「垂足」或「交點線段」的「中點」，亦即是：弦 $\overline{AB}$ 的「弦中點」

球心
R = 球的半徑
球心到平面 E 的「距離」
E
r = 截圓的半徑

> 可用「點到平面距離」公式求出

球心在平面 E 的「投影點」= 平面跟球的「截圓」之「圓心」

> 可用「畢氏定理」，求出「截圓」半徑

> 可用「點對平面」的「投影點」技巧求出

應用 5

「圓」的「動點、極值」問題，必用「圓」的「三角參數式」

「圓」：$(x-h)^2+(y-k)^2=r^2$ 的「三角參數式」
為：$x=h+r\cos(\theta)$，$y=k+r\sin(\theta)$

利用：$\cos^2(\theta)+\sin^2(\theta)=1$
跟「圓」$\left(\frac{x-h}{r}\right)^2+\left(\frac{y-k}{r}\right)^2=1$ **作類比**

應用 6

千萬要記得：見「（二次）一般式」，都需要先「配方」

「圓」的「方程式、軌跡」及「繪圖」，必

(A) 善用：「平方」去絕對值、去（二次）根號及「先畫全正」區塊，再用「對稱」來完成圖

運算組合 型「二次根號，絕對值」式子，需分段討論，不能用「平方」方式，來處理

所有圓錐曲線皆適用

(B)

涉及共線／平面	設軌跡上動點座標為 $P(x,y)$，利用： 未知向量 $=k\times$（已知向量），來處理
涉及垂直	設軌跡上動點座標為 $P(x,y)$，利用：內積 $=0$，來處理
涉及距離	設軌跡上動點座標為 $P(x,y)$，利用：半徑、連心線長，配合繪圖，來處理（常配合：「平方」去絕對值，去$\sqrt{\ }$）
涉及參數	設軌跡上動點座標為 $P(x,y)$，利用：消去參數，只留下「x，y」的式子，來處理

必設動點為 $P(x,y)$ 再依題意列式

(C) 鎖定「標準型 $(\quad)^2+(\quad)^2=r^2$」或「三點一般式」或「直徑上端點的直徑式」來解題。

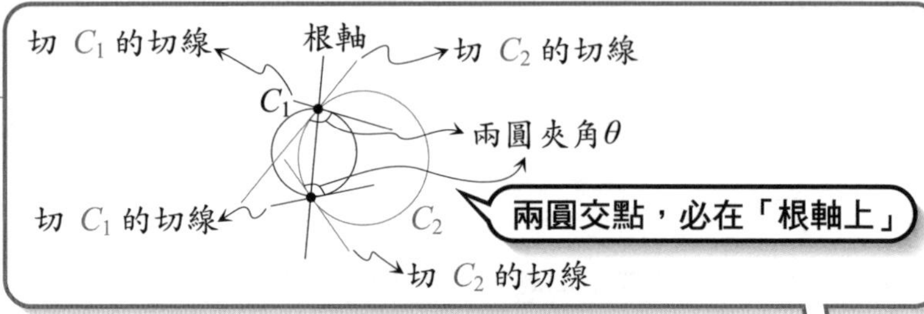

應用 7

∵不知 r_1，r_2 誰比較大
∴需加「絕對值」

特殊的「兩圓」互動問題，必用：

(A) 由「兩圓心距離」v.s.「r_1+r_2 及 $|r_1-r_2|$」，來判斷兩圓的互動關係

C_1：$x^2+y^2+D_1x+E_1y+F_1=0$ 與 C_2：$x^2+y^2+D_2x+E_2y+F_2=0$

(B) 根軸：「相減」消去 x^2，y^2「平方項」後的「二元一次方程式」

(C) 圓族：見經「兩圓交點或根軸」的圓，必可寫成「$C_1+kC_2=0$（不含 C_2）」。

或「先求出根軸 L」，再用「$C_1+kL=0$」

(D) 兩圓夾角：過兩圓交點的切線夾角

$$\cos(\theta)=\pm\frac{D_1D_2+E_1E_2-2(F_1+F_2)}{\sqrt{D_1^2+E_1^2-4F_1}\sqrt{D_2^2+E_2^2-4F_2}}$$

(E) 內公切線長：$\sqrt{(\overline{O_1O_2})^2-(r_1+r_2)^2}$（內加）

配合「向量分點公式」，可求交點與切線方程式

參考「基礎幾何」的解說

(F) 外公切線長：$\sqrt{(\overline{O_1O_2})^2-(r_1-r_2)^2}$（外減）

可推廣到「球」變成：「根面」與「球族」

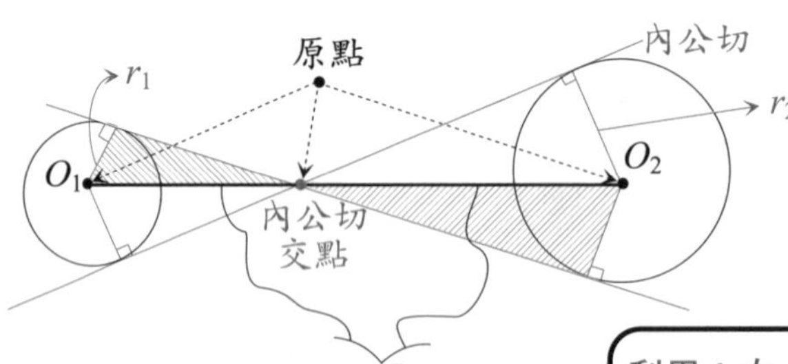

同理：用「向量分點公式」，也可求「外公切」的「交點」！

重點整理 12-3 解開例題、弄懂策略

精選範例

例題 1 試求 $P_0(4,2)$ 與圓 $x^2+y^2-2x+4y=11$ 的最短距離，圓上點坐標及最短距離？

▶▶▶▶ Sol

$\because x^2+y^2-2x+4y=11$，可以改寫成：

$(x-1)^2+(y+2)^2=1+4+11=16=4^2$

見「（二次）一般式」，必先「配方」

$\therefore$ 這是一個以 $O(1,-2)$ 為圓心，半徑為 4 的圓

又因：$\overline{OP_0}=\sqrt{(4-1)^2+(2-(-2))^2}=\sqrt{3^2+4^2}=5>4$（圓半徑）

鎖定「P_0」v.s. 圓心及半徑關係

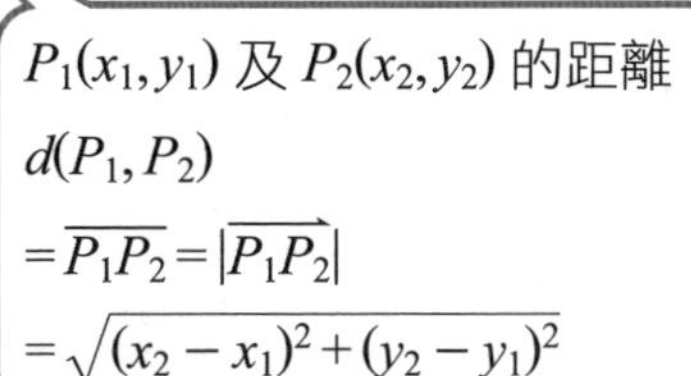

$P_1(x_1,y_1)$ 及 $P_2(x_2,y_2)$ 的距離
$d(P_1,P_2)$
$=\overline{P_1P_2}=|\overrightarrow{P_1P_2}|$
$=\sqrt{(x_2-x_1)^2+(y_2-y_1)^2}$

$\therefore P_0$ 在「圓外」，並可得下圖：

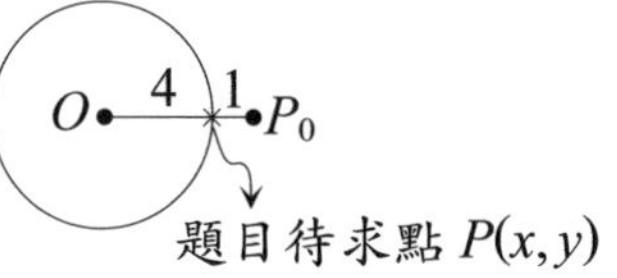

已知「共線點」的「線段比」，欲求點坐標，必用「向量分點公式」

$\therefore$ 最短距離 $=5-4=1$　見上圖：$\overline{PP_0}=5-4=1$

且

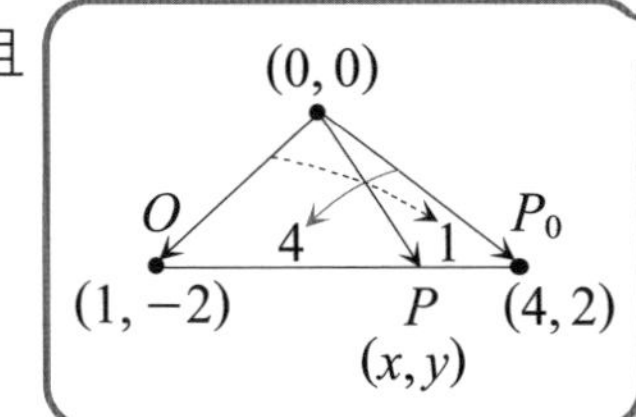

由「向量分點公式」，可得：

$$P(x,y)=\frac{1}{4+1}(1,-2)+\frac{4}{4+1}(4,2)$$

$$=(\frac{1}{5}+\frac{16}{5},\frac{-2}{5}+\frac{8}{5})$$

$$=(\frac{17}{5},\frac{6}{5})$$

▶▶▶▶ Ans

點為 $(\frac{17}{5}, \frac{6}{5})$ 且最短距離為 1

例題 2 試討論直線 L：$3x+4y+k=0$ 與圓 C：$(x-1)^2+(y-2)^2=3^2$，分別滿足下述要求的 k 值

(1) L 與 C 相交於兩（相異）點

(2) L 與 C 相交於一點

(3) L 與 C 不相交

▶▶▶▶ Sol

$\because$ 圓的圓心 O 為 $(1, 2)$ 且半徑為 3

$\therefore$ 圓心到 L 的距離

$=\frac{|3\times1+4\times2+k|}{\sqrt{3^2+4^2}}$

$=\frac{|k+11|}{5}$

點 $P_0(x_0, y_0)$ 到 L：$ax+by+c=0$ 的距離 $d(P_0, L)=\frac{|ax_0+by_0+c|}{\sqrt{a^2+b^2}}$

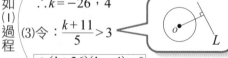

點代入，並取絕對值當分子。留意：分母需開$\sqrt{\ }$

涉圓的問題，必鎖定「圓心及半徑」的互動關係來解題

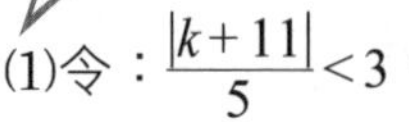

(1)令：$\frac{|k+11|}{5}<3$

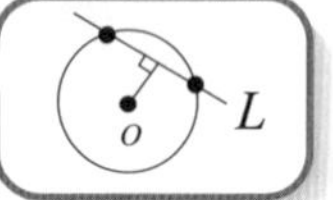

$\therefore |k+11|<15$　　去分母，化整式

$\therefore (k+11)^2<15^2$　　「平方」去絕對值

$\therefore (k+11)^2-15^2<0$　　$a^2-b^2=(a+b)(a-b)$

$\therefore (k+11+15)(k+11-15)<0$

$\therefore (k+26)(k-4)<0$　　小於 0：介於大小之間

$\therefore -26<k<4$

(2)令：$\frac{k+11}{5}=3$

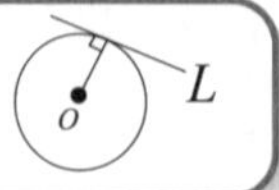

如(1)過程

$\therefore (k+26)(k-4)=0$

$\therefore k=-26$，4

(3)令：$\frac{k+11}{5}>3$

如(1)過程

$\therefore (k+26)(k-4)>0$

$\therefore k>4$ 或 $k<-26$　　大於 0：大於大或小於小

Ans

(1) $-26<k<4$

(2) $k=-26$，4

(3) $k>4$ 或 $k<-26$

例題 3 試求過圓 $(x-3)^2+y^2=4$ 與直線 $x+y-2=0$ 交點，且半徑為 5 的圓方程式？

見過「圓 C 與直線 L 交點」的圓，必用「$C+kL=0$」來解題！

Sol

設待求圓方程式為：$\underbrace{(x-3)^2+y^2-4}_{\text{化等號另一邊為「0」}}+ⓚ\underbrace{(x+y-2)}_{\text{化等號另一邊為「0」}}=0$

$\therefore x^2-6x+9+y^2-4+kx+ky-2k=0$

$\therefore [x^2+(k-6)x]+[y^2+ky]+(5-2k)=0$　　x，y 分開整併

分別將 x，y 的式子，予以配方

往$(\quad)^2+(\quad)^2=r^2$ 的標準形式調整

$\therefore [(x+\frac{k-6}{2})^2-\frac{(k-6)^2}{4}]+[(y+\frac{k}{2})^2-\frac{k^2}{4}]=2k-5$　　見「（二次）一般式」，必配方

$\therefore (x+\frac{k-6}{2})^2+(y+\frac{k}{2})^2=2k-5+\frac{k^2-12k+36}{4}+\frac{k^2}{4}$

$\therefore$ 圓的半徑平方

$=\frac{8k-20+2k^2-12k+36}{4}$　　將「等號另一側」的 k，予以通分整併當 r^2

$=\frac{2k^2-4k+16}{4}\overset{令}{=}5^2$　　題目要求：$r=5$

$\therefore 2k^2-4k+16=100$　　去分母，予以整式化

$\therefore 2k^2-4k-84=0$

$\therefore k^2-2k-42=0$　　先同步「約去 2」，再求「方程式的根（解）」

$\therefore k=\frac{2\pm\sqrt{(-2)^2-4\times1\times(-42)}}{2}=\frac{2\pm\sqrt{172}}{2}=\frac{2\pm2\sqrt{43}}{2}=1\pm\sqrt{43}$

$\therefore$ 所求圓方程式為 $(x-3)^2+y^2-4+(1\pm\sqrt{43})(x+y-2)=0$

Ans

$(x-3)^2+y^2-4+(1\pm\sqrt{43})(x+y-2)=0$

含 k 方程式為「二次式」，先「（分別）配方」

將 k 值代回：
$(x-3)^2+y^2-4+ⓚ(x+y-2)=0$
～留意：別代回易寫錯的「x、y 已分別配方」的式子

見「恆過某些點」的圖形，必聯想「圖形族」

例題 4 k 為任意實數，$x^2+y^2-kx-ky-(10-2k)=0$ 的圖形，恆過兩定點 A、B，試求 A、B 坐標？

「有 k、沒 k」分別「整併」

Sol

∵原方程式，可以被改寫成：$(x^2+y^2-10)-k(x+y-2)=0$

∴圖形為：恆過 $x^2+y^2-10=0$ 及 $x+y-2=0$ 兩圖形的交點

$C+kL=0$
$\Leftrightarrow$ 過 C 與 L 交點的圓

∴用「聯立」，來求圖形「交點」：$\begin{cases} x^2+y^2-10=0\cdots① \\ x+y-2=0\cdots② \end{cases}$

再由②知：$y=2-x$，代入①得：$x^2+(2-x)^2-10=0$

∴$x^2-2x-3=0$ ∴$x=-1$ 或 3 ∴$(x,y)=(-1,3)$ 或 $(3,-1)$

$x^2-2x-3=(x-3)(x+1)$

將 $x=-1$，3 分別代入直線 $x+y-2=0$，可得交點 y 坐標

Ans

$(-1,3)$ 或 $(3,-1)$

例題 5 過圓外一點 $P(3,4)$ 作圓 C：$x^2+y^2-4x-2y+4=0$ 的切線，設切點分別為 A，B，試求 (1) 切線段 $\overline{AP}$ 的長度？

(2) 過 P 點對圓 C 所作的切線方程式？

見「（二次）一般式」必先配方

Sol

(1)圓 C 改成標準式：$(x-2)^2+(y-1)^2=1$，得圓心 $O(2,1)$ 且半徑 $=1$

則切線段長 $\overline{AP}=\sqrt{\overline{OP}^2-\overline{OA}^2}=\sqrt{10-1}=3$

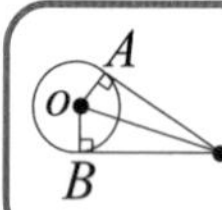

⊙由畢氏定理知：切線長 $\overline{AP}=\sqrt{\overline{OP}^2-\overline{OA}^2}=\sqrt{\overline{OP}^2-r^2}$ 或

⊙將 P 坐標代入「切線段長」公式：「$\sqrt{\text{圓方程式}}$」

利用「點斜式」

(2)設過 $P(3,4)$ 點的切線方程式為 L：$y-4=m(x-3)$

聯立判別式 = 0 v.s. 求算「圓的相交」問題是爛方法，少用！

「1.代入聯立法」：

將 $y=m(x-3)+4$ 代入圓 C 標準式，得：

$(x-2)^2+[m(x-3)+3]^2-1=0$

$\Rightarrow x^2-4x+4+m^2(x^2-6x+9)+6mx-18m+9-1=0$

$\Rightarrow (1+m^2)x^2-(6m^2-6m+4)x+9m^2-18m+12=0$

$\because L$ 為切線　切點恰一個 ⇔ 聯立恰一解

$\therefore D=[-(6m^2-6m+4)]^2-4(1+m^2)(9m^2-18m+12)=0$

$\therefore 6m-8=0$　「m」只有一個解 ⇔ 另有一個 m「不存在」⇔ 垂直 x 軸於圓外點 $P(3,4)$

$\therefore m=\dfrac{4}{3}$　$\dfrac{y-4}{x-3}=m=\dfrac{4}{3}$ 且分式等式，必交叉相乘相等

$\therefore$ 得切線方程式為 $4x-3y=0$

但因 P 點在圓外，所以切線應有兩條。

亦即，另一條切線方程式過 $P(3,4)$，但「沒有斜率」，

如右圖所示，其方程式為：$x=3$

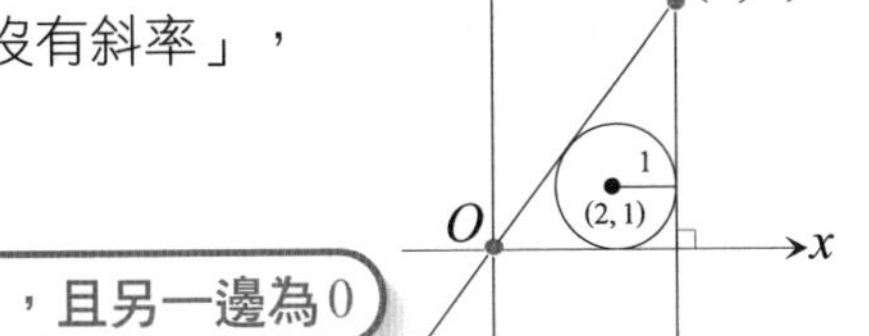

$\therefore$ 過 P 點的切線方程式為 $4x-3y=0$ 或 $x=3$

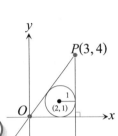

將 $y-4=m(x-3)$，重新整理到「等號同一邊」，且另一邊為 0

「**2.半徑法**」：

$\because L：mx-y+(4-3m)=0$

$\therefore$ 圓心 $(2,1)$ 到 L（切線）的距離 $=\dfrac{|m\times 2-1+(4-3m)|}{\sqrt{m^2+(-1)^2}}$

$=\dfrac{|3-m|}{\sqrt{m^2+1}}\overset{令}{=}1$　圓心到切線距離 = 半徑 1

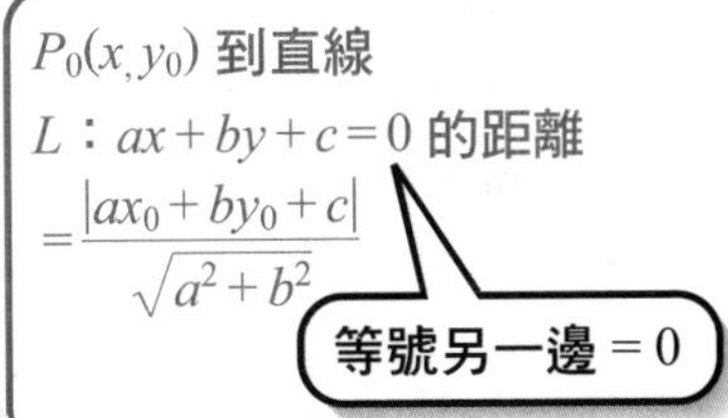

$P_0(x,y_0)$ 到直線
$L：ax+by+c=0$ 的距離
$=\dfrac{|ax_0+by_0+c|}{\sqrt{a^2+b^2}}$
等號另一邊 = 0

「平方」去「絕對值」及 $\sqrt{\ }$

$\therefore \dfrac{(3-m)^2}{m^2+1}=1$

$9-6m+m^2=m^2+1$　去「分母」，予以「整式化」

$\therefore m=\dfrac{8}{6}=\dfrac{4}{3}$

$\therefore$ 所求為：$4x-3y=0$ 或 $x=3$

同「**1.**代入聯立法」的分析，另一條切線過 $P(3,4)$，但「沒有斜率」

Ans

(1) 3

(2) $4x-3y=0$ 或 $x=3$

∵此「相切直線」是一條「空間直線」
∴需用「方向向量」來思考

例題 6　在坐標空間中，平面 $x-2y+z=0$ 上有一個以點 $P(1,1,1)$ 為圓心的圓 C，而 $Q(-9,9,27)$ 為圓 C 上一點，若過 Q 與圓 C 相切的直線 L 的方向向量為 $(a,b,1)$，則數對 $(a,b)=$ ____　【93 學測】

∵「圓」在「空間」的某個「平面」上，不一定在「xy 平面」上。
∴「圓」上的點坐標，不一定是常態的 $(x_0\ y_0)$，極可能是 $(x_0\ y_0, z_0)$

▶▶▶▶ Sol

①∵切線垂直過切點的半徑

見「切線」，必聯想到「垂直、半徑、向量內積為 0」

$\therefore (a,b,1)\perp\overrightarrow{PQ}=(-9-1,9-1,27-1)=(-10,8,26)$

繪圖並標記訊息，以協助思考

$\therefore (a,b,1)\cdot(-10,8,26)=0$

見垂直向量，必用「內積 $=0$」

$\therefore -10a+8b+26=0$

$\therefore 5a-4b=13$

②∵$(1,-2,1)\perp(a,b,1)$

平面 $x-2y+z=0$ 的法向量 $\vec{n}=(1,-2,1)$ 與平面上之「任意向量都垂直」

$(1,-2,1)\cdot(a,b,1)=0$

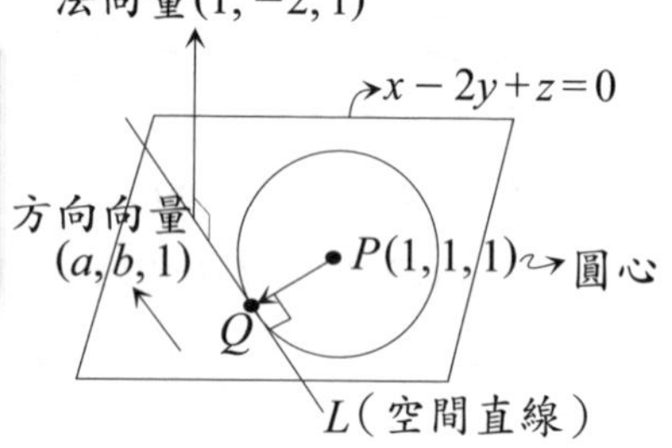

$\therefore a-2b+1=0$

內積為 0

$\therefore a-2b=-1$

∴兩式聯立，可得：$a=5$，$b=3$

▶▶▶▶ Ans

(5, 3)

見「切點 $P_0(x_0,y_0)$」代入「平均值」公式，便可得「切線方程式」，其中「平均值公式」如下：過切線 $P_0(x_0,y_0)$ 切 $Ax^2+Bxy+Cy^2+Dx+Ey+F=0$ 的「切線方程式」為：

$ax x_0+B(x_0y+xy_0)+Cyy_0+\dfrac{D}{2}(x+x_0)+\dfrac{E}{2}(y+y_0)+F=0$。

同理：切 $(x-h)^2+(y-k)^2=r^2$ 的「切線方程式」為：

$(x-h)(x_0-h)+(y-k)(y_0-k)=r^2$

例題 7　試求(1)通過 $P(7,-8)$ 且與圓 C：$(x-2)^2+(y+3)^2=50$ 相切的直線方程式？

(2)通過 $P(-3,14)$ 且與圓 C：$x^2+y^2+2x-6y-115=0$ 相切的直線方程式？

▶▶▶▶ Sol

(1) ∵將 $P(7,-8)$ 點坐標代入圓 C 方程式，可得：$(7-2)^2+(-8+3)^2=50$

∴P 在圓上，為「切點」

∴將 $P(7,8)$ 代入「平均值」公式，

可得：$(x-2)(\textcircled{7}-2)+(y+3)(\textcircled{-8}+3)=50$

為過 $(7,-8)$ 這個「切點」的切線

但需先「確認 $P_0(x_0,y_0)$」是「圓上」的「切點」後，才能用「平均值公式」求「切線」方程式

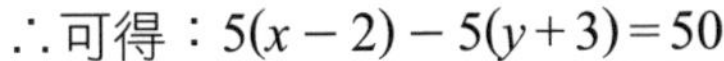

∴可得：$5(x-2)-5(y+3)=50$

∴$x-2-y-3=10$　同約：5

∴$x-y=15$ 為所求切線

(2) ∵將 $P(-3,14)$ 代入圓 C 方程式，可得：

$(-3)^2+(14)^2+2\times(-3)-6\times(14)-115=0$

∴P 在圓上，為「切點」

∴將 $P(-3,14)$ 代入「平均值」公式，可得：

$x\times(\textcircled{-3})+y\times\textcircled{14}+\frac{2}{2}(x+(\textcircled{-3}))-\frac{6}{2}(y+\textcircled{14})-115=0$

∴可得：$-3x+14y+x-3-3y-42-115=0$

∴$-2x+11y-160=0$

∴$2x-11y+160=0$ 為所求切線

▶▶▶▶ Ans

(1) $x-y=15$　(2) $2x-11y+160=0$

例題 8　在坐標平面上，有一個圓通過點 $(-2,7)$，且與直線 $4x+3y-14=0$ 相切於點 $(-1,6)$，若此圓的方程式為 $x^2+y^2+ax+by+c=0$，則 $a=$ ＿＿＿＿＿，$b=$ ＿＿＿＿＿，$c=$ ＿＿＿＿＿　【96 自聯招】

▶▶▶▶ Sol

見「切點 $P_0(x_0,y_0)$」代入「平均值」公式，便可得「切線方程式」，其中「平均值公式」如下：過切線 $P_0(x_0,y_0)$ 切 $Ax^2+Bxy+Cy^2+Dx+Ey+F=0$ 的「切線方程式」為：

$ax\textcircled{x_0}+B(\textcircled{x_0}y+x\textcircled{y_0})+Cy\textcircled{y_0}+\frac{D}{2}(x+\textcircled{x_0})+\frac{E}{2}(y+\textcircled{y_0})+F=0$。

同理：切 $(x-h)^2+(y-k)^2=r^2$ 的「切線方程式」為：

$(x-h)(\textcircled{x_0}-h)+(y-k)(\textcircled{y_0}-k)=r^2$

①由平均值公式得知：過切點 $(-1,6)$ 的切線方程式為

$-1\times x+6\times y+\frac{a}{2}(x-1)+\frac{b}{2}(y+6)+c=0$，

題目已說明：$(-1,6)$ 為切點

亦即：$(a-2)x+(b+12)y-a+6b+2c=0$

② $\frac{a-2}{4}=\frac{b+12}{3}=\frac{-a+6b+2c}{-14}$

重合直線：x，y 係數及常數項，都成相同比值

同義方程式，係數成比例

$\therefore\begin{cases}3(a-2)=4(b+12)\\-14(a-2)=4(-a+6b+2c)\end{cases}$

$\therefore\begin{cases}3a=4b+54\\10a=-24b-8c+28\end{cases}$

③又因：圓又過點 $(-2,7)$

$\therefore 4+49-2a+7b+c=0$

$\therefore 2a=7b+c+53$

∵見「圖形上點」，必將點坐標代入「圖形方程式」
∴將點 $(-2,7)$ 代入：$x^2+y^2+ax+by+c=0$

∴將前述三式聯立，可得：$a=10$，$b=-6$，$c=9$

▶▶▶▶ Ans

$a=10$，$b=-6$，$c=9$

例題 9 直線 $L: x-2y+a=0$ 與圓 $C: x^2+y^2-6x-10y+b=0$ 相切於 $A(5,c)$，求數對 (a,b,c)？

▶▶▶ Sol

$\because x-2y+a=0$ 與圓「相切於 $A(5,c)$」

$\therefore A(5,c)$ 為「圓上的切點」

$\therefore$ 將 A 代入「平均值公式」，可得：

$x\times⑤+y\times ⓒ-\frac{6}{2}(x+⑤)-\frac{10}{2}(y+ⓒ)+b=0$ 為過 $A(5,c)$ 的切線

且 $5^2+c^2-6\times5-10\times c+b=0$

$\therefore$ 可得：$\begin{cases}5x+cy-3x-15-5y-5c+b=0\\25+c^2-30-10c+b=0\end{cases}$

$\therefore$ 可得：$\begin{cases}2x+(c-5)y-(15+5c-b)=0\\c^2-10c+(b-5)=0\end{cases}$ 為過 $A(5,c)$ 的「切線」

又因：$x-2y+a=0$ 也是過 $A(5,c)$ 的切線

$\therefore$ 兩線「重合」

$\therefore \frac{1}{2}=\frac{-2}{c-5}=\frac{a}{-(15+5c-b)}$

$\therefore c-5=-4$ 且 $2a=-15-5c+b$

$\therefore c=1$ 且 $2a=-15-5\times①+b=\boxed{-20+b}$

→ 又因：$c^2-10c+(b-5)=0$

$\therefore 1^2-10\times1+(b-5)=0$

$\therefore b=14$

$\therefore 2a=-20+14$

$\therefore a=-3$

也可以用：

$L: x-2y+a=0$ 的 $m_{\overleftrightarrow{OA}}\times m_L=-1$ 來解題！

見「圖形上點」，必將點坐標代入「圖形方程式」

x，y，常數「先化在等號同側」，再取「比值相等」

分式等式，必交叉相乘相等

將「$c=1$」代入

將 $b=14$ 代入 $2a=-20+b$

▶▶▶ Ans

$(a,b,c)=(-3,14,1)$

例題 10 在坐標平面上 $P(0,5)$ 處有一光源，將圓 $C：(x+7)^2+(y-1)^2=1$ 投射到 x 軸，求投影長度？

Sol

如圖：過 $P(0,5)$ 對圓 $C：(x+7)^2+(y-1)^2=1$

所作的切線為 $L：y-5=m(x-0)$ 「圓外點」的切線，必用「點斜式」

$\therefore$ 代入圓 C 方程式得：$(x+7)^2+(mx+5-1)^2=1$

$\therefore (1+m^2)x^2+(8m+14)x+64=0$

$\therefore$ 判別式 $D=(8m+14)^2-4\times 64\times(1+m^2)=0$

聯立且恰一解 $\Leftrightarrow$ 判別式 $=0$

$\therefore 48m^2-56m+15=0$

$\therefore (4m-3)(12m-5)=0 \Rightarrow m=\frac{3}{4}$ 或 $\frac{5}{12}$

$\therefore$ 得切線方程式為：$y-5=\frac{3}{4}(x-0)$ 或 $y-5=\frac{5}{12}(x-0)$

把 $m=\frac{3}{4}$，$\frac{5}{12}$ 代入 $y-y_0=m(x-x_0)$

$\therefore$ 兩條切線與 x 軸的交點分別為 $\left(\frac{-20}{3},0\right)$，$(-12,0)$

令 $y=0$（x 軸方程式），代入直線方程式

$\therefore$ 故投影長度 $=\left|\frac{-20}{3}-(-12)\right|=\frac{16}{3}$

PS：也可以用「圓心到切線距離＝半徑」來求「m」：

$\because$ 圓心 $(-7,1)$ 到切線 $mx-y+5=0$

的距離 $=\frac{|m\times(-7)-1+5|}{\sqrt{m^2+(-1)^2}}$ 且圓的半徑 $=1$

點 $P_0(x_0,y_0)$ 至直線 $ax+by+c=0$ 的距離 $=\frac{|ax_0+by_0+c|}{\sqrt{a^2+b^2}}$

需將直線方程式的等號一邊化為「0」

$\therefore \frac{|4-7m|}{\sqrt{m^2+1}} \overset{令}{=} 1$ 切線的特性

$\therefore \frac{(4-7m)^2}{m^2+1}=1$ 「平方」去「$\sqrt{\ }$及絕對值」

$\therefore 16-56m+49m^2=m^2+1$ 將「分式」予以「整式化」

$\therefore 48m^2-56m+15=0$

$\therefore (12m-5)(4m-3)=0$

$\therefore m=\frac{5}{12}$ 或 $\frac{3}{4}$

接下來的解題過程與本例解題過程皆相同，故略之！

聯立求「交點」

▶▶▶ Ans

$\frac{16}{3}$

見「圓上三點」，可用「一般式」或「外心到三頂點等距（恰為：半徑）」，並搭配「外心」=「外接圓圓心」，來求圓方程式

例題 11 三直線 L_1：$2x+3y-9=0$，L_2：$x+y-2=0$，L_3：$2x+y-3=0$ 圍成一個三角形，求此三角形的外接圓方程式？

▶▶▶ Sol

∵外接圓圓心＝外心
∴也可用「外心到三頂點等距」求「外接圓圓心」

①分別解出兩兩直線的交點：

∵L_1、L_2 的交點 $A(-3,5)$，L_1、L_3 的交點 $B(0,3)$，L_2、L_3 的交點 $C(1,1)$

∴設此三角形的外接圓方程式為 $x^2+y^2+dx+ey+f=0$

②再將 $(-3,5)$，$(0,3)$，$(1,1)$ 三點，代入上式可得：$\begin{cases}-3d+5e+f=-34\\3e+f=-9\\d+e+f=-2\end{cases}$

∴可得：$d=9$，$e=1$，$f=-12$

∴圓的一般式為：$x^2+y^2+9x+y-12=0$

用「外心到三頂點等距離（此距離恰為半徑）」，可求「外接圓圓心」=「外心」

注記：設外接圓圓心為 $O(x,y)$

∵外接圓圓心＝外心且「外心」到三頂點等距離

∴可得：$\begin{cases}\overline{OA}^2=\overline{OB}^2=半徑^2\\\overline{OA}^2=\overline{OC}^2=半徑^2\end{cases}$

$P_0(x_0,y_0)$ 及 $P_1(x_1,y_1)$ 的距離
$d(P_0,P_1)=\overline{P_0P_1}=|\overrightarrow{P_0P_1}|$
$=\sqrt{(x_1-x_0)^2+(y_1-y_0)^2}$

∴$\begin{cases}(x-(-3))^2+(y-5)^2=(x-0)^2+(y-3)^2\\(x-(-3))^2+(y-5)^2=(x-1)^2+(y-1)^2\end{cases}$

∴$\begin{cases}\cancel{x^2}+6x+9+\cancel{y^2}-10y+25=\cancel{x^2}+\cancel{y^2}-6y+9\\\cancel{x^2}+6x+9+\cancel{y^2}-10y+25=\cancel{x^2}-2x+1+\cancel{y^2}-2y+1\end{cases}$

∴$\begin{cases}6x-4y+25=0\\8x-8y+32=0\end{cases}$

能約先約，比較好計算

∴$\begin{cases}6x-4y+25=0\\4x-4y+16=0\end{cases}$

∴$2x+9=0$

$\therefore x=\dfrac{-9}{2}$ 且 $6\times\dfrac{-9}{2}-4y+25=0$

將 $x=\dfrac{9}{2}$，代入 $6x-4y+25=0$

$\therefore 4y=-2$

$\therefore y=\dfrac{-1}{2}$

$\therefore$ 外接圓圓心為 $(\dfrac{-9}{2},\dfrac{-1}{2})$ 且半徑為 $\overline{OA}=\sqrt{(\dfrac{-9}{2}-(-3))^2+(\dfrac{-1}{2}-5)^2}$

$=\sqrt{\dfrac{9}{4}+\dfrac{121}{4}}=\sqrt{\dfrac{130}{4}}$

$\therefore$ 外接圓：$(x+\dfrac{9}{2})^2+(y+\dfrac{1}{2})^2=\dfrac{130}{4}$

▶▶▶▶ Ans

$x^2+y^2+9x+y-12=0$ 或 $(x+\dfrac{9}{2})^2+(y+\dfrac{1}{2})^2=\dfrac{130}{4}$

$\because$ 已知：過 P 有兩切線
$\therefore P$ 必為「圓外點」

例題 12　過 $P(4,6)$ 作圓 C：$x^2+y^2+2x-4y-3=0$ 的兩條切線，分別切圓於 A，B 兩點，求 ΔPAB 的外接圓方程式？

見「圓外點 P」與兩切點所成「外接圓」，
必用：$\overline{OP}$ 為外接圓的「直徑」
$\therefore$ 可用：「直徑式」，來解題！

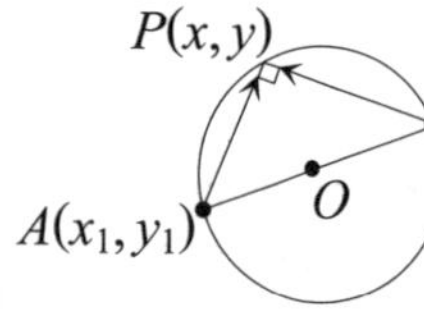

內積為「0」

$\because (x-x_1,y-y_1)\perp(x-x_2,y-y_2)$

$\therefore (x-x_1)(x-x_2)+(y-y_1)(y-y_2)=0$

$\overline{OP}$ 為直徑 $\Leftrightarrow$ 圓周角為 90°

P(4, 6)　A　O(−1, 2)　B

「圓」的問題，必將
「圓心 v.s. 點線」的連接線段畫出

取 $(x_1,y_1)=(-1,2)$ 且 $(x_2,y_2)=(4,6)$
代入「直徑式」：
$(x-x_1)(x-x_2)+(y-y_1)(y-y_2)=0$

▶▶▶▶ Sol

將圓的一般式，予以配方

設圓 C 的圓心為 O，則 $O(-1,2)$，半徑是 $\sqrt{8}$

$\because \overline{OP}$ 是 ΔPAB 的外接圓的直徑

$\overline{OP}$ 所對的圓周角是直角

$\therefore$ 由直徑式，可得：ΔPAB 的外接圓方程式為 $(x+1)(x-4)+(y-2)(y-6)=0$

亦即：$x^2+y^2-3x-8y+8=0$ 為所求外接圓方程式

▶▶▶▶ Ans

$x^2+y^2-3x-8y+8=0$

例題 13 設平面 $x+y+z=1$ 與球面 $x^2+y^2+z^2=4$ 相交的部分為圓 S，已知平面 $2x+2y+z=1$ 與圓 S 交於 P，Q 兩點，則 $\overline{PQ}$之長為____ 【85 社聯招】

「圖形交點」，必將「圖形方程式聯立」。

$\because S$：平面 $x+y+z=1$ 跟球面交點（交集）
且 P，Q：S 與平面 $2x+2y+z=1$ 的交點
$\therefore P$，Q：兩平面與球面交點

▶▶▶▶ Sol

由題意可知：兩平面 $x+y+z=1$、$2x+2y+z=1$ 與球面 $x^2+y^2+z^2=4$ 的交點 P 和 Q，必滿足方程組

$$\begin{cases} x+y+z=1\cdots(1) \\ 2x+2y+z=1\cdots(2) \\ x^2+y^2+z^2=4\cdots(3) \end{cases}$$

將「$z=1$」代入(1)式

$\therefore$ 由(1) × 2 − (2) $\Rightarrow \boxed{z=1} \Rightarrow x+y=0 \Rightarrow \boxed{y=-x}$

將「$y=-x$，$z=1$」代入(3)式

將 $(x,y,z)=(x,-x,1)$ 代回球面方程式

見圖形上點，必將點坐標代入「圖形方程式」（優先「代入」還沒用到的(3)式）

$\therefore x^2+(-x)^2+1^2=4$

$y=-x$

$\therefore 2x^2=3 \Rightarrow x=\pm\sqrt{\dfrac{3}{2}}=\pm\dfrac{\sqrt{6}}{2} \Rightarrow y=\mp\dfrac{\sqrt{6}}{2}$

「平方根」正負都要

$\therefore P(\dfrac{\sqrt{6}}{2},\dfrac{-\sqrt{6}}{2},1)$，$Q(\dfrac{-\sqrt{6}}{2},\dfrac{\sqrt{6}}{2},1)$

$\therefore \overline{PQ}=\sqrt{(\sqrt{6})^2+(-\sqrt{6})^2+0^2}=\sqrt{12}=2\sqrt{3}$

$P_0(x_0,y_0,z_0)$ 跟 $P_1(x_1,y_1,z_1)$ 的距離 $=\sqrt{(x_1-x_0)^2+(y_1-y_0)^2+(z_1-z_0)^2}$

▶▶▶▶ Ans

$2\sqrt{3}$

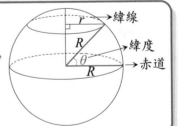

㊀北緯 θ 度線＝㊤半球，而與「赤道（地球球心所在截圓）」夾如圖「θ 度」角的「截圓」

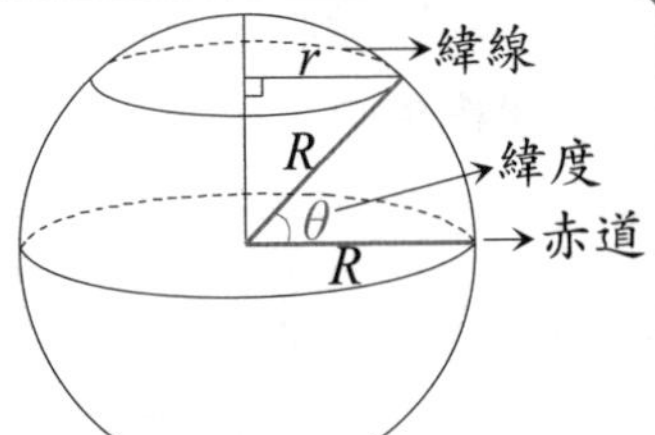

例題 14 假設某一球形的地球儀，其赤道長為 100 公分，則北緯 60°的緯線長為____公分 【88 自聯招】

本題為截圓及「圓周長公式」的基本應用。

▶▶▶▶ Sol

已知：「赤道長 $=2\pi R \overset{令}{=} 100$」且 $r=R\sin(30^\circ)=\frac{1}{2}R$

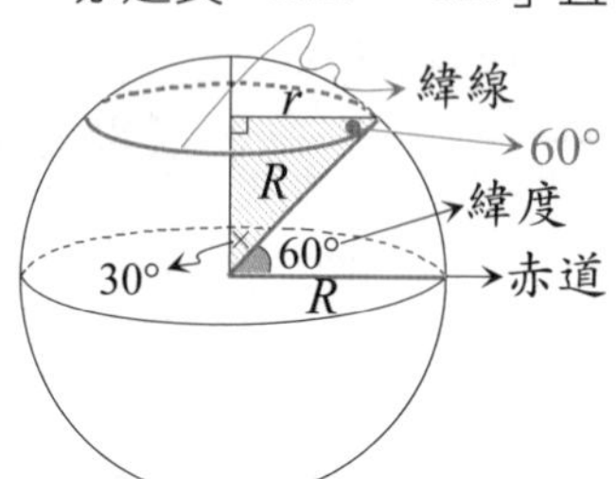

$\therefore$ 北緯 60°的緯線長 $=2\pi\times r$

$=2\pi\times\left(\frac{1}{2}R\right)=\frac{1}{2}\times 100=50$

$2\pi R=100$

已知：$2\pi R=100$

▶▶▶▶ Ans

50

例題 15 在座標空間中，球面 S 交 xy 平面於一半徑為 $\sqrt{13}$、圓心為 $(2,3,0)$ 的圓，且 S 過點 $(6,6,6)$，則 S 的半徑為____ 【95 自聯招】

▶▶▶▶ Sol

如圖：設球心座標為 $O(2,3,z)$

「球 v.s. 面、圓 v.s. 直線」之「截圓、截線段長」問題，必配合「截面圖」來解題：

因「圓心」$(2,3,0)$ 為「球心」在 xy 平面上之投影，故球心的「x，y」坐標跟圓心「x，y」坐標相同

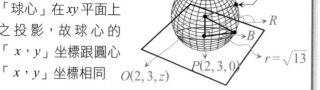

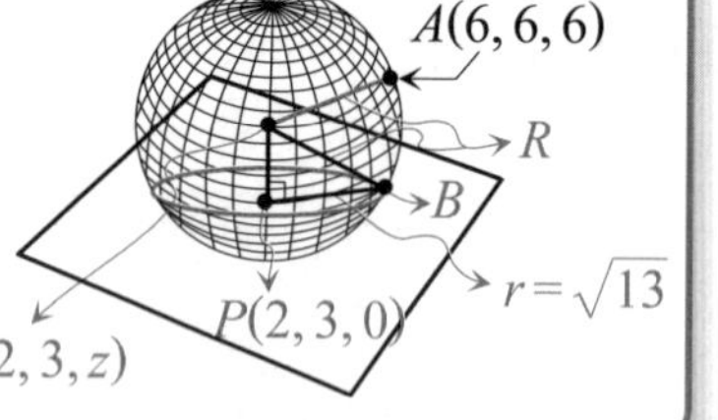

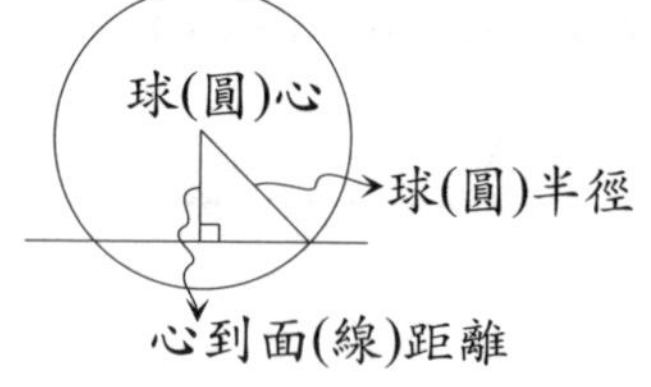

「圓（球）」問題，必將「心」與「點線」的連線段畫出，並鎖住它與「心及半徑」的互動關係來解題

$\because \overline{OP}^2+r^2=R^2=\overline{OA}^2$

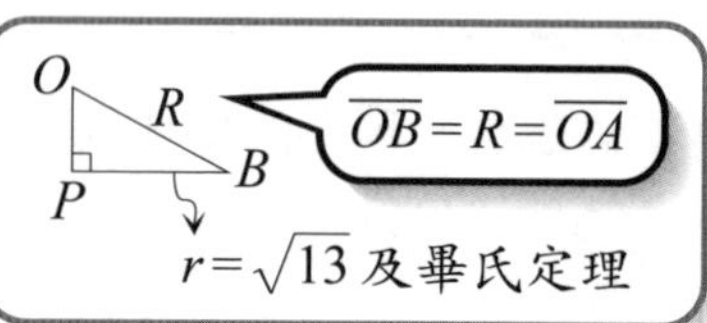

$\overline{OB}=R=\overline{OA}$

$\overline{OA}=$球的半徑

$\therefore z^2+(\sqrt{13})^2=(\sqrt{4^2+3^2+(z-6)^2})^2$

$\therefore z^2+13=25+z^2-12z+36$

$\therefore z=4$

$\therefore R=\overline{OA}=\sqrt{4^2+3^2+2^2}=\sqrt{29}$

▶▶▶▶ Ans

$\sqrt{29}$

例題 16 在平面 $z=0$ 上有一圓，其圓心為 $(0,0,0)$，半徑為 1，有一球面含此圓及點 $(0,0,\sqrt{3})$，則此球的半徑為＿＿ 【88 自聯招】

▶▶▶▶ Sol

$(0,0,\sqrt{3})$

r　$\sqrt{3}-r$　r　$(0,0,0)$　1

「球的截圓」，問題，必用：心到面距、球半徑、圓半徑（直角三角形）。

$\because(\sqrt{3}-r)^2+1^2=r^2$

畢氏定理及 $\sqrt{3}-r$、r、1（直角三角形）

$\therefore(3-2\sqrt{3}r+r^2)+1=r^2$

$\therefore r=\dfrac{4}{2\sqrt{3}}=\dfrac{2\sqrt{3}}{3}$

將分母，予以有理化

▶▶▶▶ Ans

$\dfrac{2\sqrt{3}}{3}$

代回「$x^2+y^2=1$」，「聯立求交點」

例題 17 C_1：$x^2+y^2=1$、C_2：$2x^2+2y^2-3x-\sqrt{3}y+1=0$，試求 C_1、C_2 之交點及交點之弦長？

▶▶▶▶ Sol

◉聯立：求交點

◉消 x^2，y^2 先求得「交點連線」的「根軸」，再代回任一圓方程式，可得「兩圓交點」

解方程組 $\begin{cases}C_1: \boxed{x^2+y^2}=1\\ C_2: \boxed{2x^2+2y^2}-3x-\sqrt{3}y+1=0\end{cases}$

$\therefore 3x+\sqrt{3}y=3\quad\therefore y=\sqrt{3}-\sqrt{3}x$

$\sqrt{3}y=3-3x$

$\Rightarrow y=\dfrac{3-3x}{\sqrt{3}}=\sqrt{3}-\sqrt{3}x$

上、下同約 $\sqrt{3}$

$\therefore x^2+(\sqrt{3}-\sqrt{3}x)^2=1$

$\therefore 2x^2-3x+1=0\quad\therefore(x-1)(2x-1)=0\quad\therefore x=1$ 或 $\dfrac{1}{2}$

又因：當 $x=1$ 時，$y=\sqrt{3}-\sqrt{3}=0$；當 $x=\dfrac{1}{2}$ 時，$y=\sqrt{3}-\dfrac{\sqrt{3}}{2}=\dfrac{\sqrt{3}}{2}$

將「$x=1$，$\dfrac{1}{2}$」代入 $y=\sqrt{3}-\sqrt{3}x$

$\therefore$圓 C_1、C_2 的交點為 $(1,0)$、$(\frac{1}{2},\frac{\sqrt{3}}{2})$

$\therefore$弦長為 $\sqrt{(1-\frac{1}{2})^2+(0-\frac{\sqrt{3}}{2})^2}=1$

兩交點距離

▶▶▶▶ Ans

交點 $(1,0)$ 及 $(\frac{1}{2},\frac{\sqrt{3}}{2})$；弦長 $=1$

單純「求弦長」，可用：

L(根軸) $\rightarrow 3x+\sqrt{3}y-3=0$

「聯立」消去兩圓的「x^2、y^2」項，所得便為「根軸」

$\because$圓心 $(0,0)$ 到根軸距離 $\frac{3}{2\sqrt{3}}=\frac{\sqrt{3}}{2}$

(x_0,y_0) 到 $ax+by+c=0$ 的距離 $=\frac{|ax_0+by_0+c|}{\sqrt{a^2+b^2}}$

$\therefore$弦長 $=2\sqrt{1^2-(\frac{\sqrt{3}}{2})^2}=1$

兩截圓半徑相同
$\Leftrightarrow$ 兩截圓的「圓心」與「球心」，必「等距離」

球心
球半徑
截圓半徑

截圓半徑 $=6$

例題 18　若空間中一球面 S 與兩平面 $z=4$ 及 $z=8$ 相交的圓面積皆為 36π，則 S 與平面 $z=7$ 相交的圓面積為____　【97 自聯招】

▶▶▶▶ Sol

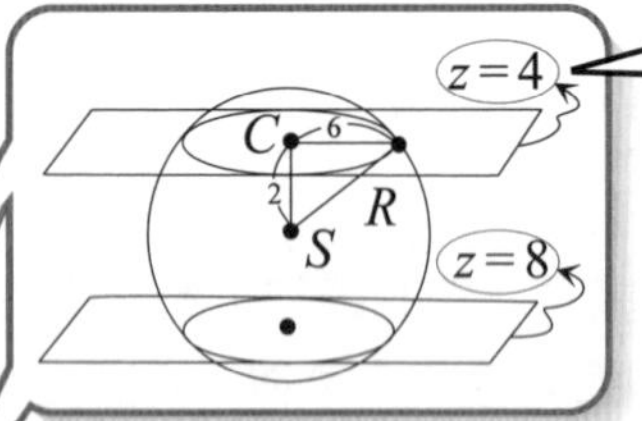

本題為典型「截球問題」，故利用「截面圖」來解題。

球心
球半徑
截面（截圓）
圓半徑

設 S 與 $z=7$ 相交的圓半徑為 r

$\because z=4$ 與 $z=8$ 兩平面平行，且與球截出的圓面積又相等

$\therefore$兩平面距離球心 S 的距離相等均為 2

$\because$「$z=8$」到「$z=4$」的高度差 $=8-4=4$
$\therefore$兩平行面與球心距離 $=\frac{4}{2}=2$

又因：球心 S 在平面 $z=⑥$ 上

$\therefore S$ 與平面 $z=7$ 的距離為「1」

再因：圓 C 的面積為 36π

$\therefore$圓 C 半徑為 6

球心 S 在 $z=6$ 上
S
1
R
$z=7$
C^*
r

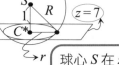

球心 S 在 $z=4$ 與 $z=8$ 的中間平面
$\therefore$球心 S 在 $z=6$

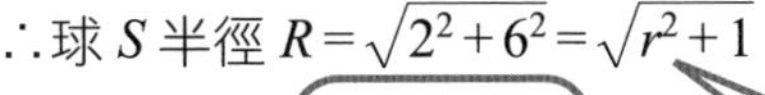

∴球 S 半徑 $R=\sqrt{2^2+6^2}=\sqrt{r^2+1}$

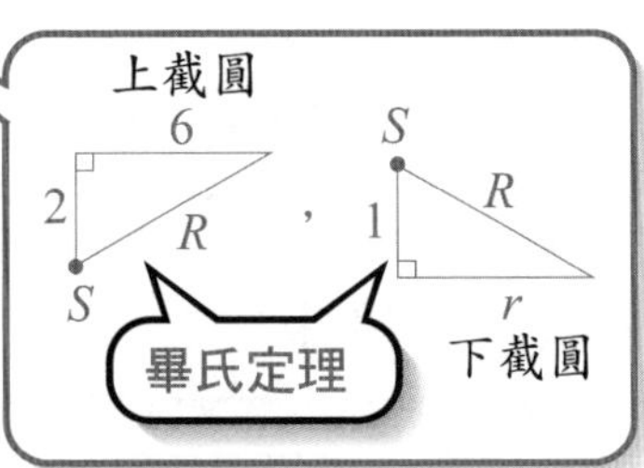

$\therefore r^2=39$ （平方去$\sqrt{\ }$）

∴圓 C^* 的面積 $=39\pi$

Ans

39π

例題 19 (1)求圓 C：$x^2+y^2=4$ 的參數式=？

(2)求 $y=\sqrt{4-x^2}$ 的參數式=？

（圓的「參數式」，在「配方且常數化成 1」後與「$\sin^2(\theta)+\cos^2(\theta)=1$」作類比）

Sol

（完整「一個圓」）

(1)圓 C 的參數式為 $\begin{cases}x=2\cos(\theta)\\ y=2\sin(\theta)\end{cases}$ $(0\le\theta<2\pi)$

（$\because (\frac{x}{2})^2+(\frac{y}{2})^2=1 \overset{\text{類比}}{=} \cos^2(\theta)+\sin^2(\theta)$

$\therefore \frac{x}{2}=\cos(\theta)$ 且 $\frac{y}{2}=\sin(\theta)$）

（∵ $\theta=0$，$\theta=2\pi$ 的「$\theta=0$ 與 $\theta=2\pi$」是「相同點」

∴只取「0」，不用取「2π」）

(2) $\because y=\sqrt{4-x^2}\Rightarrow 4-x^2\ge 0$ 且 $y\ge 0$，

亦即：$-2\le x\le 2$ 且 $y\ge 0$ （$\sqrt{\ }\ge 0$ 且 $\sqrt{\ }$ 內 ≥ 0）

∴原式兩邊平方，可得：$y^2=4-x^2\Rightarrow x^2+y^2=4$ （「平方」去根號）

又因：$-2\le x\le 2$ 且 $y\ge 0$ 且 $(\frac{x}{2})^2+(\frac{y}{2})^2=1$

（只有「上半圓」）

∴（上半圓）參數式為：$\begin{cases}x=2\cos(\theta)\\ y=2\sin(\theta)\end{cases}$ $(0\le\theta\le\pi)$

（$\because y=2\sin(\theta)\ge 0$

$\therefore 0\le\theta\le\pi$

（∵ 半圓的「左、右」兩點都要

∴含「0，π」））

Ans

(1) $x=2\cos(\theta)$，$y=2\sin(\theta)$，$0\le\theta<2\pi$

(2) $x=2\cos(\theta)$，$y=2\sin(\theta)$，$0\le\theta\le\pi$

例題 20 設 $A(1,1)$、$B(3,4)$，若 $\overline{PA}=2\overline{PB}$，試求動點 P 的軌跡方程式？

「軌跡」問題，必先設 $P(x,y)$，再依題意列式

▶▶▶▶ Sol

設 P 點坐標為 (x,y)

將 $\overline{PA}=2\overline{PB}$，用「兩點距離」公式表現出來

$\because$ 已知 $\overline{PA}=2\overline{PB}$

$\therefore \sqrt{(x-1)^2+(y-1)^2}=2\sqrt{(x-3)^2+(y-4)^2}$

$\therefore$ 可得：$(x-1)^2+(y-1)^2=4[(x-3)^2+(y-4)^2]$ 「平方」去 $\sqrt{\ }$

$\therefore$ 移項整理，可得：$3x^2+3y^2-22x-30y+98=0$

▶▶▶▶ Ans

$3x^2+3y^2-22x-30y+98=0$

例題 21 一個圓的方程式為 $x^2+y^2-8x+4y-5=0$，考慮此圓任意兩條互相垂直切線的交點，所有這種交點所成圖形的方程式為何？【87 社聯招】

「軌跡（動點圖形）問題」，必先設軌跡上動點為 $P(x,y)$，再配合題意列出 x，y 關係式。

▶▶▶▶ Sol

$\because$ 圓：$(x-4)^2+(y+2)^2=25$

見（二次）一般式，必先配方

$\therefore$ 圓心 $O(4,-2)$，半徑 $r=5$

又因：「切線互相垂直」

$\therefore$ 形成如圖：邊長為 5 的正方形　四角 $=90°$ 且一雙「鄰邊」等長

再設交點座標為 $P(x,y)$　必考慮 P 與「圓心，半徑」的互動關係

$\therefore \overline{OP}^2=5^2+5^2$

$\therefore (x-4)^2+(y+2)^2=50$

利用：

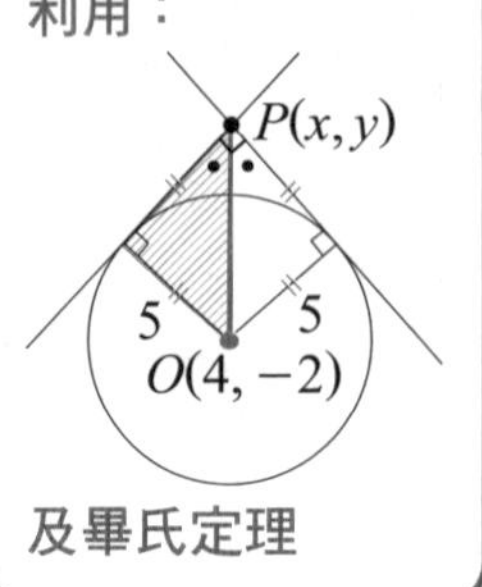

及畢氏定理

▶▶▶▶ Ans

$(x-4)^2+(y+2)^2=50$

見「（二次）一般式」，必先配方

例題 22 設點 P 是圓 C：$x^2+y^2-4x+6y-12=0$ 上的動點，A 為定點$(0,1)$。若點 M 是 $\overline{AP}$ 的中點，求動點 M 所成的圖形的方程式？

Sol

分別對 x，y 配方，可得：圓 C：$(x-2)^2+(y+3)^2=25$

又因：P 在圓上

$\therefore$ 設 P 點坐標為 $(2+5\cos(\theta),-3+5\sin(\theta))$

見「（二次）一般式」，必先配方
$(\frac{x-2}{5})^2+(\frac{y+3}{5})^2=1 \overset{類比}{=} \cos^2(\theta)+\sin^2(\theta)$
習慣 ⓧ v.s. $\cos(\theta)$ 且 ⓨ v.s. $\sin(\theta)$

再因：A 為定點$(0,1)$，且 $\overline{AP}$ 的中點為 $M(x,y)$

$\therefore$ 由中點公式，可得：M 點坐標 $\begin{cases} x=1+\frac{5}{2}\cos\theta \\ y=-1+\frac{5}{2}\sin\theta \end{cases}$

「軌跡」的主角 M，應設為 $M(x,y)$

$\therefore \begin{cases} (x-1)\times\frac{2}{5}=\cos(\theta) \\ (y+1)\times\frac{2}{5}=\sin(\theta) \end{cases}$

∵「軌跡」涉參數，應設法「消去參數」
∴需將「參數」獨立放置

$\therefore \begin{cases} (x-1)^2\times\frac{4}{25}=\cos^2(\theta) \\ (y+1)^2\times\frac{4}{25}=\sin^2(\theta) \end{cases}$

為了要利用「$\cos^2(\theta)+\sin^2(\theta)=1$」來「消去參數」

外提公因數 $\frac{4}{25}$

$\therefore [(x-1)^2+(y+1)^2]\times\frac{4}{25}=1$

$\therefore (x-1)^2+(y+1)^2=\frac{25}{4}$

是以 $O(1,-1)$ 為圓心，半徑為 $\frac{5}{2}$ 的圓

Ans

$(x-1)^2+(y+1)^2=\frac{25}{4}$

求「圓」方程式，可用
◉可求或已知「心及半徑」：
標準型 $(x-h)^2+(y-k)^2=r^2$
◉給三點：用一般式 $x^2+y^2+dx+ey+f=0$
（或：「外心」＝「外接圓圓心」
⇔到三頂點等距離）
◉給直徑兩點：代入直徑式
$(ⓧ-x_1)(ⓧ-x_2)+(ⓨ-y_1)(ⓨ-y_2)=0$

例題 23 試求符合下列條件的圓方程式：

(1)以點 $O(2,-1)$ 為圓心，通過點 $P(-1,-5)$ 的圓？

(2)通過 $A(1,1)$，$B(1,-1)$，$C(-2,1)$ 三點的圓？

(3)以 $P_1(2,3)$，$P_2(4,-2)$ 為直徑兩端點的圓？

(4)與圓 C：$(x-1)^2+y^2=1$ 有相同的圓心且面積為圓 C 面積兩倍的圓 C^*？

▶▶▶▶ Sol

標準型

(1) ∵ 圓心 $(2,-1)$ 且半徑為 $\overline{OP}=\sqrt{(2-(-1))^2+(-1-(-5))^2}=5$

∴ 可得圓：$(x-2)^2+(y-(-1))^2=5^2$，亦即：$(x-2)^2+(y+1)^2=25$

三點型

(2) 設所求的圓方程式為：$x^2+y^2+dx+ey+f=0$

再將 $(1,1)$，$(1,-1)$，$(-2,1)$ 三點代入上式，可得：$\begin{cases} d+e+f=-2 \\ d-e+f=-2 \\ -2d+e+f=-5 \end{cases}$

∴ 可得：$d=1$，$e=0$，$f=-3$

∴ 圓的一般式為：$x^2+y^2+x-3=0$

直徑型

(3) 由圓的直徑式，可得此圓方程式為：

$(x-2)(x-4)+(y-3)(y-(-2))=0$，亦即：$x^2+y^2-6x-y+2=0$

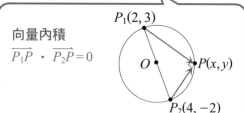

向量內積

$\overrightarrow{P_1P}\cdot\overrightarrow{P_2P}=0$

標準型

(4) ∵ 圓 C^* 面積為圓 C 面積的 2 倍

∴ 圓 C^* 半徑是圓 C 半徑的 $\sqrt{2}$ 倍。

又因：圓 C：$(x-1)^2+y^2=1$ 的圓心為 $(1,0)$，半徑為 1

∴ 圓 C^* 的圓心亦為 $(1,0)$，半徑為 $\sqrt{2}$

已知：兩圓有「相同圓心」

∴ 圓 C^* 方程式為 $(x-1)^2+y^2=2$

▶▶▶▶ Ans

(1) $(x-2)^2+(y+1)^2=25$

(2) $x^2+y^2+x-3=0$

(3) $x^2+y^2-6x-y+2=0$

(4) $(x-1)^2+y^2=2$

例題 24 求過兩點 $(4, 2)$，$(1, -5)$ 且圓心在直線 $x-3y-7=0$ 上的圓之圓心是 ____，半徑 = ____ 【84 社聯招】

∵圓心在直線上且尚不知它是誰
∴為直線上動點問題

Sol

設圓心座標為 $(3t+7, t)$

「直線」上的「動點」問題，必利用「直線參數式」。亦即，先設「直線參數式」，再配合「圓心至圓上點距離 = 半徑」概念來解題。

求「圓」方程式，可用
◉可求或已知「心及半徑」：
標準型 $(x-h)^2+(y-k)^2=r^2$
◉給三點：用一般式 $x^2+y^2+dx+ey+f=0$
（或：「外心」=「外接圓圓心」
⇔到三頂點等距離）
◉給直徑兩點：代入直徑式
$(x-x_1)(x-x_2)+(y-y_1)(y-y_2)=0$

非「給三點或直徑兩點」，必由「心及半徑」下手找圓方程式

圓心至圓上點距離 = 半徑

$\therefore ((3t+7)-4)^2+((t)-2)^2=((3t+7)-1)^2+((t)-(-5))^2$

$\therefore 9t^2+18t+9+t^2-4t+4=9t^2+36t+36+t^2+10t+25$

$\therefore 32t=-48$

$\therefore t=\dfrac{-3}{2}$

$\therefore$ 圓心 $(\dfrac{5}{2}, \dfrac{-3}{2})$

將 $t=\dfrac{-3}{2}$ 代入 $(3t+7, t)$

$\therefore$ 圓 C 的半徑 $=\sqrt{(\dfrac{5}{2}-4)^2+(\dfrac{-3}{2}-2)^2}=\dfrac{\sqrt{58}}{2}$

圓心到 $(4, 2)$ 的距離 = 半徑

Ans

圓心為 $(\dfrac{5}{2}, \dfrac{-3}{2})$，半徑 $=\dfrac{\sqrt{58}}{2}$

例題 25 試討論下列方程式的圖形：

(1) $x^2+y^2-2x+4y-3=0$

(2) $3x^2+3y^2-6x+2y-3=0$

(3) $x^2+y^2+2x-4y+5=0$

(4) $x^2+y^2-6x+2y+12=0$

見「（二次）一般式」，必「配方」

▶▶▶▶ Sol

將上述方程式分別對 x，y 配方，分別可得：

(1)$(x-1)^2+(y+2)^2=(2\sqrt{2})^2=8$

∴方程式的圖形是：圓心在 $(1,-2)$ 且半徑為 $2\sqrt{2}$ 的圓

(2)$3\left[(x-1)^2+\left(y+\frac{1}{3}\right)^2\right]=\left(\frac{\sqrt{19}}{3}\right)^2\times 3$

∴方程式的圖形是：圓心在 $\left(1,-\frac{1}{3}\right)$ 且

半徑為 $\frac{\sqrt{19}}{3}$ 的圓

(3)$(x+1)^2+(y-2)^2=0$　　$(\quad)^2+(\quad)^2=0 \Leftrightarrow (\quad)^2$ 都為「0」

∴方程式的圖形為一點 $(-1,2)$

(4)$(x-3)^2+(y+1)^2=-2$　　$(\quad)^2+(\quad)^2\geq 0$，不可能「$<0$」

∴方程式沒有實數解，亦即：它的圖形不存在

▶▶▶▶ Ans

(1)圓心 $(1,-2)$，半徑為 $2\sqrt{2}$ 的圓

(2)圓心 $(1,\frac{-1}{3})$，半徑為 $\frac{\sqrt{19}}{3}$ 的圓

(3)點 $(-1,2)$

(4)無圖形

非「給 3 點」或非「直徑 2 點」的「圓」問題，必由「圓心、半徑」的互動關係下手

例題 26 設 $A(1,2)$ 與 $B(-3,5)$ 為坐標平面上兩點，若 $\overline{AB}$ 為圓 C 的一弦，且距離圓心為 5，試求圓 C 的方程式？（兩解）

A、B 的中點 $=A$、B 坐標「和 $\div 2$」

見到「弦」必聯想：「心到弦中點連線」，必「垂直弦」，並畫「心到弦」的垂直線段

Sol

設圓 C 的圓心是 $O(h,k)$ 且 $\overline{AB}$ 中點為 $M(-1,\frac{7}{2})$

$\because$「心到弦中點 M」的連線 $\overline{OM}$，必垂直弦 $\overline{AB}$

$\therefore \overrightarrow{MO}\cdot\overrightarrow{AB}=0$　見「垂直向量」，必用：向量內積 $=0$

$O(h,k)$, $B(-3,5)$, 5, $M(-1,\frac{7}{2})$, $A(1,2)$, O'

畫圖來協助思考

$\therefore (h-(-1),k-\frac{7}{2})\cdot(-3-1,5-2)=0$

$\therefore -4(h+1)+3(k-\frac{7}{2})=0$

$\therefore -4h+3k-\frac{29}{2}=0$

$\therefore k=\frac{4}{3}h+\frac{29}{6}$

又因：$\overline{OM}=5$

$\therefore \sqrt{(h-(-1))^2+(k-\frac{7}{2})^2}=5$

$P_1(x_1,y_1)$ 及 $P_2(x_2,y_2)$ 的距離 $d(P_1,P_2)=\overline{P_1P_2}=|\overrightarrow{P_1P_2}|=\sqrt{(x_2-x_1)^2+(y_2-y_1)^2}$

$\therefore (h+1)^2+(k-\frac{7}{2})^2=25$

「平方」去 $\sqrt{\ }$

請注意：這不是題目，想要求的答案喔！這個方程式是「圓心 $O(h,k)$」的方程式，並不是「待求圓 C」的 (x,y) 方程式

$\therefore$ 可得：$(h+1)^2+(\frac{4}{3}h+\frac{29}{6}-\frac{7}{2})^2=25$

將 $y=\frac{4}{3}x+\frac{29}{6}$ 代入

$\therefore (h+1)^2+(\frac{4}{3}h+\frac{4}{3})^2=25$

$\therefore (h+1)^2+\frac{16}{9}(h+1)^2=25$

$\therefore (h+1)^2=9$

$\therefore h+1=3$ 或 -3

$\therefore h=2$ 或 -4

$\therefore$ 圓心 $O(h,k)=(2,\frac{15}{2})$ 或 $(-4,\frac{-1}{2})$

將 $h=2$，-4，代入 $k=\frac{4}{3}h+\frac{29}{6}$

再因：半徑 $\overline{OA}=\sqrt{5^2+(\overline{AM})^2}$

$=\sqrt{5^2+\frac{25}{4}}$

$=\sqrt{\frac{125}{4}}$

O
r
5
B　$M(-1,\frac{7}{2})$　$A(1,2)$　$\overline{AM}$
畢氏定理：$\sqrt{(1-(-1))^2+(2-\frac{7}{2})^2}$

$=\sqrt{4+\frac{9}{4}}$

$=\sqrt{\frac{25}{4}}$

$\therefore$所求：$\begin{cases}(x-2)^2+(y-\frac{15}{2})^2=\frac{125}{4}\\ \text{或}\\ (x+4)^2+(y+\frac{1}{2})=\frac{125}{4}\end{cases}$

將「圓心」$(2,\frac{15}{2})$ 及 $(-4,\frac{-1}{2})$ 及半徑「$\sqrt{\frac{125}{4}}$」代入「圓的標準式」

▶▶▶▶ Ans

$(x-2)^2+(y-\frac{15}{2})^2=\frac{125}{4}$ 或 $(x+4)^2+(y+\frac{1}{2})^2=\frac{125}{4}$

例題 27　試畫不等式：$(x^2+y^2-1)(x^2+y^2-4)\geq 0$ 的圖形？

▶▶▶▶ Sol

設圓 C_1：$x^2+y^2-1=0$，圓 C_2：$x^2+y^2-4=0$

可分成兩種情況討論：

①$x^2+y^2-1\geq 0$ ㊀ $x^2+y^2-4\geq 0$：

圖形包含圓心為 (0, 0)，半徑為 2 的「圓上」及「圓外」的點

②$x^2+y^2-1\leq 0$ ㊀ $x^2+y^2-4\leq 0$：

圖形包含圓心為 (0, 0)，半徑為 1 的「圓上」及「圓內」的點

分「同正」㊉「同負」

$\therefore$可得：

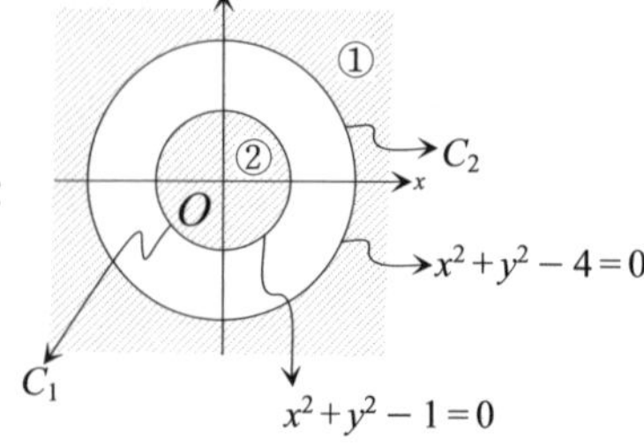

$\because C_1$ 與 C_2 為「同心圓」
①在 C_1 外且 C_2 外
$\Leftrightarrow$ 在 C_2 外
②在 C_1 內且 C_2 內
$\Leftrightarrow$ 在 C_1 內
③$\because$不等式含「等號」
$\therefore$圖形含「圓上點」

C_2 比 C_1「大」

例題 28 (1)試畫出 $(|x|-1)^2+(|y|-1)^2\le 4$ 的圖形？
(2)求上一小題所圍成的區域面積？

「絕對值」圖形，先畫「絕對值㊄全正」區塊，再用「對稱」來完成圖

$\because x$，y 用 $(-x)$，$(-y)$ 代入，「式子的值」都不變
$\therefore$對「x 軸，y 軸及原點」都「對稱」

▶▶▶▶ Sol

(1)$\because$圖形分別對 x 軸、y 軸及原點對稱

$\therefore$我們只要討論 $x\ge 0$，$y\ge 0$，即可！

$\therefore$先畫 $\begin{cases}(x-1)^2+(y-1)^2\le 4\\ x\ge 0, y\ge 0\end{cases}$ 　先畫「絕對值㊄全正」區塊

又因：$(x-1)^2+(y-1)^2=4$ 與 x 軸正向交點 $A(1+\sqrt{3},0)$ 與 y 軸正向交點 $(0,1+\sqrt{3})$

取 $y=0$ 及 $x=0$ 與圓方程式聯立，求交點

$\therefore$可得：在「第一象限」的圖為：

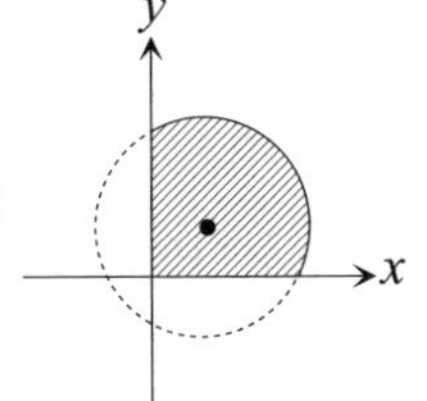

$\therefore$再用「對稱」來完成「全圖」，可得：

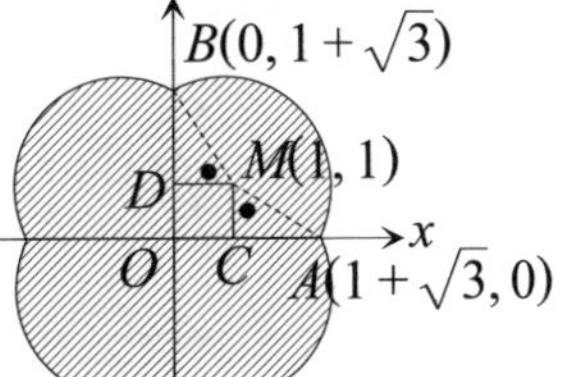

對「x 軸，y 軸及原點」都「對稱」

(2)ΔAMC 中，

$\because \overline{MC}=1$，$\overline{AC}=\sqrt{3}$，$\overline{AM}=2$

$\therefore \angle AMC=\dfrac{\pi}{3}$，同理可知：$\angle BMD=\dfrac{\pi}{3}$

M, C, A（$\overline{MC}=1$，$\overline{CA}=\sqrt{3}$，$\overline{MA}=2$）為「$30°-60°-90°$」的直角Δ

$\therefore$得扇形 AMB 的圓心角是 $\dfrac{5\pi}{6}$ 　$2\pi-(\dfrac{\pi}{3}\times 2+\dfrac{\pi}{2})=\dfrac{5\pi}{6}$

面積 $=\dfrac{r^2\times\theta}{2}$

$\therefore$所求面積

$=4\times$（扇形 AMB 面積 $+\Delta AMC$ 面積 $+\Delta BMD$ 面積 $+$ 正方形面積 $OCMD$）

$=4\times(\frac{1}{2}\times 2^2\times\frac{5\pi}{6}+\frac{1}{2}\times\sqrt{3}\times 1+\frac{1}{2}\times\sqrt{3}\times 1+1^2)$

$=\frac{20}{3}\pi+4\sqrt{3}+4$（平方單位）

∵「圓」的問題，必鎖定「心及半徑」的互動關係
∴考慮：由「心 v.s. 心」的「連心線」與「半徑」關係下手來解題

▶▶▶▶ Ans

(1) 略

(2) $\frac{20}{3}\pi+4\sqrt{3}+4$

例題 29 設圓 C_1：$x^2+y^2=4$，圓 C_2：$x^2+y^2+8x+6y+k=0$，試就 k 值討論兩圓的位置關係？

見（二次）一般式，必先「配方」

▶▶▶▶ Sol

∵圓 C_1 的圓心 $O_1(0,0)$，半徑 2；圓 C_2 的圓心 $O_2(-4,-3)$，半徑 $\sqrt{-k+25}$ ">0"

且連心線長 $\overline{O_1O_2}=\sqrt{(-4-0)^2+(-3-0)^2}=\sqrt{16+9}=5$

(1)兩圓外離 $\Leftrightarrow 5>2+\sqrt{-k+25}\Leftrightarrow 16<k<25$

(2)兩圓外切 $\Leftrightarrow 5=2+\sqrt{-k+25}\Leftrightarrow k=16$

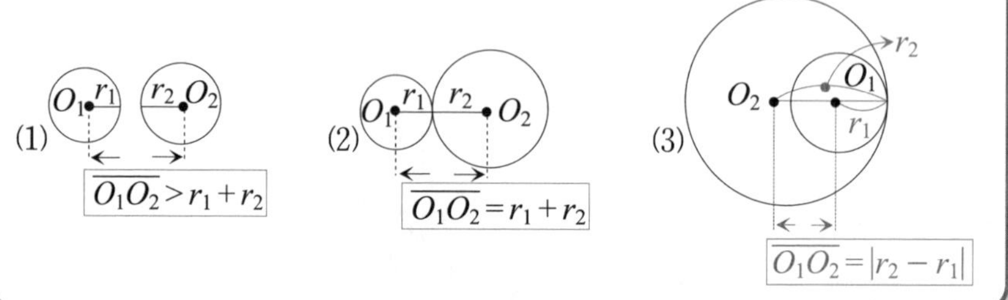

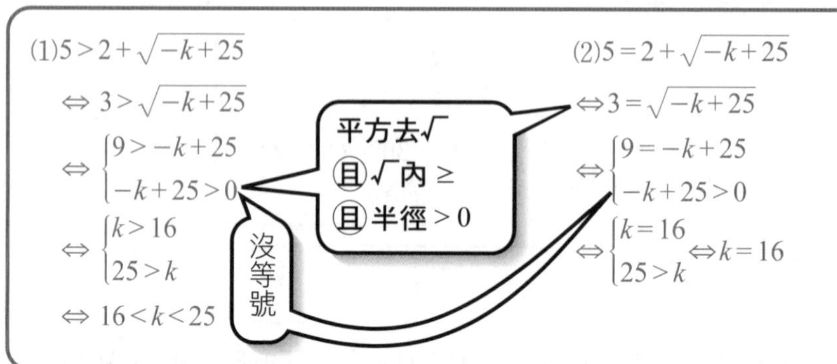

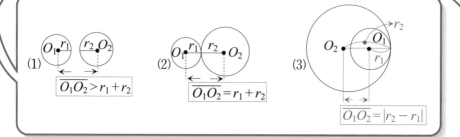

運算組合型$\sqrt{\ }$，絕對值：$|2-\sqrt{-k+25}|$
無法直接用「平方」，同步去$\sqrt{\ }$及絕對值

單一$\sqrt{\ }$，平方去$\sqrt{\ }$，可得：$-k+25=49$
$\therefore k=-24$

(3)兩圓內切 $\Leftrightarrow 5=|2-\sqrt{-k+25}|$

$\Leftrightarrow 2-\sqrt{-k+25}=\pm 5 \Leftrightarrow \sqrt{-k+25}=7$ 或 -3（不合），得 $k=-24$。

$|甲|<a$
$\Leftrightarrow -a<甲<a$

$\sqrt{\ }\geq 0$

$\because |甲|\leq a$
$\Leftrightarrow -a\leq 甲\leq a$
$-a$　a 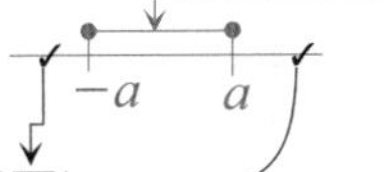
$\therefore |甲|>a$
$\Leftrightarrow 甲>a$ 或 $甲<-a$

(4)兩圓內離 $\Leftrightarrow 5<|2-\sqrt{-k+25}|$

$\Leftrightarrow 2-\sqrt{-k+25}>5$ 或 $2-\sqrt{-k+25}<-5$

$\Leftrightarrow \sqrt{-k+25}<-3$（不合）或 $\sqrt{-k+25}>7$

$\Leftrightarrow -k+25>49 \Leftrightarrow k<-24$

單一$\sqrt{\ }$，平方去$\sqrt{\ }$，可得：$-k+25>49$　$\therefore k<-24$

(5)兩圓相交於相異兩點 $\Leftrightarrow |2-\sqrt{-k+25}|<5<2+\sqrt{-k+25}$

分成兩個不等式討論：

分「左、右」兩個不等式

$|甲|=a$
$\Leftrightarrow 甲=\pm a$

①$|2-\sqrt{-k+25}|<5$：$-5<2-\sqrt{-k+25}<5$

單一$\sqrt{\ }$，平方去$\sqrt{\ }$

$$\therefore \begin{cases}\sqrt{-k+25}<7\\ \sqrt{-k+25}>-3\\ \boxed{-k+25>0}\end{cases} \Leftrightarrow \begin{cases}-k+25<49\\ 25>k\end{cases}$$

$\sqrt{-k+25}>-3$ 恆成立
$\therefore$省略之

別忘：$\sqrt{\ }$內“一定≥ 0”！
但本題$\sqrt{-k+25}$當半徑，需“>0”

$\Leftrightarrow -24<k<25$

取「交集」

②$5<2+\sqrt{-k+25}$：$\begin{cases}3<\sqrt{-k+25}\\ -k+25>0\end{cases} \Leftrightarrow \begin{cases}9<-k+25\\ 25>k\end{cases} \Leftrightarrow k<16$

取「交集」

(4)
O_2　O_1　r_1　r_2
$\boxed{\overline{O_1O_2}<|r_2-r_1|}$
$|r_2-r_1|$ 比 $\overline{O_1O_2}$ 多出的長度

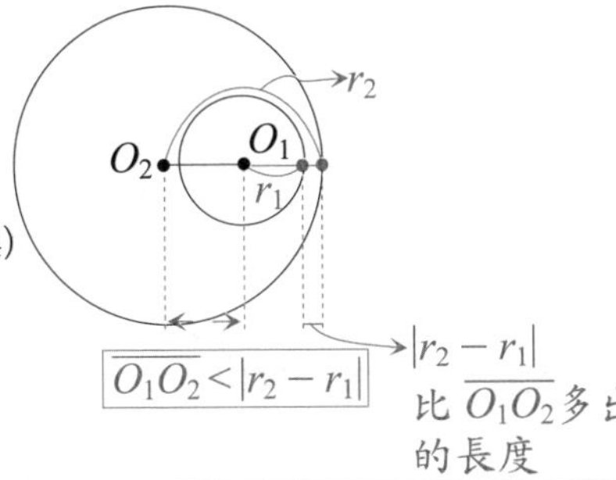

(5)
O_1　O_2　r_1　r_2

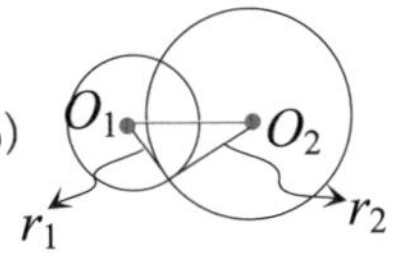

$r_1+r_2>\overline{O_1O_2}$ 且不會「內切離」

$\Leftrightarrow \boxed{|r_2-r_1|<\overline{O_1O_2}<r_1+r_2}$

$\overline{O_1O_2}\leq |r_2-r_1|$

例題 30 設圓 C_1：$x^2+y^2=4$，圓 C_2：$x^2+y^2+6x+12y+20=0$，試求外公切線長？

▶▶▶▶ Sol

∵圓 C_1 的圓心 $O_1(0,0)$，半徑 2；

圓 C_2 的圓心 $O_2(-3,-6)$，半徑 5

且 $\overline{O_1O_2}=\sqrt{45}$

見「（二次）一般式」，必配方：

$(x+3)^2+(y+6)^2$
$=-20+3^2+6^2=25$

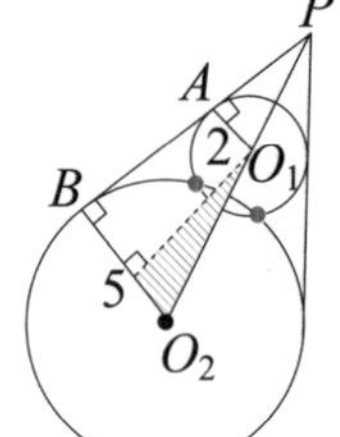

$\overline{O_1O_2}$
$=\sqrt{(-3-0)^2+(-6-0)^2}$
$=\sqrt{9+36}$
$=\sqrt{45}$

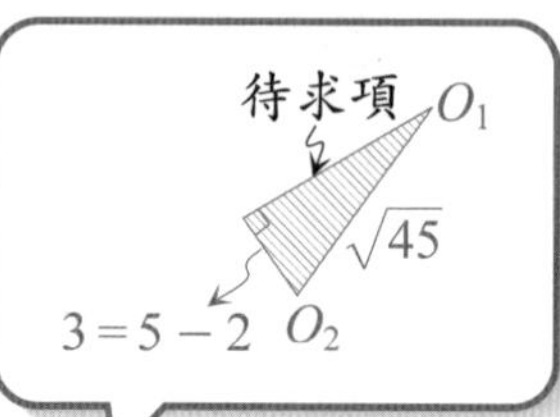

∴外公切線長 $\overline{AB}=\sqrt{\overline{O_1O_2}^2-(5-2)^2}=6$　畢氏定理

▶▶▶▶ Ans

6

見「過已知圖形交點」的新圖形，必為「圖形族」問題

例題 31 已知圓 C 過 C_1：$x^2+y^2-2x-4y-4=0$，C_2：$x^2+y^2-10x+2y+10=0$ 兩圓的交點，且圓 C 的圓心在直線 $x+y=1$ 上，試求圓 C 方程式？

▶▶▶▶ Sol

∵過兩交點的直線 L 的方程式為：$C_1-C_2=0$，亦即：$4x-3y-7=0$ 為過 C_1，C_2 交點的「根軸」

∴可設：圓 C 方程式設為 $(x^2+x^2-2x-4y-4)+k(4x-3y-7)=0$

涉「兩圓」的「圓族」，

◉可設新圓為：$C_1+kC_2=0$

或

◉先求「根軸 L（C_1，C_2 消去 x^2，y^2）」，再設新圓為：$C_1+kL=0$

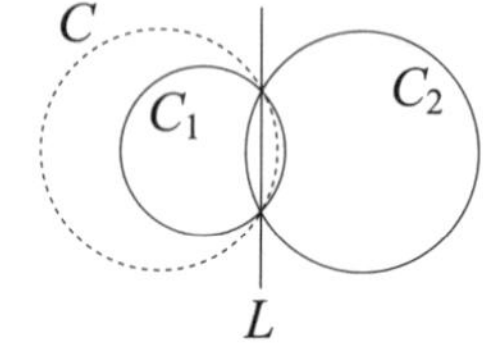

∴可得：$x^2+y^2-(2-4k)x-(4+3k)y-(4+7k)=0$　x，y 分別整併

$\therefore$圓 C 的圓心在 $(1-2k, \frac{4+3k}{2})$

$x^2+y^2+Dx+Ey+F=0$ 經「配方」，
可得：圓心 $(\frac{-D}{2}, \frac{-E}{2})$

$\therefore$代入直線 $x+y=1$，可得：$1-2k+\frac{4+3k}{2}=1$

$\because$題目已知訊息：新圓的圓心在 $x+y=1$ 上
$\therefore$見「圖形上點」，必將點坐標代入「圖形方程式」

$\therefore -4k+4+3k=0 \quad \therefore k=4$

$\therefore$圓 C 方程式為：$x^2+y^2+14x-16y-32=0$

把 $k=4$ 代入
$x^2+y^2-(2-4k)x-(4+3k)y-(4+7k)=0$

▶▶▶▶ Ans

$x^2+y^2+14x-16y-32=0$

CHAPTER 13

「解析幾何」觀點的「圓錐曲線」(1)「圓錐曲線」的整體分析

重點整理13-1　「圓錐曲線」通論

整合型「圓錐曲線」一般式：

$Ax^2+Bxy+Cy^2+Dx+Ey+F=0$　見（二次）一般式，必先配方！

圓錐曲線共有「九種圖形」，分成「退化」與「非退化」兩類。

①退化類圖形

(A)無圖形：如 $x^2+y^2=-3$　無解（指「無實數解」）

(B)一點：如 $(x-1)^2+(y-2)^2=0$　恰一解

(C)一直線：如 $(2x+3y-1)^2=0$　重合直線

(D)兩平行線：如 $(3x+2y-2)(3x+2y-4)=0$

但不重合

「x、y 係數」成「相同比例」，但「不等於」常數項比例

(E)兩相交線：如 $(3x-2y+4)(x-4y-2)=0$

「x、y 係數」的比例「不同」！

圓 v.s. 橢圓的差別在「x^2，y^2」係數相等時，為圓

②非退化類圖形

(F)圓：$(x-h)^2+(y-k)^2=r^2$

型如：$(\quad)^2 \boxed{+} (\quad)^2=$ 正數

重點：x^2，y^2 係數「同號㊀相等」

型如：$(\quad)^2=$ 常數 $\times(\quad)$

(G)拋物線：$(x-h)^2=4a(y-k), (y-k)^2=4a(x-h)$

(H)橢圓：$\dfrac{(x-h)^2}{a^2}+\dfrac{(y-k)^2}{b^2}=1, \dfrac{(y-k)^2}{a^2}+\dfrac{(x-h)^2}{b^2}=1$，$a>b>0$

(I)雙曲線：$\dfrac{(x-h)^2}{a^2}-\dfrac{(y-k)^2}{b^2}=1, \dfrac{(y-k)^2}{a^2}-\dfrac{(x-h)^2}{b^2}=1$，$a$，$b>0$

型如：$\dfrac{(\quad)^2}{a^2} \boxed{+} \dfrac{(\quad)^2}{b^2}=1$，$a\neq b$

型如：$\dfrac{(\quad)^2}{a^2} \boxed{-} \dfrac{(\quad)^2}{b^2}=1$

重點：x^2，y^2 係數「同號㊃不相等」

重點整理13-2　應用的關鍵「特徵」與「策略」

應用

判斷 $Ax^2+Bxy+Cy^2+Dx+Ey+F=0$ **究竟是何種曲線，必用的** **形判別原則** **：**

(A) 判別 $Ax^2+Bxy+Cy^2$ 是否可分解。

(B) 分別對 Ax^2+Dx 及 Cy^2+Ey，予以「配方」。

(C) 視 y 為常數，鎖定「x」配方。

「二次項」能否「分解」？

分別對「純 x」，對「純 y」式子「配方」

不能「分解」且「x，y 無法完全分離」時，則採用：「圓錐曲線」一般式的「最高處理原則」—「先鎖定『x』當主角，予以配方」

「無 xy 項」且「x，y 可以完全分離」時，才用！

重點整理13-3 解開例題、弄懂策略

精選範例

例題 1 試判別下列方程式所代表的圖形

(1) $9x^2-12xy+4y^2-12x+8y+4=0$

(2) $3x^2+8xy-3y^2+16x-2y+5=0$

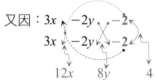

> $Ax^2+Bxy+Cy^2+Dx+Ey+F=0$ 的圖形判斷，必將
> ◎ $Ax^2+Bxy+Cy^2$ 分解
> ◎ $Ax+Dx$ 及 Cy^2+Ey，分別配方
> ◎視 y 為常數，先鎖定「x」配方

Sol

(1) $\because 9x^2-12xy+4y^2=(3x-2y)^2$

> $3x \quad -2y$
> $3x \quad -2y$

$\therefore$ 以 $(3x-2y)^2$ 當基礎，繼續分解！

又因：

$3x \quad -2y \quad -2$

$3x \quad -2y \quad -2$

$12x \quad 8y \quad 4$

$\therefore$ 原式左側 $=(3x-2y\boxed{-2})(3x-2y\boxed{-2})$

$=(3x-2y\boxed{-2})^2$

$\overset{令}{=}0=$ 原式右側

$\therefore 3x-2y-2=0$ $\quad\therefore$ 圖形為一直線

(2) $\because 3x^2+8xy-3y^2=(3x-y)(x+3y)$

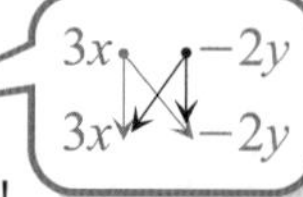

$\therefore$ 以 $(3x-y)(x+3y)$ 當基礎，繼續分解！

又因：

$3x \quad -y \quad +1$

$x \quad 3y \quad +5$

$16x \quad -2y \quad 5$

$\therefore$ 原式左側 $=(3x-y+1)(x+3y+5)\overset{令}{=}0=$ 原式右側

$\therefore 3x-y+1=0$，$x+3y+5=0$

$\therefore$ 圖形為兩相交直線

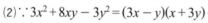

> x，y 的係數，比例不相等

Ans

(1)一直線 (2)兩相交線

$Ax^2+Bxy+Cy^2+Dx+Ey+F=0$
的圖形判斷，必將
◉ $Ax^2+Bxy+Cy^2$ 分解
◉ $Ax+Dx$ 及 Cy^2+Ey，分別配方
◉ 視 y 為常數，先鎖定「x」配方

例題 2 試判別下列方程式所代表的圖形

(1) $4x^2-4xy+y^2+4x-2y-3=0$

(2) $4x^2+y^2+8x-2y+4=0$

Sol

(1) $\because 4x^2-4xy+y^2=(2x-y)^2$

$2x \quad -y$
$2x \quad -y$

$\therefore$ 以 $(2x-y)^2$ 當基礎，續續分解！

又因：$2x \quad -y \quad +3$
$2x \quad -y \quad -1$
$4x \quad -2y \quad -3$

$\therefore$ 原式左側 $=(2x-y\boxed{+3})(2x-y\boxed{-1})\overset{令}{=}0=$ 原式右側

$\therefore 2x-y+3=0$，$2x-y-1=0$

「x，y 項係數」成「相同比例」，但「不等於」常數項比例

$\therefore$ 圖形為兩平行，但不重合直線

「無 xy 項」且「x，y 項可以完全分離」

(2) $\because$ 二次項「$4x^2+y^2$」不能分解

$\therefore$ 重排組合（「純 x」 v.s.「純 y」），可得：

$4(x^2+2x)+(y^2-2y)+4=0$

$\therefore 4(x+1)^2+(y-1)^2-4-1+4=0$

對「純 x、純 y」式子，分別予以配方

$\because 4(x+1)^2=④(x^2+2x\boxed{+1})$ 且 $(y-1)^2=y^2-2y\boxed{+1}$
$\therefore$ 需再「-4 且 -1」，才會跟「原式相等」

$\therefore 4(x+1)^2+(y-1)^2=1$

$\therefore [2(x+1)]^2+(y-1)^2=1$

$\therefore$ 圖形為一橢圓

具$(\quad)^2+(\quad)^2$ 型式且 x^2，y^2 係數不相等

Ans

(1)兩平行，但不重合直線

(2)橢圓

$Ax^2+Bxy+Cy^2+Dx+Ey+F=0$

的圖形判斷，必將

◉ $Ax^2+Bxy+Cy^2$ 分解

◉ $Ax+Dx$ 及 Cy^2+Ey，分別配方

◉ 視 y 為常數，先鎖定「x」配方

例題 3　試判別 $3x^2+2xy+y^2-x-5y+3=0$ 的圖形？

▶▶▶▶ Sol

∵「$3x^2+2xy+y^2$」不能分解

且「有 xy 項」也不可能有「純 x，純 y 式子」可分別配方

∴只好「視 y 為常數，先鎖定 x 配方」

以 x 當主角，將原式重組成：

$3x^2+(2y-1)x+(y^2-5y+3)=0$　先鎖定「x」配方

$\therefore 3[x^2+(\frac{2y-1}{3})x+(\frac{2y-1}{6})^2]-3\times(\frac{2y-1}{6})^2+(y^2-5y+3)=0$

$\therefore 3\left(x+\frac{2y-1}{6}\right)^2-\underbrace{\frac{4y^2-4y+1}{12}+\frac{12y^2-60y+36}{12}}_{\text{通分合併}}=0$

$\therefore 3(x+\frac{2y-1}{6})^2+\frac{8y^2-56y+35}{12}=0$

$\therefore \left[6(x+\frac{2y-1}{6})\right]^2+8(y^2-7y)+35=0$　同乘 12，去分母

$\therefore (6x+2y-1)^2+8(y-\frac{7}{2})^2-8\times\frac{49}{4}+35=0$　剩下的「純 y 項」再「配方」

$\therefore (6x+2y-1)^2+8(y-\frac{7}{2})^2=63$

∴圖形為一橢圓　具(　)^2+(　)^2 型式且 x^2，y^2 係數不相等

▶▶▶▶ Ans

橢圓

例題 4 試判別下列各方程式的圖形：

(1) $3x^2-y^2+6x+2y-16=0$

(2) $9x^2-4y^2-18x+16y-7=0$

> $Ax^2+Bxy+Cy^2+Dx+Ey+F=0$
> 的圖形判斷，必將
> ◉ $Ax^2+Bxy+Cy^2$ 分解
> ◉ $Ax+Dx$ 及 Cy^2+Ey，分別配方
> ◉ 視 y 為常數，先鎖定「x」配方

Sol

> ∵「$3x^2-y^2$」不能分解
> ∴重排組合（「純 x」v.s.「純 y」），可得：$3(x^2+2x)-(y^2-2y)=16$，
> ∴再分別予以「配方」，可得：$3(x+1)^2-(y-1)^2=3-1+16=⑱$

(1) ∵ $3x^2-y^2+6x+2y-16=0$

∴ $3(x+1)^2-(y-1)^2=18$

∴ $\dfrac{(x+1)^2}{6}-\dfrac{(y-1)^2}{18}=1$

∴圖形為一雙曲線

> 具 $(\quad)^2-(\quad)^2$ 的形態

(2) ∵ $9x^2-4y^2=(3x+2y)(3x-2y)$

> $3x$ $+2y$
> $3x$ $-2y$

∴以 $(3x+2y)(3x-2y)$ 當基礎，繼續分解！

又因：

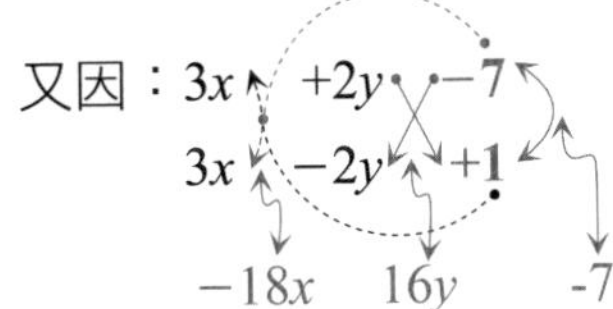

∴原式左側 $=(3x+2y-7)(3x-2y+1)\overset{令}{=}0=$ 原式右側

∴ $3x+2y-7=0$，$3x-2y+1=0$

∴圖形為兩相交直線

> x，y 係數的比值不相等

Ans

(1)雙曲線

(2)兩相交直線

例題 5 設 $x^2+4xy+ky^2+tx-4y-3=0$ 為兩平行線（不重合），試求 k 與 t 之值？

> $Ax^2+Bxy+Cy^2+Dx+Ey+F=0$ 的圖形判斷，必將
> ◉ $Ax^2+Bxy+Cy^2$ 分解
> ◉ $Ax+Dx$ 及 Cy^2+Ey，分別配方
> ◉ 視 y 為常數，先鎖定「x」配方

▶▶▶▶ Sol

∵原式為「兩平行線（不重合）」

∴原式，可以表為：$(ax+by+\boxed{c_1})(ax+by+\boxed{c_2})=0$ 且 $c_1\neq c_2$

> 直線平行，但不重合
> ⇔ x，y 係數成相同比例，但與常數比例不同

又因：原式「含 x^2+4xy」

∴$a=1$ 且 $b=2$

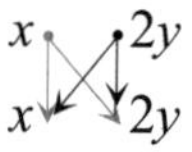

> $\begin{matrix} x & 2y \\ x & 2y \end{matrix}$ v.s. x^2+4xy v.s. $(ax+by+\boxed{c_1})(ax+by+\boxed{c_2})$
> 前兩項相同

∴原式，可寫成：

$(x+2y+\boxed{c_1})(x+2y+\boxed{c_2})=0$

再因：$c_1\times c_2=-3$ 且「含 $-4y$」

∴原式，可分解成：

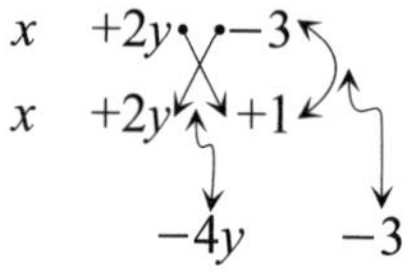

$$\begin{matrix} x & +2y & -3 \\ x & +2y & +1 \end{matrix}$$

$-4y$ 　 -3

∴原式左側 $=(x+2y\boxed{-3})(x+2y\boxed{+1})$

且展開可得：含「$4y^2$ 及 $-2x$」

∴$k=4$ 且 $t=-2$

> 跟「ky^2 及 tx」作比較

▶▶▶▶ Ans

$k=4$ 且 $t=-2$

CHAPTER 14

「解析幾何」觀點的「圓錐曲線」(2) 漫談「拋物線」

重點整理14-1 「拋物線」概論

概論

「拋物線」定義：

平面上到定點 $F(x_0,y_0)$（焦點）與到定直線 $L：ax+by+c=0$（準線），有著「相等距離」的所有點 $P(x,y)$ 所成之集合（軌跡），即：$d(P,L)=\overline{PF}$。

1. $F(x_0,y_0)$ 為「焦點」；
   $L：ax+by+c=0$ 為「準線」
2. 過焦點且與準線「垂直」之直線為「對稱軸」
3. 拋物線與對稱軸之「交點」為「頂點」
4. 過焦點而「垂直」於對稱軸之弦為「正焦弦」

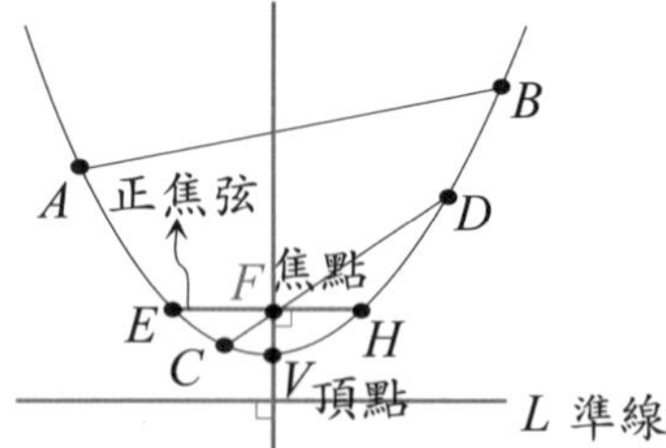

「焦點」到「頂點」的距離

5. $P(x,y)$ 為拋物線上任一點
   - 焦點：F
   - 準線：L
   - 頂點：V
   - 對稱軸：$\overleftrightarrow{VF}$
   - 焦距：$\overline{VF}$
   - 弦：$\overline{AB}$
   - 焦弦：$\overline{CD}$
   - 正焦弦：$\overline{EH}$

「曲線」上，任意「兩點」的「連線段」

決定「開口」的「寬、窄」

過「焦點」的「弦」

「垂直」對稱軸的「焦弦」

重點整理14-2 應用的關鍵「特徵」與「策略」

「拋物線」標準圖：

準線與對稱軸的交點為：準軸點

求「拋物線」方程式：

見「點到線」v.s.「點到點」距離，必聯想：$d(P,L)=\overline{PF}$

題目「只給：準線、焦點」或「未知是否為標準拋物線」，必用！

(A) 定義式：$\dfrac{|ax+by+c|}{\sqrt{a^2+b^2}}=\sqrt{(x-x_0)^2+(y-y_0)^2}\Leftrightarrow d(P,L)=\overline{PF}$

「準線」或「對稱軸」不平行或不垂直「坐標軸」，必用！

已知：「準線」或「對稱軸」平行或垂直「坐標軸」，必用！

當配合：「平方」去絕對值，去二次根號

最常用的拋物線方程式

即為「國中」的「二次函數」

(B) 標準式

1. $(x-h)^2=4a(y-k)$ —— 對稱軸 $\perp x$ 軸 —— 平方在 x；a 在一次方部分

2. $(x-k)^2=4a(y-h)$ —— 對稱軸 $\perp y$ 軸 —— 平方在 y；a 在一次方部分

- ⊙先判別 $(\quad)^2$ 是 x 或 y —— **「對稱軸」，必過頂點、焦點**
- ⊙定下格式「（對）$^2=4\boxed{a}$（頂）」
- ⊙設法找出「頂點 (h,k) 及 a」
- ⊙填入上述格式的適當位置

⊙（對）$^2\overset{令}{=}0$，可得「對稱軸」

⊙（對）$^2=$（頂）$\overset{令}{=}0$，可得「頂點」

⊙$|a|=$頂點到「焦點」距離$=$頂點到「準軸點」距離

欲處理更多「圓錐曲線」問題，一定要先將「（二次）一般式」予以「配方」！

給「拋物線」上「3 點」，必用「一般式」

(C) 一般式：由標準式展開可得

1. $y=ax^2+bx+c$ 　平方在 x：開口上下（$a>0$ 開口向上；$a<0$ 開口向下）

2. $x=ay^2+by+c$

平方在 y：開口左右（$a>0$ 開口向右；$a<0$ 開口向左）

欲處理更多問題，一定要先將「（二次）一般式」予以「配方」！

應用 2

「已知或已求出」拋物線方程式：

(A) 依據「拋物線重要的圖形特徵」，先找出

1. 關鍵線：準線，對稱軸

2. 關鍵點：焦點，頂點 　必要時，再多找「與坐標軸交點」及「準軸點」

標準式（對）$^2=4ⓐ$（頂）的 $|a|$ 大，開口大

但 $y=ⓐx^2+bx+c$ 及 $x=ⓐy^2+by+c$ 的 $|a|$ 大，開口「小」！

3. 關鍵量：正焦弦長 $=4|a|$ 　決定「開口寬（大）、窄（小）」

4. 關鍵方向：開口是「上、下」或「左、右」

◉ $a>0$：開口「上、右」

◉ $a<0$：開口「下、左」

5. 據此「繪製」拋物線「簡圖」！

幾何問題，一定要「繪圖」，並把「已知訊息」（含：待求項及新增已知項）標記在「圖形」上

抛物線重要的圖形特徵：

1. 有 x^2，則開口「向上、向下」；有 y^2，則開口「向右、向左」
2. $a>0$，則開口「向上、向右」；$a<0$，則開口「向下、向左」
3. 頂點 (h,k)：令兩 (　) 為 0
4. 對稱軸方程式（主要軸）：令 (　)^2 為 0
5. 正焦弦長 $=4|a|$
6. 準線 ⊥ 對稱軸且其交點距頂點 $=|a|=$ 焦點到頂點之距離 $=$ 焦距；對稱軸過「頂點及焦點」；對稱軸及準線在標準式時：恆「平行或垂直」於「x 或 y」軸

稱為「準軸點」

幾何問題，一定要「繪圖」並把「已知訊息（含：原始及陸續推演出來的訊息）」標記在「圖形」上

(B) 依據(A)的拋物線簡圖，求算拋物線相關的「點、線、量」

重點整理14-3　解開例題、弄懂策略

精選範例

「準線或對稱軸」不「平行或垂直」坐標軸，必用「定義式」：
$d(P,L)=\overline{PF}$
$P(x,y)$　準線　焦點

例題 1　一拋物線的焦點 $F(2,-3)$，準線 L：$3x-4y+12=0$，試求此拋物線的 (1)方程式　(2)對稱軸方程式　(3)頂點坐標　(4)正焦弦長？

$\overline{PF}=d(P,L)$
(x,y) 到 $(2,-3)$ 的距離　(x,y) 到 $3x-4y+12=0$ 的距離

▶▶▶▶ Sol

設拋物線上任一點坐標為 (x,y)

(1) $\sqrt{(x-2)^2+(y+3)^2}=\dfrac{|3x-4y+12|}{5}$

「平方」去 $\sqrt{\ }$ 及去絕對值

$\therefore 25(x^2+y^2-4x+6y+13)=9x^2-24xy+16y^2+72x-96y+144$

$\therefore 16x^2+24xy+9y^2-172x+246y+181=0$

「垂直」線 ⇔ 斜率相乘 $=-1$

(2)又因：對稱軸垂直準線 L：$3x-4y+12=0$ 且過焦點 $(2,-3)$

$\therefore$ 對稱軸斜率 $\dfrac{-4}{3}$ 且過 $F(2,-3)$

$\therefore$ 對稱軸方程式為：$y+3=\dfrac{-4}{3}(x-2)$

$\therefore 4x+3y+1=0$

$y-y_0=m(x-x_0)$

心中要記得：「拋物線標準圖」，來聯想「關鍵點、線、量」的關係：

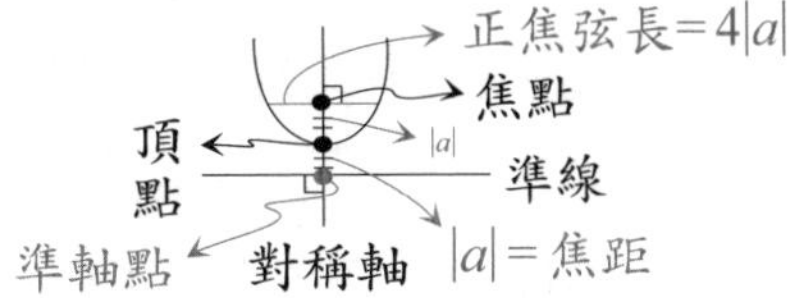

(3)先求對稱軸與準線之交點 B：

$\begin{cases}3x-4y+12=0\\4x+3y+1=0\end{cases}\Rightarrow x=\dfrac{-8}{5}$，$y=\dfrac{9}{5}$，亦即：$B\left(\dfrac{-8}{5},\dfrac{9}{5}\right)$

方程式聯立，求圖形交點

又因：頂點為 B 點與焦點 F 的中點

$\therefore$ 頂點 $\left(\dfrac{\frac{-8}{5}+2}{2}, \dfrac{\frac{9}{5}-3}{2}\right)=\left(\dfrac{1}{5}, \dfrac{-3}{5}\right)$

由「拋物線」標準圖，可知：

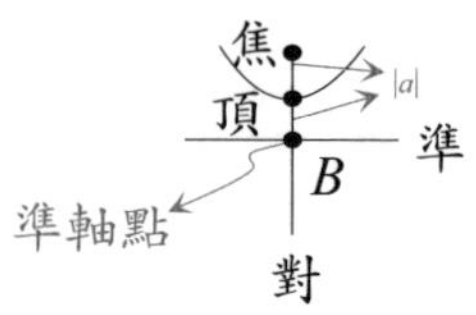

$2d(F,L)$
$=2$ 倍「焦點到準線距離」
$=2\times 2|a|$
$=4|a|$

$P_0(x_0,y_0)$ 到 $ax+by+c=0$ 的距離
$=\dfrac{|ax_0+by_0+c|}{\sqrt{a^2+b^2}}$

(4)正焦弦長 $2d(F,L)=2\times\dfrac{|6+12+12|}{5}=12$

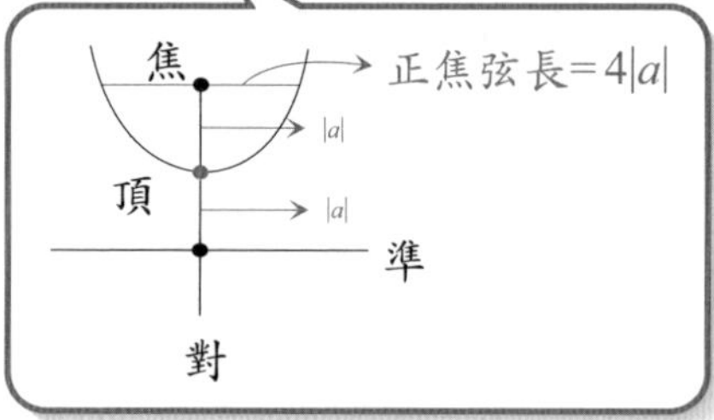

▶▶▶▶ Ans

(1) $16x^2+24xy+9y^2-172x+246y+181=0$

(2) $4x+3y+1=0$

(3) $(\dfrac{1}{5}, \dfrac{-3}{5})$

(4) 12

$\because$「準線或軸」平行或垂直
「坐標軸」必為「標準」拋物線。
$\therefore$ 先設（對）$^2=4\boxed{a}$（頂）格式

畫標準圖來聯想：

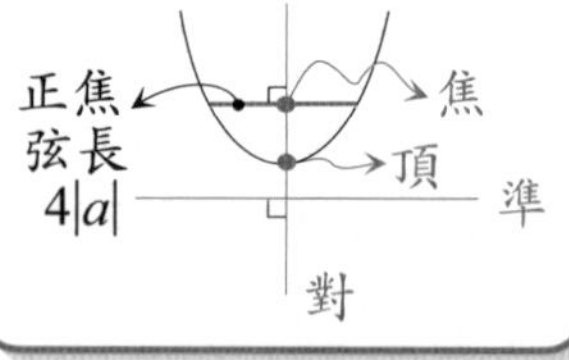

例題 2　試求滿足下列各條件的拋物線方程式：

(1)頂點 $A(2,-1)$，對稱軸平行 y 軸，且過點 $(4,-3)$

(2)焦點 $F\left(\dfrac{5}{4},2\right)$，準線平行 y 軸，且過點 $(5,4)$

▶▶▶▶ Sol

(1)$\because$ 對稱軸平行 y 軸，

且頂點 $A(2,-1)$

$\therefore$ 可設拋物線方程式為：$(x-2)^2=4a(y+1)$

（對）^{2}及（頂）放頂點坐標

對稱軸方程式為 $x=2\Rightarrow x-2$ 放（對）^{2}

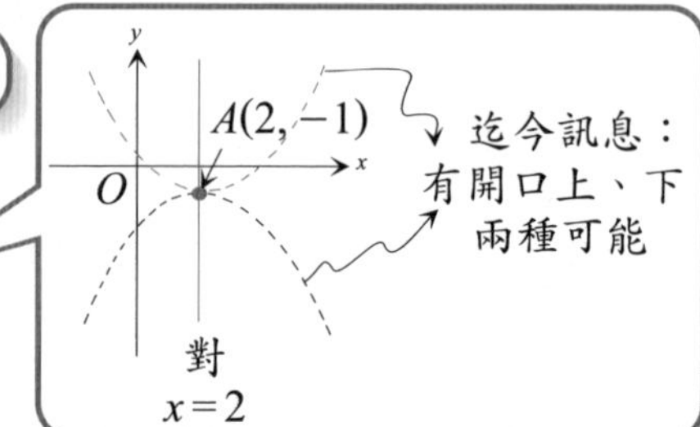

又因：過點 $(4,-3)$

$\therefore$代入得：$(4-2)^2=4a(-3+1)$ $\therefore 4a=-2$

$\therefore$拋物線方程式為：$(x-2)^2=-2(y+1)$

見「圖形上點」，必將點坐標代入「圖形方程式」

(2) $\because$焦點 $F\left(\frac{5}{4},2\right)$ 且準線平行 y 軸

$\therefore$對稱軸 $y=2$，設頂點 $(h,2)$

頂點有一分量跟對稱軸方程式相同

$\therefore$可設拋物線方程式為：$(y-2)^2=4a(x-h)$

又因：過點 $(5,4)$

$\therefore$代入得：$(4-2)^2=4a(5-h)$

$\therefore 1=5a-ah$

見「圖形上點」，必將點坐標代入「圖形方程式」

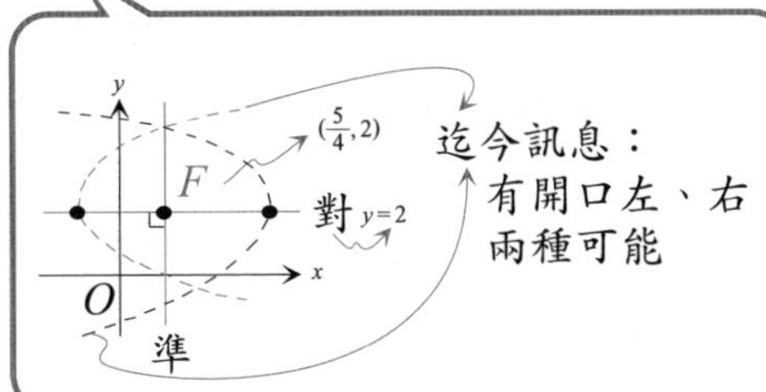

再因：

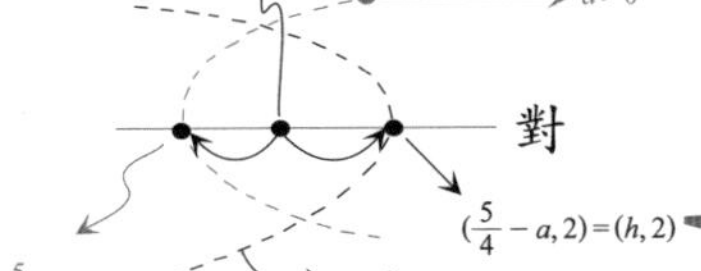

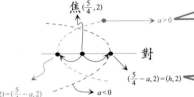

$a>0 \Leftrightarrow |a|=a$ 且頂在焦之「左」邊 $|a|=a$ 長度

$a<0 \Leftrightarrow |a|=-a$ 且頂在焦之「右」邊 $|a|=-a$ 長度

去分母，整式化

$\therefore h=\frac{5}{4}-a \Rightarrow 1=5a-a\times\left(\frac{5}{4}-a\right)=\frac{15a}{4}+a^2$

$\therefore 4a^2+15a-4=0 \Rightarrow (4a-1)(a+4)=0 \Rightarrow a=\frac{1}{4}$，$-4$

$\therefore h=\frac{5}{4}-\left(\frac{1}{4}\right)=1$ 或 $\frac{5}{4}-(-4)=\frac{21}{4}$

將「$a=\frac{1}{4}$，-4」代入：$h=\frac{5}{4}-a$

$\therefore$拋物線方程式為：$(y-2)^2=x-1$ 或 $(y-2)^2=-16\left(x-\frac{21}{4}\right)$

將 (a,h) 的對應解 $(\frac{1}{4},1)$ 及 $(-4,\frac{21}{4})$ 代入：$(y-2)^2=4a(x-h)$

▶▶▶▶ Ans

(1) $(x-2)^2=-2(y+1)$

(2) $(y-2)^2=x-1$ 或 $(y-2)^2=-16\left(x-\frac{21}{4}\right)$

例題 3 (1)已知一拋物線的（對稱）軸垂直 y 軸，並通過 $(1, 1)$，$(3, 2)$，$(3, -1)$ 三點。試求此拋物線方程式，並求其頂點，焦點，準線，對稱軸及正焦弦長？

(2)一拋物線通過 $(2, 3)$ 與 $(-1, 6)$，且其對稱軸為 $x=1$，求此拋物線的方程式？

> ㊟稱軸 $\perp y$ 軸 $\Rightarrow$ ㊟稱軸方程式必為 $y=k$。
> 又因：(㊟)^2 $\therefore$ 平方在 y

Sol

(1)$\because$ 軸垂直 y 軸

$\therefore$ 設拋物線 $x=Ay^2+By+C$

> 給「拋物線」上 3 點，必用「一般式」

又因：過 $(1, 1)$，$(3, 2)$，$(3, -1)$ 三點，代入得：$\begin{cases} A+B+C=1 \\ 4A+2B+C=3 \\ A-B+C=3 \end{cases}$

> 見「圖形上點」，必將點坐標代入「圖形方程式」

$\therefore \begin{cases} A=1 \\ B=-1 \\ C=1 \end{cases}$

$\therefore$ 拋物線方程式為：$x=y^2-y+1$

> 見（二次）一般式，必先配方

接著：$x=y^2-y+1 \overset{配}{\underset{方}{\Rightarrow}} \left(y-\dfrac{1}{2}\right)^2=x-\dfrac{3}{4}$

$\therefore$ 頂點 $\left(\dfrac{3}{4}, \dfrac{1}{2}\right)$，$a=\dfrac{1}{4}$（開口向右）

焦點 $\left(\dfrac{3}{4}+\dfrac{1}{4}, \dfrac{1}{2}\right)=\left(1, \dfrac{1}{2}\right)$

準線 $x=\dfrac{3}{4}-\dfrac{1}{4}=\dfrac{1}{2}$

對稱軸為 $y=\dfrac{1}{2}$，正焦弦長 $4|a|=1$

> 由配方後的標準式
>
> $(y-\dfrac{1}{2})^2=\boxed{4\times\dfrac{1}{4}}\times(x-\dfrac{3}{4})$
>
> 可知：$\begin{cases} (\quad)^2\overset{令}{=}0，得「對稱軸」y=\dfrac{1}{2} \\ (\quad)^2=(\quad)\overset{令}{=}0，得「頂點」(\dfrac{3}{4}, \dfrac{1}{2}) \end{cases}$
>
> 及 $4a=1$，得 $a=\dfrac{1}{4}>0$
>
> $\therefore$ 可得簡圖
>
> 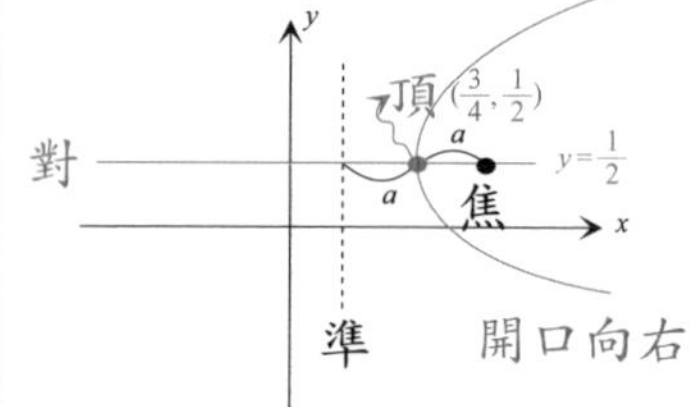
>

> (對)$^2=4a$（頂）

(2)$\because$ 對稱軸為 $x=1$

$\therefore$ 可設拋物線：$(x-1)^2=4a(y-k)$

又因：過 $(2, 3)$ 與 $(-1, 6)$

$\therefore$代入，可得：$\begin{cases}1=4a(3-k)\\4=4a(6-k)\end{cases}$

見「圖形上點」，必將點坐標代入「圖形方程式」

$\therefore$可得：$\dfrac{1}{4}=\dfrac{3-k}{6-k}$

兩式相除，去掉 $4a$

$\therefore 6-k=12-4k$

分式等式，必交叉相乘相等

$\therefore 3k=6$

$\therefore k=2$

$\therefore a=\dfrac{1}{4}$

$\therefore$拋物線方程式為：$(x-1)^2=y-2$

將「$k=2$，$a=\dfrac{1}{4}$」代回：$(x-1)^2=4a(y-k)$

Ans

(1)方程式：$x=y^2-y+1$

頂點 $(\dfrac{3}{4},\dfrac{1}{2})$

焦點 $(1,\dfrac{1}{2})$

準線 $x=\dfrac{1}{2}$

（對稱）軸 $y=\dfrac{1}{2}$ 且正焦弦長 $=1$

(2) $(x-1)^2=y-2$

見「（對稱）軸、準線」是「$ax+by+c$」形態，必聯想「非標準式」的「定義式」！亦即：開始搜尋「定義式」有沒有可比擬的「錐線」

平方「去」$\sqrt{\ }$，「去」絕對值 $\Leftrightarrow$ 開平方「加」$\sqrt{\ }$，「加」絕對值

例題 4 錐線 Γ：$(x-1)^2+(y-1)^2=\dfrac{(x+y+2)^2}{2}$，試求其(1)焦點 (2)準線 (3)對稱軸方程式 (4)頂點坐標 (5)正焦弦長？

Sol

$\because \Gamma$：$(x-1)^2+(y-1)^2=\dfrac{(x+y+2)^2}{2}$

$\therefore \sqrt{(x-1)^2+(y-1)^2}=\dfrac{|x+y+2|}{\sqrt{2}}$

$\overline{PF}=d(P,L)$

$\therefore \Gamma$ 是以 $(1,1)$ 為焦點，L：$x+y+2=0$ 為準線的拋物線

(1)焦點 $F(1,1)$

(2)準線 L：$x+y+2=0$

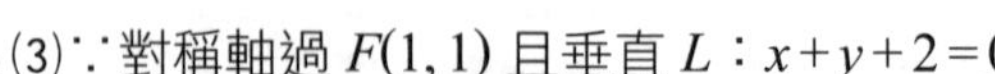

(3) $\because$ 對稱軸過 $F(1,1)$ 且垂直 L：$x+y+2=0$

$\therefore$ 對稱軸方程式為 $x-y=0$

$\because L_1 \perp L_2 \Leftrightarrow m_1m_2=-1$

且已知 L 的斜率 $=\frac{-1}{1}=-1$

$\therefore$ 對稱軸的斜率 $=1$ 且過 $F(1,1)$

$\therefore$ 對稱軸：$y-1=1\times(x-1)$（點斜式）

$\therefore y-1=x-1$

$\therefore x-y=0$

(4)先求對稱軸與準線的交點 B：

$\begin{cases} x+y+2=0 \\ x-y=0 \end{cases}$（聯立，求交點）

$\therefore x=-1$，$y=-1$　$\therefore B(-1,-1)$

又因：「頂點」為 B 點與焦點 F 的中點

$\therefore$ 頂點 $\left(\frac{-1+1}{2},\frac{-1+1}{2}\right)=(0,0)$

(5)正焦弦長 $2d(F,L)=2\times\frac{|1+1+2|}{\sqrt{2}}=4\sqrt{2}$

$P_0(x_0,y_0)$ 到 $ax+by+c=0$ 的距離 $=\frac{|ax_0+by_0+c|}{\sqrt{a^2+b^2}}$

正焦弦長 $=4|a|=2$ 倍「焦點到準線距離」$=2\times2|a|$

▶▶▶▶ Ans

$\therefore$ (1)焦點 $(1,1)$

(2)準線 $x+y+2=0$

(3)對稱軸 $x-y=0$

(4)頂點 $(0,0)$

(5)正焦弦長 $4\sqrt{2}$

畫「拋物線標準圖」來聯想

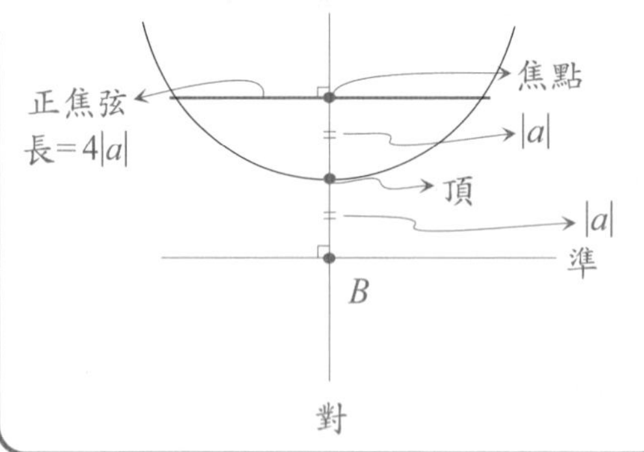

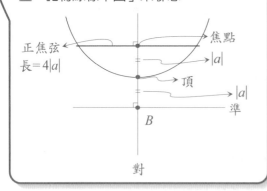

例題 5 試求與拋物線 $y^2=4x$「共焦點，共軸」，且過 $(7,8)$ 的拋物線方程式？

▶▶▶▶ Sol

改成：「標準格式」（對）$^2=4a$（頂）

(1)先求 $y^2=4x$ 的「焦點及軸」給新拋物線用：

$\because y^2=4x$，可改寫成：$(y-0)^2=4\times1\times(x-0)$

$\therefore$ 頂點 $(0,0)$，（令(對)^2 及 (頂) 為 0）

對稱軸 $y=0$（令 (對)^2 為 0）

且 $a=1>0$

$\therefore$ 焦點為：$(1,0)$

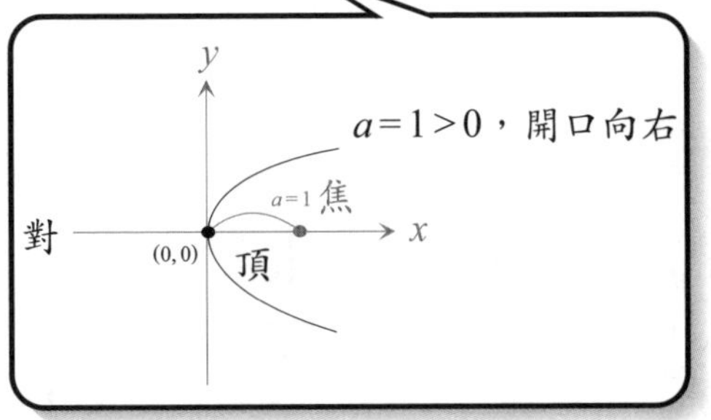

$\therefore$ 與其共焦點，共軸的拋物線頂點為 $(1-a,0)$，

$\therefore$ 可設所求的拋物線為：$y^2=4a(x-1+a)$

新拋物線圖：（以 $a>0$ 為例畫圖）

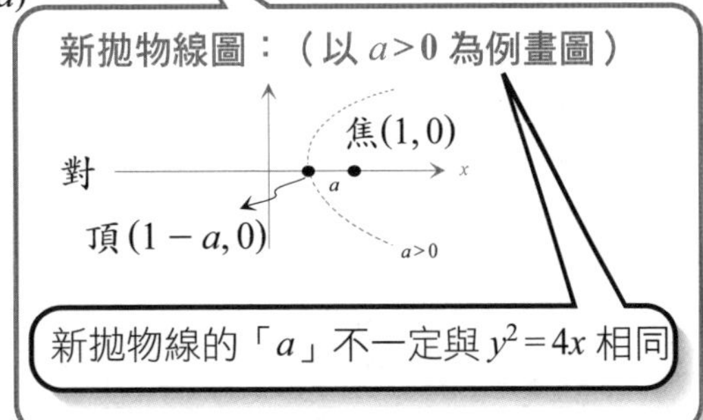

新拋物線的「a」不一定與 $y^2=4x$ 相同

見「圖形上點」，必將點坐標代入「圖形方程式」

又因：過 $(7,8)$

$\therefore$ 代入得：$64=4a(7-1+a)$

$\therefore a^2+6a-16=0$

$\therefore (a+8)(a-2)=0$

$\therefore a=-8$ 或 2

$\therefore$ 拋物線方程式為：$y^2=-32(x-9)$ 或 $y^2=8(x+1)$

將「$a=-8$，2」代回：$y^2=4a(x-1+a)$

▶▶▶▶ Ans

$\therefore y^2=-32(x-9)$ 或 $y^2=8(x+1)$

也可以用：拋物線上點「P」滿足：$\overline{PF}=d(P,L)$
$\therefore \overline{PF}+\overline{QF}=d(\boxed{P},L)+d(\boxed{Q},L)$
∴只要再求出：準線L，再將P，Q代入「點到直線」距離公式，即可得解！

例題 6 在坐標平面上，設直線L：$x-y+3=0$與拋物線Γ：$x^2=8y$相交於P，Q兩點，若F表拋物線的焦點，試求$\overline{PF}+\overline{QF}$長？

Sol

(1)聯立求交點P，Q：

$\because \begin{cases} x-y+3=0 \\ x^2=8y \end{cases}$　見「交點」，必「聯立」

∴將：$y=x+3$代入$x^2=8y$，可得：

$x^2=8(x+3)$

$\therefore x^2-8x-24=0$

$\therefore x=\dfrac{8\pm\sqrt{(-8)^2-4\times1\times(-24)}}{2}$　　$ax^2+bx+c=0$的兩根為：$x=\dfrac{-b\pm\sqrt{b^2-4ac}}{2a}$

$=\dfrac{8\pm4\sqrt{10}}{2}$

$=4\pm2\sqrt{10}$

$\therefore y=(4\pm2\sqrt{10})+3=7\pm2\sqrt{10}$

$\therefore P(4+2\sqrt{10},7+2\sqrt{10})$且$Q(4-2\sqrt{10},7-2\sqrt{10})$

(2)將$x^2=8y$「標準化」成：$(x-0)^2=4\times2\times(y-0)$

∴可得：頂點$(0,0)$，對稱軸$x=0$，$a=2>0$　　（對）$^2=4a$（頂）

簡圖：

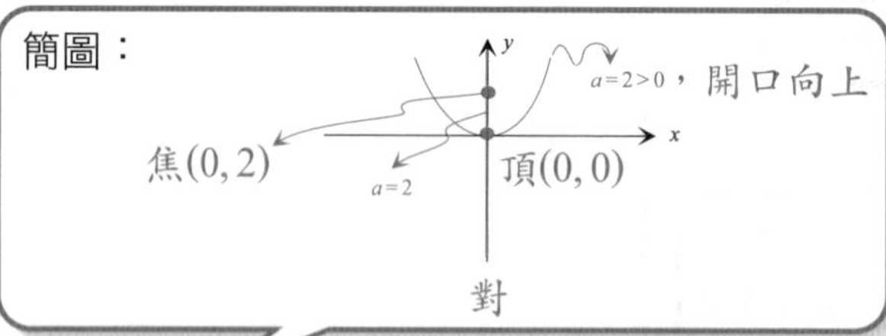

∴焦點$F(0,2)$

$\therefore \overline{PF}+\overline{QF}=\sqrt{(4+2\sqrt{10})^2+(5+2\sqrt{10})^2}+\sqrt{(4-2\sqrt{10})^2+(5-2\sqrt{10})^2}$

$=\sqrt{121+36\sqrt{10}}+\sqrt{121-36\sqrt{10}}$

$=\sqrt{(9+2\sqrt{10})^2}+\sqrt{(9-2\sqrt{10})^2}$

$=9+2\sqrt{10}+9-2\sqrt{10}=18$

代入「兩點距離」公式

$121+36\sqrt{10}$
$=121+2\times18\sqrt{10}$
$\overset{\text{當}}{=}a^2+b^2+2ab \Leftrightarrow \begin{cases} a^2+b^2=121 \\ ab=18\sqrt{10} \end{cases}$

Ans

18

CHAPTER 15

「解析幾何」觀點的「圓錐曲線」(3) 漫談「橢圓」

重點整理15-1　「橢圓」概念

「圓」是特殊的「橢圓」

概論

「橢圓」定義：

平面上與 兩定點 $F_1(x_1,y_1),F_2(x_2,y_2)$（焦點） 的 距離和 為 常數 $2a$，並滿足 $2a>\overline{F_1F_2}\ (a>0)$ 的所有點 $P(x,y)$ 所成之集合（軌跡），亦即：$\overline{PF_1}+\overline{PF_2}=2a>\overline{F_1F_2}$

ΔF_1F_2P 的「兩邊和＞第三邊」

1. $F_1(x_1,y_1),F_2(x_2,y_2)$ 為「焦點」；$\overline{F_1F_2}$ 之中點 $O(h,k)$ 為「中心」
2. 過「兩焦點」之直線為「長軸」；與長軸「垂直且過中心」之直線為「短軸」
3. 橢圓與「兩軸」之交點 A、A'、B、B' 為「頂點」
4. 過任意一個「焦點」而「垂直於長軸」之弦為「正焦弦」
5. $a>0$ 為長軸長之半；$b>0$ 為短軸之半
6. $P(x,y)$ 為橢圓上之任一點

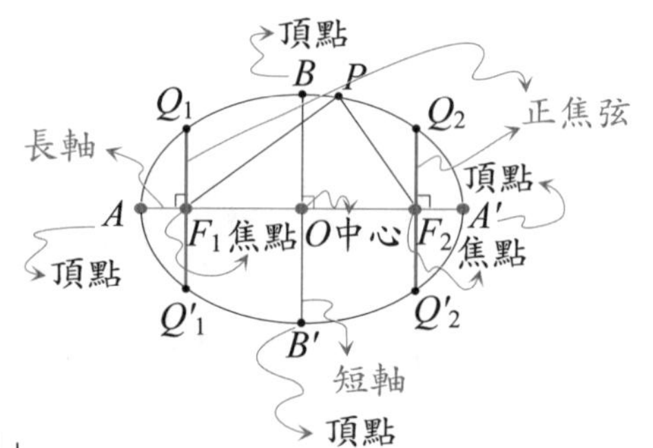

- 焦點：F_1，F_2
- 中心：O
- 長軸：$\overline{AA'}$
- 短軸：$\overline{BB'}$
- 頂點：A，A'，B，B'
- 焦半徑：$\overline{PF_1}$，$\overline{PF_2}$
- 正焦弦：$\overline{Q_1Q'_1}$，$\overline{Q_2Q'_2}$
- 焦距：$\overline{F_1F_2}$

兩「焦點」的距離

「橢圓」上點跟「焦點」的「連線段」

「垂直」主要軸「長軸」的「焦弦」

◉「曲線」上，任意「兩點」的「連線段」＝「弦」
◉過「焦點」的「弦」＝「焦弦」

重點整理15-2 應用的關鍵「特徵」與「策略」

設「$a>\boxed{b、c}>0$」

意謂：a 最大，但 b，c「無大小關係」

求「橢圓」方程式的「應注意」事項，跟「求拋物線方程式」的備註「完全相同」！

「橢圓」標準圖：

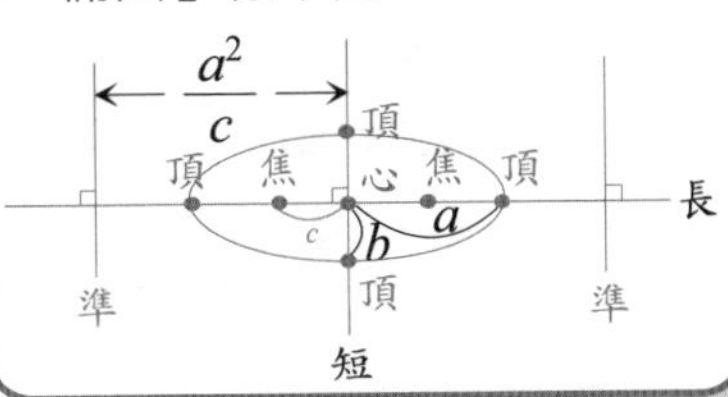

應用 1

求「橢圓」方程式：

(A) 定義式：$\sqrt{(x-x_1)^2+(y-y_1)^2}+\sqrt{(x-x_2)^2+(y-y_2)^2}=2a>\overline{F_1F_2}$

$\Leftrightarrow \overline{PF_1}+\overline{PF_2}=2a>2c=\overline{F_1F_2}$

見「點v.s.點」距離「和」，必聯想：$\overline{PF_1}+\overline{PF_2}=\boxed{2a>2c}=\overline{F_1F_2}$

(B) 標準式（最常用的橢圓方程式）

見「（二次）一般式」，必先「配方」

1. $\frac{(x-h)^2}{a^2}+\frac{(y-k)^2}{b^2}=1$ —— 長軸⊥y 軸

2. $\frac{(y-k)^2}{a^2}+\frac{(x-h)^2}{b^2}=1$ —— 長軸⊥x 軸

「長軸」v.s.「橢圓」等同：「對稱軸」v.s.「拋物線」為「橢圓」的「主要軸」

大的數「當 a^2」

⊙先定下格式「$\frac{(\text{短})^2}{a^2}+\frac{(\text{長})^2}{b^2}=1$」

⊙判別「長軸」是 x 或 y

主要軸「長軸」，必過「焦點」、「中心」、「長軸頂點」

⊙設法找出「中心 (h,k) 及長軸長 $=2a$、短軸長 $=2b$」

⊙再填入上述格式的適當位置

⊙分母「㊀大的數當 a^2」、「小的數當 b^2」

⊙長軸
- 方程式：$\frac{(\text{長})^2}{b^2}\overset{令}{=}0$，可得「長軸方程式」
- 長度 $=2a$

⊙短軸
- 方程式：$\frac{(\text{短})^2}{a^2}\overset{令}{=}0$，可得「短軸方程式」
- 長度 $=2b$

⊙ $(\text{短})^2=(\text{長})^2\overset{令}{=}0$，可得「中心」

應用 2

「已知或已求出」橢圓（標準）方程式：

(A) 依據「橢圓重要的圖形特徵」，先找出

1. 關鍵線：長軸（主要軸），短軸
2. 關鍵點：中心，焦點
3. 關鍵量：長軸長 $=2a$；短軸長 $=2b$；兩焦點距離 $=2c$
4. 關鍵方向：長軸所在直線的「偏長方向」
5. 據此「繪製」橢圓「簡圖」！

必要時，再多求「與坐標軸」的「交點」及「長、短軸」的「頂點」

橢圓重要的圖形特徵：

1. $a>b>0$（「標準式」分母：大的當 a^2；小的當 b^2）
2. 中心 (h,k)：令兩 $(\quad)^2$ 為 0
3. 長軸方程式（主要軸）：令 $\frac{(\quad)^2}{b^2}$ 為 0；

   短軸方程式（次要軸）：令 $\frac{(\quad)^2}{a^2}$ 為 0
4. 長軸長 $=2a$；短軸長 $=2b$
5. 焦點距中心之距離 $=\boxed{c=\sqrt{a^2-b^2}}$ $(a>c>0, a>b>0)$
6. 正焦弦長 $=\frac{2b^2}{a}$
7. 橢圓面積 $=ab\pi$
8. 準線以「不切割橢圓」之方式「垂直長軸」且中心距準線之距離 $=\frac{a}{e}=\frac{a^2}{c}$
9. 離心率 $=e=\boxed{\frac{c}{a}<1}$
10.
    - 焦點、中心皆在長軸上
    - 中心＝兩焦點之中點＝長（短）軸頂點之中點＝長軸、短軸之交點
    - 長軸、短軸在標準式時，必「平行或垂直」於「x 或 y」軸
    - 長軸⊥短軸，長軸⊥準線

軸的「方程式」跟「長度」，恰「相反」亦即：$2b$ 決定「次要軸之長度」；而 b^2 的分子 $(\quad)^2$ 卻決定了「主要軸方程式」

兩焦點距離＝焦距＝$\overline{F_1F_2}=2c$

$a^2=b^2+c^2$ ← 最大數「當 a」及「斜邊」

過「焦點」垂直「長軸」而連接「橢圓」的線段

(B) 依據(A)的橢圓簡圖，求算橢圓相關的「點、線、量」！

幾何問題，一定要「繪圖」並把「已知訊息（含：原始及陸續推演出來的訊息）」標記在「圖形」上

重點整理15-3 解開例題、弄懂策略

精選範例

例題 1 設一橢圓方程式為 $\frac{x^2}{a^2}+\frac{y^2}{b^2}=1$，其中 $a>0$，$b>0$，F 為它的一個焦點。已知此橢圓在 x 軸上的「兩個頂點與 F」的距離分別為 5 單位及 1 單位，如右圖所示。求此橢圓方程式？

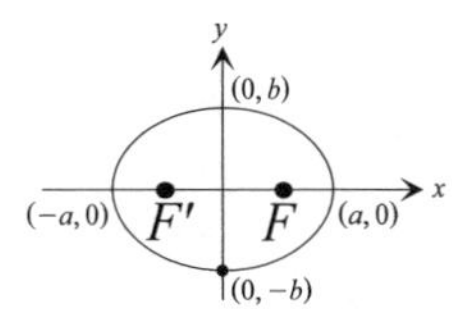

▶▶▶ Sol

設 $\overline{FF'}=2c$，$c>0$

$\therefore \begin{cases} a+c=5 \\ a-c=1 \end{cases}$

（心；5；1；c；頂 F' F 頂；a；a $\Rightarrow \begin{cases} a+c=5 \\ a-c=1 \end{cases}$）

$\therefore \begin{cases} a=3 \\ c=2 \end{cases}$

$\therefore b=\sqrt{a^2-c^2}=\sqrt{5}$ （橢圓 $a^2=b^2+c^2$）

$\therefore$橢圓方程式：$\frac{x^2}{9}+\frac{y^2}{5}=1$

> ◉橢圓格式：
> $\frac{(\text{短})^2}{\boxed{a}^2}+\frac{(\text{長})^2}{\boxed{b}^2}=1$
> ◉由圖知：
> 長軸為「$y=0$」，短軸為「$x=0$」
> ◉$a=3$，$b=\sqrt{5}$

▶▶▶ Ans

$\frac{x^2}{9}+\frac{y^2}{5}=1$

例題 2 求滿足下列各條件的橢圓方程式：

(1)兩焦點 $F_1(-3,-2)$，$F_2(3,-2)$，長軸長 10

(2)兩焦點 $F_1(3,5)$，$F_2(3,-3)$，短軸頂點 $(0,1)$，$(6,1)$

(3)一焦點 $(0,-4)$，短軸在 $x=2$ 上，短軸長為 4

(4)中心 $(2,-1)$，一焦點 $(2,-3)$，一頂點 $(-1,-1)$

> ∵主要關鍵點，都有「分量相同」
> ∴必為「標準型」
> ∴應先寫出：$\frac{(\text{短})^2}{\boxed{a}^2}+\frac{(\text{長})^2}{\boxed{b}^2}=1$

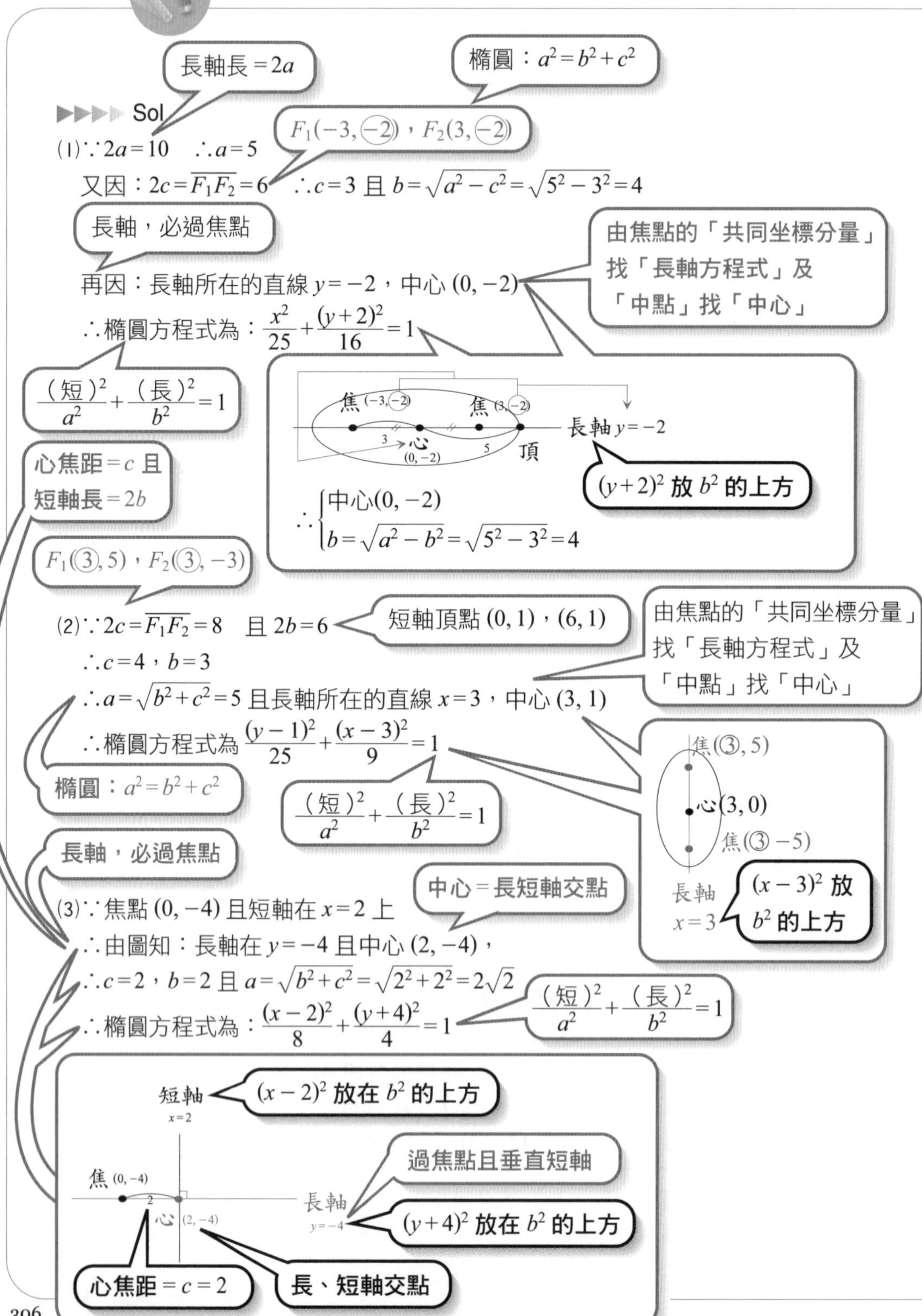

▶▶▶▶ Sol

(1) $\because 2a=10 \quad \therefore a=5$

又因：$2c=\overline{F_1F_2}=6 \quad \therefore c=3$ 且 $b=\sqrt{a^2-c^2}=\sqrt{5^2-3^2}=4$

再因：長軸所在的直線 $y=-2$，中心 $(0,-2)$

$\therefore$ 橢圓方程式為：$\dfrac{x^2}{25}+\dfrac{(y+2)^2}{16}=1$

(2) $\because 2c=\overline{F_1F_2}=8$ 且 $2b=6$

$\therefore c=4$，$b=3$

$\therefore a=\sqrt{b^2+c^2}=5$ 且長軸所在的直線 $x=3$，中心 $(3,1)$

$\therefore$ 橢圓方程式為 $\dfrac{(y-1)^2}{25}+\dfrac{(x-3)^2}{9}=1$

(3) $\because$ 焦點 $(0,-4)$ 且短軸在 $x=2$ 上

$\therefore$ 由圖知：長軸在 $y=-4$ 且中心 $(2,-4)$，

$\therefore c=2$，$b=2$ 且 $a=\sqrt{b^2+c^2}=\sqrt{2^2+2^2}=2\sqrt{2}$

$\therefore$ 橢圓方程式為：$\dfrac{(x-2)^2}{8}+\dfrac{(y+4)^2}{4}=1$

長軸，必過「中心、焦點」

(4) ∵中心 (②, −1) 且一焦點 (②, −3)

由「中心・焦點」的「共同坐標分量」找「長軸方程式」及「心焦距 = c」

∴長軸在 $x=2$ 上且 $c=2$

又因：一頂點 $(-1,-1)$

∴由圖知：此頂點為短軸頂點

∴$b=3$ 且 $a=\sqrt{b^2+c^2}=\sqrt{13}$

∴橢圓方程式為：$\dfrac{(x-2)^2}{9}+\dfrac{(y+1)^2}{13}=1$

$\dfrac{(短)^2}{a^2}+\dfrac{(長)^2}{b^2}=1$

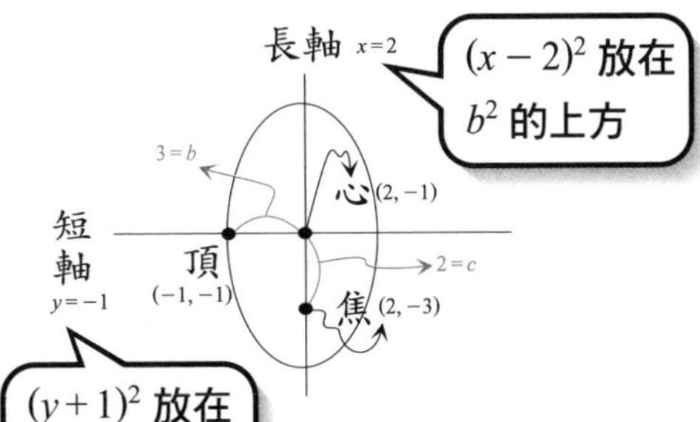

▶▶▶▶ Ans

(1) $\dfrac{x^2}{25}+\dfrac{(y+2)^2}{16}=1$

(2) $\dfrac{(x-3)^2}{9}+\dfrac{(y-1)^2}{25}=1$

(3) $\dfrac{(x-2)^2}{8}+\dfrac{(y+4)^2}{4}=1$

(4) $\dfrac{(x-2)^2}{9}+\dfrac{(y+1)^2}{13}=1$

「心到短軸頂點」距離 $=b$ 且橢圓「$a^2=b^2+c^2$」

∵軸平行坐標軸
∴必為標準型
∴先設：$\dfrac{(短)^2}{\boxed{a}^2}+\dfrac{(長)^2}{\boxed{b}^2}=1$

例題 3 若一橢圓的中心為 $(6,-3)$，軸平行坐標軸，且通過二點 $(4,1)$，$(3,-2)$，求此橢圓方程式？

∵尚無法判定「長軸方程式」，只知：中心 $(6,-3)$
∴只知：$(x-6)^2$ 及 $(y+3)^2$ 分別在「分子出現」，
但「誰放在 a^2，b^2 的上方」，則尚未知！

▶▶▶▶ Sol

設橢圓方程式 $\dfrac{(x-6)^2}{m}+\dfrac{(y+3)^2}{n}=1$，$m>0$，$n>0$

∵不知：a^2，b^2 應放在何處
∴只好先設「m，n」當分母

又因：通過二點 $(4,1)$，$(3,-2)$

∴代入得：$\begin{cases}\dfrac{4}{m}+\dfrac{16}{n}=1\\[2mm]\dfrac{9}{m}+\dfrac{1}{n}=1\end{cases}$　∴$\dfrac{5}{m}-\dfrac{15}{n}=0$　∴$n=3m$　∴$\dfrac{4}{m}+\dfrac{16}{3m}=1$　∴$\dfrac{12+16}{3m}=1$

見「圖形上點」，必將點坐標代入「圖形方程式」

∴$\begin{cases}m=\dfrac{28}{3}\\[2mm]n=28\end{cases}$

㊅當 a^2 且㊇當 b^2

∴橢圓方程式為：$\dfrac{(x-6)^2}{\frac{28}{3}}+\dfrac{(y+3)^2}{28}=1$

$\dfrac{(短)^2}{a^2}+\dfrac{(長)^2}{b^2}=1 \Rightarrow \begin{cases}x=6 \text{ 為長軸（方程式）}\\ y=-3 \text{ 為短軸（方程式）}\end{cases}$

▶▶▶▶ Ans

$\dfrac{(x-6)^2}{\frac{28}{3}}+\dfrac{(y+3)^2}{28}=1$

例題 4 設橢圓過點 $(-1,3)$ 且與 $\dfrac{(x-2)^2}{7}+\dfrac{(y-5)^2}{11}=1$「共焦點」，求此橢圓方程式？

▶▶▶▶ Sol

(1)先求 $\dfrac{(x-2)^2}{7}+\dfrac{(y-5)^2}{11}=1$ 的焦點給新橢圓用：

（雙焦距離 $=2c$）

∵「新、舊」橢圓的中心皆為 $(2,5)$，$c=2$ 且「長軸方程式，也都是 $x=2$」

（雙焦的「中點」）（長軸，必過「焦點、中心」）

∴焦點為：$(2,7)$ 及 $(2,3)$

∴可設所求為：$\dfrac{(x-2)^2}{b^2}+\dfrac{(y-5)^2}{a^2}=1$

（$\dfrac{(短)^2}{a^2}+\dfrac{(長)^2}{b^2}=1$）

（∵共焦點
∴必「共長軸，共中心，共短軸」）

又因：過 $(-1,3)$

∴代入可得：$\dfrac{9}{b^2}+\dfrac{4}{a^2}=1$（見「圖形上點」，必將點坐標代入「圖形方程式」）

∴$9a^2+4b^2=a^2b^2$（去分母，整數化）

再因：$a^2=b^2+c^2=b^2+2^2=\boxed{b^2+4}$

∴$9(b^2+4)+4b^2=(b^2+4)b^2$

∴$13b^2+36=b^4+4b^2$

∴$b^4-9b^2-36=0$

∴$(b^2-12)(b^2+3)=0$

∴$b^2=12$ 或 -3（不合）

∴$a^2=b^2+4=12+4=16$

∴所求方程式為：

$\dfrac{(x-2)^2}{12}+\dfrac{(y-5)^2}{16}=1$

▶▶▶▶ Ans

$\dfrac{(x-2)^2}{12}+\dfrac{(y-5)^2}{16}=1$

（將「$a^2=16$，$b^2=12$」代回：$\dfrac{(x-2)^2}{b^2}+\dfrac{(y-5)^2}{a^2}=1$）

∵$7<11$

∴$7\overset{當}{=}b^2<11\overset{當}{=}a^2$（大的當 a^2）

∴$x=2$ 為長軸方程式且 $c=\sqrt{a^2-b^2}=\sqrt{4}=2$（令 b^2 的 $(\quad)^2=0$）（橢圓：$a^2=b^2+c^2$）

∴得簡圖：

（令 a^2 的 $(\quad)^2=0$）

（長、短軸交點或令兩個 $(\quad)^2=0$）

見「（二次）一般式，必先配方

例題 5 已知一橢圓的方程式為 $16x^2+25y^2-32x-50y-359=0$，試求：

(1)中心　(2)焦點　(3)長軸長

(4)長軸所在的直線方程式　(5)長軸頂點　(6)短軸長

(7)短軸所在的直線方程式　(8)短軸頂點　(9)正焦弦長

Sol

將 $16x^2+25y^2-32x-50y-359=0$，予以「配方」，可得：

$16(x-1)^2+25(y-1)^2=400$

$\therefore \dfrac{(x-1)^2}{25}+\dfrac{(y-1)^2}{16}=1$　再予以「標準化」

$\therefore a=5$，$b=4$，$c=3$，長軸 $y=1$

(1)中心 $(1, 1)$　(2)焦點 $(1\pm 3, 1)=(4, 1)$，$(-2, 1)$　(3)長軸長 $2a=10$

(4)長軸所在的直線方程式為 $y=1$　(5)長軸頂點 $(1\pm 5, 1)=(6, 1)$，$(-4, 1)$

(6)短軸長 $2b=8$　(7)短軸所在的直線方程式為 $x=1$

(8)短軸頂點$(1, 1\pm 4)=(1, 5)$，$(1, -3)$　(9)正焦弦長 $\dfrac{2b^2}{a}=\dfrac{2\times 4^2}{5}=\dfrac{32}{5}$

Ans

(1) $(1, 1)$　(2) $(4, 1)$，$(-2, 1)$　(3) 10　(4) $y=1$　(5) $(6, 1)$，$(-4, 1)$

(6) 8　(7) $x=1$　(8) $(1, 5)$，$(1, -3)$　(9) $\dfrac{32}{5}$

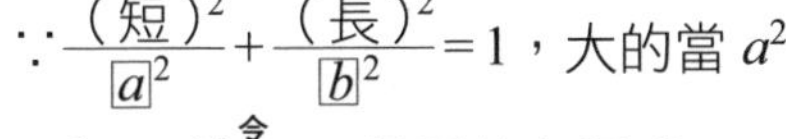

$\because \dfrac{(\text{短})^2}{\boxed{a}^2}+\dfrac{(\text{長})^2}{\boxed{b}^2}=1$，大的當 a^2

$\therefore (y-1)^2\overset{令}{=}0$，得長軸方程式：$y=1$　令 b^2 的 $(\quad)^2=0$

$a^2=25$，$b^2=16$ 且 $c=\sqrt{a^2-b^2}=\sqrt{9}=3$，中心 $(1, 1)$

令兩個 $(\quad)^2=0$

且可得簡圖

橢圓：$a^2=b^2+c^2$

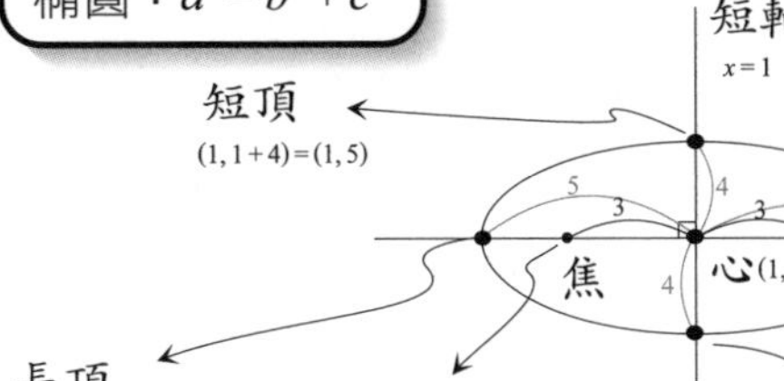

短軸 $x=1$　令 a^2 的 $(\quad)^2=0$

長頂 $(1+5, 1)=(6, 1)$

長軸 $y=1$　令 b^2 的 $(\quad)^2=0$

焦　心 $(1, 1)$

焦 $(1+3, 1)=(4, 1)$

短頂 $(1, 1-4)=(1, -3)$

CHAPTER 16

「解析幾何」觀點的「圓錐曲線」(4) 漫談「雙曲線」

重點整理 16-1　「雙曲線」概念

重點整理 16-2　應用的關鍵「特徵」與「策略」

重點整理 16-3　解開例題、弄懂策略

重點整理16-1　「雙曲線」概念

形如兩條「拋物線」的組合

概論

「雙曲線」定義：

平面上與 兩定點 $F_1(x_1, y_1), F_2(x_2, y_2)$（焦點） 距離差 的 絕對值 為 常數 $2a$，並滿足 $2a < \overline{F_1F_2}$ $(a>0)$ 的所有點 $P(x, y)$ 所成之集合（軌跡），亦即：$\left|\overline{PF_1} - \overline{PF_2}\right| = 2a < \overline{F_1F_2}$

ΔF_1F_2P 的「兩邊差 < 第三邊」

1. 稱 $F_1(x_1, y_1), F_2(x_2, y_2)$ 為「焦點」；
   $\overline{F_1F_2}$ 之中點 $O(h, k)$ 為「中心」
2. 過「兩焦點」之直線為「貫軸」；
   與貫軸「垂直且過中心」之直線為「共軛軸」
3. 雙曲線與「貫軸」之交點 A，A' 為「頂點」
4. 過任意一個「焦點」而「垂直於貫軸」之弦為「正焦弦」
5. 兩條過中心，在「無窮遠處」與雙曲線「很接近」之直線為「漸近線」
6. $a>0$ 為貫軸長之半；$b>0$ 為共軛軸長之半
7. $P(x, y)$ 為雙曲線上之任一點

「漸近線」不一定「相互垂直」

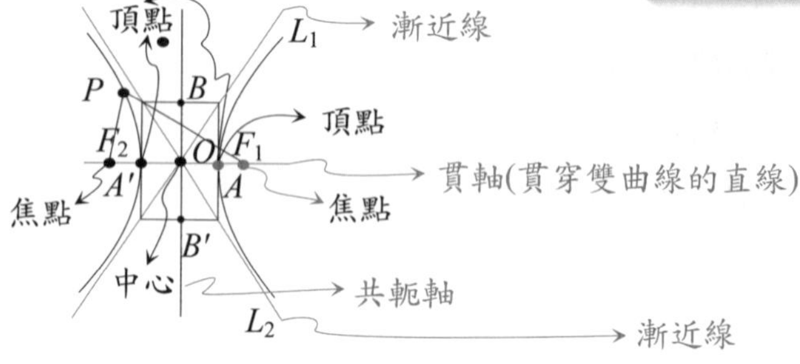

- 中心：O
- 焦點：F_1, F_2
- 頂點：A, A'
- 貫軸：$\overline{AA'}$
- 共軛軸：$\overline{BB'}$
- 漸近線 L_1, L_2

意謂：c 最大，但 a，b「無大小關係」

重點整理16-2　應用的關鍵「特徵」與「策略」

設「$c>\boxed{a、b}>0$」

「雙曲線」標準圖：

準→共軛

焦　c　心　焦　貫

頂　a　頂

$\frac{a^2}{c}$

應用 1

求「雙曲線」方程式：

求「雙曲線」方程式的「應注意」事項，跟「求拋物線方程式」的備註「完全相同」！

(A) 定義式：

$|\sqrt{(x-x_1)^2+(y-y_1)^2}-\sqrt{(x-x_2)^2+(y-y_2)^2}|$

$=2a<\overline{F_1F_2}$

$\Leftrightarrow |\overline{PF_1}-\overline{PF_2}|=2a<2c=\overline{F_1F_2}$

見「點 v.s 點」的距離「差」，必聯想：$|\overline{PF_1}-\overline{PF_2}|=\boxed{2a<2c}=\overline{F_1F_2}$

(B) 標準式

最常用的雙曲線方程式

見「（二次）一般式」，必先「配方」

1. $\frac{(x-h)^2}{a^2}-\frac{(y-k)^2}{b^2}=1$　貫軸⊥y 軸

2. $\frac{(y-k)^2}{a^2}-\frac{(x-h)^2}{b^2}=1$　貫軸⊥x 軸

「貫軸」v.s.「雙曲線」
$\overset{等同}{\Leftrightarrow}$「長軸」v.s.「橢圓」
$\overset{等同}{\Leftrightarrow}$「對稱軸」v.s.「拋物線」
皆為「圖形」的「主要軸」！

$A^2-B^2=1$ 的「共軛」雙曲線為：$B^2-A^2=1$

「平方」前後（左右）交換

◉先定下格式「$\frac{(共)^2}{\boxed{a}^2}-\frac{(貫)^2}{\boxed{b}^2}=1$」

在「負」號後，當「b^2」

◉判別「貫軸」是 x 或 y

主要軸「貫軸」，必過「焦點」、「中心」、「（貫軸）頂點」

◉設法找出「中心 (h,k) 及貫軸長 $=2a$，共軛軸長 $=2b$」

◉再填入上述格式的適當位置

◉分母「前㊣的數當 a^2」、「前㊀的數當 b^2」

◉貫軸
- 方程式：$\frac{(貫)^2}{b^2}\overset{令}{=}0$，可得「貫軸方程式」
- 長度 $=2a$

◉共軛軸
- 方程式：$\frac{(共)^2}{a^2}\overset{令}{=}0$，可得「共軛軸方程式」
- 長度 $=2b$

以「原」雙曲線的「共軛軸」當「貫軸」的雙曲線＝「原」雙曲線的「共軛」雙曲線

用「平方差」公式，予以分解

◉（共）^{2}＝（長）$^2\overset{令}{=}0$，可得「中心」

◉$\frac{(共)^2}{a^2}-\frac{(貫)^2}{b^2}\overset{令}{=}0$，分解可得「漸近線方程式」

常數「變號」

(C) 漸近線式：（漸近線 L_1）×（漸近線 L_2）$= k$

$k \neq 0$，請留意！

過中心

只給「漸近線」訊息的「雙曲線」問題必用！

原雙曲線 $L_1L_2 = k$
⇔ 共軛雙曲線 $L_1L_2 = \boxed{-}k$

應用 2

「已知或已求出」雙曲線（標準）方程式：

(A) 依據「雙曲線重要的圖形特徵」，先找出

1. **關鍵線：貫軸（主要軸），共軛軸**
2. **關鍵點：中心，焦點**
3. **關鍵量：貫軸長 $= 2a$，共軛軸長 $= 2b$，兩焦點距離 $= 2c$**
4. **關鍵方向：雙曲線的「開口」方向 = 背對「中心」方向**
5. **據此「繪製」雙曲線「簡圖」！**

必要時，再多求「與坐標軸」的「交點」及「貫軸」的「頂點」

中•心

幾何問題，一定要「繪圖」並把「已知訊息（含：原始及陸續推演的訊息）標記在「圖形」上

雙曲線重要的點形特徵：

共軛雙曲線 $(B)^2 - (A)^2 = 1$
⇔ 原雙曲線 $(A)^2 - (B)^2 = 1$

1. 「標準式」分母：前(正)者當 a^2；前(負)者當 b^2
2. 中心 (h,k)：令兩 $(\quad)^2$ 為 0
3. 貫軸方程式（主要軸）：令 $\frac{(\quad)^2}{b^2}$ 為 0；共軛軸方程式（次要軸）：令 $\frac{(\quad)^2}{a^2}$ 為 0
4. 貫軸長 $= 2a$；共軛長 $= 2b$

若 $a = b$，則稱之為「等軸雙曲線」

5. 焦點距中心之距離 $= \boxed{c = \sqrt{a^2 + b^2}}$ $(c > a > 0, c > b > 0)$

兩焦點距離 $=$ 焦距 $= \overline{F_1F_2} = 2c$

$c^2 = a + b^2$

最大數「當 c」及「斜邊」

6. 正焦弦長 $= \frac{2b^2}{a}$

過「焦點」垂直「貫軸」而連接「雙曲線」的線段

「主要軸方程式」由 b^2 的 $(\quad)^2$ 來決定，但「主要軸長度」由 $2a$ 來決定

7. 準線以「不切割雙曲線」之方式「垂直貫軸」
   且中心距準線之距離 $= \frac{a}{e} = \frac{a^2}{c}$
8. 離心率 $e = \boxed{\frac{c}{a} > 1}$

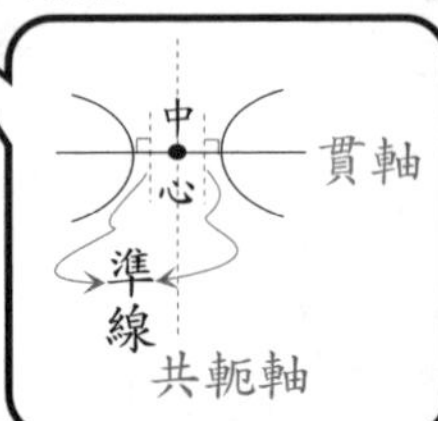

見漸近線必用！

9. 漸近線方程式：$\boxed{\frac{(\ )^2}{a^2}-\frac{(\ )^2}{b^2}\overset{令}{=}0}$，再利用「平方差公式」加以分解，可得「漸近線」：

(1) $\frac{(x-h)^2}{a^2}-\frac{(y-k)^2}{b^2}=1$ 之漸近線斜率為 $\pm\frac{b}{a}$

(2) $\frac{(y-k)^2}{a^2}-\frac{(x-h)^2}{b^2}=1$ 之漸近線斜率為 $\pm\frac{a}{b}$

等軸雙線線
⇔ $a=b$
⇔ 漸近線「相互垂直」

斜率相乘 $=-1$

10.
- 焦點、中心皆在貫軸上
- 中心＝兩焦點之中點＝貫軸兩頂點之中點＝貫軸、共軛軸之交點＝「兩漸近線之交點」
- 貫軸、共軛軸在標準式時，必平行或垂直於 x 或 y 軸且漸近線之斜率必「等值異號」
- 貫軸⊥共軛軸，貫軸⊥準線

(B) 依據(A)的雙曲線簡圖，求算雙曲線相關的「點、線、量」！

如同「拋物線、橢圓」應「繪圖」，並標記「訊息」來協助解題

重點整理16-3 解開例題、弄懂策略

中心＝兩焦點的「中點」
且貫軸過「焦點，中心」

精選範例

關鍵點坐標有分量相同
∴必為標準式
∴先寫出：$\frac{(共)^2}{\boxed{a}^2}-\frac{(貫)^2}{\boxed{b}^2}=1$

例題 1 試求滿足下列各條件的雙曲線方程式：
(1)兩焦點 $(2,-1)$，$(12,-1)$，又過 $(3,-1)$
(2)兩頂點 $(2,2)$，$(2,0)$，又過 $(5,-1)$

$|\overline{PF_1}-\overline{PF_2}|=2a$ 且 $(3,-1)$ 當 P 代入「兩點距離」公式

Sol

(1)∵兩焦點 $(2,-1)$，$(12,-1)$

∴中心 $(7,-1)$，貫軸 $y=-1$，且過 $(3,-1)$

∴$2a=\left|\sqrt{(3-2)^2+(-1-(-1))^2}-\sqrt{(3-12)^2+(-1-(-1))^2}\right|=8$

雙曲線：$c^2=a^2+b^2$

$\overline{F_1F_2}=2c$

∴$a=4$，$c=5$ 且 $b=3$

$b=\sqrt{c^2-a^2}=\sqrt{25-16}=3$

∴雙曲線方程式為：$\frac{(x-7)^2}{16}-\frac{(y+1)^2}{9}=1$

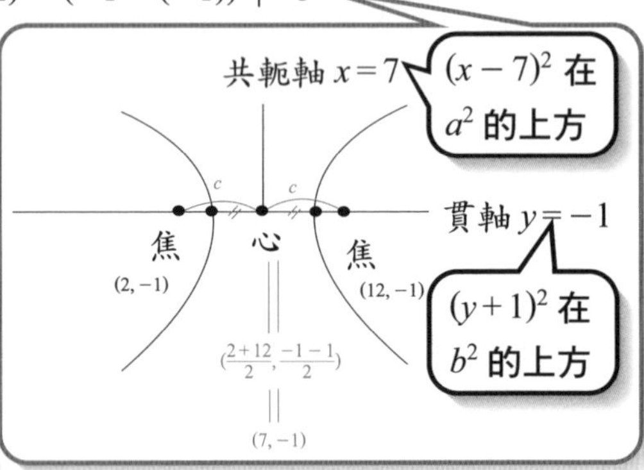

中心＝兩頂點的「中點」
且貫軸過「頂點，中心」

(2)∵頂點 $(2,2)$，$(2,0)$

∴中心 $(2,1)$，$a=1$，貫軸 $x=2$，

設 $\frac{(y-1)^2}{1}\boxed{-}\frac{(x-2)^2}{b^2}=1$ 且過 $(5,-1)$

∴代入得：$4-\frac{9}{b^2}=1$

∴$b^2=3$

見「圖形上點」，
必將點坐標代入
「圖形方程式」

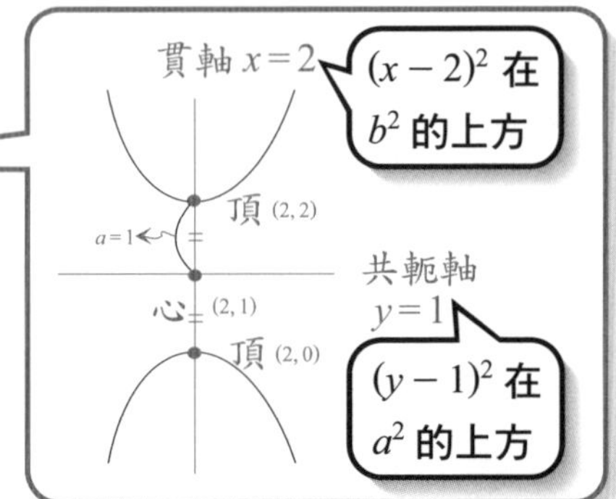

$\therefore$所求為：$(y-1)^2-\dfrac{(x-2)^2}{3}=1$

$\dfrac{(共)^2}{a^2}-\dfrac{(貫)^2}{b^2}=1$

Ans

(1) $\dfrac{(x-7)^2}{16}-\dfrac{(y+1)^2}{a}=1$

(2) $(y-1)^2-\dfrac{(x-2)^2}{3}=1$

例題 2 已知一條雙曲線的漸近線為 $3x-2y+1=0$，$3x+2y-7=0$，並且過點 $(3,4)$，試求此雙曲線的方程式及正焦弦長？

只給「漸近線」的雙曲線，必用：$L_1L_2=k\neq 0$ 來處理

Sol

設雙曲線：$(3x-2y+1)(3x+2y-7)\overset{令}{=}k$

又因：過 $(3,4)$

$\therefore$代入得：$(9-8+1)(9+8-7)=k$

見「圖形上點」，必將點坐標代入「圖形方程式」

$\therefore k=20$

$\therefore$雙曲線的方程式為：$(3x-2y+1)(3x+2y-7)=20$

將上式「展開」

$\therefore 9x^2-4y^2-18x+16y-27=0$

$\therefore 9(x^2-2x+1)-4(y^2-4y+4)-9+16-27=0$

$\therefore \dfrac{(x-1)^2}{\frac{20}{9}}\boxed{-}\dfrac{(y-2)^2}{5}=1$

見「（二次）一般式」，必「配方」，並再進一步「標準化」

$\dfrac{(共)^2}{a^2}-\dfrac{(貫)^2}{b^2}=1$

$\therefore a=\sqrt{\dfrac{20}{9}}=\dfrac{2\sqrt{5}}{3}$ 且 $b=\sqrt{5}$

a，b 只取「正」

前「－」當 b^2

$\therefore$正焦弦長 $=\dfrac{2b^2}{a}=\dfrac{10}{\frac{2\sqrt{5}}{3}}=3\sqrt{5}$

Ans

$\dfrac{(x-1)^2}{\frac{20}{9}}-\dfrac{(y-2)^2}{5}=1$，正焦弦長 $=3\sqrt{5}$

取跟「焦點」有共同坐標「分量」

例題 3 已知某一條雙曲線 Γ 的兩漸近線為 $3x+4y-2=0$；$3x-4y-10=0$，且一焦點坐標為 $(2, 9)$；試求(1)雙曲線 Γ 的方程式 (2)Γ 的共軛雙曲線方程式？

只給「漸近線」的雙曲線，必用 $L_1L_2=k\neq 0$

$\frac{(共)^2}{a^2}-\frac{(貫)^2}{b^2}=1$

▶▶▶▶ Sol

(1)設 Γ：$(3x+4y-2)(3x-4y-10)\overset{令}{=}k$

$\therefore (9x^2-36x)-(16y^2+32y)+20=k$

$\therefore 9(x-2)^2-16(y+1)^2=k-20+36-16$

$\therefore 9(x-2)^2-16(y+1)^2=k$

$\therefore \frac{(x-2)^2}{\frac{k}{9}}-\frac{(y+1)^2}{\frac{k}{16}}=1$

見「（二次）一般式」，必配方，並進一步「標準化」

$\because$焦點 $(2,9)$ 在貫軸上

$\therefore$貫軸為：$x=2$

$\because (x-2)^2$ 在前有「－」的 b^2 上方

$\therefore \frac{k}{9}\overset{當}{=}-b^2$ 且 $\frac{k}{16}\overset{當}{=}-a^2$

$\therefore 10^2=c^2=a^2+b^2$

$=\frac{-k}{16}-\frac{k}{9}$

$=\frac{-25k}{144}$

雙曲線：$c^2=a^2+b^2$

$\therefore k=-576$

$\therefore$所求 Γ 為：$\frac{-(x-2)^2}{64}+\frac{(y+1)^2}{36}=1$

亦即，Γ：$\frac{(y+1)^2}{36}-\frac{(x-2)^2}{64}=1$

(2)Γ 的共軛雙曲線為：

$\frac{(x-2)^2}{64}-\frac{(y+1)^2}{36}=1$

可得簡圖：

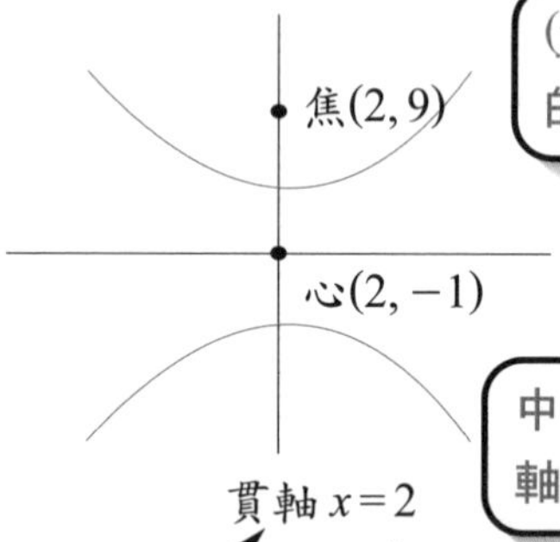

$A^2-B^2=1$ 的「共軛」雙曲線為：$B^2-A^2=1$

▶▶▶▶ Ans

(1) $\frac{(y+1)^2}{36}-\frac{(x-2)^2}{64}=1$

(2) $\frac{(x-2)^2}{64}-\frac{(y+1)^2}{36}=1$

$\because$中心 $(2,-1)$ 且焦點 $(2,9)$

$\therefore c=|9-(-1)|$

$=10$

$c=$心焦距

$a=b$ 的雙曲線

例題 4 一條「等軸」雙曲線 Γ 之中心 $(1,-2)$，一漸近線 $x+2y+3=0$，且過 $(1,0)$，求⑴ Γ 的另一漸近線方程式 ⑵雙曲線 Γ 的方程式 ⑶ Γ 的共軛雙曲線方程式？

「漸近線」特質：
⊙過中心
⊙$L_1L_2=k$ 為雙曲線方程式
⊙等軸雙曲線 ⇔ 漸近線「互相垂直」

Sol

⑴∵等軸雙曲線之漸近線「互相垂直」

∴一漸近線之斜率 $\dfrac{-1}{2}$

直線垂直
⇔ 斜率相乘 $=-1$
且已知：
$x+2y+3=0$ 的斜率 $=\dfrac{-1}{2}$

∴另一漸近線之斜率 2，且過中心 $(1,-2)$

∴另一條漸近線為：$y-(-2)=2(x-1)$，

亦即：$2x-y-4=0$

「點斜式」：$y-y_0=m(x-x_0)$

⑵設雙曲線 Γ 的方程式為 $(x+2y+3)(2x-y-4)\overset{令}{=}k$

又因：過點 $(1,0)$

見「圖形上點」，必將點坐標代入「圖形方程式」

∴代入得：$(1+0+3)(2-0-4)=k$ ∴$k=-8$

∴雙曲線 Γ 的方程式為：$(x+2y+3)(2x-y-4)=-8$

⑶Γ 的共軛雙曲線方程式為 $(x+2y+3)(2x-y-4)=8$

原雙曲線 $L_1L_2=$ ⓚ ⇔ 共軛雙曲線 $L_1L_2=$ ($-k$)

Ans

⑴ $(x+2y+3)(2x-y-4)=-8$

⑵ $(x+2y+3)(2x-y-4)=8$

例題 5 已知一雙曲線的兩焦點與橢圓 $\frac{x^2}{6}+\frac{y^2}{36}=1$ 的「兩焦點都相同」，且共軛軸長是 $2\sqrt{3}$，求此雙曲線的方程式？

▶▶▶▶ **Sol**

橢圓：$\frac{(長)^2}{a^2}+\frac{(短)^2}{b^2}=1$；大的當 a；$a^2=b^2+c^2$

(1)先求橢圓的焦點給雙曲線用：

∵橢圓 $\frac{x^2}{6}+\frac{y^2}{36}=1$

∴$a=6$，$b=\sqrt{6}$ 且 $c=\sqrt{a^2-b^2}=\sqrt{30}$　　橢圓：大的當 a^2

∴得簡圖

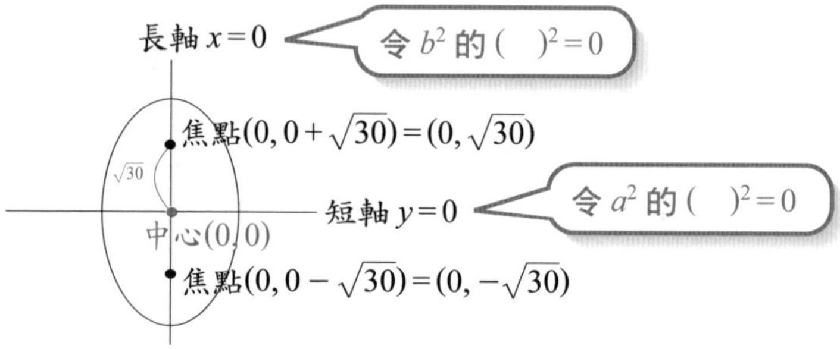

長軸 $x=0$　　令 b^2 的 $(\quad)^2=0$

焦點 $(0, 0+\sqrt{30})=(0, \sqrt{30})$

$\sqrt{30}$

短軸 $y=0$　　令 a^2 的 $(\quad)^2=0$

中心 $(0, 0)$

焦點 $(0, 0-\sqrt{30})=(0, -\sqrt{30})$

又因：「共焦點」，必「共中心」，「共主、次要軸」且「有相同 $c=\sqrt{30}$」

∴雙曲線的「中心 $(0, 0)$」，「貫軸 $x=0$，共軛軸 $y=0$」且「$c=\sqrt{30}$」

∴可設雙曲線為：$\frac{y^2}{a^2}-\frac{x^2}{b^2}=1$

$(x-0)^2$ 放 b^2 的上方
且 $(y-0)^2$ 放 a^2 的上方

$\frac{(共)^2}{a^2}-\frac{(貫)^2}{b^2}=1$

再因：已知共軛軸長 $2b=2\sqrt{3}$

∴$b=\sqrt{3}$ 且 $a^2=c^2-b^2=(\sqrt{30})^2-(\sqrt{3})^2=30-3=27$

∴所求為：$\frac{y^2}{27}-\frac{x^2}{3}=1$

雙曲線：$c^2=a+b^2$

▶▶▶▶ **Ans**

$\frac{y^2}{27}-\frac{x^2}{3}=1$

CHAPTER 17

「解析幾何」觀點的「圓錐曲線」(5)「圓錐曲線」特殊題型全攻略

重點整理17-1　應用的關鍵「特徵」與「策略」

應用 1

圓錐曲線的「動點，極值」問題，必用「圓錐參數式」

(A) 拋物線：令 $t=x$ 或 y　以不造成「參數」含「根式」為原則！

如：$y=3x^2+2x+1$，則令 $x=t$，得 $y=3t^2+2t+1$

又如：$x=3y^2+2y+1$，則令 $y=t$，得 $x=3t^2+2t+1$

(B) 橢圓／圓：跟「$\sin^2\theta+\cos^2\theta=1$」類比！

如：$\left(\frac{x-1}{2}\right)^2+\left(\frac{y-4}{3}\right)^2=1$，

則令 $\frac{x-1}{2}=\cos(\theta)$，$\frac{y-4}{2}=\sin(\theta)$

x v.s. cos

y v.s. sin

如：$\left(\frac{x-1}{2}\right)^2-\left(\frac{y-4}{3}\right)^2=1$

則令 $\frac{x-1}{2}=\sec(\theta)$，$\frac{y-4}{3}=\tan(\theta)$

(C) 雙曲線：跟「$\sec^2\theta-\tan^2\theta=1$」類比！

常配合：

◉「有同型項，引進符號變數」

◉「二次極值，必用配方法」（留意：變數範圍）

◉三角的「複角公式」、「平方公式」、… 等「三角極值」處理工具

應用 2

記得：「（二次）一般式」，要先「配方」

圓錐曲線的「圖形 v.s. 不等式」判斷，必由：

(A) 關鍵線：準線、對稱軸、長－短軸、貫－共軛軸

(B) 關鍵點：頂點、焦點、中心、與坐標軸交點

(C) 關鍵方向：開口，主要軸方向

(D)「聯立判別式」的「正、負、0」v.s.「恆正（非負）、恆負（非正）」v.s.「交點個數」的判斷

見「點 v.s. 點」的距離「和」

(E) $\sqrt{(x-x_1)^2+(y-y_1)^2}\boxed{+}\sqrt{(x-x_2)^2+(y-y_2)^2}$

$\overset{當}{=}\overline{PF_1}+\overline{PF_2}\begin{cases}\overset{若}{=}\overline{F_1F_2}：線段\ \overline{F_1F_2}（P\ 在\ F_1\ 及\ F_2\ 之間）\\ \overset{若}{=}2a>\overline{F_1F_2}：橢圓\end{cases}$

F_1　P　F_2

見「點 v.s.點」的距離「差」

(F) $\left|\sqrt{(x-x_1)^2+(y-y_1)^2}\boxed{-}\sqrt{(x-x_2)^2+(y-y_2)^2}\right|$

$\overset{當}{=}\left|\overline{PF_1}-\overline{PF_2}\right|\begin{cases}\overset{若}{=}\overline{F_1F_2}：射線\begin{cases}\overrightarrow{F_1P}（P\ 在\ F_1\ 的左邊）\\ \overrightarrow{F_2P}（P\ 在\ F_2\ 的右邊）\end{cases}\\ \overset{若}{=}2a<\overline{F_1F_2}：雙曲線\end{cases}$

P　F_1　F_2　P

(G) $\dfrac{（式子）^2}{A}+\dfrac{（式子）^2}{B}=1$ v.s. 橢圓（含：圓）及雙曲線「標準式」要件：

⊙橢圓：$A>0$，$B>0$ 且 $A\neq B$

⊙圓：$A=B>0$

⊙雙曲線：$AB<0$（一正一負）

常配合：「主要軸」的外加訊息，需加更多「A，B」的「大小、正負」要件

(H)「拋物線 $y=f(x)=ax^2+bx+c$ 之圖形研判」問題，必掌握：

⊙開口方向。

⊙頂點 x，y 坐標「正負、左右、高低」。

⊙x 軸交點（用：判別式）。

⊙y 軸交點（用：$x=0$ 代入）。

⊙恆（非）正、恆（非）負，判別式 <0（或 ≤ 0）

注意：$\Delta\overset{判別式}{=}b^2-4ac$

在求算時，應注意

「－減負＝＋加正」及

「負數或算式」應先加「括號」！

如：$3x^2-2x-(n-1)$ 的判別式

$\Delta=\underbrace{(-2)}_{「負」加括號}{}^2-4\times3\times\underbrace{[-(n-1)]}_{「負、算式」加括號}$

$=4\ ⊕\ 12(n-1)$

－減負＝＋加正

應用3

「軌跡」問題，必用

常配合：「平方」去絕對值、去$\sqrt{\ }$

涉及共線／平行	設軌跡上動點座標為$\boxed{P(x,y)}$，利用：未知向量 $= k\times$（已知向量），來處理
涉及垂直	設軌跡上動點座標為$\boxed{P(x,y)}$，利用：內積 $=0$，來處理
涉及距離	設軌跡上動點座標為$\boxed{P(x,y)}$，利用：半徑、連心線長，配合繪圖，來處理
涉及參數	設軌跡上動點座標為$\boxed{P(x,y)}$，利用：消去參數，只留下「x,y」的式子，來處理

千萬要記得：「（二次）一般式」，必先「配方」

必設動點為(x,y)，再依題意列式

常會用到：「圓錐曲線」的「定義式」

應用4

圓錐曲線的「點（含：交點，圖形上點）」問題，必用：

(A)「交點」，必將「圖形」方程式，予以「聯立」，並配合「判別式 $\Delta=0$，>0，<0」來判別「交點數」

(B) 見「圖形」上點，必將「點坐標」代入「圖形方程式」

(C) 見「共線點」的「線段長度比」，必用「向量分點公式」求「點坐標」

(D) 見「（二次）一般式」，必先「配方」，並配合「圓錐曲線」的「圖形特徵」找「關鍵的點、線、量」

(E) 見
- 「點 v.s. 線」=「點 v.s. 點」，必聯想：$d(P,L)=\overline{PF}$
- 「點 v.s. 點」距離「和、差」，必聯想：$\begin{cases}\overline{PF_1}+\overline{PF_2}=2a>2c=\overline{F_1F_2}\\ |\overline{PF_1}-\overline{PF_2}|=2a<2c=\overline{F_1F_2}\end{cases}$

應用5

圓錐曲線 v.s.「平面直線」問題，必用：

(A)「圓與直線」：利用半徑關係。

(B)「非圓曲線與直線」：則「聯立，令判別式 $=0$，>0，<0」，並配合「直線平行，斜率相等」及「直線垂直，斜率相乘 $=-1$」來解題。

(C)「雙曲線 v.s. 漸近線」：因與「漸近線」有關的「互動」問題，通常具備「恆成立」特質！故「可取特定值」去求「恆成立命題」的解！

注意：用「聯立法」處理切線時，如果「只求得一個 m」，即代表「另一個 m 不存在」。亦即：另一條切線，必垂直 x 軸於「切點」。亦即，此切線方程式為「$x=$ 切點 x 坐標」

應用 6

圓錐曲線的「非給切點」之切線求取問題，必依下述程序來解題：

可以用「平行、垂直」的「斜率」特性，來造直線方程式

當跟「兩軸」有關，也可以用「截距式」，來造直線方程式

- step1：用「點斜式」造切線方程式
- step2：對「圓」，利用「圓心到直線距離，恰為半徑」，來解題。
- step3：對「非圓」，利用「聯立且判別式為 0」，來解題。

應用 7

將「非切點」代入「平均值公式」，會得「切點的連線」

注意：將「非切點」代入「平均值公式」，其所得「非切線」

「給切點」的「切線」，必用「平均值公式」：

要代「平均值公式」前，需先「將點坐標代入方程式」確認「所給的點，是否為切點」

給圓的切點，也可以用 $m_L \times m_{\overline{OP}}=-1$

過「切點 $P_0(x_0,y_0)$」切圓錐曲線

$ax^2+bxy+cy^2+dx+ey+f=0$ 之切線為：

$$ax\,x_0+\frac{b}{2}(x_0y+xy_0)+cy\,y_0+\frac{d}{2}(x+x_0)+\frac{e}{2}(y+y_0)+f=0$$

- ⊙「2 次項 x^2，y^2，xy」，用「1 個 x_0, y_0」取代
- ⊙「1 次項 x，y」，用平均值「$\frac{x+x_0}{2}, \frac{y+y_0}{2}$」取代
- ⊙「0 次項（常數項）」，則照抄

$\cos(\theta)\to\sin(\theta)\to-\sin(\theta)\to\cos(\theta)$
走↓↗↓排列

應用 8

利用「旋轉方陣 $A=\begin{bmatrix}\cos(\theta) & -\sin(\theta)\\ \sin(\theta) & \cos(\theta)\end{bmatrix}$，$\theta$ 滿足「$\cot(2\theta)=\frac{a-c}{b}$」可將「非標準式」圓錐曲線 $ax^2+bxy+cy^2+dx+ey+f=0$ 變成「標準式」$AX^2+CY^2+DX+EY+F=0$，其中 $\begin{bmatrix}x\\ y\end{bmatrix}=A\begin{bmatrix}X\\ Y\end{bmatrix}$

◉ $\begin{bmatrix}x\\ y\end{bmatrix}=A\begin{bmatrix}X\\ Y\end{bmatrix}\Leftrightarrow\begin{cases}x=\cos(\theta)X-\sin(\theta)Y\\ y=\sin(\theta)X+\cos(\theta)Y\end{cases}$

◉ ax^2+ $\boxed{bxy}$ $+cy^2+dx+ey+f=0$

非標準式

將「坐標軸」（逆時針）旋轉 θ
滿足：$\cot(2\theta)=\frac{a-c}{b}$

可變成：$AX^2+CY^2+DX+EY+F=0$

標準式

$(x,y)=(-\sin(\theta),\cos(\theta))$ v.s. $(X,Y)=(0,1)$

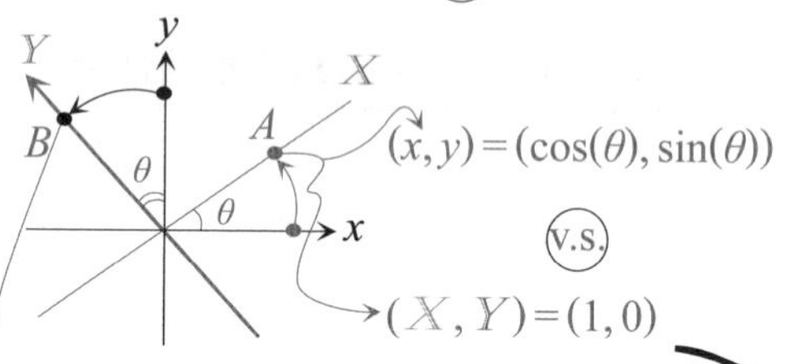

等同：將 $x-y$ 坐標軸，逆時針轉 θ 成 $X-Y$ 坐標軸

$(x,y)=(-\sin(\theta),\cos(\theta))$
v.s.
$(X,Y)=(0,1)$

B 點在「$x-y$」的點坐標是 $(-\sin(\theta),\cos(\theta))$，但在「$X-Y$」的點坐標是 $(0,1)$

A 點在「$x-y$」的點坐標是 $(\cos(\theta),\sin(\theta))$，但在「$X-Y$」的點坐標是 $(1,0)$

重點整理17-2 解開例題、弄懂策略

精選範例

圓錐曲線的「動點，極值」問題，必用「參數式」

例題 1 拋物線 $y^2=16x$ 上與直線 L：$4x-3y+24=0$ 距離最短之點的坐標為何？

令 $y=t$，得 $x=\frac{t^2}{16}$

▶▶▶▶ Sol

拋物線參數：用方程式，以不製造 $\sqrt{\ }$ 為原則

設拋物線上任一點 $P\left(\frac{t^2}{16},t\right)$，$t\in\mathbb{R}$

$\because d(P,L)=\frac{\left|4\times\frac{t^2}{16}-3t+24\right|}{5}=\frac{\left|\frac{t^2}{4}-3t+24\right|}{5}=\frac{\left|\frac{1}{4}(t-6)^2+15\right|}{5}$

「二次式」求極值，必用配方法！

$\therefore$ 當 $t=6$ 時，$d(P,L)$ 有最小值 $\frac{15}{5}=3$，此時 P 點坐標 $\left(\frac{36}{16},6\right)=\left(\frac{9}{4},6\right)$

$\because$ 變數 t 無限制範圍

$\therefore$ 令 $(\quad)^2=0$，便可得：極值發生處

將 $t=6$ 代入 $P\left(\frac{t^2}{16},t\right)$

▶▶▶▶ Ans

在 $P(\frac{36}{16},6)$ 處，有最短距離 3

圓錐曲線的「動點，極值」問題，必用「參數式」

例題 2 設 $A(-1,2)$，$B(1,3)$，P 為拋物線 $x=y^2-2y+3$ 上任一點，求 ΔPAB 面積的最小值及相對應的 P 點坐標？

令 $y=t$，得 $x=t^2-2t+3$

▶▶▶▶ Sol

抛物線參數：用方程式，以不製造 $\sqrt{\ }$ 為原則

設拋物線任一點 $P(t^2-2t+3,t)$

$\therefore \Delta PAB$ 的面積 $=\frac{1}{2}|t^2-2t+4-2t+4|=\frac{1}{2}|t^2-4t+8|=\frac{1}{2}|(t-2)^2+4|$

將 $t=2$ 代入 $P(t^2-2t+3,t)$

「二次式」求極值，必用配方法

∵變數 t 無限制範圍
∴令($)^2=0$，便可得：極值發生處

∴當 $t=2$ 時，ΔPAB 的面積有最小值 $\frac{1}{2}\times 4=2$，此時 P 點坐標 $(3,2)$

▶▶▶▶ Ans

$P(3,2)$ 時，有最小面積 $=2$

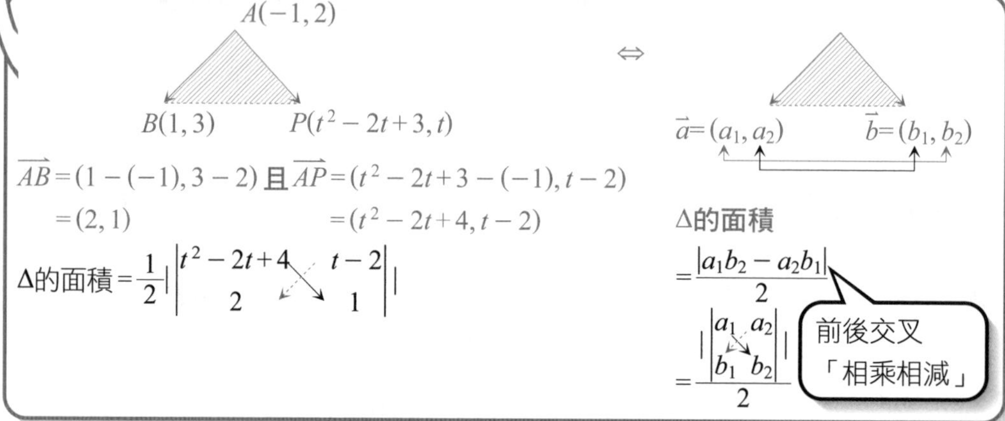

A(−1, 2)
B(1, 3)
P(t² − 2t + 3, t)
⇔
a = (a₁, a₂)
b = (b₁, b₂)
AB = (1 − (−1), 3 − 2) 且 AP = (t² − 2t + 3 − (−1), t − 2)
= (2, 1)
= (t² − 2t + 4, t − 2)
Δ的面積 = 1/2 | |t² − 2t + 4 t − 2; 2 1| |
Δ的面積
= |a₁b₂ − a₂b₁| / 2
= | |a₁ a₂; b₁ b₂| | / 2
前後交叉
「相乘相減」

圓錐曲線的「動點，極值」問題，必用「參數式」

例題 3 橢圓 $4x^2+9y^2=36$ 的所有邊與坐標軸平行的內接矩形中，最大面積為何？

橢圓參數式：用 $\cos^2(\theta)+\sin^2(\theta)=1$ 來類比！
x (v.s.) $\cos(\theta)$ 且 y (v.s.) $\sin(\theta)$

▶▶▶▶ Sol

$\because \frac{x^2}{9}+\frac{y^2}{4}=1$

∴設矩形在第一象限的端點 $P(3\cos(\theta), 2\sin(\theta))$

∴面積 $=4[3\cos(\theta)\times 2\sin(\theta)]=24\sin(\theta)\cos(\theta)=12\sin(2\theta)$

∴當 $\sin(2\theta)=1$ 時，有最大值 12

$2\sin(\theta)\cos(\theta)=\sin(2\theta)$

▶▶▶▶ Ans

最大面積為 12

$\because \left(\frac{x}{3}\right)^2+\left(\frac{y}{2}\right)^2=1=\cos^2(\theta)+\sin^2(\theta)$

$\therefore \frac{x}{3}=\cos(\theta)$ 且 $\frac{y}{2}=\sin(\theta)$

$\therefore x=3\cos(\theta)$ 且 $y=2\sin(\theta)$

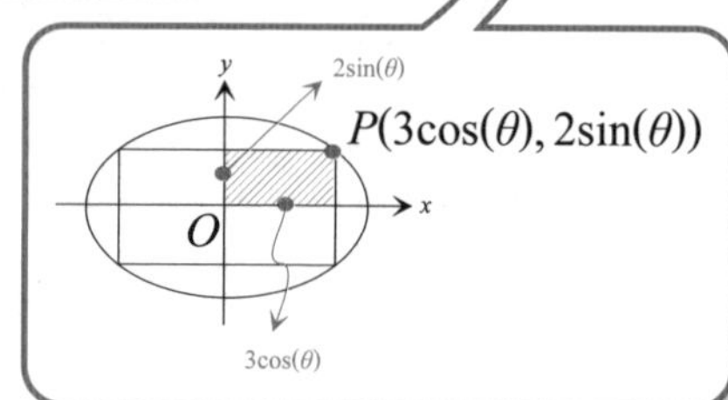

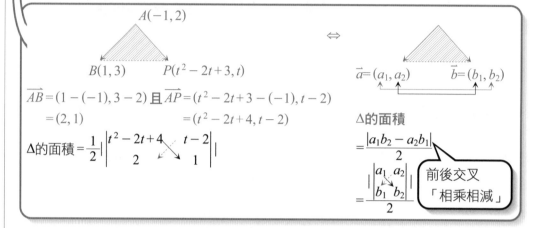

本題為「拋物線方程式及動點極值參數式」的應用

例題 4 坐標平面上有一以點 $V(0,3)$ 為頂點、$F(0,6)$ 為焦點的拋物線。設 $P(a,b)$ 為此拋物線上一點，$Q(a,0)$ 為 P 在 x 軸上的投影，滿足 $\angle FPQ=60°$，則 $b=$ ______

【96 學測】

（對）$^2=4a$（頂）；對稱軸過「頂點 (⓪, 3)，焦點 (⓪, 6)；$|a|=$頂點到焦點距離

Sol

由題意知：此拋物線方程式為 $x^2=12(y-3)$

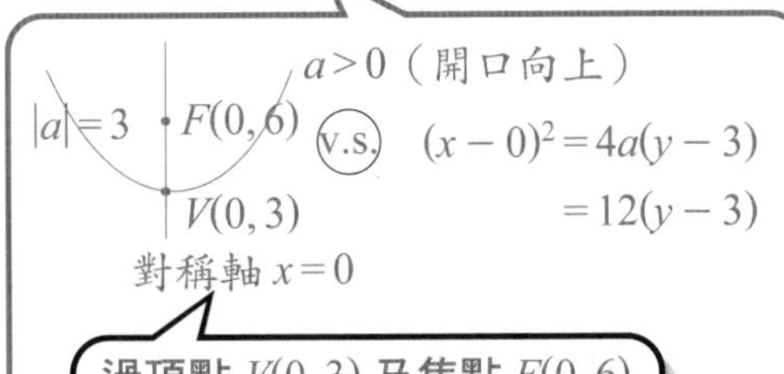

過頂點 $V(0,3)$ 及焦點 $F(0,6)$

$\therefore$ 可設：$P(t,\dfrac{t^2}{12}+3)$

令 $x=t$ 為了避免用 $\sqrt{\ }$

$\therefore t^2=12(y-3)$

$\therefore y=\dfrac{t^2}{12}+3$

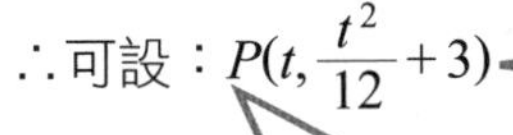

抛物線上「動點」，必用「拋物線參數式」

又因：已知 $P(a,b)$ 題目給的訊息

$\therefore t=a$ 且 $b=\dfrac{a^2}{12}+3$

再因：

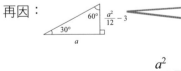

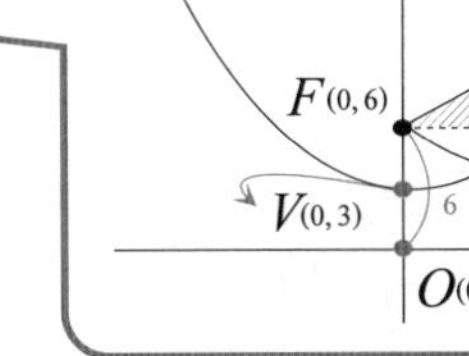

$\therefore$ 可得：$\dfrac{1}{\sqrt{3}}=\tan(30°)=\dfrac{\dfrac{a^2}{12}-3}{a}$

$\therefore$ 可得：$a=\dfrac{\sqrt{3}a^2}{12}-3\sqrt{3}$ 分式等式，必交叉相乘相等

$\therefore \sqrt{3}a^2-12a-36\sqrt{3}=0$ 去分母，化整式

$\therefore (\sqrt{3}a+6)(a-6\sqrt{3})=0$

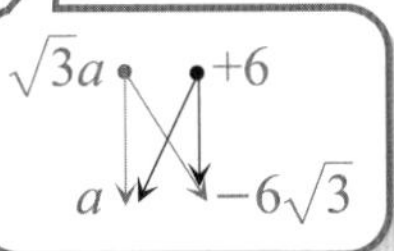

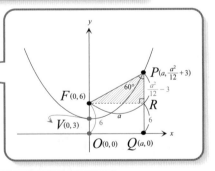

$\therefore a = 6\sqrt{3}$

$a = \frac{-6}{\sqrt{3}} < 0$ 不合

$\therefore b = \frac{a^2}{12} + 3 = \frac{(6\sqrt{3})^2}{12} + 3 = 12$

Ans

12

聯立判別式 ≤ 0

例題 5 適當選取數對 (h, k) 可使拋物線 $y = x^2 + hx + h - k^2$ 與 x 軸「相切或無交點」。設 D 為所有此種數對 (h, k) 在平面上所對應的點所構成的區域，請問：

(1)區域 D 的邊界是何種圖形？______

(A)圓 (B)橢圓 (C)拋物線 (D)雙曲線 (E)兩條直線

(2)使 $2h - 3k$ 之值最大的點之座標 (h, k) 為______

(A) $(\frac{2}{5}, \frac{3}{5})$ (B) $(2, 1)$ (C) $(\frac{18}{5}, \frac{-3}{5})$ (D) $(2, -1)$ (E) $(0, -4)$

(3) $2h - 3k$ 的最大值為______ (A) 1 (B) 9 (C) 7 (D) 13/5 (E) 12

(4) $2h - 3k$ 的最小值為______ (A) 2 (B) 1 (C) 0 (D) -1 (E) -2

【85 自聯招】

Sol

(1)：

無交點

相切

x

「非圓曲線與直線」的關係問題，必用「聯立、判別式之正負號」概念來解題。

$\because y = x^2 + hx + h - k^2$ 與 x 軸相切或無交點

將 $y = x^2 + hx + h - k^2$ 與 x 軸方程式 $y = 0$ 聯立，可得：$x^2 + hx + h - k^2 = 0$

$\therefore$ 聯立的判別式 ≤ 0

$\therefore D = h^2 - 4(h - k^2) \leq 0$

$\therefore h^2 - 4h + 4k^2 \leq 0$

$\therefore$ 再分別對 h 及 k，予以配方得：$(h-2)^2 + 4k^2 \leq 4$

見「二次式」，必配方

$\therefore$ 最後將常數項化為 1，得：$\frac{(h-2)^2}{4} + \frac{k^2}{1} \leq 1$

$\therefore (h, k)$ 的圖形邊界為：橢圓 $\frac{(h-2)^2}{4} + \frac{k^2}{1} = 1$

「邊界」只取「等號」

「一次式極值」，必發生在「邊界」，且如果是「直線構成的邊界」，則極值必發生在「邊界的頂點」

(2)～(4)：$2h-3k$ 之最大值與最小值發生在邊界 $\frac{(h-2)^2}{4}+\frac{k^2}{1}=1$ 上

$\therefore$ 可用橢圓參數式來處理極值：

橢圓上動點極值，必用「橢圓參數式」

令 $h=2+2\cos(\theta)$，$k=\sin(\theta)$

$\because\left(\frac{h-2}{2}\right)^2+\left(\frac{k}{1}\right)^2=\cos^2(\theta)+\sin^2(\theta)=1$

$\therefore\frac{h-2}{2}=\cos(\theta)$ 且 $\frac{k}{1}=\sin(\theta)$

$\therefore 2h-3k=4+4\cos(\theta)-3\sin(\theta)$

配合三角「複角公式」，來求算「一次同角」三角極值

$a\cos(\theta)\pm b\sin(\theta)=\sqrt{a^2+b^2}\left(\frac{a}{\sqrt{a^2+b^2}}\cos(\theta)\pm\frac{b}{\sqrt{a^2+b^2}}\sin(\theta)\right)$

$=5(\frac{4}{5}\cos(\theta)-\frac{3}{5}\sin(\theta))+4$

$=5(\cos(\theta)\cos(\alpha)-\sin(\theta)\sin(\alpha))+4$

令 $\cos(\alpha)=\frac{4}{5}$ 且 $\sin(\alpha)=\frac{3}{5}$

$\cos(\alpha+\beta)=\cos(\alpha)\cos(\beta)-\sin(\alpha)\sin(\beta)$

用「複角公式」，整合成一個三角函數

$=5\cos(\theta+\alpha)+4$，其中 $\cos(\alpha)=\frac{4}{5}$，$\sin(\alpha)=\frac{3}{5}$

因：$-1\le\cos(\theta+\alpha)\le 1$

$\because 0\le\theta\le 2\pi$ 是一個圓周 $\therefore\theta+\alpha$ 也是一個圓周

$\therefore$ 最大值 $=5+4=9$，最小值 $=-5+4=-1$

$\cos(\theta+\alpha)$ 分別取「1，-1」代入

$\because$ 最大值出現在 $\cos(\theta+\alpha)=1$ 時

$\therefore\theta+\alpha=0$　　$\cos(0)=1$

$\therefore\theta=-\alpha$

$\therefore\cos(\theta)=\cos(-\alpha)=\cos(\alpha)=\frac{4}{5}$ 且 $\sin(\theta)=\sin(-\alpha)=-\sin(\alpha)=\frac{-3}{5}$

$\because\theta=-\alpha$

且 $\cos(-\alpha)=\cos(\alpha)$（cos 是「偶」函數）

$\sin(-\alpha)=-sin(\alpha)$（sin 是「奇」函數）

$\therefore$ 最大值出現在：

$$\begin{cases}h=2+2\cos(\theta)=2+2\times\frac{4}{5}=\frac{18}{5}\\ k=\sin(\theta)=\frac{-3}{5}\end{cases}$$

Ans

(1) (B)　(2) (C)　(3) (B)　(4) (D)

例題 6 設 $(p,0)$ 為橢圓 $\frac{x^2}{4}+\frac{y^2}{1}=1$ 的長軸上一定點，且 $0<p<\frac{3}{2}$，若點 (a,b) 為橢圓上距離 $(p,0)$ 最近之點，則 $a=$ ______（以 p 的函數表示）

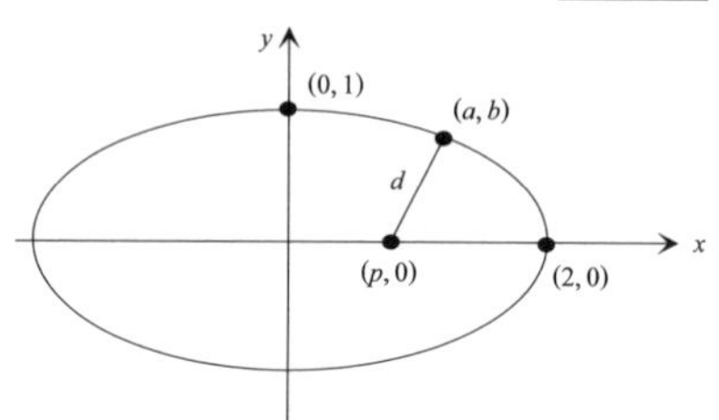

【89 自聯招】

▶▶▶▶ Sol

圓錐曲線上的「動點、極值」必用「參數式」，再配合「有同型項，引進符號變數，簡化問題」、「二次極值，必用配方法」等概念來解題。

$\because (a,b)$ 在橢圓上

$\therefore \frac{a^2}{4}+\frac{b^2}{1}=1$

與 $\sin^2(\theta)+\cos^2(\theta)=1$ 作類比聯想，可得：

$a=2\sin(\theta)$，$b=\cos(\theta)$

$\because \left(\frac{a}{2}\right)^2+\left(\frac{b}{1}\right)^2=\sin^2(\theta)+\cos^2(\theta)=1$

$\therefore \frac{a}{2}=\sin(\theta)$ 且 $\frac{b}{1}=\cos(\theta)$

$\therefore$ 所求 $=\sqrt{(2\sin(\theta)-p)^2+(\cos(\theta)-0)^2}$

$=\sqrt{4\sin^2(\theta)-4p\sin(\theta)+p^2+\cos^2(\theta)}$

利用 $\sin^2(\theta)+\cos^2(\theta)=1$，用掉一組「$\sin^2(\theta)$ 及 $\cos^2(\theta)$」

$=\sqrt{3\sin^2(\theta)-4p\sin(\theta)+p^2+①}$

同型項，引入符號變數，以簡化問題

$\overset{令\ t=\sin\theta}{=}\sqrt{3t^2-4pt+p^2+1}$

二次極值，必用配方法

$=\sqrt{3(t^2-\frac{4p}{3}t)+p^2+1}$

$\overset{-1\le t\le 1}{=}\sqrt{3(t-\frac{2p}{3})^2+p^2+1-\frac{4p^2}{3}}$

留意：變數 $t=\sin(\theta)$ 的限制範圍為「$-1\le t\le 1$」

$=\sqrt{3(t-\frac{2p}{3})^2+1-\frac{p^2}{3}}$ 的最小值

$\because a=2\sin(\theta)\quad \therefore \sin(\theta)=\frac{a}{2}$

$\therefore$ 當 $t=\frac{2p}{3}=\sin(\theta)=\frac{a}{2} \Leftrightarrow a=\frac{4p}{3}$ 時，有最小值

已知：$0<p<\frac{3}{2}$

$t=\sin(\theta)$ 且 $t=\frac{2p}{3}$ 滿足：

$0<\frac{3t}{2}<\frac{3}{2}$

$p=\frac{3t}{2}$

同步「約 $\frac{3}{2}$ 」

可得：$0<t<1$

亦即：「$0<t=\frac{2p}{3}$（使$(\quad)^2=0$ 的 t）<1」

$\therefore$ 在變數範圍「$-1<t\le 1$」內

$\therefore$ 使 $(\quad)^2=0$ 處，

便為最小值發生處

▶▶▶ Ans

$\frac{4p}{3}$

例題 7 雙曲線 Γ：$x^2-4y^2=4$ 上任意點 P，$A(3,0)$ 為平面上的一個已知點，則線段 $\overline{PA}$ 之最小值為何？

▶▶▶ Sol

設 Γ：$\frac{x^2}{4}-\frac{y^2}{1}=1$ 上任意點 P 為 $P(2\sec(\theta),\tan(\theta))$

先將「雙曲線」標準形式化成 $\left(\frac{x}{2}\right)^2-\left(\frac{y}{1}\right)^2=1$，再與 $\sec^2(\theta)-\tan^2(\theta)=1$ 作類比，可得：$\frac{x}{2}=\sec(\theta)$ 且 $\frac{y}{1}=\tan(\theta)$

$\therefore \overline{PA}=\sqrt{(2\sec(\theta)-3)^2+(\tan(\theta)-0)^2}$

$=\sqrt{4\sec^2(\theta)-12\sec(\theta)+9+\tan^2(\theta)}$

$\because \sec(\theta)$ 出現次數較多

$\therefore$ 化成以 $\sec(\theta)$ 為主角的三角算式

$=\sqrt{4\sec^2(\theta)-12\sec(\theta)+9+(\sec^2(\theta)-1)}$

$\tan^2(\theta)=\sec^2(\theta)-1$

$=\sqrt{5\sec^2(\theta)-12\sec(\theta)+8}$

令 $\sec(\theta)\overset{當}{=}t$，

有「同型項」，引進「新符號」簡化算式

$=\sqrt{5t^2-12t+8}$

$=\sqrt{5(t-\frac{6}{5})^2+\frac{4}{5}}$

$\because |\sec(\theta)|=\left|\frac{1}{\cos(\theta)}\right|$ 且 $|\cos(\theta)|\le 1$

$\therefore |\sec(\theta)|\ge 1$

$\because |t|\ge 1$

$\therefore$ 當 $\sec(\theta)=\frac{6}{5}$ 時，$\overline{PA}$ 的最小值 $=\sqrt{\frac{4}{5}}=\frac{2\sqrt{5}}{5}$

$\because t=\sec(\theta)=\frac{6}{5}$ 在 t 的「限制範圍內」

$\therefore$ 令 $(\quad)^2=0$，便可得：極值的發生處

▶▶▶ Ans

$\frac{2\sqrt{5}}{5}$

請留意：二次式的變數「是否有限制範圍」

例題 8　已知坐標平面上圓 O_1：$(x-7)^2+(y-1)^2=144$ 與 O_2：$(x+2)^2+(y-13)^2=9$ 相切，且此兩圓均與直線 L：$x=-5$ 相切。若 Γ 為以 L 為準線的拋物線，且同時通過 O_1 與 O_2 的圓心，則 Γ 的焦點坐標為______（化為最簡分數）

【97 學測】

見「點到線」v.s.「點到點」，必聯想 $d(P,L)=\overline{PF}$

▶▶▶▶ Sol

依題意，可得：拋物線 Γ 為以 L 為準線的拋物線且同時通過 O_1 與 O_2 的圓心，

∵設 C_1 與 C_2 即為兩圓的圓心，

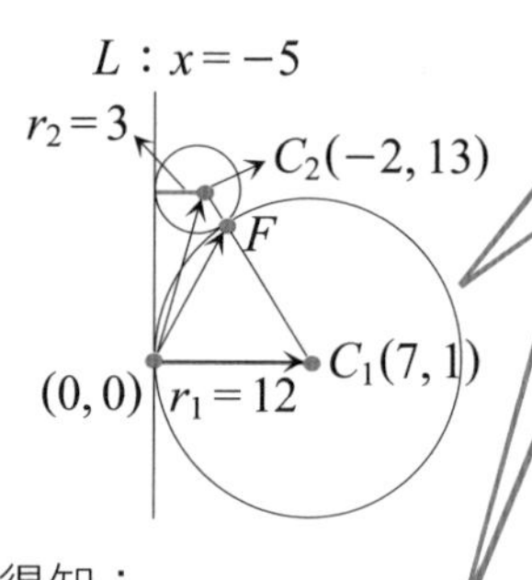

$\begin{cases} C_2 \text{ 到 } L \text{ 的距離} = C_2 \text{ 到 } F \text{ 的距離} = O_2 \text{ 的半徑} \\ C_1 \text{ 到 } L \text{ 的距離} = C_1 \text{ 到 } F \text{ 的距離} = O_1 \text{ 的半徑} \end{cases}$

$\Leftrightarrow d(P,L)=\overline{PF}$　取 C_1 及 C_2 當 P

拋物線上任一點 C_1 與 C_2「到準線距離」與「到焦點距離」相等

∴由上圖，可得知：

Γ 的「焦點」為圓 O_1 與 O_2 相切的點 F

∴F 為 $\overline{C_1C_2}$ 的內分點且 $\overline{C_1F}$：$\overline{C_2F}=r_1$：$r_2=12$：$3=4$：1

「有線段比」的「共線點坐標」問題，必用「向量分點公式」可得來解題

∴Γ 的焦點座標為：

$(\frac{4\times(-2)+1\times 7}{5},\frac{4\times 13+1\times 1}{5})=(\frac{-1}{5},\frac{53}{5})$

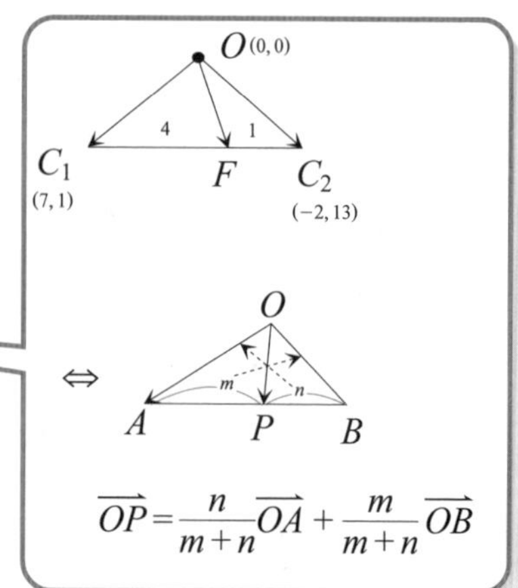

$\overrightarrow{OP}=\frac{n}{m+n}\overrightarrow{OA}+\frac{m}{m+n}\overrightarrow{OB}$

▶▶▶▶ Ans

$(\frac{-1}{5},\frac{53}{5})$

例題 9 設 $k\in\mathbb{R}$，曲線 Γ 的方程式為 $\sqrt{(x+2)^2+(y-1)^2}+\sqrt{(x-4)^2+(y-9)^2}=k$，則(1)若 Γ 表一線段，試求 k 值 (2)若 Γ 表一橢圓，試求 k 值範圍 (3)若 $k=100$，試求 Γ 之短軸所在的直線方程式？

> $\sqrt{\quad}\ (\pm)\ \sqrt{\quad}=\overline{PF_1}\ (\pm)\ \overline{PF_2}$
> v.s.「橢圓與雙曲線」的定義式

Sol

令 $F_1(-2,1)$，$F_2(4,9)$

$\therefore \overline{F_1F_2}=\sqrt{(-2-4)^2+(1-9)^2}=10$，且 $\boxed{\overline{PF_1}+\overline{PF_2}=k}$，其中 $P(x,y)$

(1) $k=\overline{F_1F_2}=10$ 時：表示一線段 $\overline{F_1F_2}$

> F_1　P　F_2 $\Leftrightarrow k=\overline{PF_1}+\overline{PF_2}=\overline{F_1F_2}=10$

(2) $k>\overline{F_1F_2}=10$ 時：表示一橢圓

> P，F_1　F_2　$k=\overline{PF_1}+\overline{PF_2}=2a>\overline{F_1F_2}=10\overset{\text{當}}{=}2c$

> $k=100>10$

> 中心＝雙焦點的「中點」

> 已知：雙焦點 $F_1(-2,1)$，$F_2(4,9)$ 的「中點」＝「中心」

(3) $k=100$ 時：表示一橢圓 且中心 $(1,5)$

> 由(2)知：$k>10$ 時，必為橢圓

又因：長軸所在的直線方程式斜率為：$\dfrac{9-1}{4-(-2)}=\dfrac{4}{3}$

> $\because$ 長軸過兩焦點
> $\therefore$ 長軸斜率 $=m_{\overleftrightarrow{F_1F_2}}$

> $\because$ 長、短軸「相互垂直於中心」
> $\therefore m_{\text{長}}\times m_{\text{短}}=-1$

$\therefore$ 短軸所在的直線方程式斜率為：$\dfrac{-3}{4}$ 且又過中心 $(1,5)$

$\therefore$ 短軸所在的直線方程式為：$y-5=\dfrac{-3}{4}(x-1)$，亦即：$3x+4y-23=0$

Ans

(1) $k=10$

(2) $k>10$

(3) $3x+4y-23=0$

$\dfrac{(\text{式子})^2}{A}+\dfrac{(\text{式子})^2}{B}=1$

◉橢圓：$A>0$，$B>0$ 且 $A\neq B$

◉圓：$A=B>0$

◉雙曲線：$AB<0$

◉若題目還有「另給訊息」，可進一步確認「主要軸、次要軸」，則尚需自行判斷的「A、B 的大小，正負」關係

例題 10 設 $k\in\mathbb{R}$，$\Gamma:\dfrac{x^2}{4-k}+\dfrac{y^2}{k-1}=1$，則

(1)若 Γ 表一橢圓，試求 k 值範圍 (2)若 Γ 表一雙曲線，試求 k 值範圍？

(3)若 Γ 表一雙曲線，且其焦點在 y 軸上，試求 k 的範圍？

Sol

(1) $4-k>0$ 且 $k-1>0$ 且 $4-k\neq k-1$

$\therefore k<4$ 且 $k>1$ 且 $k\neq\dfrac{5}{2}$

$\therefore 1<k<4$，$k\neq\dfrac{5}{2}$

(2) $(4-k)(k-1)<0$

$\therefore (k-4)(k-1)>0$

$\therefore k>4$ 或 $k<1$

(3) $\because$ 焦點在 y 軸上

焦點在貫軸上

$\therefore$ 主要軸是 y 軸，亦即：貫軸為 $x=0$

$\therefore 4-k<0$ 且 $k-1>0$

$\because (x-0)^2$ 在 b^2 的上方且前有「$-$」當 b

$\therefore x^2$ 下方的「$4-k<0$」

$\therefore$ 另一項「$k-1>0$」

$\therefore k>4$ 且 $k>1$

$\therefore k>4$

Ans

(1) $1<k<4$，$k\neq\dfrac{5}{2}$

(2) $k>4$ 或 $k<1$

(3) $k>4$

$\dfrac{(\text{式子})^2}{A}+\dfrac{(\text{式子})^2}{B}=1$

◉橢圓：$A>0$，$B>0$ **且** $A\neq B$

◉圓：$A=B>0$

◉雙曲線：$AB<0$

◉若題目還有「另給訊息」，可進一步確認「主要軸、次要軸」，則尚需自行判斷的「A、B 的大小，正負」關係

例題 11 設 $k\in\mathbb{R}$，Γ：$\dfrac{x^2}{k^2-1}+\dfrac{y^2}{5k+5}=1$，則

(1)若 Γ 表一圓，求 k 值 (2)若 Γ 表一橢圓，求 k 值範圍？

(3)若 Γ 表一橢圓，且其長軸在 y 軸上，求 k 值範圍？

Sol

(1) $k^2-1=5k+5>0$

$\therefore k^2-5k-6=0$ 且 $k>1$

$\therefore (k-6)(k+1)=0$ 且 $k>1$

$\therefore k=6$

> $\because k^2-1>0$ 且 $5k+5>0$
>
> $\therefore$（$k>1$ 或 $k<-1$）且 $k>-1$
>
> $\therefore$ 共有交集為：$k>1$

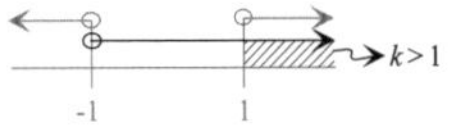

(2) $\begin{cases}k^2-1>0\\5k+5>0\\k^2-1\neq5k+5\end{cases}$

> $\because k^2-1>0$
>
> $\therefore (k+1)(k-1)>0$

$\therefore \begin{cases}k>1 \text{ 或 } k<-1\\k>-1\\k\neq-1 \text{ 且 } k\neq6\end{cases}$

> $\because k^2-5k-6\neq0$
>
> $\therefore (k-6)(k+1)\neq0$
>
> $\therefore k\neq6$，-1

$\therefore k>1$ 且 $k\neq6$

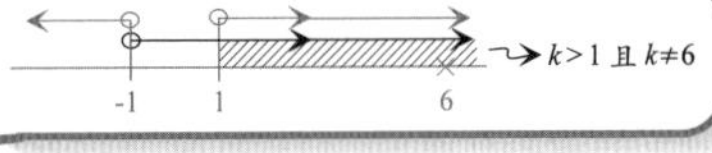

(3) $\because$ 長軸在 y 軸上，亦即：長軸為 $x=0$

$\therefore$「0」$<k^2-1<5k+5$

> $\because (x-0)^2$ 在 b^2 的上方且「大的當 a，小的當 b」
>
> $\therefore x^2$ 下方的「k^2-1」應比另一項「$5k+5$」來得「小」

$\therefore \begin{cases}k^2-1>0\\k^2-5k-6<0\end{cases}$

> $\because k^2-1<5k+5$
>
> $\therefore k^2-5k-6<0$

$\therefore \begin{cases}(k+1)(k-1)>0\\(k-6)(k+1)<0\end{cases}$

$\therefore \begin{cases}k>1 \text{ 或 } k<-1\\-1<k<6\end{cases}$

> 大於 0：大於大或小於小
>
> 小於 0：介於兩者之間

$\therefore 1<k<6$

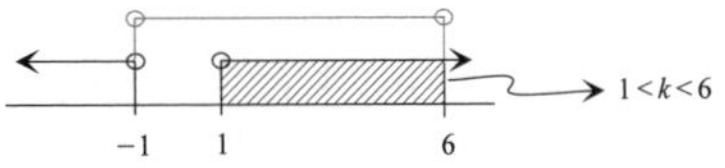

> 橢圓（圓）的「分母 >0」是基本要求

$\frac{(\text{式子})^2}{A}+\frac{(\text{式子})^2}{B}=1$

◉橢圓：$A>0$，$B>0$ 且 $A\neq B$

◉圓：$A=B>0$

◉雙曲線：$AB<0$

◉若題目還有「另給訊息」，可進一步確認「主要軸、次要軸」，則尚需自行判斷的「A、B 的大小，正負」關係

▶▶▶ Ans

(1) $k=6$

(2) $k>1$，$k\neq 6$

(3) $1<k<6$

例題 12 已知方程式 $x^2+4y^2+2x+4y+k=0$ 的圖形為橢圓，則 k 的範圍為何？
(A)任何實數皆可 (B) $k<0$ (C) $k\neq 0$ (D) $k<2$ (E) $k>2$

【86 社聯招】

圓錐曲線問題「給一般式」，必「對 x、對 y，分別配方」。

▶▶▶ Sol

將原式配方，可得：$(x+1)^2+4(y+\frac{1}{2})^2=-k+2$

$\therefore \frac{(x+1)^2}{-k+2}+\frac{(y+\frac{1}{2})^2}{\frac{-k+2}{4}}=1$

化成「標準格式」$\frac{(\text{短})^2}{a^2}+\frac{(\text{長})^2}{b^2}=1$

$\because$ 已知圖形為橢圓形

$\therefore -k+2>0$，$\frac{-k+2}{4}>0$，$-k+2\neq\frac{-k+2}{4}$

$a^2>0$，$b^2>0$ 且 $a^2\neq b^2$

$\therefore k<2$

$\therefore$ 選(D)

$\because \begin{cases} -k+2>0 \Rightarrow 2>k \\ \frac{-k+2}{4}>0 \Rightarrow 2>k \\ -k+2\neq\frac{-k+2}{4} \Rightarrow -k+2\neq 0 \Rightarrow k\neq 2 \end{cases}$

$\therefore 2>k$ 為上述「聯立不等式」的解

▶▶▶ Ans

(D)

圖$_1$ + k 圖$_2$ = 0，正常為「含 k 的圖形族」問題，但因：本例「圖$_1$ 及圖$_2$」的「二次項」不盡相同
∴採保守策略：「見（二次）一般式，必配方」

例題 13 試就實數 k 值的變化，討論二元二次方程式
$x^2+y^2+2x+2y+k(x^2-y^2+2x+2y)=0$ 的圖形？

「給圓錐曲線的一般式」，必「對 x,y 分別配方」

【84 自聯招】

▶▶▶ Sol

將原方程式，配方可得：

Γ：$\boxed{(k+1)}(x+1)^2+\boxed{(1-k)}(y+\frac{k+1}{1-k})^2=\boxed{\frac{2(1+k)}{1-k}}$（當 $k\neq 1$ 時）

$\because$「$k=1$」會使「分母 $=0$」
$\therefore$ 需先假設「$k\neq 1$」

◉$k+1=0$ 時，只剩「y 的二次式」
◉$1-k=0$ 時，代回「題目原式」只剩「x 的二次式」

∴「關鍵 k 值」有：

◉會不會成為「x、y 的二次式」：$k+1=0$ 或 $1-k=0 \Leftrightarrow k=\pm1$

◉當成為「x、y 的二次式」時，係數是否相同：$k+1=1-k$（且 $k\neq\pm1$）$\Leftrightarrow k=0$（且 $k\neq\pm1$）

使 $k+1=1-k$

(1)當 $k=0$ 時：Γ：$(x+1)^2+(y+1)^2=2$ 表一圓

(2)當 $k=1$ 時：Γ：$2x^2+4x+4y=0 \Rightarrow x^2+2x+2y=0$ 表一拋物線

$k=1$，會使 y^2 係數為 0

「$k=1$」雖然使 $\dfrac{2(1+k)}{1-k}$ 的「分母 = 0」，乍看「無意義」，但因「這項結果」是在有「y^2 項」的前提下，進行「配方」所造成！
∴還是「將 $k=1$」代回原式去作判斷，比較可靠！

(3)當 $k=-1$ 時：Γ：$y^2=0$ 表一直線 $y=0$，即 x 軸

(4)當 $-1<k<1$ 時：Γ：$(k+1)(x+1)^2+(1-k)(y+\dfrac{k+1}{1-k})^2=\dfrac{2(1+k)}{1-k}$，其中「等號左側」兩係數是「不相等的兩正數 $(-1<k<0)$ 或兩負數 $(0<k<1)$」，而等號右側是「一正數」

$$\therefore \Gamma \text{ 的圖形 } \begin{cases} -1<k<0 \text{ 時，為「橢圓」} \\ 0<k<1 \text{ 時，為「無圖形」} \end{cases}$$

「x、y 係數」皆正，不相等

∵「x、y 係數」皆負
∴負 ×（　）^{2} + 負 ×（　）^{2} = 正
∴無解

(5)當 $k<-1$ 或 $k>1$ 時：Γ：$(k+1)(x+1)^2+(1-k)(y+\dfrac{k+1}{1-k})^2=\dfrac{2(1+k)}{1-k}$，其中「等號左側」兩係數是「一正一負」，而等號右側是「不等於 0 的負數」

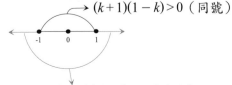

∴Γ 的圖形為一「雙曲線」

∵x,y 係數「皆不為 0 且一正、一負」

依「關鍵 k 值」及「$k+1$，$1-k$」的「同、異號」，可得「討論」的段落：

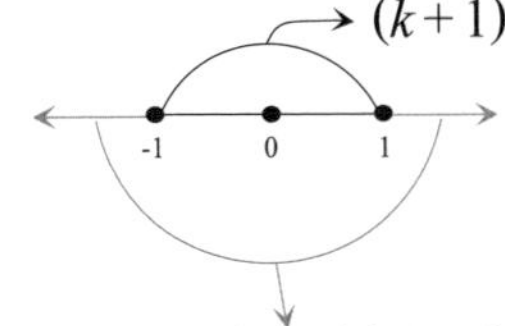

▶▶▶▶ Ans

(1) $k=0$：圓

(2) $k=1$：拋物線

(3) $k=-1$：x 軸

(4) $-1<k<0$：橢圓；$0<k<1$：無圖形

(5) $k<-1$ 或 $k>1$：雙曲線

函數 $y=f(x)$ 的「圖上點 (x,y)」，其 y 坐標恰為「x 的函數值 $f(x)$」

例題 14 設 $a,b,c\in R$ 且二次函數 $f(x)=ax^2+bx+c$ 滿足 $f(-1)=-3$，$f(3)=-1$，$b^2-4ac<0$，則 (A) $a<0$ (B) $c<0$ (C) $f(0)<f(1)$ (D) $f(4)<f(5)$ (E) $f(-3)<f(-2)$ 【90 社聯招】

「拋物線 $y=f(x)=ax^2+bx+c$ 之圖形研判」問題，必掌握：
1. 開口方向
2. 頂點 x,y 坐標的「正負、左右、高低」
3. x 軸交點（用：判別式）
4. y 軸交點（用：$x=0$ 代入）
5. 恆（非）正、恆（非）負，判別式 <0（或 ≤ 0）

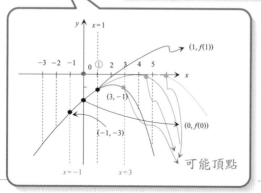

∵「平方項為 x^2」且「$a<0$」∴為開口「向下」的拋物線

▶▶▶▶ Sol

(A) ∵ $b^2-4ac<0$，且 $f(-1)=$ ⊝3 ∴ $f(x)$ 恆負 ⇒ $a<0$

只有「開口向下」，才會「恆負」

(B) $f(0)=c<0$

已知：$f(x)$ 恆負

∵ $b^2-4ac<0$ ⇒ 恆正或恆負
∴再加「$f(-1)=-3<0$」，確認「恆負」

(C) 設 h 為頂點的 x 座標

∵ $f(-1)=$ ⊝3 $<$ ⊝1 $=f(3)$

∴對稱軸「$x=h$」應較靠近 $x=3$，而離 $x=-1$ 較遠

∴ $x=h>$ ①

如圖，其中 $x=1$ 為 $x=3$ 與 $x=-1$ 的中間線

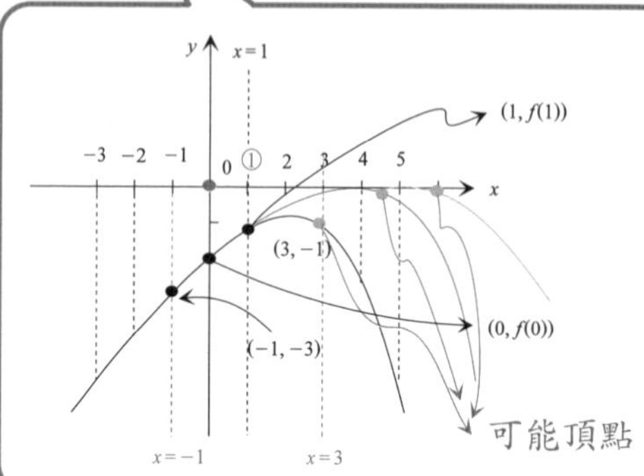

「$x=h>$ ①」，才會「較靠近 $x=3$」

又因：拋物線在「$x=h$」的「左側」，都持續「向右往上跑」

$\therefore f(0)<f(1)$

(D) 不一定：關鍵是 $(4,f(4))$ 跟 $(5,f(5))$ 在對稱軸 $x=h$ 的左邊 $(f(4)<f(5))$、兩側（$f(4),f(5)$ 大小無法確定）或右邊 $(f(4)>f(5))$

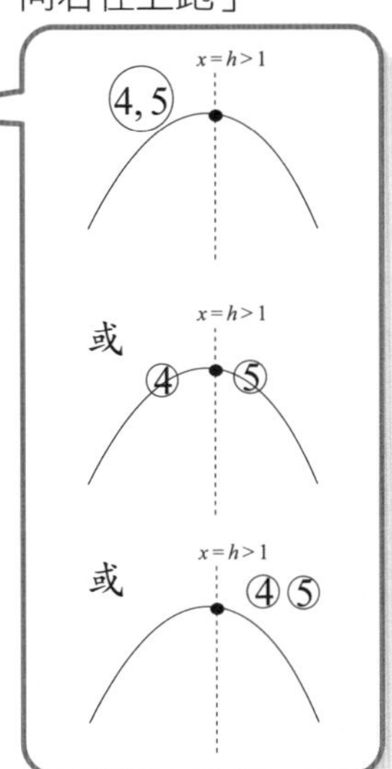

(E) 因 $h>1$，故 $(-3,f(-3))$ 及 $(-2,f(-2))$ 都在對稱軸 $x=h$ 的「左邊」

$\therefore f(-3)<f(-2)$

∴選(A)(B)(C)(E)

拋物線在「$x=h$」的「左側」，都持續「向右往上走」

▶▶▶▶ Ans

(A)(B)(C)(E)

例題 15 一動點 P 到兩直線 L_1：$3x+y=0$，L_2：$3x-y=0$ 的「距離乘積」為 2，求 P 點的軌跡方程式？

軌跡問題，必設 $P(x,y)$ 再依題意列式

▶▶▶▶ Sol

設 $P(x,y)$

$\because P$ 到 L_1 的距離 $=\dfrac{|3x+y|}{\sqrt{10}}$ 且 P 到 L_2 的距離 $=\dfrac{|3x-y|}{\sqrt{10}}$

$P_0(x_0,y_0)$ 到 $ax+by+c=0$ 的距離 $=\dfrac{|ax_0+by_0+c|}{\sqrt{a^2+b^2}}$

$\therefore$ 依題意，可得：$\dfrac{|3x+y|}{\sqrt{10}}\times\dfrac{|3x-y|}{\sqrt{10}}=2$

$\therefore 9x^2-y^2=\pm 20$

▶▶▶▶ Ans

$9x^2-y^2=\pm 20$

$\because \dfrac{|3x+y|}{\sqrt{10}}\times\dfrac{|3x-y|}{\sqrt{10}}=2$

∵涉及$\sqrt{\ }$，絕對值的「± × ÷」
∴不可以「直接平方」去$\sqrt{\ }$及絕對值，須先「整併」

$\therefore \dfrac{|(3x+y)(3x-y)|}{10}=2$

去分母，化整式

$|(3x+y)(3x-y)|=20$

也可以用：
「$|甲|=k \Leftrightarrow 甲=\pm k$」
推得：
$(3x+y)(3x-y)=\pm 20$

「整併」成「單一」絕對值，$\sqrt{\ }$，才能用「平方」去之！

$\therefore [(3x+y)(3x-y)]^2=20^2$

$\therefore [(3x+y)(3x-y)+20][(3x+y)(3x-y)-20]=0$

平方差分解

$\therefore (3x+y)(3x-y)=\pm 20$

$\therefore 9x^2-y^2=\pm 20$

例題 16 已知 $\overline{AB}$ 長度為定值，且 $\overline{AC}:\overline{CB}=2:1$，點 A 在 y 軸上移動，且點 B 在 x 軸上移動時，點 C 所成圖形為

(1)一橢圓 (2)一圓 (3)一雙曲線 (4)一菱形 (5)一線段

【93 社聯招】

Sol

設 $A(0,a)$，$B(b,0)$ 且 $\overline{AB}=\sqrt{a^2+b^2}\overset{令}{=}k$ 為一定值

∵無變數 x ∴為一定值 k

「軌跡問題」：先設動點為 $C(x,y)$，再代入題目所給條件，便可得 C 之軌跡

再設 $C(x,y)$

∴由分點公式，可得：$x=\dfrac{2b}{2+1}=\dfrac{2b}{3}$，$y=\dfrac{a}{2+1}=\dfrac{a}{3}$

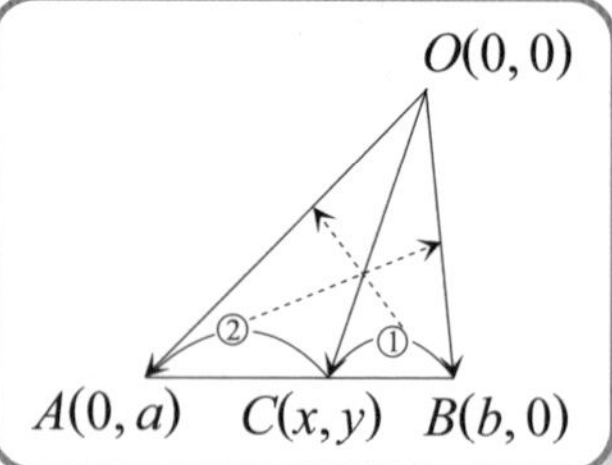

「共線點」，已知「線段比」，必用「向量分點公式」

∴將 $a=3y$，$b=\dfrac{3}{2}x$，代入 $a^2+b^2=k^2$，可得：

$\dfrac{9}{4}x^2+9y^2=k^2$

已知：$\sqrt{a^2+b^2}=k$

∴$\dfrac{x^2}{\frac{4k^2}{9}}+\dfrac{y^2}{\frac{k^2}{9}}=1$ 為一橢圓

∴選(1)

「標準化」的特徵是「常數化成 1」

Ans

(1)

例題 17 平面上有一橢圓，已知其焦點為 (0 0) 和 (4, 4)，且 $y=x+\sqrt{2}$ 為此橢圓的切線。

(1)試求此橢圓的半「長軸長」？

(2)設此橢圓方程式為 $Ax^2+Bxy+Cy^2+Dx+Ey=1$，試求 A、B、C、D、E 之值？

【94 自聯招】

∵題目要求「C 的軌跡」
∴不是 C 的點，不可以用「x、y」這兩個代號

Sol

(1)將焦點 $F_1(0,0)$ 對直線 $y=x+\sqrt{2}$ 作對稱點 $F_1{}^*$，並令 $F_2(4,4)$ 且令 P_0 為橢圓與直線的切點

$\therefore$可得：$F_1{}^*(-\sqrt{2},\sqrt{2})$ 且 $\overline{F_1P_0}=\overline{F_1{}^*P_0}$

$y=x+\sqrt{2}$

$F_1^*(-\sqrt{2},\sqrt{2})$

法向量$(1,-1)$

P_0

$F_2(4,4)$

$F_1(0,0)$

「中垂線」上點到「線段」的端點等距離

設 $F_1{}^*(x,y)$

$\therefore F_1$ 與 $F_1{}^*$ 的中點 $(\frac{x}{2},\frac{y}{2})$ 在 $y=x+\sqrt{2}$上

且 $\overrightarrow{F_1F_1{}^*}$

$=(x,y)$

$y=x+\sqrt{2}$

$\Leftrightarrow x-y+\sqrt{2}=0$

$\Leftrightarrow$ 法向量 $(1,-1)$

對稱必用

$=t\times(1,-1)$

未知向量 $=t$ 倍「已知向量」

$=(t,-t)$

$\therefore\frac{-t}{2}=\frac{t}{2}+\sqrt{2}\quad\therefore t=-\sqrt{2}$

將中點 $\left(\frac{x}{2},\frac{y}{2}\right)=\left(\frac{t}{2},\frac{-t}{2}\right)$ 代入「$y=x+\sqrt{2}$」

「圓錐曲線定義式」：拋物線 $\overline{PF}=d(L,P)$；
橢圓 $\overline{PF_1}+\overline{PF_2}=2a>2c=\overline{F_1F_2}$；
雙曲線 $|\overline{PF_1}-\overline{PF_2}|=2a<2c=\overline{F_1F_2}$ 問題，
最好畫個簡易圖形，來輔助解題

又因：$\overline{P_0F_1}+\overline{P_0F_2}=2a$

橢圓「定義式」：
$\overline{PF_1}+\overline{PF_2}=2a>2c=\overline{F_1F_2}$

$\therefore\overline{P_0F_1{}^*}+\overline{P_0F_2}=2a$

$\overline{F_1P_0}=\overline{F_1{}^*P_0}$

再因：$\overline{P_0F_1{}^*}+\overline{P_0F_2}=\overline{F_1{}^*F_2}$

見「圖」

$\therefore\overline{F_1{}^*F_2}=2a$

$\therefore\sqrt{(4+\sqrt{2})^2+(4-\sqrt{2})^2}=\sqrt{36}=6\overset{令}{=}2a$

$\therefore a=3$

$\overline{F_1{}^*F_2}$，其中 $F_1{}^*(-\sqrt{2},\sqrt{2})$ 且 $F_2(4,4)$

(2)再用橢圓定義式 $\overline{PF_1}+\overline{PF_2}=2a=6$，

可得：$\sqrt{(x-0)^2+(y-0)^2}+\sqrt{(x-4)^2+(y-4)^2}=6$

$\therefore(\sqrt{x^2+y^2})^2=\left(6-\sqrt{(x-4)^2+(y-4)^2}\right)^2$

$\therefore x^2+y^2=36+(x-4)^2+(y-4)^2-12\sqrt{(x-4)^2+(y-4)^2}$

$\therefore 12\sqrt{(x-4)^2+(y-4)^2}=-8x-8y+68$

$\therefore 3\sqrt{(x-4)^2+(y-4)^2}=-2x-2y+17$　約去「4」

$\therefore 9[(x-4)^2+(y-4)^2]=(-2x-2y+17)^2$　平方去 $\sqrt{\ }$

$\therefore 9x^2-72x+9y^2-72y+288=4x^2+4y^2+289-68x-68y+8xy$

$\therefore 5x^2-8xy+5y^2-4x-4y=1$

$\therefore A=5$，$B=-8$，$C=5$，$D=-4$，$E=-4$

跟 $Ax^2+Bxy+Cy^2+Dx+Ey=1$「比較係數」

Ans

(1) 3　(2) $A=5$，$B=-8$，$C=5$，$D=-4$，$E=-4$

例題 18　已知二圓 C_1：$x^2+y^2=16$，C_2：$(x-10)^2+y^2=4$，若動圓 C 與圓 C_1，圓 C_2「同時外切」或「同時內切」，試求此動圓 C 的圓心軌跡方程式？

軌跡問題，並設 $P(x,y)$，再依題意列式

Sol

令圓 C_1 的圓心 $A(0,0)$，圓 C_2 的圓心 $B(10,0)$，並設所求的圓心 $P(x,y)$ 且動圓的半徑為 r

利用：$\overline{PA}$，$\overline{PB}$ 定義，設法「消去參數 r」

①與 C_1，C_2 同時外切：$\overline{PA}=r+4$，$\overline{PB}=r+2 \Rightarrow \overline{PA}-\overline{PB}=2$

與 C_1，C_2 同時外切　　與 C_1，C_2 同時內切

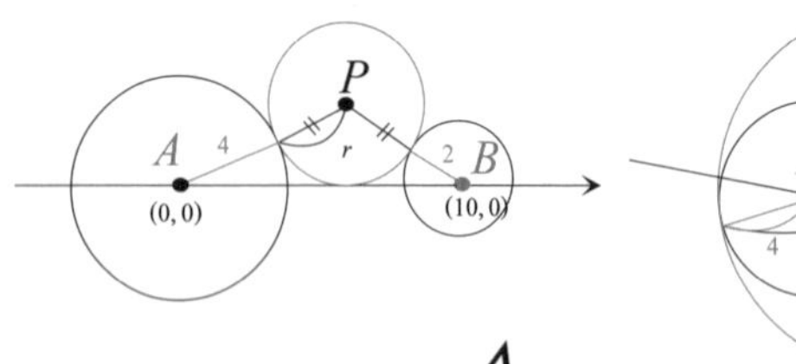

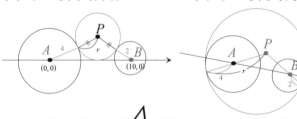

「圓」的問題，必鎖定「圓心，半徑」之互動來解題！

畫圖來檢視：P 與「圓心、半徑」的互動關係

②與 C_1，C_2 同時內切：$\overline{PA}=r-4$，$\overline{PB}=r-2 \Rightarrow \overline{PA}-\overline{PB}=-2$

由①②得：$|\overline{PA}-\overline{PB}|=2<10=\overline{AB}$

$\overline{AB}=$ 連心距

利用：$\overline{PA}$，$\overline{PB}$ 定義，設法「消去參數 r」

$\therefore P$ 點軌跡是：以 A，B 為焦點的雙曲線

如同：$|\overline{PF_1}-\overline{PF_2}|=2a<2c=\overline{F_1F_2}$ 為以 F_1，F_2 為焦點的雙曲線

$|\overline{PA}-\overline{PB}|=2<10=\overline{AB}$

當 $2a$　當 $2c$

且 $b=\sqrt{c^2-a^2}=\sqrt{25-1}=\sqrt{24}$

$\therefore$ 中心 $(5,0)$，$a=1$，$c=5$，$b=\sqrt{24}$

「中心」= 兩焦點的「中點」

$\therefore$ 軌跡方程式為：$\dfrac{(x-5)^2}{1}-\dfrac{y^2}{24}=1$

由中心 $(5,0)$ 可看出另一個 $(\quad)^2$ 為 $(x-5)^2$

$\because F_1=A(0,0)$ 且 $F_2=B(10,0)$

$\therefore$ 中心 $=F_1$，F_2 中點 $=(5,0)$

且貫軸經 F_1，F_2 $\Rightarrow$ 貫軸為 $y=0$

$\therefore (y-0)^2$ 應在 b^2 上方，且 $(x-5)^2$ 應在 a^2 上方

▶▶▶▶ Ans

$(x-5)^2-\dfrac{y^2}{24}=1$

「非軌跡」的對象，不可以用「x、y」這兩個代號

例題 19　坐標平面上，已知 A，B 兩點分別在 $x=1$ 及 $y=-2$ 兩直線上移動，且 $\overline{AB}=10$，又 $P\in\overline{AB}$ 且 $\overline{AP}:\overline{PB}=4:1$，求點 P 的軌跡方程式？

意謂：P 在「線段 $\overline{AB}$」上

軌跡問題，必設 $P(x,y)$，再依題列式

▶▶▶▶ Sol

可依題意，設：$A(1,b)$，$B(a,-2)$ 且 $P(x,y)$

$\because \overline{AB}=10$

$\therefore (a-1)^2+(b+2)^2=100$

又因：$P\in\overline{AB}$ 且 $\overline{AP}:\overline{PB}=4:1$

見「共線點」且已知「線段比」，必用「向量分點」公式

$\therefore$ 由「向量分點公式」知：$x=\dfrac{1+4a}{5}$，$y=\dfrac{b-8}{5}$

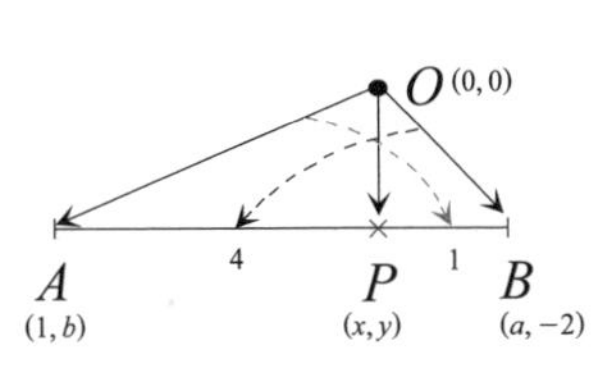

$\Rightarrow \overrightarrow{OP}=\dfrac{1}{4+1}\overrightarrow{OA}+\dfrac{4}{4+1}\overrightarrow{OB}$

$\therefore (x,y)=\dfrac{1}{5}(1,b)+\dfrac{4}{5}(a,-2)$

$\therefore \begin{cases} x=\dfrac{1+4a}{5} \\ y=\dfrac{b-8}{5} \end{cases}$

$\therefore \begin{cases} 5x-1=4a \\ 5y+8=b \end{cases}$　去分母，整式化

$\therefore \begin{cases} a=\dfrac{5x-1}{4} \\ b=5y+8 \end{cases}$

消去「參數 a，b」，只留「x，y」的式子

$\therefore a=\dfrac{5x-1}{4}$ 且 $b=5y+8$

$\therefore$代入 $(a-1)^2+(b+2)^2=100$，可得：$\left(\dfrac{5x-5}{4}\right)^2+(5y+10)^2=100$

$\therefore \dfrac{(x-1)^2}{16}+(y+2)^2=4$　同約「25」

$\therefore \dfrac{(x-1)^2}{64}+\dfrac{(y+2)^2}{4}=1$ 為一橢圓

 Ans

$\dfrac{(x-1)^2}{64}+\dfrac{(y+2)^2}{4}=1$

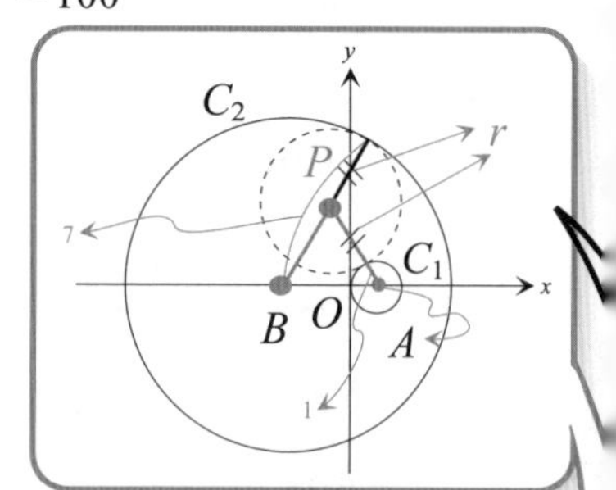

例題 20　一動圓與兩圓 C_1：$(x-1)^2+y^2=1$，C_2：$(x+3)^2+y^2=49$「均相切」，試求此動圓的圓心軌跡方程式？

軌跡，必設 $P(x,y)$，再依題列式

Sol

令 C_1，C_2 之圓心分別為 $A(1,0)$，$B(-3,0)$ 並設所求之圓心為 $P(x,y)$，動圓的半徑為 r，

①若動圓與圓 C_1 外切，與圓 C_2 內切：

消去參數 r

$\therefore \overline{PA}=r+1$，$\overline{PA}=7-r$

$\therefore \overline{PA}+\overline{PB}=8>4=\overline{AB}$

$\therefore P$ 點軌跡為以 A，B 為焦點的橢圓，中心 $(-1,0)$，$a=4$，$c=2$，$b=\sqrt{a^2-c^2}=\sqrt{16-4}=\sqrt{12}$

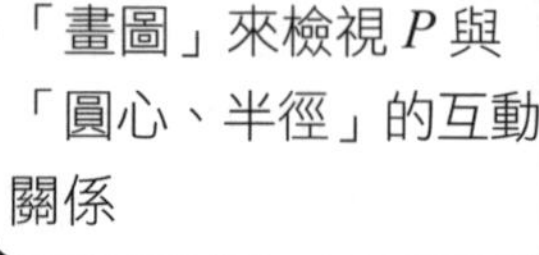

「畫圖」來檢視 P 與
「圓心、半徑」的互動
關係

$\therefore$其方程式為：$\dfrac{(x+1)^2}{16}+\dfrac{y^2}{12}=1$

②若動圓與圓 C_1，圓 C_2 均內切：

$\therefore \overline{PA}=r-1$，$\overline{PB}=7-r$

$\therefore \overline{PA}+\overline{PB}=6>4=\overline{AB}$

$\therefore P$ 點軌跡為以 A，B 為焦點的橢圓，中心 $(-1,0)$，$a=3$，$c=2$，$b=\sqrt{a^2-c^2}=\sqrt{9-4}=\sqrt{5}$

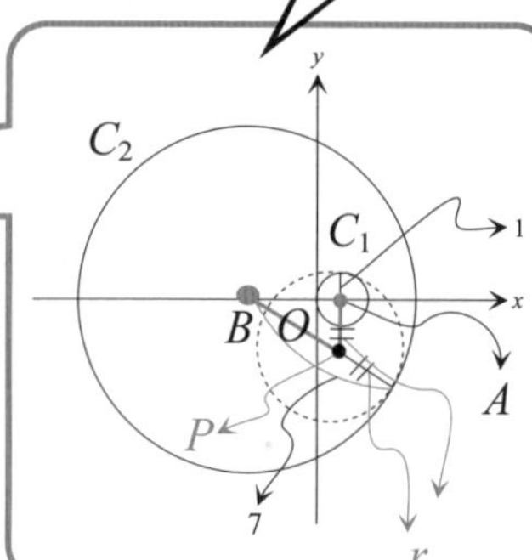

$\therefore$其方程式為：$\dfrac{(x+1)^2}{9}+\dfrac{y^2}{5}=1$

$\therefore$由①②得：動圓的圓心軌跡方程式為 $\dfrac{(x+1)^2}{16}+\dfrac{y^2}{12}=1$，$\dfrac{(x+1)^2}{9}+\dfrac{y^2}{5}=1$

參閱下頁的「備註框」解說

類比：$\overline{PF_1}+\overline{PF_2}=2a>2c=\overline{F_1F_2}$

(1)中心＝「$(1,0)$，$(-3,0)$」兩焦點的中點＝$(-1,0)$，

$2a=8$，$2c=4$，　$\overline{PA}+\overline{PB}=8>4=\overline{AB}$

長軸 $y=0$，　長軸過 $(1,0)$，$(-3,0)$且 $(y-0)^2$ 放在 b^2 上方

短軸 $x=-1$

由中心 $(-1,0)$ 得知：短軸 $x=-1$ 且 $(x+1)^2$ 放在 a^2 上方

(2)中心＝$(-1,0)$，　原因與(1)同

$2a=6$，$2c=4$　$\overline{PA}+\overline{PB}=6>4=\overline{AB}$

長軸 $y=0$，短軸 $x=-1$　與(1)同

(3)套入：$\dfrac{(短)^2}{a^2}+\dfrac{(長)^2}{b^2}=1$，便得所求

Ans

$\dfrac{(x+1)^2}{16}+\dfrac{y^2}{12}=1$，$\dfrac{(x+1)^2}{9}+\dfrac{y^2}{5}=1$

例題 21　m 為實數，求拋物線 $y=x^2-2(m-1)x-2m+3$ 的「頂點」軌跡方程式？

軌跡問題，並設 $P(x,y)$ 再依題意列式

Sol

先找出拋物線頂點給 $P(x,y)$ 用：

$\because y=x^2-2(m-1)x-2m+3$

$=[x-(m-1)]^2-2m+3-(m-1)^2$　見「（二次）一般式」，必先配方

$=[x-(m-1)]^2-m^2+2$

$\therefore [x-(m-1)]^2=(y+m^2-2)$　化成「標準格式」（對）$^2=4a$（頂）

$\therefore$ 頂點 $(m-1,-m^2+2)$

拋物線：令（　）^{2} 及（　）為 0，可得：頂點、坐標

$\therefore \begin{cases} x=m-1 \\ y=-m^2+2 \end{cases}$

$\therefore m=x+1$，代入：$y=-m^2+2$，可「消去參數 m」，並得：

$y=-(x+1)^2+2=-x^2-2x+1$

$\therefore y=-x^2-2x+1$

「含參數」的軌跡問題，必設法「消去參數」，只留「x、y」的式子

Ans

$y=-x^2-2x+1$

例題 22 若一動圓 C^* 與圓 C：$(x-1)^2+(y-1)^2=1$ 外切，並與直線 L：$y+1=0$ 相切，求動圓 C^* 的圓心軌跡方程式？

軌跡問題，必設 $P(x,y)$，再依題列式

消去參數 r

Sol

設 C 的圓心為 $A(1,1)$，並設動圓圓心為 $P(x,y)$，動圓的半徑為 r

$\because$ 圓 C^* 與圓 C 外切：$\overline{PA}=r+1$，$d(P,L)=r$

$\therefore \overline{PA}=d(P,L)+1$

(圖：y、x、A、1、o、P、r、L：$y+1=0$)

$\therefore \sqrt{(x-1)^2+(y-1)^2}=\dfrac{|y+1|}{\sqrt{0^2+1^2}}+1$

$=|y+1|+1$

$=(y+1)+1$

$=y+2$

$\because P(x,y)$ 在 $y+1=0$ 的上方 $\therefore y+1>0$，可以「去絕對值」

化成「標準式」

$\therefore (x-1)^2+(y-1)^2=(y+2)^2$ 　平方去 $\sqrt{\ }$

$\therefore (x-1)^2=y^2+4y+4-(y^2-2y+1)=6y+3=6(y+\frac{1}{2})$

亦即：$(x-1)^2=6(y+\frac{1}{2})$ 為所求軌跡

與「圓」有關，必畫圖來了解：P 與「圓心、半徑」的互動關係

Ans

$(x-1)^2=6(y+\frac{1}{2})$

例題 23 直線 L 與 L_1：$12x-5y-49=0$ 平行，且與圓 C：$x^2+y^2+16x-8y-89=0$ 相切，則方程式為何？

「圓」的相切，必由「圓心及半徑」下手

Sol

$\because L \,/\!/\, L_1$

$\therefore$ 可設 L：$12x-5y+k=0$ 　常數項，未知

兩線平行 $\Leftrightarrow$「x,y 的係數」成「相同比例」$\Leftrightarrow$「x，y 的係數」可以「取相同」

又因：圓 C：$(x+8)^2+(y-4)^2=169$ 的圓心為 $O(-8,4)$，半徑 $r=13$

$\therefore d(O,L)=r$ 　圓與 L「相切」

$\therefore \dfrac{|12(-8)-5(4)+k|}{\sqrt{12^2+(-5)^2}}=13$

$P_0(x_0,y_0)$ 到 $ax+by+c=0$ 的距離 $=\dfrac{|ax_0+by_0+c|}{\sqrt{a^2+b^2}}$

$\therefore |k-116|=169$ 　去分母，整式化

$\therefore (k-116)^2=169^2$ 　平方去「絕對值」

$\therefore (k-116)^2-169^2=0$

$\therefore (k-116+169)(k-116-169)=0$ 平方差分解

$\therefore (k+53)(k-285)=0$

$\therefore k=-53$ 或 285

$\therefore L$ 之方程式為：$12x-5y+285=0$ 或 $12x-5y-53=0$

▶▶▶▶ Ans

$12x-5y+285=0$ 或 $12x-5y-53=0$

例題 24 直線 $5x-y-a=0$ 與圓 $3x^2+3y^2-2x+4y+b=0$ 切於點 $(c,-1)$，試求 a、b、c？

給圓的「切點」，可用
◉平均值公式或
◉

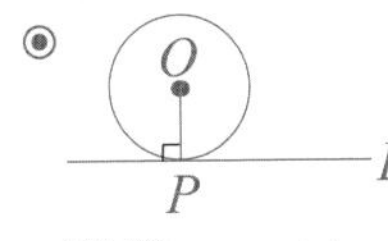

滿足：$m_{切}\times m_{\overleftrightarrow{OP}}=-1$，
來求切線

▶▶▶▶ Sol

$\because$ 切線 $5x-y-a=0$ 之斜率 $=5$

且圓心為 $(\frac{1}{3},\frac{-2}{3})$ 與切點 $(c,-1)$ 的連線「垂直切線」

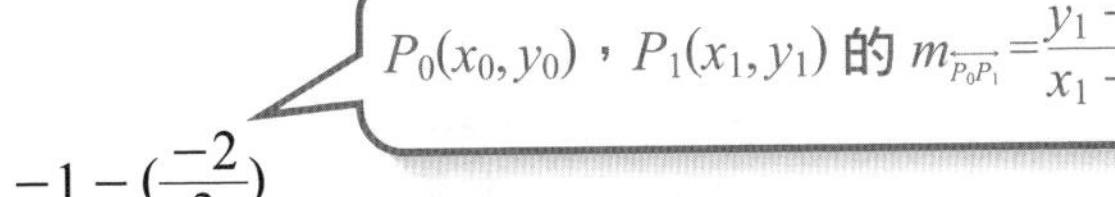

$P_0(x_0,y_0)$，$P_1(x_1,y_1)$ 的 $m_{\overleftrightarrow{P_0P_1}}=\frac{y_1-y_0}{x_1-x_0}$

$$\therefore \frac{-1-(\frac{-2}{3})}{c-\frac{1}{3}}\times 5=-1$$

$m_{切}\times m_{\overleftrightarrow{OP}}=-1$

$\therefore c=2$

又因：$\begin{cases}點(2,-1)在\ 5x-y-a=0\ 上 & \Rightarrow a=11\\ 點(2,-1)在圓\ 3x^2+3y^2-2x+4y+b=0\ 上 & \Rightarrow b=-7\end{cases}$

見「圖形上點」，必將點坐標代入「圖形方程式」

▶▶▶▶ Ans

$a=11$，$b=-7$，$c=2$

$\because$ 見「（二次）一般式，必先「配方」

$\therefore 3\left(x^2-\frac{2}{3}x\right)+3\left(y^2+\frac{4y}{3}\right)=-b$

$\therefore 3\left(x-\frac{1}{3}\right)^2+3\left(y+\frac{2}{3}\right)^2=-b+\frac{1}{3}+\frac{4}{3}=-b+\frac{5}{3}$

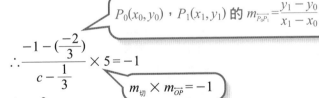

例題 25 設拋物線 Γ：$y^2=4x$，直線 L：$x-y+2=0$，試求下列各方程式：
(1)過點 $(1,2)$ 且與 Γ 相切之直線 (2)過 $(-1,0)$ 且與 Γ 相切之直線
(3)平行於 L 且與 Γ 相切之直線？

「非圓」曲線，其相切問題，必用
⊙給切點，代「平均值」公式
應先檢驗：所給之點，是否為切點
⊙給非切點或不給點，則用「聯立、判別式＝0」來解題

給「切點」代「平均值」公式

Sol

(1)∵點 $(1,2)$ 在 Γ 上

∴切線方程式為：$2y=4(\frac{x+1}{2})$ ∴$x-y+1=0$

$(-1,0)$ 非切點

(2)∵過 $(-1,0)$ 之切線，可設為 $y=m(x+1)$

過 $P_0(x_0,y_0)$ 且斜率為 m 的直線：$y-y_0=m(x-x_0)$

∴代入 Γ 得：$m^2(x+1)^2=4x$

∴$m^2x^2+2(m^2-2)x+m^2=0$

又因：相切

∴$D=4(m^2-2)^2-4m^4=0$

聯立、判別式＝0

∴$m=\pm1$

∴切線方程式為：$x-y+1=0$ 和 $x+y+1=0$

常數項，未知

(3)∵平行 L

∴可設：切線為 $x-y+k=0$

「平行線」的「x、y 係數」成「相同比例」
⇔「x、y 係數」可以「取相同」

∴代入 Γ 得：$(x+k)^2=4x$

∴$x^2+2(k-2)x+k^2=0$

將：$y=x+k$ 代入 Γ，予以聯立

又因：相切

∴$D=4(k-2)^2-4k^2=0$

∴$k=1$

∴切線方程式為：$x-y+1=0$

相切：判別式＝0

Ans

(1) $x-y+1=0$

(2) $x-y+1=0$，$x+y+1=0$

(3) $x-y+1=0$

例題 26 (1)設橢圓 Γ：$4x^2+9y^2=36$，試求過點 $(2,\frac{2\sqrt{5}}{3})$ 之切線方程式？

(2)試求橢圓 Γ：$x^2+4y^2=4$ 上與直線 $2x-3y=0$ 平行之切線方程式？

「非圓」曲線，其相切問題，必用

◉給切點，代「平均值」公式

應先檢驗：所給點是否為切點

◉給非切點或不給點，則用「聯立、判別式 $=0$」來解題

相切：聯立，判別式 $=0$

Sol

(1)將 $(2,\frac{2\sqrt{5}}{3})$ 代入 Γ，得：$4(2)^2+9(\frac{2\sqrt{5}}{3})^2=36$

$\therefore$點 $(2,\frac{2\sqrt{5}}{3})$ 在 Γ 上，為 Γ 切點

給「切點」代「平均值」公式

$\therefore$切線方程式為：$4(2)x+9(\frac{2\sqrt{5}}{3})y=36$，亦即：$4x+3\sqrt{5}y=18$

檢驗確認「切點」後，代入「平均值」公式

常數項，未知

平行線的「x，y 係數」成「相同比例」$\Leftrightarrow$「x，y 係數」可以「取相同」

(2)$\because$與 $2x-3y=0$ 平行

$\therefore$可設切線為：$2x-3y+(k)=0$

$\therefore$代入 $x^2+4y^2=4$，可得：

$\left(\frac{3y-k}{2}\right)^2+4y^2=4$ 將「$2x=3y-k$」代入橢圓方程式

$\therefore 9y^2-6ky+k^2+16y^2=16$ 去分母，整式化

$\therefore 25y^2-6ky+(k^2-16)=0$

$\therefore$判別式 $=(-6k)^2-4\times25\times(k^2-16)$

$=36k^2-100k^2+1600$

$=-64k^2+1600$

$\overset{令}{=}0$

$\because$相切

$\therefore$恰一交點

$\therefore$恰一個「y」的解

$\therefore$判別式 $=0$

$\therefore 64k^2=1600$

$\therefore k^2=25$

$\therefore k=\pm5$ 平方根，「正負都要」

$\therefore$切線方程式為：$2x-3y+5=0$ 和 $2x-3y-5=0$

Ans

(1) $4x+3\sqrt{5}y=18$

(2) $2x-3y+5=0$，$2x-3y-5=0$

例題 27 (1)求 Γ：$2x^2-3y^2+x-3y=15$ 在點 $(3,-2)$ 的切線方程式？
(2)求垂直於 $x+2y=0$ 且與 Γ：$7(x-2)^2-8(y+1)^2=56$ 相切之直線方程式？

「非圓」的圓錐曲線，其相切問題，必用
⊙給切點，代「平均值」公式
應先檢驗：所給點是否為切點
⊙給非切點或不給點，則用「聯立、判別式＝0」來解題

Sol

(1)將 $(3,-2)$ 代入 Γ，得：$2(3)^2-3(-2)^2+(3)-3(-2)=15$

$\therefore$點 $(3,-2)$ 在 Γ 上，為 Γ 的切點

$\therefore$切線為：$2(3)x-3(-2)y+\frac{3+x}{2}-3(\frac{-2+y}{2})=15$，

亦即：$13x+9y-21=0$

檢驗確認「切點」後，代入「平均值」公式

(2)$\because$垂直 $x+2y=0$ 之相切直線斜率 $m=2$

兩線垂直 $\Leftrightarrow m_1\times m_2=-1$
且 $x+2y=0$ 的 $m=\frac{-1}{2}$

$\therefore$可設切線為：$y=2x+k$

截距式：$y=mx+k$

$\therefore$代入 $7(x-2)^2-8(y+1)^2=56$，可得：

$7(x-2)^2-8(2x+k+1)^2=56$

$\therefore 7(x^2-4x+4)-8\left(4x^2+4(k+1)x+k^2+2k+1\right)=56$

$\therefore 7x^2-28x+28-32x^2-32(k+1)x-8(k^2+2k+1)-56=0$

$\therefore -25x^2-4(15+8k)x-4(2k^2+4k+9)=0$

$\therefore$判別式$=16(15+8k)^2-4\times(-25)\times[-4(2k^2+4k+9)]$

$\overset{令}{=}0$

$\because$相切
$\therefore$恰一個交點
$\therefore$恰一個「x」的解
$\therefore$判別式$=0$

$\therefore 225+240k+64k^2-50k^2-100k-225=0$

$\therefore 14k^2+140k=0$

$\therefore 14k(k+10)=0$

$\therefore k=0$ 或 -10

$\therefore$切線為：$2x-y=0$，$2x-y-10=0$

Ans

(1) $13x+9y-21=0$ (2) $2x-y=0$，$2x-y-10=0$

相切：聯立、判別式＝0

例題 28 設 F_1 與 F_2 為坐標平面上雙曲線 Γ：$\dfrac{x^2}{8}-y^2=1$ 的兩個焦點，且 $P(-4,1)$ 為 Γ 上一點。若 $\angle F_1PF_2$ 的角平分線與 x 軸交於點 D，則點 D 的 x 坐標為____　【97 學測】

「有線段比」的「共線點問題」，必用「向量分點」公式，來求（交）點坐標

$\dfrac{(共)^2}{a^2}-\dfrac{(貫)^2}{b^2}=1$ 且 $c^2=a^2+b^2$

Sol

由雙曲線 Γ：$\dfrac{x^2}{8}-y^2=1$，可得：

$a^2=8$，$b^2=1 \Rightarrow c^2=a^2+b^2=8+1=9 \Rightarrow c=3$

$\therefore$ 兩個焦點為 $F_1(3,0)$ 與 $F_2(-3,0)$

再因：$\overline{PF_1}=5\sqrt{2}$ 且 $\overline{PF_2}=\sqrt{2}$

且 $\overleftrightarrow{PD}$ 為 $\angle F_1PF_2$ 的角平分線

$\therefore \overline{F_1D}:\overline{F_2D}$

$=\overline{PF_1}:\overline{PF_2}$

$=5\sqrt{2}:\sqrt{2}=5:1$

先化「標準型」：

$\dfrac{(共)^2}{a^2}-\dfrac{(貫)^2}{b^2}=1$

$\therefore a^2=8$，$b^2=1$，中心 $(0,0)$ 且貫軸 $y=0$

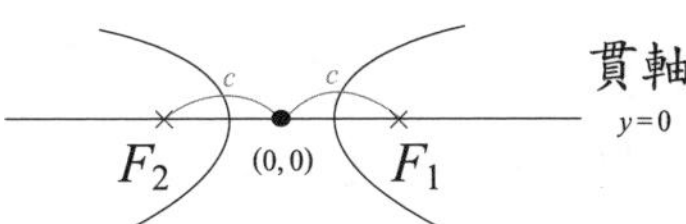

又因：$c^2=a^2+b^2=8+1$

$\therefore c=3$

$\therefore F_1(3,0)$ 且 $F_2(-3,0)$

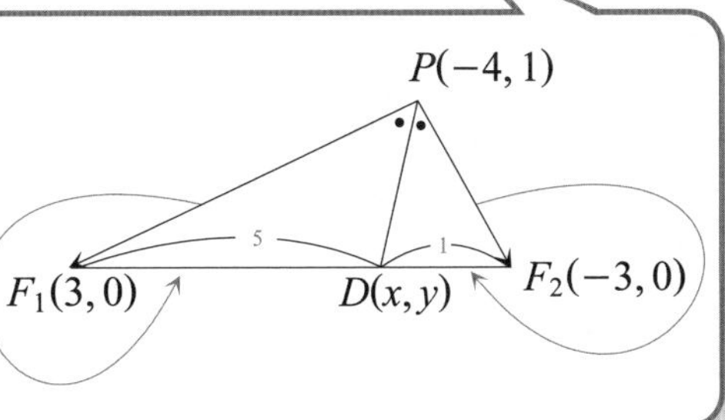

$\overline{PF_1}=\sqrt{(-4-3)^2+(1-0)^2}=\sqrt{50}=5\sqrt{2}$，

$\overline{PF_2}=\sqrt{(-4-(-3))^2+(1-0)^2}=\sqrt{2}$

且「內角分線」定理：（a、b 為兩邊，c、d 為對邊分段）「$a:b=c:d$」

$\therefore$ 利用「向量分點」公式，可得：

D 的 x 坐標滿足：

$$x-(-4)=\frac{(3-(-4))\times 1+(-3-(-4))\times 5}{5+1}$$

$$\therefore x+4=\frac{7+5}{6}=2$$

$$\therefore x=-2$$

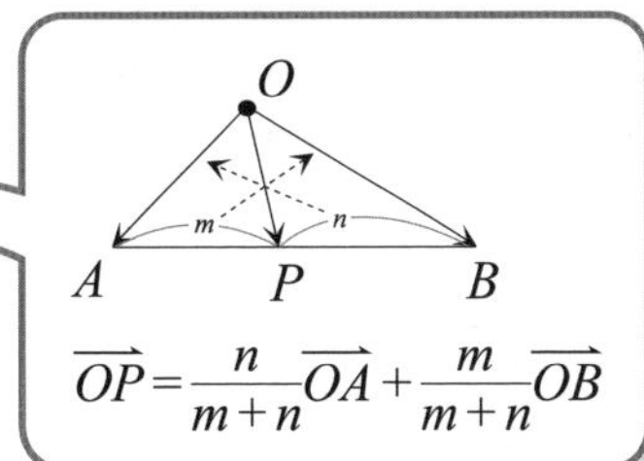

$\overrightarrow{OP}=\dfrac{n}{m+n}\overrightarrow{OA}+\dfrac{m}{m+n}\overrightarrow{OB}$

Ans

-2

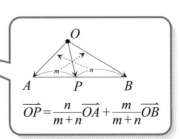

例題 29　設直線 $y=x+2$ 與拋物線 Γ：$x^2=4y$ 相交於 P,Q 兩點。若 F 表 Γ 的焦點，則 $\overline{PF}+\overline{QF}=$ ____

【93 學測】

Sol

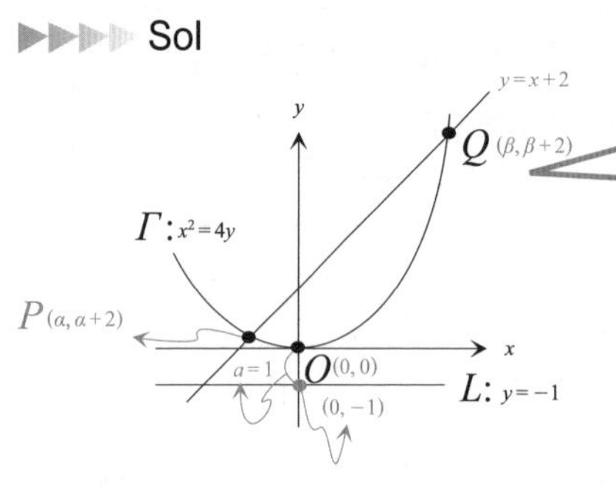

先標準格式化：$(x-0)^2=4\times1\times(y-0)$
$\therefore$頂點 $(0,0)$，$a=1>0$，對稱軸 $x=0$
$\therefore$可得左圖

見「直線上」的動點，必用「直線參數式」

$\because P,Q$ 是 $y=x+2$ 上的「動點」

$\therefore$可設 $P(\alpha,\alpha+2)$，$Q(\beta,\beta+2)$

又因：$y=-1$ 是拋物線準線

涉「拋物線準線，必用 $d(P,L)=\overline{PF}$

$\therefore \overline{PF}+\overline{QF}=d(P,L)+d(Q,L)$

$\therefore \overline{PF}+\overline{QF}=[(\alpha+2)-(-1)]+[(\beta+2)-(-1)]=\alpha+\beta+6$

再因：P,Q 是「拋物線」與直線 $y=x+2$ 的交點

由「圖」知：距離 $=y$ 坐標「差」

見「交點」，必將方程式「聯立」

$\therefore$聯立，可得：$x^2=4(x+2)$

$\therefore x^2-4x-8=0$ 的兩根為 α，β

交點 x 坐標

$\therefore \alpha+\beta=\dfrac{-(-4)}{1}=4$

$ax^2+bx+c=0$ 的兩根和 $=\dfrac{-b}{a}$

$\therefore$所求 $=\alpha+\beta+6=4+6=10$

Ans

10

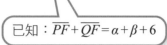

已知：$\overline{PF}+\overline{QF}=\alpha+\beta+6$

例題 30 試將 $3x^2-2xy+3y^2-4x-4y-12=0$ 予以標準化？

Sol

$ax+bxy+cy^2+dx+ey+f=0$ 且 $\cot(2\theta)\overset{令}{=}\frac{a-c}{b}$

由 $\begin{bmatrix}x\\y\end{bmatrix}=\begin{bmatrix}\cos(\theta)&-\sin(\theta)\\\sin(\theta)&\cos(\theta)\end{bmatrix}\begin{bmatrix}X\\Y\end{bmatrix}$，

可得：$AX^2+CY^2+DY+EY+F=0$

令 $\cot(2\theta)=\frac{3-3}{-2}=0$

$\therefore\frac{\cos(2\theta)}{\sin(2\theta)}=0$

$\therefore\cos(2\theta)=0$

$\therefore\theta=\frac{\pi}{4}$ 　$\cos(\frac{\pi}{2})=0$

$$\therefore\begin{bmatrix}\cos(\theta)&-\sin(\theta)\\\sin(\theta)&\cos(\theta)\end{bmatrix}=\begin{bmatrix}\cos(\frac{\pi}{4})&-\sin(\frac{\pi}{4})\\\sin(\frac{\pi}{4})&\cos(\frac{\pi}{4})\end{bmatrix}=\begin{bmatrix}\frac{\sqrt{2}}{2}&\frac{-\sqrt{2}}{2}\\\frac{\sqrt{2}}{2}&\frac{\sqrt{2}}{2}\end{bmatrix}$$

$$\therefore\begin{bmatrix}x\\y\end{bmatrix}=\begin{bmatrix}\frac{\sqrt{2}}{2}&\frac{-\sqrt{2}}{2}\\\frac{\sqrt{2}}{2}&\frac{\sqrt{2}}{2}\end{bmatrix}\begin{bmatrix}X\\Y\end{bmatrix}=\begin{bmatrix}\frac{\sqrt{2}}{2}X-\frac{\sqrt{2}}{2}Y\\\frac{\sqrt{2}}{2}X+\frac{\sqrt{2}}{2}Y\end{bmatrix}$$

「前取列，後取行」的對應位置「乘積」之「和」

將 $x=\frac{\sqrt{2}X-\sqrt{2}Y}{2}$ 及 $y=\frac{\sqrt{2}X+\sqrt{2}Y}{2}$ 代回 $3x^2-2xy+3y^2-4x-4y-12=0$

$$\therefore3\left(\frac{\sqrt{2}X-\sqrt{2}Y}{2}\right)^2-2\left(\frac{\sqrt{2}X-\sqrt{2}Y}{2}\right)\left(\frac{\sqrt{2}X+\sqrt{2}Y}{2}\right)+3\left(\frac{\sqrt{2}X+\sqrt{2}Y}{2}\right)^2$$

$$-4\left(\frac{\sqrt{2}X-\sqrt{2}Y}{2}\right)-4\left(\frac{\sqrt{2}X+\sqrt{2}Y}{2}\right)-12=\textcircled{0}$$

$$\therefore\frac{(6X^2-12XY+6Y^2)-(4X^2-4Y^2)+(6X^2+12XY+6Y^2)}{4}$$

$$-2\sqrt{2}X+2\sqrt{2}Y-2\sqrt{2}X-2\sqrt{2}Y-12=\textcircled{0}$$

$\therefore\frac{8X^2+16Y^2}{4}-4\sqrt{2}X-12=0$

$\therefore8X^2-16\sqrt{2}X+16Y^2-48=0$

$\therefore X^2-2\sqrt{2}X+2Y^2-6=0$

$\therefore(X-\sqrt{2})^2+2Y^2=6+2=8$

$\therefore\frac{(X-\sqrt{2})^2}{8}+\frac{Y^2}{4}=1$ 　標準化成「$\frac{(短)^2}{a^2}+\frac{(長)^2}{b^2}=1$」

Ans

$\frac{(X-\sqrt{2})^2}{8}+\frac{Y^2}{4}=1$

例題 31　試將 $x^2+2xy+y^2+2x+6y=0$ 予以標準化？

▶▶▶▶ Sol

$ax+bxy+cy^2+dx+ey+f=0$ 且 $\cot(2\theta)\overset{令}{=}\dfrac{a-c}{b}$

由 $\begin{bmatrix}x\\y\end{bmatrix}=\begin{bmatrix}\cos(\theta) & -\sin(\theta)\\ \sin(\theta) & \cos(\theta)\end{bmatrix}\begin{bmatrix}X\\Y\end{bmatrix}$，

可得：$AX^2+CY^2+DY+EY+F=0$

令 $\cot(2\theta)=\dfrac{1-1}{2}=0$

$\therefore \dfrac{\cos(2\theta)}{\sin(2\theta)}=0$

$\therefore \cos(2\theta)=0$

$\therefore \theta=\dfrac{\pi}{4}$　　$\cos(\dfrac{\pi}{2})=0$

$$\therefore \begin{bmatrix}\cos(\theta) & -\sin(\theta)\\ \sin(\theta) & \cos(\theta)\end{bmatrix}=\begin{bmatrix}\cos(\frac{\pi}{4}) & -\sin(\frac{\pi}{4})\\ \sin(\frac{\pi}{4}) & \cos(\frac{\pi}{4})\end{bmatrix}=\begin{bmatrix}\frac{\sqrt{2}}{2} & \frac{-\sqrt{2}}{2}\\ \frac{\sqrt{2}}{2} & \frac{\sqrt{2}}{2}\end{bmatrix}$$

$$\therefore \begin{bmatrix}x\\y\end{bmatrix}=\begin{bmatrix}\frac{\sqrt{2}}{2} & \frac{-\sqrt{2}}{2}\\ \frac{\sqrt{2}}{2} & \frac{\sqrt{2}}{2}\end{bmatrix}\begin{bmatrix}X\\Y\end{bmatrix}$$

將 $x=\dfrac{\sqrt{2}X-\sqrt{2}Y}{2}$ 及 $y=\dfrac{\sqrt{2}X+\sqrt{2}Y}{2}$

代回：$x^2+2xy+y^2+2x+6y=0$

$$\therefore \left(\frac{\sqrt{2}X-\sqrt{2}Y}{2}\right)^2+2\left(\frac{\sqrt{2}X-\sqrt{2}Y}{2}\right)\left(\frac{\sqrt{2}X+\sqrt{2}Y}{2}\right)+\left(\frac{\sqrt{2}X+\sqrt{2}Y}{2}\right)^2$$
$$+2\left(\frac{\sqrt{2}X-\sqrt{2}Y}{2}\right)+6\left(\frac{\sqrt{2}X+\sqrt{2}Y}{2}\right)=0$$

$$\therefore \frac{(2X^2-4XY+2Y^2)+(4X^2-4Y^2)+(2X^2+4XY+2Y^2)}{4}+\sqrt{2}X-\sqrt{2}Y+3\sqrt{2}X+3\sqrt{2}Y=0$$

$\therefore 2X^2+4\sqrt{2}X+2\sqrt{2}Y=0$

$\therefore X^2+2\sqrt{2}X+\sqrt{2}Y=0$

$\therefore (X+\sqrt{2})^2=-\sqrt{2}Y+2$

$\therefore (X+\sqrt{2})^2=-\sqrt{2}(Y-\sqrt{2})$　　標準化成「（對）$^2=4a$（頂）」

▶▶▶▶ Ans

$(X+\sqrt{2})^2=-\sqrt{2}(Y-\sqrt{2})$

來吧！再也不用怕數學：形體全攻略：上大學前你必須全面掌握的數學概念 / 王富祥 , 游雪玲編著 . -- 初版. -- 臺北市：八方出版 , 2019.01

面； 公分 . -- (Super kid ; 8)

ISBN 978-986-381-198-5 (平裝)

1. 數學教育 2. 中小學教育

524.32 108000309

Super kid 08

來吧！再也不用怕數學：形體全攻略

上大學前你必須全面掌握的數學概念

作者 / 王富祥、游雪玲

發行人 / 林建仲
副總編輯 / 洪季楨
封面設計 / 王舒玗
國際版權室 / 本村大資、王韶瑜

出版發行 / 八方出版股份有限公司
地址 / 臺灣台北市 104 中山區長安東路二段 171 號 3 樓 3 室
電話 / (02)2777-3682 傳真 / (02)2777-3672
E-mail / bafun.books@msa.hinet.net
Facebook / https://www.facebook.com/Bafun.Doing
郵政劃撥 / 19809050 戶名 / 八方出版股份有限公司

總經銷 / 聯合發行股份有限公司
地址 / 臺灣新北市 231 新店區寶橋路 235 巷 6 弄 6 號 2 樓
電話 / (02)2917-8022 傳真 / (02)2915-6275

定價 / 新台幣 480 元
I S B N / 978-986-381-198-5
初版一刷 2019 年 02 月